20 世纪中国图书馆学文库·41

图书馆学概论

桑健 编著

国家圖書館出版社

本书据辽宁人民出版社 1985 年 6 月第 1 版排印

前　言

　　本书原是为大连大学图书情报专业编写的《图书情报学概论》的上编"图书馆学概论"部分。后又多次用作图书馆专业的干部培训教材,特别是受教育部委托,在大连工学院举办的三期全国高等理工院校图书馆专业干部进修班进行讲授之后,又作了修改补充。1982年本书作为内部教材出版以来,各地读者纷纷来信建议公开出版。现应需要,在内部版基础上又重新修订并把上编独立出来作为《图书馆学概论》出版。在此,对广大读者的鼓励和建议致以谢意。

　　本书除主要参考了北京大学和武汉大学图书馆学系合编的《图书馆学基础》(1981年版)外,还大量地吸收了近年来图书馆学各领域的研究成果,本书中所有参阅和引用的文献,均在各章之后注明了出处,在此,对有关著者表示衷心的感谢。

　　我国图书馆事业,虽然历史很久,但发展极为缓慢,解放后三十多年来,走过了一条迂回曲折的路程。自从党的十一届三中全会以来,我国图书馆事业才真正开始了健康迅速的发展;我国图书馆学的研究和教育事业,也迎来了真正的春天。目前,我国图书馆事业将经历一个历史性的大发展、大变革时期,对图书馆学的研究和教育事业提出了愈来愈多的新课题。因而,图书馆学专业的基础教材需要随时跟踪国内外图书馆事业和学科研究事业的动态和发展,不断丰富和补充。本书在编写过程中,虽然想尽可能多地吸

1

收已有的各种研究成果,但因水平有限、时间精力有限,还有许多成果未被吸收进来,深感遗憾。

本书在编写期间曾得到大连工学院图书馆李涵勤副馆长和辽宁师范大学图书馆马荣升同志的不少帮助及鼓励,在此深表谢意。

对其他曾为本书提供过资料或给予建议的图书馆界同行们也一并致谢。

水平所限,书中会有许多不足之处,欢迎批评指正。

编著者

1985 年 2 月于大连

序

　　我国图书馆学教育事业，从 1920 年武昌文华大学图书科算起已有六十多年的历史。解放以前的三十年，总共培养不到三百名图书馆专业学生。解放以后，虽然有了较正规的发展，但速度很慢，长时期只有北京大学、武汉大学两校系科。直到粉碎"四人帮"以后，尤其是 1978 年党的十一届三中全会以来，我国图书馆学教育事业，才真正有了较快的发展。目前，全国已有了三十多个专业点，但是专业基础课的教材建设，却远远跟不上客观实际的需要。较长时期公开出版并流行的只有北京大学、武汉大学两个图书馆学系合编的《图书馆学基础》，全国各种层次的图书馆学专业班大多不得不都采用这个急待修订的本子。这种状况，对我国图书馆学教育事业和图书馆事业的建设都很不利。在这种情况下，桑健同志的《图书馆学概论》能够正式出版，实在是一件值得祝贺的事情。

　　桑健同志是学历史的，多年从事科技翻译，1978 年以后才半路出家，开始了图书馆学的研究并同时从事该专业的教学工作，现任大连工学院图书情报研究室主任、辽宁省图书馆学会学术委员、大连市科技情报学会副理事长。几年来，他发表了不少在全国具有一定影响的图书情报学方面的论文，还先后培养了图书馆学专业大专生、进修生三百多名，学生遍及全国 29 个省、市、自治区，他的开放式的学术思想在全国图书馆界已产生不小的影响。他的刻苦治学、顽强拼搏、忘我于图书馆事业的精神,在同行和学生当中早已传为佳话。我虽然同他至今没有见过面,但有关他的赞誉却听了许多,对他这些年来对我国图书馆事业建设所做出的积极贡献,感到十分敬佩。

由于我注意搜集国内图书馆学著作版本,有机会拜读了他1982年内部出版的《图书情报学概论》和1983年的打印本《图书馆学概论》,觉得他能把史学同图书馆学很好地结合起来研究,密切地结合我国图书馆事业的实际,考察、分析、总结和概括了我国图书馆事业过去、现在和未来建设中的一些问题,还较多地引入了其它学科的方法和原理,使图书馆学显得更加丰富多彩,形成了自己的体系。整个教材,资料翔实、体系完整、结构严谨,便于从宏观上较完整地了解图书馆学的基本理论、基本原则和基本方法。著作的语言较流畅,深入浅出,通俗易懂,很受许多读者的欢迎。对他所编的教材,我曾经向江苏省的夜大和专修科做过推荐,得到了不少同志的赞同。

预祝这本《图书馆学概论》能在我国图书馆学教育和图书馆事业建设上产生更大的影响。

钱亚新 序于南京成园

1985 年 2 月

钱亚新先生现在是南京图书馆的研究员。

目　　次

第一章 绪 论

第一节 关于《图书馆学概论》的基本内容

《概论》课是图书馆学的一门基础课。这门课,过去有过几种叫法,由于名称不同,课程内容有不同的侧重。北京大学图书馆学系,自1949年到现在,对这门课先后有下列一些叫法,见下表:

年代	课程(讲义)名称	内容性质
1949	图书馆学	概论
1953	图书馆学概论	概论
1954	普通图书馆学讲稿	引论
1955	图书馆学引论讲稿	引论
1956	图书馆学讲稿第一部分	引论
1957	图书馆学引论讲义	引论
1958	图书馆学基础讲义	基础
1959	图书馆学讲稿	概论
1961	图书馆学讲稿(一)	引论
1961	图书馆学引论(北大、武大合编)	引论
1965	基础课教材	概论
1972	图书馆方针任务讲稿	引论
1973	图书馆学基础	基础
1974	图书馆学基础	概论
1978	图书馆学基础	概论
1981	图书馆学基础(北大、武大合编)	概论

以上先后改编了十六次讲义,它们大致可以分为三种类型。第一种是以理论为主的"引论"型;第二种是以实际工作为主的"概论"型;第三种是既讲理论又讲实际工作的,可称作"基础"型。这只是指导思想上的原则分法,实际上,概论型和基础型很难区分(参阅北大图书馆学系周文骏老师1983年夏在长春举行的"图书馆学基础"课程研讨会发言材料)。

我国图书馆学专业基础课教材,目前还不定型,并且缺少层次。1981年北大、武大图书馆学系合编的《图书馆学基础》,几年来,几乎是各种层次的学生都在采用,如研究生、本科生、大专生、中专以及一些在职干部培训等等。

两系合编的《图书馆学基础》虽然修订了几次,但因为是两校许多老师合编,观点很难完全统一,因而在教材的体系上和内容上都有待于进一步修订,但是目前进一步修订问题有许多实际困难,只好由各校讲授这门课的老师,根据自己的讲授体系,对该教材进行一些增删,力求适应具体的教学对象。

1983年8月,在长春召开的"图书馆学基础"课程研讨会上,大家一致认为,该教材急待修改,并应根据不同对象,编写出不同层次的基础课教材。目前,主张各校根据自己的情况,编写出各具特色的基础课教材,不强求统编。

我觉得,图书馆学的内容比较丰富,各个分支学科又不断发展,作为专业基础课教材,目前虽然很难定型,但也应有一个大致的体系范围。从实际情况看,图书馆学是指导图书馆工作、图书馆事业实践的学问,因此它应当是一门实践性很强的学科,作为专业基础课教材,更不应脱离这个特点。它应既讲理论问题,又有应用价值,才比较适宜。这种安排,完全符合我国图书馆事业目前的实际。图书馆学基础,有些理论问题,但这些理论都应是我国图书馆事业实际工作规律性问题的概括和归纳,而不是任意拔高,搞过多的抽象概念。

另一方面,既然它是专业基础课,就说明,它应当对图书馆学所应当涉及的问题,做一些"打底子"的工作,因而并不适宜把专业基础课只变成内容狭窄的导论和引论性质的课程。如果学完了这门专业基础课,对图书馆、图书馆工作、图书馆事业和图书馆学,还不能有一个比较全面而概括地了解,那么,也就很难说它是一门基础性的课程。所谓基础应当与正三角形的底边一样,宽广一些才符合实际。有了这样的专业基础面知识,哪些该加细,学生学完了基础课,自己也就会比较清楚。因此,作为图书馆学这个学科的专业基础课,适宜于搞成"概论"型或"通论"型。它的基本内容应当包括:图书、图书馆、图书馆工作、图书馆事业和图书馆学的一些基本知识、基本理论和基本的工作原理和方法。有些属于技术细节问题,根据需要,可以分别由各门专业技术课,如分类课、编目课、工具书课、文献检索课等去予以深化。

我们编的这本《概论》教材,主要根据理工科图书馆学的特点,按照刘国钧先生图书馆学五要素的基本观点加以编排。总的精神,尽量从总体上对图书馆、图书馆工作、图书馆事业和图书馆学加以原则概括和描述。有些可以作为专业技术课开设的,如分类、编目、工具书、文献检索等,在概论中,在保持图书馆学完整体系的原则下,只做概括介绍;凡不必开设专业技术课的,如书史、图书馆史、图书馆建筑及设备等,则应尽可能系统一些。

目前,有的老师主张,从图书馆学专业基础课教材中,把藏书建设和读者工作两部分也抽出去作为专业技术课开设。我觉得,这两部分内容确实很丰富,它应当逐步发展成为独立的专业课程;但是,在我国,目前的条件还不成熟,《藏书建设学》和《读者学》,不论在实践上和理论上,都不具备单独成为专业技术课的条件。另一方面,"藏书建设"和"读者工作"正是图书馆工作的两大主要侧面,正是图书馆学应当着力研究的两大方面。基础课中的许多基本理论都是为它们服务的。如果从"基础"课中,抽掉了这个图书馆工作的核心问题,那么,所谓"基础"就成了脱离图书馆工作实际的空论。如果,学完了"基础"课,光知道图书馆工作、图书馆事业如何如何的重要,却不会对图书馆工作进行基础性业务建设;如果,学完了"基础"课,光知道图书馆的性质、职能、作用,却又不懂得如何去为读者进行具体的服务工作,那么,所谓"基础"又有何意义呢?

根据上述指导思想,结合当前世界新技术革命潮流的发展,特别是信息革命的兴起,这本书将按照下列层次分为十二章讲授:

第一章　绪　论
第二章　信息革命与图书馆
第三章　图书的起源及其历史
第四章　图书馆的产生及其发展
第五章　我国现代图书馆事业的建设
第六章　图书馆的性质、职能和方针任务
第七章　图书馆的藏书建设
第八章　图书馆的读者工作
第九章　图书馆的科学管理
第十章　图书馆的现代化建设
第十一章　图书馆建筑与用品设备
第十二章　图书馆学研究

第二节　《图书馆学概论》课的教学目的和任务

一、图书馆学的完整概念

作为图书馆学这门学问,不管其分支学科如何发展,它本身都应当有一个完整的体系结构。正像声、光、电、磁等学一样,不管它

4

们怎么发展并成为独立的学科,讲普通物理学时,还是不能离开这几大部分。图书馆学是一门对图书馆、图书馆工作、图书馆事业的一切实践过程,进行理论性总结和归纳所组成的学科。所谓"学",就是指"建立在实践基础之上,经过实践验证,具有严密逻辑论证的,关于客观世界各个领域事物现象的本质、特征、必然联系或运动规律的理性认识和知识体系"(《科学学纲要》,关西普等,天津科技出版社,1981 年版第 22 页)。

所谓体系,是指若干相关事物相互联系而形成的整体。图书馆学,作为一门学科,它不但要能回答图书馆工作"为什么要这样做"的问题,还应当能回答"如何来做"的问题。前者涉及到一些工作原理和其他一些规律性认识;后者涉及到图书馆工作的一些基本方法。只有二者有机地结合起来,才能构成一门完整的关于图书馆学的这门学问。

作为社会的文化、科学、教育事业中的图书馆事业这个环节,图书馆学当然还必须对其社会地位、作用、学科性质、职能及其历史、现状、趋势以及与其他学科的关系等加以研究和阐述,这也是属于规律性认识的范畴。

因此,作为图书馆学的完整体系,它应当包括图书馆工作、图书馆事业的基础理论和应用理论(包括基本原则和方法)两大部分。

这个完整体系,我们认为基本上是比较符合刘国钧先生的图书馆学五要素的主要思想观点的。五要素是:1. 图书;2. 读者;3.领导和干部;4. 建筑与设备;5. 工作方法。对上述五大方面涉及的个体和整体及其相互联系和它们在社会发展中的地位、作用进行系统的阐述所形成的理论体系,就构成了图书馆学这门学科的完整概念,作为它的基础课部分,显然是不能离开这些基本内容的。

因此,图书馆学概论作为专业基础课,它的第一个任务,就是要给学生以上所述的关于"图书馆学"这门学问一个完整的概念。通过学习,使学生对图书、图书馆、图书馆工作、图书馆事业及其相互关系和它们在社会发展中的地位、作用以及基本的工作原理和方法有一个完整而概括的认识。

二、专业思想问题

在实现上述第一个教学任务的过程中,"概论"课的教学就要能实现解决学生的专业思想问题的目的。通过教学过程,使学生能逐步认识到图书馆工作、图书馆事业在社会发展中,在文化、科学、教育及经济建设事业中的地位、作用及其职能,进而真正认识到自己将在这个事业中所能发挥的作用,从而树立为之献身的精神。通过学习,还必须进一步培养他们的责任感、事业心和荣誉感,以及由此而培养起来的图书馆员所应有的一切为了读者的职业道德,并坚定自己必能在我国的图书馆事业中,做出积极贡献的信心。

三、学术认识问题

"概论"课,不是专业技术课,如分类、编目、工具书等,这些课主要是解决怎样具体类分图书,怎样编制馆藏目录,怎样为读者解决各种疑难问题的一些技术性技能。在专业基础课中,一般较少就事论事,而是较多地侧重对规律性问题的探索,因而要求培养学生能从"学术"的角度,而不是从"技能"的角度,去总结、去探索、去思考和研究图书馆工作、图书馆事业中一切具有规律性的问题,从而不断丰富和发展我国图书馆事业。

四、专业基础课在整个专业教学中的地位

在图书馆学中,有许多分支学科,不断发展和完善,因此,有些分支部分,可能会或先或后地从"基础"中分化出来而成为独立的专业课程;又有一些分支,在文科院校适于单独开设,而在理工科

院校则不一定必要,如书史、图书馆史等等。不管分还是不分,基础课教材都应注意保持它的完整体系。讲基础课的老师,都应左右照应。有单独设课的,可以简略而过;没有单独开设的,则需要做一些较系统地阐述。对藏书建设、读者工作、图书馆管理、建筑与设备等,也应当如此处理。应当做到,既不做不必要的重复,又不要因为没有某一专业技术课而在概论中也不做交待,造成某些空白点,这些统筹全局的工作,基础课教师应当把它承担起来。

综上所述,专业基础课,在整个图书馆学教学过程中,应当承担主要是解决整体性、战略性和学术性问题;其他专业技术课,主要是解决局部性、战术性和技术性问题。有了这样的区分,不但可明确自己的教学目的,而且还可以避免各门课程之间不必要的重复现象。当然,上述的划分也是原则上的,在具体授课过程中,并不排除其他专业课的某些学术性和概论基础课中的某些技术性问题,但这是个别的。

第三节　关于教学法的若干问题

"概论"课的内容面广,课时有限,因而在教学过程中,要充分发挥教与学两个方面的积极性;同时还要注意辅以必要的教学环节,注意理论联系实际,有的放矢,避免抽象空论。为此,在教学方法上要恰当处理下列几个问题:

一、教材和参考书问题

图书馆学中的一些理论,大多属于探索性,其中大量有关知识多是软性的,并不是非此即彼,也没有什么绝对公式,特别是由于图书馆的性质、类型、大小、条件、任务、读者对象之不同,因而某些规律、原理也不是绝对的。教师讲授时,不宜绝对化,不宜要求学生死记硬背某些条条;不宜照本宣科,讲课应当灵活,应当随时引入各种新的研究成果,使学生能在充分理解的基础上,掌握某些思路、基本原理、基本规律和原则。通过学习,能使学生有实感,所讲内容,都应有的放矢,便于实际应用。因此,对教材不能要求必须以某一本书为准,提倡学生旁征博采,言之成理,自己发挥。教师尽可能向学生多介绍一些有关参考书及最新的参考文献,为开阔学生思路、启迪其思维创造条件。

二、课堂笔记和读书笔记问题

由于教师不是照本宣科,故教师讲课时,往往会有不少在教材中没有的新材料,所以要强调学生做课堂笔记以及个人阅读笔记。通过笔记、教材以及参考书来进行对比学习,寻求异同,加深理解,不提倡死守一家之言。笔记方法多种多样,如记要点、新思路,或记个人听课时突然出现的思想火花等等。

三、加强工具书的应用问题

基础课通常排在其它课程之前,而工具书课是一门治学的工具课,往往排在后头,因此,基础课可以在开始的适当时机,用集体辅导的方法及时把一些简单常用的工具书使用方法介绍给同学。如《辞海》《辞源》、专业工具书等,以便帮助他们较早的养成利用工具书辅助自己学习的习惯,这样,既避免了事事都要询问教师,又可以锻炼同学们自己独立治学的能力。

四、讲座、参观、视听资料的配合问题

在教学过程中,对实践性很强的部分,如采访、分类、典藏、阅览(室)、外借、期刊、咨询检索等,根据条件,请图书馆各部门的老同志搞一些专题讲座;有的部分可以辅以参观或用录像、幻灯、电影等予以配合,以加强图书馆学教育的实感和形象性。

五、专业期刊和专题研究问题

通常学习用的教材都比较过时,教师应当经常掌握新动态并随时向同学们介绍,养成同学们平时对专业期刊的兴趣,这不但可以大大提高教学效果,而且可以很自然地把同学们引向思考某一专题的兴趣,从而为进行研究工作创造条件。这种活动,对毕业时论文的写作,是一种很好的日常准备。

六、考试方法问题

考试应能如实地反映出学生理解问题和解决问题的能力,而不是只反映学生死记硬背的功夫。这就要加强平时的考察,考试时不能搞押题,不要把学生引向死记硬背的路上。最后考试最好选择思考性和应用性、发挥性的题目。分数以平时与最后考试各占50%为宜。

综上所述,教学方法是教学工作中非常重要的关系到培养什么样的人才问题,是一个培养学生"只能由别人指路走,还是自己会找路走"的问题。在我国过往多年的大学教育中,普遍存在着"填鸭式"的教学方法,这是造成学生只能由别人指路走的主要原因。在我国图书馆学教育中也存在着这个问题,其结果直接关系到我国图书馆事业的建设进程。

虞承州等同志在"从现代科学技术的发展看高等教育改革的若干问题"(《中国社会科学》1980年第6期)一文中,对我国大学教育中对学生的智能培养问题,提出应以训练学生具有以下五种能力为主的教学设计,即:1.自学能力,应具有阅读学术著作和科技期刊的能力,独立查找文献资料的能力和熟练使用各种工具书的能力;2.研究能力,应具有观察能力、分析能力、基本的实验能力和设计能力;3.思维能力,应具有综合、抽象概括、判断推理能力以及想象能力和创造能力;4.表达能力,应具有语言和文字的表达能力,曲线图表以及数理计算的能力;5.组织管理能力。

非常明显,我国图书馆学教育也应当努力培养具有上述五个方面能力的专业人才。图书馆学专业基础课比之其他专业技术课,更应当特别注意教学法的研究,才有可能培养出更多的能够独立治学而具有开拓性和创造性的专业人才。

第二章 信息革命与图书馆

第一节 什么是信息

什么是信息？商务印书馆出版的《现代汉语词典》解释是："①音信；消息。②信息论中指用符号传送的报道，报道的内容是接收符号者预先不知道的。"

1979年新版《辞海》，还没有专门的"信息"词条，在"信息论"的词条中指出："信息是指对消息接受者来说预先不知道的报道。如广播天气预报时，收听者预先不知道明天是阴、雨或晴，则这报道对收听者来说具有信息。假如所广播的是已知的昨天天气，那就没有信息了。"

上述的解释把信息与情报相混淆。是不是信息，要以某人是否知道为前提，其实，你知道不等于我知道，作为信息即使你我都知道了，它仍然是一个客观存在。自然界中有许多信息，包括许多生物信息，明明向你发送过来，你根本不理解，视而不见、听而不闻、嗅而无觉，你能说它不是信息吗？当然是信息。1976年唐山大地震，事前有很多生物向人们报告了信息，但人们不理解。所以，信息还是信息，不能以人们知不知道为前提，它是物质客观存在的一种动态反映。

在英文辞典里，有三个词可以译作"信息"，就是"information"、"News"和"message"三个词。除了"信息"一解外，"information"还可解释为"消息、情报、数据、知识、见闻、报告、通知"等；"News"还可

11

解释为"新闻、消息"之类;"message"还可译为"消息、音信、文电、通讯"之类。其中作为"信息"最常用的是"information"。在专业词典里,"信息"给人们的概念,主要侧重在有线电、无线电通讯中的信号字符之类或电子计算机中的数据之类的概念。

这种解释是与"信息"一词的产生有关。该词在人们中的概念主要是来源于1948年申农发表的《信息论》和维纳发表的《控制论》(《或关于在动物和机器中控制和通讯的科学》)所提出的对"信息"的理解。当时的含义主要是狭义的通讯信号之类的概念。

但是,我们现在对"信息"一词的理解和应用,已远远超出了上述的狭义概念,具有了更加广泛的含义。这种广义的概念,很符合目前在世界上流行的,把信息与物质(材料)和能量(能源)一起,作为自然界三大基本要素来理解的概念。自然界是一个物质世界,人类对物质的认识,在工业化生产之前的农牧业时代就开始了。那时,人们的生产经济活动,主要都是对自然界现成的物质的开发和利用,还不太需要强大的动力去驱动。在工业化时代,能源动力问题,成为大生产活动的关键,人类开始了对地下矿藏的开发利用,因而进入了对能量的认识、开发和利用的阶段。目前一些工业经济高度发达的国家如美国、日本、西德、英、法等国,随着人类社会物质、文化生活的巨大进步,生产力的空前发展,社会劳动结构现已进入了脑力劳动者为主的时代。如美国,1980年从事农业生产的人口只占就业人口总数的2%,所生产的农产品,不但本国够用,还大量向国外倾销;工业劳动者占22.5%,服务业占28.8%,而信息业占46.6%,这是人类社会物质文明和精神文明高度发达的必然结果。不但劳动者中的知识分子比率愈来愈高,而且信息产业,包括知识产业、情报产业也必然由于社会知识结构的变化而比率愈来愈高,作用愈来愈大。知识的作用,终于被人类所充分认识,不但认识到它的生产力作用,而且认识到人类知识的急剧增长,如不加强有效地收集、加工、整理和浓缩,人类将无法有效利用,甚至会出现严重的"知识污染"、"知识饱和"、有效知识被严重淹没的危险。因而人类社会进入了信息社会,实际上就是从劳动型、体力型社会进入了知识型、智力型社会。在信息社会里,价值不是随劳动而增加,而是随着知识而增加。信息不但是新型社会中与材料、能源并列的人类经济活动的三大支柱,而且已经成了比材料和能源更为重要的人类资源。人类有了可靠的信息,才能有效地利用或者有效地开发新的能源和材料。大自然赋于人类的那些凭借体力可以利用的资源,已被高度工业化时代开采无余了,新的出路只有靠知识去开发。

因此,国外有人认为,在农业社会中,只要占有了土地,就有了一切;而在工业社会中则占有资本可以获得一切;在未来信息社会中,则以信息的占有、知识的占有为社会生存、发展的关键。有人认为,社会发展到今天,传统地依靠体力和机器来提高劳动生产率的办法已很有限,而依靠信息技术,则可以几十倍、几百倍地提高劳动生产率。信息社会的特点更多地是依靠人的智力资源,依靠人的知识、智慧和思想,竞争的力量不是靠资本大、工人多,而是靠知识、技术情报、专家意见和管理艺术;强弱之分,不在死拼力气,而在斗智,比人员素质、比创新。

那么究竟什么是信息? 应当说,信息是物质世界表征其存在的一种形式,有了信息才能表明某一物质的客观存在;还可以说,信息是物质世界普遍存在的反映其属性的有组织、有序化的表现,是物质的基本属性之一。因此,凡人们五官所能感知的东西,如文字、图像、颜色、声音、语言、气味等等现象都可称之为信息。信息是事物的存在及其运动的千差万别的表现。信息可以有生物信息、自然信息、人类信息、机器信息等等之分,但我们着重研究人类信息或社会信息。如教育事业是老师向学生传授各种经过加工提炼和系统化了的信息,即知识;科研活动是科研人员对有关文献资料、设备、材料信息的逻辑思维和辩证加工;医生看病是对病情、诊断、药物信息的综合处理；人类的一切行为都受到各种信息的左右和支配。正确的行为、正确的决策，更是离不开对正确信息的吸收和运用。所谓科学管理，就是对信息进行收集、加工、处理、控制、平衡的不断循环。严格来说，一切组织机构的活动，都是一些处理信息的机构。没有信息，不但单个人的行为要处于盲目乱串的局面；而集体行动，也更无法有效进行。战场上的情报失灵，必然是战争的失败；人们的一切行为，包括科研活动、生产活动等，如果信息不灵，必然是不断地失误。在现代化、自动化社会生活和生产活动中，失去信息，必将混乱一片。因而，信息已被人们日益深刻地认识到它的价值，并在国外一些发达国家里逐渐在社会结构中形成了一种所谓"信息产业"（information industry），也可译作"情报产业"。所谓信息产业，就是指关于信息（或情报）的生产和流通产业的总称。实际上所谓信息产业，有时就是指情报产业，在当代社会发展中，已表现出它的举足轻重的地位。如美国前总统卡特1979 年就曾谈过："情报就像我们呼吸的空气一样"，"同是国家的资源"，"快速的情报，是我们经济中主要的货物和商品"。

所谓信息产业，国外有人提出包括下列几个相互关联的部门：

1. 信息生产业——包括大规模的宣传、出版、教育、专业服务、数据资料库、智囊团等。

2. 信息服务业——进行信息处理业务。

3. 信息流通业——指信息通讯事业。

4. 信息机械制造业——生产电子计算机、计算机外部设备、通信机械和广播器材等。

从上述部门看，国外的所谓信息产业，是与知识产业、情报产业交叉在一起的，并且，知识与情报业都可包括在"信息"这个大概念之内。

关于信息产业的具体部门，美国哈佛大学行政副校长 J. B. 华德原在他的《技术和图书馆》一书中提出包括下列各类：广播电

14

讯、有线电讯、无线电讯、报纸新闻、出版业、电话、邮电业务、计算机软件、硬件、图书馆、广告业、教育事业、银行业、律师业等等（《津图学刊》1984年第1期）。

在国外关于整个社会劳动结构，有一、二、三产业的谈法，即农业、工业和服务业。信息产业过去通常包括在服务业里，目前有分出为第四产业的趋势。社会愈发展，技术愈进步，工农业所投入的劳动力愈少，而创造的财富愈多，剩下的大量劳动力都转向服务业，或转向所谓信息业。如美国100年前，1870年时，从事农业生产的人口占就业总人口的47%，而1980年则只占2%；有数字表明，包括信息产业在内的美国目前的第三产业即服务业人口已占总人口的75.4%。

从情报学角度理解，信息、知识、情报三者有时既有交叉又有包含关系。如前所述，信息是某一客观物质存在的一种表现形式，当某一信息被人们吸收和利用时就可成为情报。如气象信息之对于人类就往往如此。但通常情况下，信息的多次反复，经过人们的加工、整理、序列化之后，即可变作知识。如关于宇宙的知识，都是这样得来的。当某一知识在特定情况下为人们解决某一问题所需要时，这个知识也就可以称作"情报"，因此，通常情况下，可以用下图表示它们的关系：

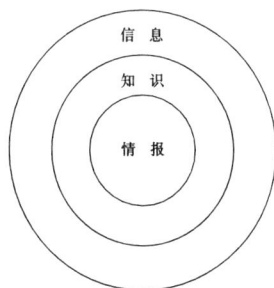

信息

知识

情报

图1　信息、知识、情报关系图

有人认为,信息不一定转化为知识再变做情报,这大概是国外把"信息"和"情报"等同的原因。但是人们要理解(吸收)和利用某一信息时,还是以知识作前提。好多生物信息,我们不理解,也就不可能成为对我们有用的情报,如果理解到诸如蚂蚁搬家、蛇过横道是预示即将有雨,那首先是人们经过多次观察有了这方面的知识,才能做这样的判断(且不谈科学的根据)。所以,上述的关系图是基本上成立的。

以上是关于"信息"的一般概念。由此可以看出,不论信息,还是知识,还是情报,都是与图书馆事业或者图书情报事业直接有关的事业。图书馆是人类知识的宝库,它的职能就是要广泛收藏、整理和传播人类已经创造出来的一切知识和情报,这里也有着人类取之不尽的各种信息。随着微型机的广泛应用,使它有可能在图书情报部门中被大量采用,如美国目前已有二万多个图书馆使用计算机,微型机也达到平均二十几个人一台。人类对信息、知识、情报的真正有效利用的时代,即对人类已经创造的全部知识财富的有效利用的"自由王国"的时代也就即将到来。过去我们还不能预知,现在已经可以预见到这样一个时代了。

第二节 什么是信息革命

所谓信息革命应当叫信息手段或信息技术的革命。技术革命是指人类在改造客观世界时,生产技术上的根本变革。所谓信息革命,是指人类在信息交流手段方面的重大突破。

从某种意义上来说,人类文明的发展历史,就是人类信息交流的历史,没有人类各种知识信息数量的增多、信息质量的不断提高和传递手段的不断革新,就不会有人类如今的高度文明。

自从地球上有了人类以来,就信息交流手段或技术而言,已经

16

经历了五次信息革命,现在正在世界范围兴起的新技术革命,是以电子计算机、微电子学、微型机为中心展开的第六次信息技术革命。

第一次信息革命,是人类获得了语言能力,有了语言,人类的经验、知识才有可能得以交流,通过交流,互相启发,成为社会不断进步的推动力。有了语言,人类才真正从动物状态进入了人类的状态,人的大脑才有可能通过劳动和语言的交流,而真正逐渐发达起来,这是漫长的原始社会状况。

第二次信息革命,是文字的发明,有了文字,人类就可以保存某些有意义的信息。如我国最早的文字,即公元前1400—前1100年商殷奴隶社会时的甲骨文,就明显地起了这样的作用。有了甲骨文,我们才有可能了解三千年前我国奴隶社会的一些情况。文字,通过某种载体,就可变成人类信息横向和纵向交流的手段。文字的发明及其应用于文献记录而使人类真正进入了文明时代,有了文字的古代奴隶社会时期,正是人类文明的真正开始。

第三次信息革命,是造纸技术的发明,虽然已发现早在西汉武帝时期就有过所谓"灞桥纸",但公元105年东汉蔡伦关于造纸技术的总结和推广,才是真正有文字可查的我国古代劳动人民对世界文明的四大贡献之一。正因为有了纸的出现,人们才真正找到了价廉物美、长久耐用的理想记录文字的载体,成为古代人类信息交流和传播的最重要手段。我国古代,从魏晋以来一直到唐代六百多年间,几乎全部文献都是人们用手工写在纸上流传下来的,那是一个手写书的时代。对我国的文化科学发展起了重要的承前启后的作用。

第四次信息革命,是印刷术的发明,公元七百年左右,唐朝前期雕版印刷的发明和北宋毕升活字印刷的发明(公元1041—1048年),为人类信息大面积的传播提供了更为先进的技术,它推动着人类文明在更大范围内的加速交流和传播。这是我国古代劳动人民对世界文明的又一重大贡献。马克思曾把印刷术与火药、罗盘针(这都是我国古代劳动人民对世界文明的伟大贡献)一起,认为它们是预告资产阶级社会到来的三大发明,"而印刷术则变成新教的工具,总的来说变成科学复兴的手段,变成对精神发展创造必要前提的最强大的杠杆"(《机器。自然力和科学的应用》,马克思,人民出版社,1978 年 1 月第 1 版第 67 页)。

第五次信息革命,是十九世纪四十年代开始的电报(1837年)、电话(1876 年)、广播(1920 年)、电视机(1926 年)等的先后出现。这些以电为标志的全新的技术手段,使人类的信息交流速度瞬息间便可传遍全世界,并且既可以看,又可以听,大大促进了人类文明的高速发展。

第六次信息革命,就是 1945 年以美国为计算弹道研制成功的 ENIAC(Electronic Numerical Integrator And Computer,电子数字积分计算机),自重 30 吨,有 18,000 个真空管的第一台电子计算机的出现为标志的新的技术革命。计算机经过电子管时代,晶体管时代,中小规模集成电路时代,大规模集成电路时代,到目前的超大规模集成电路时代。它的发展已达到功能大、体积小、价格便宜,国民经济一切部门都可以应用的人工智能阶段。据预测,不久就可以出现在绿豆大小的硅片上集成十亿个晶体管和电路元件。七十年代以来,微型机的大大普及,为人类的智力开发和解放,为人类高度的物质精神文明社会的到来,创造了技术前提。电子计算机与光导纤维通讯技术、激光技术结合,将使人类对信息的加工、处理和传播,走向一个高度自动化、真正瞬息万变的时代。有了这些技术的大发展,人类对它所创造的全部精神财富,才真正有了能够迅速、准确、及时有效地充分利用的可能。

关于这一次新技术革命及其所带来的影响,有下列几种著作最具有代表性和影响,即:1970 年美国社会学家阿尔温·托夫勒的《未来的震荡》(The Future Shock);1973 年,美国社会学家、哈佛大学教授丹尼尔·贝尔的《后工业社会的到来——社会预测尝试》;1980 年托夫勒又出版的专门论述后工业社会的专著《第三次浪潮》(The Thrid wave);1982 年美国预测学家约翰·奈斯比特写的《大趋势·改变我们生活的十个新方向》(Megatrends, Ten New Directions Transforming Our Lives)和 1983 年日本的经济学家松田米津的《信息社会》。

丹尼尔·贝尔认为,西方在经历了二百年的工业变迁之后,当前正在从传统工业向知识工业过渡,科学(以及知识分子)将成为社会生产力增长的"决定因素","理论知识的积累与传播"已成为革新与变革社会的直接力量,科学是衡量一个国家潜力和力量的标准。贝尔把这种今后将以知识工业为主导的社会称作"后工业社会"。阿尔温·托夫勒从生产力发展的角度回顾历史、展望未来,提出人类迄今已经历了两次文明浪潮的冲击,一次是进入农业时代,一次是进入工业时代,目前又面临着新的文明浪潮的冲击。第三次浪潮将使人类从工业时代进入信息时代。他指出,今后社会的主要特征是社会的信息化、知识化和分散化,社会即将进入所谓工厂自动化、办公室自动化、家庭自动化(Automatic)的"三 A 社会"。奈斯比特的大趋势主要指出,今后的社会趋势,将是由工业化社会转向信息化社会,工业经济由大转向小、从集中转向分散,并从一国经济转向世界经济。他们都强调,信息知识在社会经济发展中的关键性作用。松田米津认为,信息社会以电脑为核心,从发展过程看,可分四个阶段。第一阶段是大科技为基础的电脑化,时间大致从 1945—1970 年;第二阶段是管理的电脑化,大致从 1955—1980 年;第三阶段是社会的电脑化,大致是从 1970—1990 年左右;第四阶段是个人的电脑化,大致是从 1975—2000 年左右。

关于这次新技术革命,从七十年代至今,国外提法很多,归纳起来,主要有:①美国的丹尼尔·贝尔的"后工业化社会";②美国的柯林·诺曼和日本的"第二次产业革命"论;③美国的阿尔温·托夫勒的"第三次浪潮"论;④西德的格哈特·门施和美国科塔莱克的"第四次工业革命"论;⑤美国、日本等国的"第四产业"论;⑥美国的约翰·奈斯比特和日本的松田米津的"信息化社会"论;⑦日本的"微电子技术革命"或"智能化社会"论;⑧澳大利亚的巴里·琼斯的"非连续性时代"论;⑨苏联的"科学技术革命"论等等。

　　上述各种谈法和论点,实际上都是讲的一回事,都是对未来社会特征的一些预测和描述。在美国等一些经济高度发达的工业化国家里已可看到,因此,这些描述具有很大的可信性和影响。因而,目前在全世界范围,普遍进行了这方面的战略性研究,做好准备,利用机会迎接它的挑战。关于这次新技术革命的实质,钱学森教授于1984年初,在中央党政机关"关于新技术革命的若干基本认识问题"的讲座中说:"其实'信息'也可换作'情报',在外文是一个词。我感到'信息'也好,'情报'也好,都不见得讲清了问题,实质上是充分利用人类创造的全部精神财富,即知识;通过情报体系,使人类创造的精神财富变为生产力。我们以前说,科学技术是生产力,现在还要扩大一点,人类的全部精神财富都是生产力,但是,要看你会不会用,用得是不是及时。核心的问题,不是我们今天在哪项技术、哪项窍门里赶上去了,而是整个的技术、整个人类的精神财富能不能及时地掌握,需要的时候一下子就可以拿到,这个是我们迎接新的技术革命,或者说将要出现的一次新的产业革命里面的一个核心问题。"由此可见,不管哪一次信息革命,包括这一次新的技术革命——信息革命,都是要解决人类的知识交流、知识传播、知识利用和智力开发问题。在这里,我们可以说,只要牵涉到知识问题,那么就自然而然地要涉及到知识的宝库——以收藏、整理、传播人类知识为己任的图书馆事业或图书情报事业。

第三节　信息革命与图书馆

　　既然,新技术革命的实质问题或是核心问题,是充分利用人类创造的全部精神财富,即知识的问题,是会不会利用,能不能及时利用，能不能在需要之时，一下子就可以拿到的问题，那么也就不能不首先考虑，作为人类知识宝库的图书馆，在这个革命潮流中，居于什么地位，应当起到什么作用，以及如何充分有效地发挥它应有作用的问题。

美国西蒙斯图书馆学、情报学院副院长陈钦智教授，于1984年1月13日在中国科学院图书馆、中央国家机关和科学研究系统图书馆学会联合举办的学术报告会上，做了一个题为"信息社会对图书情报工作的挑战"的报告（见《图书情报工作》1984第1期和《资料工作通讯》1984年第4期），其中提到光盘和微型机联结起来应用于图书情报工作的作用问题。他说："比如六吋的光盘就可以把整套《化学文摘》贮存在里面。光盘不但可以贮藏幻灯片、电影、声音等信息，而且什么文种都可以，随时随地能把声音和照片配合起来或抽出来。所以，每一个画面的资料贮存在光盘里，就像给图书分类编目一样，给它一个号码，这样，任何时候，你都可以用微型机帮你检索你所需要的那一页，不管你找三千页还是三万页，不到五秒钟，马上就可以找到。又因为上面的资料是用激光的方式处理的，表面用薄膜盖起来，所以也不怕手印印在上面，无论是咖啡，还是茶水，都不会损坏它。这样，图书馆的资料便可以放在家里。由此可见，很多类似的问题很值得我们想一想。如果有一个有关埃及文物的光盘，就可以呆在家里观看整个博物馆的馆藏，有配乐，也有解说。现在一个六吋的光盘不过600美元。当然，任何技术资料，如做实验、教学、研究，医生做手术等都可以贮存在光盘里，用起来可以停，也可以进，可以退，也可以跳，还可以有声音。如果我们图书馆能够给用户这样的资料，该多好啊！"他还介绍说："美国国会图书馆藏书已达一千八百万册，假如使用IBM3850的磁带贮存，只需20盘就行了。假如用高速Transmission（传递设备），通过卫星，八小时之内，就可以全部传到欧洲去，这是非常惊人的事情。"

这就是新技术革命或新的信息革命对传统图书馆的严重挑战。这大约类似过去国外有人预测的那样,将来会出现三无图书馆,即没有图书、没有图书馆、没有图书管理员的图书馆。其实,这还不够确切,因为一切都离不开人,没有专门的人才去加工,哪里还会有人人手中可以携带的"微型图书馆"呢? 这件工作,恐怕主要的还是未来图书馆专家的任务,那时的图书馆员肯定早已不是现在这种概念了,他必须是一个真正博学多才的人。

新技术革命的兴起,向图书情报工作提出了严重的挑战。这个挑战,对我国图书情报界来说情况是相当严重的。主要表现在以下几个方面:

一、集中统一领导体制问题

当代的图书情报工作,其主要使命是帮助人们充分有效地利用人类已经创造的全部精神财富。这项事业,在一些工业先进国家,从五、六十年代以来,都开始进行了国家一级的统筹安排工作,建立了国家级的领导体制。主要表现在:

1. 国家设立职能机构,对图书情报工作实行集中统一领导。

2. 建立全国和地区图书情报事业机构,积极开展图书情报业务工作。

3. 建立全国图书情报体系,促进图书情报部门间的协调与协作。

如苏联,由政府一级集中管理国家的情报工作。苏联的情报网,是1966年在苏联科技情报与宣传局领导下建立的"苏联国家科技情报体系"。它包括全苏性情报机构、中央各工业部门情报系统和地方情报系统三部分。在这个全国情报网中,低于全苏科技情报所的还有9个全苏性情报机构,中央专业部委所属的情报机构和研究所有89个,地区情报机构(包括各个加盟共和国情报所)有117个,以及16,000个科技图书馆。

苏联图书情报事业中心是全苏科技情报研究所(属于全苏科

技情报与宣传局领导)。它是全苏基础科学和工业技术情报的主要集中单位,在情报业务方面起着国家中心领导作用。现在工作人员 4,000 多人,业余文摘员 25,000 余名。它的任务是:

1. 收集和评价世界各学科的文献。

2. 编辑出版主要来自二万种期刊、十万种专利出版物的文摘和述评。1953 年创刊的《文摘杂志》,1983 年已出版 205 个分册,大部分每月一期,几乎覆盖了自然科学和国民经济所有学科和部门;另外还出了二百多个分册《苏联与国外发明文摘》(专利文摘)。

3. 为全国提供专题目录和咨询服务。

4. 为地方情报所和情报机构提供复制资料。

5. 登记和收集全国科研、技术创造和革新成果。

6. 促进情报科学的研究和人员培训,采用现代化情报加工技术。

日本科技情报职能机构是首相府科学技术厅所属的调查局。其下有五大情报系统,并形成为日本的科技情报网。五大系统是:

1. 中央综合情报中心(JICST),即日本科技情报中心(1957 年成立);

2. 中央专业情报中心,如环境、食品、原子能等;

3. 地区情报中心,国家直属的市、县科技情报机构;

4. 国家数据中心,如物理、海洋、地震、气象、天文等;

5. 中央存储中心(科技图书馆)。

日本把科技图书馆作为科技情报工作的一翼,把"过刊"和陈旧资料的服务工作,由分布在各地的科技图书馆来做,让情报机构集中精力做最新情报的报道和研究工作。

美国在 1966 年 9 月设立了总统直接领导下的图书馆工作委员会和全国图书馆咨询委员会。随后于 1970 年又设立了全国图书馆和情报科学委员会。

据 1976 年统计,联合国教科文组织 82 个成员国中,已有 52 个国家响应该组织关于各国建立科技情报工作管理机构的呼吁,先后建立了国家一级的职能机构。

相比之下，我国在这方面还是比较落后的，国家一级的图书情报职能机构至今没有搞起来，因而我国图书情报工作的集中领导、统筹安排问题至今没有解决。这是我国图书情报事业发展缓慢的最主要因素。1984年初，恢复科技情报局，作为我国科技情报职能机构，估计今后我国科技情报工作会有很大改观，但图书馆事业，自成系统、分散状态问题，还没有解决。这个事业不能形成强有力的大"拳头"，将难以应付信息革命的挑战。

二、专业队伍建设问题

一个学科事业，要想得到长远的、合乎规格的发展，必须有源源不断的专业队伍的保证。没有专业队伍，图书馆学研究事业也不可能得到深入发展，专业队伍素质愈高，学科的发展也就愈快愈高，从而，图书馆事业才有可能真正在图书馆学的指导下大大发展起来。

实践表明，哪个图书馆专业人才多，哪个图书馆的工作就能够做得比较出色，规格化建设也就比较好，否则，那里必然是任意乱搞，杂乱无章。目前，即使在高等院校系统图书馆中，没有完整目录体系，没有严格借书制度和手续，采购大量重复和重要缺漏，没有图书馆统计的现象，也还不是个别现象，更何况一般的图书馆了。其症结所在，就是本来是专业性工作，却由大量的非专业人员去做。

因此，要真正大力发展我国图书馆事业，必须从专业人才入手。必须大力加强图书馆专业干部的培训，必须大大发展我国的图书馆学教育事业。

我国图书馆学教育事业近年来有很大发展，由粉碎"四人帮"前长期来只有两所高校办图书馆学系，发展到目前将近30个单位来办这样的系（专业）。但距离四化建设对图书馆事业实际的需要，则是相当不够的。上述三十个办学单位，即使每个单位一年毕业50名，三十个不过1,500名，十年才能有15,000名，还不到目前美国或日本两年毕业生的数目。这个数字,如果只同过去全国有十五万名图书馆员来比,或许会觉得还可以,但如果与将要得到迅速发展的全国图书馆事业的实际需要来比,则会相差很远。我国图书馆干部的来源,今后将要逐步做到主要来自受过各种层次图书馆学专业教育的学生。而全国各种类型图书馆以十万计,即使一个馆一个人也得十几万人,按现有速度办学要几十年,才能达到这个最低要求。这个问题的严重性,从下表的数字中更可以明显地看出来。

根据1984年出版的《中华人民共和国行政区划简册》和有关数据估算:

单位类别	数目	单位平均人数	合计需要人数
全国省级行政单位	30 个	100 人	3,000 人
地级行政单位	178 个	50 人	8,900 人
省辖市级行政单位	213 个	50 人	14,300 人
县级行政单位	2080 个	10 人	20,800 人
市辖区行政单位	552 个	4 人	2,208 人
全国公社(或乡)	5.2 万个	2 人	104,000 人
全国生产大队	70 万个		暂不计
生产队	515 万个		暂不计
全国企业	38 万个	1 人	38 万人
全国大专院校	805 个	40 人	32,200 人
全国中专及技术学校	14 万个	2 人	28 万人
全国普通中学	14 万个	1 人	14 万人
全国小学校	百万个		暂不计
科研机构(包括科学院系统 112 个)	2400 个	30 人	72,000 人
			计 1,057,408 人

以上一百零五万多的数字,还比较保守,还没有包括军事系统、公安系统。上述的水平,不过是生产队和小学一级不设图书馆

的水平。实际在国外，比如日本小学必须有图书馆。在苏联，每个集体农庄几十年前就都有图书馆。

应当说，只有像上述那些人群特别集中的地方都有了图书馆时，才真正能称得上一个国家科学文化事业有了相当的发展。这种形势，在我国四个现代化建设中，应当说不会在很长的时间内就可能出现。作为我国图书馆事业，在当前信息革命的潮流中，如何去做好应有的人才准备呢？不做人才准备，这个事业能够真正合乎规格地发展起来吗？显然不可能。所以，人才问题，不但是新技术革命对我们整个国家的挑战，也是对我国图书馆事业的严重挑战。图书馆事业建设，过去亏损太多，今后必须有个突破性发展，这要靠规划，并不是像1958年那样，一哄而上，再一哄而下。

上述两个问题，是信息革命对我国图书馆事业的最大挑战，只有这两个问题得到相应的解决，才有可能使下述四个问题的解决得到保证。即：

1. 图书馆的科学管理问题；
2. 文献标准化和资源共享问题；
3. 文献的充分有效利用问题；
4. 图书馆现代化手段的建设问题。

上述的问题只有在全国范围之内有了基本的解决，我们才能迎接二十一世纪我国现代化图书馆事业的新局面。

本章复习与思考题

1. 谈谈你对信息、知识和情报的看法。
2. 我国图书馆事业在新技术革命浪潮中，面临着哪些挑战？

本章参考和引用文献

1. "关于新技术革命若干基本问题的认识",钱学森,中国自然辩证法研究会《技术发展战略思想研究资料》,1984年第1期

2. "信息社会对图书情报工作的挑战",陈钦智,《图书情报工作》,1984年第1期;《资料工作通讯》,1984年第4期

3. "新技术革命与图书馆",杨沛霆,《图书馆学通讯》,1984年第2期

4. "新技术革命与图书馆",黄宗忠,《图书情报知识》,1984年第1期

5. "新的技术革命与图书馆现代化",谭祥金,《图书馆学通讯》,1984年第1期

6. "从信息社会看信息和信息革命",金禾,《电子情报工作》,1984年第1期

7. "新技术革命对人才的挑战与我们的对策",朱钧侃,《科学学》,1984年第4期

8. "发展我国信息情报产业迎接产业革命的新挑战",任道忠、戴立人,《情报学刊》,1984年第2期

9. 《图书情报工作概论》,辛希孟、孟广均编著,中国科学院图书馆,1982年

第三章　图书的起源及其历史

第一节　文献、图书的基本概念

文献是图书馆赖以存在的物质基础，没有文献也就没有图书馆。所谓文献，就是以文字、图形、声频、视频等手段将人类征服和改造自然过程中形成的各种知识，记录在一定的物质载体上，并能起到存储和传播作用的物质实体。具体而言，就是人们生活中经常接触到的图书、期刊、报纸、文件以及各种形式的信息资料，包括当代的缩微品、计算机磁带和视听资料等各种记录人类知识的载体的总和。

所谓图书，《辞海》解释是，指书籍、期刊、画册、图片等出版物的总称。但在图书馆里，通常是指书籍而言，现在能称为"书籍"的一般是指有封面、书名页和正文并装订成册的出版物。《辞海》对"书籍"的解释是，指用文字、图形或其它符号，在一定材料上记录知识、表达思想并制成卷册的著作物。最初，书籍同书契档案不分，后来成为传播思想、传播知识和积累文化的重要手段，逐渐形成为独立的形态。古代书籍，用人工书写，写书用的材料和书籍的装帧形式也不断变化。公元前二十五世纪，埃及用纸草写书。我国春秋到东汉时期（公元前八世纪到公元后二世纪），多用竹简、缣帛写书。东汉以后，逐渐被纸张所代替，形成卷轴形式。唐代开始，由于印刷术的兴起，书籍才逐渐由手抄改为刻版印刷，并由卷轴形式演变为册叶形式。十九世纪中叶以来,随着国外科学技术的引入和印刷术的不断革新,书籍从手工生产过渡到机械生产,内容、形式、载体也更为多样。这时,所谓图书,往往也就专指书籍而言了。

第二节　文献的起源

一、文字的产生

远古"史前时期"——氏族公社阶段,并没有文字。当时人们表达思想、传播经验,只能依靠语言。但是语言出口就消失,既不能保存,也不能远传。

随着社会生产的发展,人类在改造和征服大自然过程中,不断改造着自己,丰富着自己,人类的经验知识逐渐增多。由于继续生存发展之需要,今天的人类,需要知道昨天的事情;这里的人群,需要知道那里(别地、别部)的经验和知识。这样人们慢慢就有了需要积累知识和传播知识的要求。但是,没有文字怎么办? 这就很自然地出现了被编成人们容易记忆的诗歌、谚语、故事、格言之类的语言形式,于是人类就出现了最早的积累和传播知识的方法,开始了人类的传说时代。我国远古时代有巢氏(造房子的人们)、燧人氏(会用火的人们)、伏羲氏(会打渔打猎的人们)、神农氏(会种庄稼的人们)等故事,就是人们传说下来的。

但是,传说很不可靠,既容易增添又容易被减少,事情的原委往往容易变形。因此,人们就迫切需要寻找出能克服上述缺点的手段,随着社会的不断进步,就在我国古代出现了《易经》等书上所说的"上古结绳以记事"、"契刻以记事"的时代。

结绳、契刻的方法只是传说的一种补充,它使某些事情变得有所依据。但是结绳和契刻(在木板或竹片上)都不能直接表示语言,它们只是表示一定事件的符号,而不是语言符号,因而,它们并不是文字。虽然如此,从人类的文字产生的历史过程来看,无疑,结绳和契刻都是文字产生之前必要的酝酿和摸索阶段。

人类既然已能用绳子打着各种结或用刀子在木板上刻划某种痕迹符号,就会很自然地模仿自然界的各种实物,用手把他们描画出来。我国北京周口店山顶洞(约一万七千年前)和法国、西班牙深山洞里都存有旧石器时代人类祖先们所绘的画。

这种原始绘画,一开始当然都是尽其所详,可是久而久之,图画就会逐渐脱离具体事物的全貌,而演变成只要用几根类似的线条就可以表达某种意象的符号,如画牛、画马、画山等等,于是人类最原始的文字——图形文字或图画文字就出现了。图形文字的进一步发展就是刻画符号。我国原始社会后期,距今四、五千年前母系氏族公社的仰韶文化(今河南渑池县)及公元前1725—前1695年左右的父系氏族公社的龙山文化(今山东历城县)均有这种刻划符号的发现。这两处出土的彩陶器、黑陶器上都有一些示意符号,它们都是一种类似后世的拉丁字母或数字符号的文字。这些刻在陶器上的符号或文字,后世人叫它们是刻划符号或刻划文字。

据研究,我国古代的刻划文字与商殷时代的甲骨文及青铜器上的铭文有很多相似之处,因而有人认为,这些刻划符号是我国文字的始祖。

二、甲骨文的出现

随着人类知识的增加,生产力有了更大的发展,社会剩余产品的增多,导致私有制和统治阶级的出现,农业与手工业出现了分工,积累知识的工作有了专门化的要求,文字的形成加快了知识积累发展的速度。

现在已经发掘出的商朝后期盘庚迁都于河南安阳殷地之后的甲骨文,是我国最早的文字。这时的文字虽还无固定写法,还处在

30

自由创造阶段,但已有固定的语法现象。

自 1899 年,在河南省安阳小屯村发现甲骨文以来,先后已发掘十万余片,其中发现有四千六百多个不同的字,现已能认出一千七百多字,因为此地是商殷王朝的都城废墟,故也叫殷墟文字。

这些甲骨文,据研究,主要反映商朝后期,约从盘庚到纣十二个殷王朝时的政治、经济、社会、生活……等方面的情况。所谓甲骨文都是占卜、算卦的记录。当时人们非常迷信,做什么事情都要先占卜算卦,看看是吉是凶,该做不该做。朝廷则有专门掌管占卜的官吏来充当人与神的中间人。因为甲骨文是记录占卜的事项,所以,甲骨文也叫"卜辞"。

甲骨卜辞只作为日后验证查考用,只起着档案的作用,因而这种文字还不是作为传播知识的手段。甲骨文的发现使我们今天的人有可能从中了解到我国三千多年前的社会生活各方面的概况,因此可以说,甲骨文已起到了文献的作用,可以说甲骨文是我国最早的文献。

三、青铜文献

我国奴隶社会的商殷后期,大约与出现甲骨文字大致的时期,从生产力来讲,我国已进入了青铜器时代。

青铜制造的器具,主要是礼器、兵器、乐器、车马器和奴隶主们使用的饮食用具。生产工具类现在发掘的还不多。

青铜器上的文字从开始三、两个字发展到后来有几百字。这种文字大多属于纪念性的,一般叫做"铭文",因为铸在或刻在钟鼎上,也被叫做钟鼎文或"金文"。青铜文献是继甲骨文之后我国最早的文献。其字体最早接近于甲骨文,最晚出现过秦篆(小篆)和汉隶体(秦时造,汉时流行)。

青铜器发展可分为三期:

第一期,商殷和西周初期(主要是公元前 14 世纪—公元前 9

世纪中叶)是迅速发展和兴盛时期。器制庄严典重,文字由二、三字发展到二、三百字。此期有名的鼎如"司母戊鼎"重 875 公斤,高 1.33 米。

第二期,西周中期到春秋中叶(公元前 9 世纪—公元前 5 世纪中叶)是衰败期。器制简陋轻率,但铭文增多,如"毛公鼎"铭有 497 字,内容是周王告诫和奖励部下的。从铭文的角度来看,这个时期的铭文最有史料价值。

第三期,春秋中叶到战国末期。器制轻巧适用,并且多样化,工艺有了进步,但铭文没有进一步发展。这是因为一器的容积有限,不能刻长文,而且此时竹帛之书已经流行,所谓"铭文"也就到了末路。此期有名的是郑国子产铸刑鼎,将法律铸在鼎上公布于众。

据研究,现在已经认识的青铜器铭文有 1,894 个字,还不认识的字有 1,199 个。现在已出土的铭器达四、五千件,铭文较长又具史料价值者占十分之一以上,即约五百件以上。青铜文献的历史约一千二百年(公元前 14 世纪—公元前 2 世纪)。

四、石头文献

在石头上刻划是初民之风,因而有了文字之后便自然会有人在石头上刻字或写字。

我国现存最早的刻石,是春秋初年周平王时秦文公所造十个秦国石鼓。

春秋时期(公元前 770 年—公元前 476 年)刻石盛行,故《墨子》书中有"镂于金石"的话,但当时的石刻现在无存。现在只有秦始皇统一中国(公元前 221 年)后巡视天下时所刻,《史记》记载有七处,但现在只有"琅邪台刻石"的残石。

由于比青铜锋利的铁器的发展,两汉时期,特别是东汉(公元25—公元 220 年)刻石风更盛。通常在山崖石壁上刻字叫"摩崖"。在地上立一长形石板,在上刻字的叫"碑"。长方形石板,顶部是圆形的叫"碣"。内容大多为死者歌功颂德之类的纪念性文字,旧时代庙里这种碑碣特别多,这种风气一直流行到解放前。

古代,在石头上刻字,具有文献作用的首推公元175年东汉蔡邕在碑上所刻的儒家经书,因为所刻的是孔子删订的《诗》、《书》、《礼》、《易》、《春秋》所谓经典之作,故这个刻石叫"石经"或"汉石经"或"熹平石经"(东汉熹平四年刻)。此"石经"立于东汉都城洛阳太学门前,供人们校正经书之用,起了传播知识的文献作用。东汉之后,从唐朝到清朝还有过几代刻过石经,但愈往后,随着印刷技术的出现,大多只不过起着点缀作用而已。

"石经"的出现,一方面在手抄书时代起了统一经书、校正文字的作用;另一方面在人们经常照着石经抄书的过程中,慢慢就采用了简便方法,即传拓〔tà〕的方法,省去抄写的麻烦,而导致后来雕版印刷术的发明。

甲骨文、铭文及石刻文献,严格说来都还不能起传播知识的作用。它们既不便于携带,又不便于书写,因此它们还不能算作图书。

第三节　图书的产生

一、竹木的书——简策(册)

在古代,大约从春秋开始我国出现了用竹片和木板做的书。竹子做的叫"竹简",木板做的叫"木简",还有一种也是木板做的叫"版牍",多用来写公文、书信之类。

竹木简最长的二尺四(先秦时二尺四合现在三尺),中间者约一尺二,最短八寸。三尺长的专写经典和法律用,故古代把法律叫做"三尺法"。一般书信用约一尺的版牍,所以旧时把书信叫做"尺牍"。每简一般二十余字,最多四十多字。在简上用毛笔蘸朱墨写字,但要准备一把小刀,以便错了用刀刮掉重写,故历来把删改文章叫做"删削"。

竹木简写好后,用麻绳、丝或牛皮条将它们串连起来成书,现在的"册"字即由此种做法形象而来。

竹木简可能出现于商朝后期,但作为记载和传播知识的书籍,则大量流行于春秋、战国、秦及两汉期间,大约近千年的历史。我国汉代以前的大量古代典籍,除了作于缣帛之外,大多都是成书于竹木简上。因为竹木简体积太大,一篇文章或一本书就要写一大堆竹木简,所以,才有秦始皇每天要看一百多斤公文、西汉东方朔上书要用两个大汉抬着进宫的传说。

竹木简书,解放后已大量出土。如1972—1974年出土的长沙马王堆三座汉墓,就发现竹简三百一十二枚。1972年山东临沂银雀山西汉墓,出土了四千九百多枚简书,其中有《孙子兵法》、《孙膑兵法》、《尉缭子》、《六韬》、《管子》、《晏子》等大量先秦典籍。《孙膑兵法》失传一千多年,到底有无此书,这次发掘得到证实。

竹木简便宜、易得,但笨重、占地方,乱了之后又不易整理,所以它虽不是人类知识的最好载体,但在纸张发明之前,它却为人类做了很大贡献。

二、丝织品的书——缣帛

帛书起源于春秋末年(公元前476年前后),在竹木简盛行的同时流行于战国、秦汉及三国之间,大约有七、八百年的历史。隋唐以后的帛,大多用于字画方面,并不用于写书。当时的丝织品有帛、素、缯、缣等名称,故这种书有"帛书"、"缯书"、"缣书"或"素书"之称。《墨子》书中的"书于竹帛"的"帛"即指此而言。

在丝织品上写文章,可依篇幅长短剪裁下来,然后折叠或卷起来,这样就出现了一卷一卷的书的形式,后世就有了以"卷"计算书籍数量的单位。《汉书·艺文志》记录国家图书馆藏书,有的以

34

篇计,有的以卷计,有的两者并称。称篇多指简策,称卷多指帛书,说明西汉时,竹木书与丝织品书并行,而称卷的不如篇多,说明竹木书多于帛书。

1973 年长沙马王堆三号汉墓出土的帛书有一百二十多种,其中有《老子》、《战国策》、《易经》等书,有的书两千多年前的司马迁也没有见过。而且还发现帛书并不都是卷轴式的,有的帛书是叠成方形盛于盒内的。

帛书柔软轻便,比之竹木简,阅读、保管都方便,但是价钱太贵,一般平民百姓不可能用它来当书写材料用,所以,它的应用没有竹木简那样广泛。

三、简帛时代的重要著作

我国历史上的文化典籍,随着社会经济文化科学的发展而逐渐发展起来。我国竹简之书,虽然在历史上东晋桓玄于公元404年曾下令废止用竹简写书,但实际上早在东汉推广造纸术以后,竹简已开始逐渐不用。一般来说,大致可以把公元 220 年东汉结束以前出的书籍,绝大部分列为竹简和缣帛写的书。据统计,这个时期共出书籍 2,133 部(西汉以前为 1,033 部,东汉 1,100 部)。按时间算,上下有一千年。这时期的书籍,现在已知的比较著名的著作,主要有以下一些典籍。

我国春秋后期,孔子(公元前 551—前 479 年)整理和编定了六经之书,即《诗》、《书》、《礼》、《乐》、《易》、《春秋》,其中,除《乐》早已失传外,其余五种是我国现存最古的著作。

战国时代(公元前 476—前 221 年),正是我国奴隶社会崩溃、封建社会兴起的交替时期,与其相适应出现历史上称为"百家争鸣"的时代。产生了许多代表人物,形成了许多学派,有不少著作流传于后代。如哲学政治思想派别方面,有儒家、墨家、道家、法家、名家、纵横家等等。还出现了其它各种专门的学术思想,如兵家、农家、方技、阴阳、杂家等。他们的著作，后世一般称之为"子书"，所谓诸子，主要就是指这些代表人物。重要著作有：《论语》（孔子弟子整理的孔子言行录）、《老子》、《墨子》、《庄子》、《孟子》、《荀子》、《管子》、《韩非子》、《公孙龙子》、《商君书》、《孙子兵法》、《孙膑兵法》、《吕氏春秋》等等。

史学性著作，还有《国语》、《战国策》等等。

文学方面，有古代伟大史诗《楚辞》，包括屈原的《离骚》、《九歌》和《天问》等名篇。

自然科学方面，《墨子》书中《经》上、下，《经说》上、下及《大取》、《小取》六篇，有关于光学、力学、数学、几何学的论述，还记有制造器械的方法。还有记载春秋末年齐国三十多项手工生产设计规范、制造工艺的技术书《考工记》。《管子》书中有讲矿床学知识的《地数》篇，讲地理、地图、土壤学的《度地》、《地图》、《地员》篇等。《吕氏春秋》中的《上农》、《任地》、《辨土》、《审时》篇，保存了我国先秦时期的农学知识，是我国现存最古的农学著作。《黄帝内经》和《神农本草》是我国现存最早的医典和药典。《甘石星经》（甘德《星占》和石申《天文》的合编）较精确地记载了一百二十颗恒星的方位和距北极星的变数，是世界最古的恒星表。《周髀算经》是西汉或更早时期的天文历算著作，《九章算术》则是世界古代著名的数学著作之一。《山海经》是我国最古的地理名著，同时也是一部有名的神话集。东汉炼丹家魏伯阳的《周易参同契》是世界上最早的炼丹专著，有不少化学知识。

以上都是秦朝以前和秦汉之际的重要著作。

由于汉武帝采取"独尊儒术"的政策，故儒家学说有了很大发展，出现了不少解释孔子的所谓经书的大家，如郑玄、何休、贾逵、服虔等和他们的一些经注之书。伏生的《尚书大传》、毛公的《毛诗诂训传》、韩婴的《韩诗外传》以及《春秋公羊传》、《春秋谷梁传》等都在这时出现。我国最早的词典，解释儒家经义的《尔雅》，也在这时产生。

思想学术方面,有西汉初期的陆贾的《新语》,贾谊的《新书》,刘安的《淮南子》,董仲舒的《春秋繁露》,扬雄的《法言》、《太玄经》,以及东汉唯物主义思想大家王充的《论衡》。

史学方面,有司马迁的《史记》(纪传体通史,原名《太史公书》,后世誉为是我国文学和史学上的不朽篇章),东汉班固的《汉书》(我国古代第一部纪传体断代史——西汉的历史),荀悦的编年史书《汉纪》(是地方志史书),还有赵晔的《吴越春秋》以及作者佚名的《越绝书》等。

文学方面,这时期主要是赋、散文和民歌组成的乐府诗,特别有名气的有贾谊的《吊屈原赋》、《鹏鸟赋》,枚乘的《七发》,司马相如的《子虚赋》、《上林赋》,扬雄的《羽猎赋》等。政论方面,有贾谊的《陈政事疏》、《过秦论》,晁错的《论贵粟疏》。东汉末年的乐府诗《古诗十九首》(非一人一时的组诗),是我国古代五言诗最早的代表作。东汉末年孔融等"建安七子"的诗歌创作,被后世认为是我国文学史上的光辉杰作。

文字学方面,除西汉《尔雅》外,东汉许慎《说文解字》是我国第一部分析字形和考究字源的字典。还有扬雄的《方言》、刘熙的《释名》、服虔的《通俗文》等训诂专著。

自然科学方面,出现农业专著《氾胜之书》,医学名著有张仲景的《伤寒杂病论》,天文学名著有张衡的《浑天仪图注》、《灵宪》等。

东汉末年,佛教传入我国,出现第一批佛经翻译家,如:安世高、严浮调、安玄、唐僧会等。

西汉末年刘向、刘歆父子的《七略》,不但是我国目录学和校雠学的开端,而且也是我国和世界上的第一部图书分类法,对后世文化学术思想史产生很大影响。

第四节　纸的发明和手写书时代

一、纸的发明

有了纸,人类知识的积累和传播才算有了理想的记录载体。它书写方便、保存方便、传播方便,大大推动了社会文明和生产力的发展。纸是人类文明的标志,我国远在两千年前就发明和推广了造纸术,这是对人类文化的伟大贡献之一。

1957年在西安灞桥发现一座西汉武帝(公元前1—2世纪)时期的古墓,其中出土了几片古纸残片。经过科学鉴定认为是麻质纤维所制。它证明了我国劳动人民远在西汉时期,距今两千年前就掌握了用麻类植物纤维造纸的技术了。当然,这种古纸很粗糙,还不便于书写,只能用来包东西。但是,无疑这种造纸技术的进一步发展必然引起造纸技术的进一步推广。东汉的"尚方令"蔡伦正是历史必然地担当了造纸技术的总结和推广的重任。因为他在皇宫中掌管皇帝生活日用品的工作,有条件接触甚至在必要时参加一些造纸生产的试验活动,因而才有可能总结了造纸技术并报告给皇帝。公元105年他总结出来的用树皮、麻布、破渔网之类进行造纸的技术,来源方便、价格低廉、容易进行大量生产,得到皇帝承认而载入史册。客观地说,他并不是造纸术的发明人,我国的造纸技术,也并不是公元105年以后才有的。

自从公元105年东汉开始推广造纸技术以来,所用原料不断改进,技术不断提高,产量不断扩大,对我国古代文化的发展起了重大的作用。

二、造纸术的外传

根据历史记载,公元751年以后,我国造纸技术开始向西方传播。这一年,唐朝与大食国(阿拉伯帝国)打了一仗,唐朝战败被大食俘去的中国士兵有造纸工人,他们把造纸技术传给了阿拉伯人。先在撒马尔罕建立了造纸厂,此地就成了当时向欧、非各地出口纸的重要产地。公元793年阿拉伯人又在巴格达建立了造纸厂。公元900年在埃及、公元1100年在摩洛哥也陆续建立了造纸厂。随后欧洲各国才先后建立了造纸厂。在美洲,直到1690年才在美国费城建立了第一座造纸厂。

我国造纸技术传到东方各国时间较早,大约三世纪中叶就传入朝鲜和越南,公元五世纪经朝鲜又传入日本。六世纪后又从中国经西方的陆路传入印度。

三、手写书的历史

纸的发明并不能马上完全在社会上用于写书,因而在历史上就有一个竹、帛、纸并用的时期。东汉出现了手抄本,但真正盛行的时期是西晋到唐末。手抄书在唐时已成专门职业,抄书人叫"经生"。但早期还有用竹帛写书,直到东晋末期,桓玄(公元369—404年)于404年亡前下令废除竹简之后,纸才渐渐完全代替竹帛。唐朝前期已出现雕版印刷,手抄本也还通行,大约到北宋初年,手抄书基本不用了;但清代《四库全书》部头太大,七部正本都是手抄的。

纸本手抄书,最早还是沿袭帛书成卷的形式,即把若干张纸粘连起来,成一横幅,用一根细木棒做轴,从左向右卷起来成为一束即叫卷,书籍这种装订方法叫做卷轴制度。纸幅的高度通常一尺上下,长度以容纳首尾完整的一篇或几篇文字为限。纸上用墨画成直格,分为许多行,四周的线叫边或栏,中间的线叫界。中心轴比卷子长出一点，两头外露，便于展开。卷子右端外露，易损坏，故用另外的纸粘一段加以保护，叫"褾"，也叫"首"，现在人们叫"包头"。褾头上再系一根"带"作缚扎用，"带"可以有各种颜色作为书类的标志。如图2：

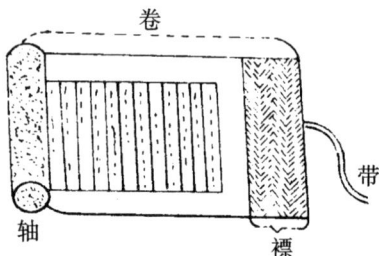

图 2　卷轴书

如果一部书要写成许多卷子，为了避免混乱，就用"帙"包起来，通常是五卷或十卷一包，"帙"的质料一般以麻为里，以丝织品为表。"帙"的一端也有"带"便于捆扎。因为"帙"只包卷身，两头外露，故放在书架上，从外部看，只见卷轴。当时，放书插进，取书抽出，叫做"插架"。为了区别不同的书类，往往在轴头上挂一根签，就是一个小木牌，写上书名、卷次，相当于现在的书标。卷轴书的组成部分包括：卷、轴、褾、带、签、帙六个部分。

手抄本书发现最多的一次，是1899年在甘肃敦煌千佛洞发现的四万多卷公元五到十世纪间的写本书。这批文献被英国的斯坦因和法国的伯希和骗买很多，后来只剩下八千多卷，1909年清政府下令交给京师图书馆，后来又几经收集，现约有一万卷。

四、手写书时代的主要著作

手写书也叫写本书，是自东汉造纸术推广之后逐步开始的，主要时期可以从三国开始到北宋初年印刷术普及之前，约八百年的

40

历史过程。这时期抄书逐步职业化，我国古代书法家，多数出自这个时期。这时期书籍开始了商品化，城市里有书店，公私藏书都较前期有显著增长。据统计，从公元220年三国开始到公元960年五代结束，近八百年间，共出书21,460部（255,378卷）。

主要著作：

这时期历史学著作特别发达，西晋陈寿的《三国志》和南朝宋范晔的《后汉书》，都是纪传体断代史名著，它们与《史记》、《汉书》并称"四史"。北齐魏收的《魏书》、南朝梁沈约的《宋书》、萧子显的《南齐书》及唐代官修的《晋书》、《北齐书》、《周书》、《梁书》、《陈书》、《隋书》和唐李延寿的《南史》、《北史》都被后代列为正史。

人物传记和地方志在这时期也出现不少名著。南朝梁释慧皎的《高僧传》，记有东汉到南北朝梁代257名僧人生平。东晋常璩的《华阳国志》记载从远古到东晋为止的巴、蜀史事，它是研究我国西南地区的重要史地著作。

北魏郦道元的《水经注》，把《水经》中记载的137条河，增加到1,252条，并对每一水道——究源，记沿途的山川城镇、历史古迹、风土人情及神话传说等，成为我国古代最重要而又系统的综合性地理专著。

北魏杨衒之的《洛阳伽蓝记》是城市地理专著。本书分城内及四门之外共五篇，追叙北魏盛时洛阳城内外伽蓝（梵语"佛寺"）的兴隆景象，兼叙尔朱荣宫廷变乱及有关的古迹、艺文等。对当时豪门贵族、僧侣地主的骄奢淫逸，寓有讥评之意。其中所引《宋云家记》，叙宋云与僧惠生出使西行事，为研究中外交通史的重要资料。文字简明清丽，颇有特色。

唐代刘知几的《史通》是一部影响较大的史学评论专著。

在文学艺术方面，这个时期异常发达。从"建安七子"（汉末建安时作家孔融、陈琳、王粲、徐幹、阮瑀、应场和刘桢七人）到曹操父子，在五言诗方面的成就都很高。东晋田园诗人陶渊明的作品,对后世有很大影响。到唐代我国古典诗歌已达到高峰,出了李白、杜甫、白居易等伟大诗人。清代所作《全唐诗》包括二千三百余作者和五万首诗歌。

这个时期还开始出现了异怪传奇和文人轶事的小说作品,如东晋干宝的《搜神记》,是志怪小说的代表。南朝宋刘义庆的《世说新语》是轶事小说的代表作,对后世笔记小说产生很大影响。唐代传奇文的发达,为后世"评话"及章回小说的出现开辟了道路。

在文学评论方面,如三国曹丕的《典论》、西晋陆机的《文赋》、南朝梁刘勰的《文心雕龙》、钟荣的《诗品》等,都是文艺批评史的重要著作。

由于这个时期创作的发达,反映个人作品的别集和总集形式的作品也开始大量出现。南朝梁昭明太子萧统编选的《昭明文选》,收录自先秦到梁七、八百年间诗人辞赋七百余首,对后世影响很大。南朝陈徐陵编选的《玉台新咏》是继《诗经》、《楚辞》之后的一部诗歌总集,选录自汉魏到梁代诗歌 769 首,如《古诗为焦仲卿妻作》(即《孔雀东南飞》)就包括在其中。

由于史学的著作增多,从魏《中经》、西晋《中经新簿》到东晋《晋元帝四部书目》等几部书目中,开始收录史学著作,并确立了经、史、子、集四分法的图书分类体系,适应了当时各种著作大量增多的客观需要。

由于书籍的增多,编制类书——古代的百科全书的工作,就提到日程上来了。这时期类书出现很多,如三国时的《皇览》、隋时的《长洲玉境》、《书钞》。唐代类书,据记载达到万卷之多,如现存的有《艺文类聚》(唐欧阳询撰)、《初学记》(唐徐坚撰)、《白氏六帖》(又名《白氏经史事类》,唐白居易辑,该书后与宋代孔传的《后六帖》合称《白孔六帖》)、《北堂书钞》(唐虞世南的)等。

由于翻译佛经,注意到声韵学的研究,出现不少专著,如魏李登的《声类》、晋吕静的《韵集》、齐周颙的《四声切韵》、梁沈约的

《四声谱》、隋陆法言的《切韵》、唐时又在《切韵》的基础上完善为《唐韵》，这些都是古代重要的声韵学著作。

此期佛教事业大发展，佛经翻译家很多，有名的大师，如西晋的竺法护、后秦的鸠摩罗什、南北朝梁时的真谛等。到唐代则出了一代杰出的代表唐玄奘大师。真谛、鸠摩罗什、玄奘三人被并称为中国佛教三大翻译家。唐代智昇和尚编的佛经目录《开元释教录》有五千零四十八卷，成为我国佛教大藏经的基础。

与佛教盛行的同时，当时道教也很兴盛，著作也很多。唐玄宗曾命人编撰《道藏》凡三千七百四十四卷，名为《三洞琼纲》，成为后世道藏的起源。

在哲学方面，此期名著也很多，魏晋时，老庄思想大为流行，出现了大量的有关著作，如三国魏时玄学家王弼的《老子注》、晋代郭象的《庄子注》对后世影响都很大。

无神论著作，如晋代阮瞻的《无鬼论》、南朝梁代范缜的《神灭论》，都是中国哲学史上有名的唯物主义著作。

此期儒家思想仍然处于正统地位，唐代官修的《五经正义》成为科举考试的依据，之后各种对经书的注本、疏本大量出现，因此后世也就有了所谓《十三经注疏》的出现。

在自然科学方面，有南北朝宋祖冲之的《九章术义注》、《大明历》。东晋葛洪的炼丹专著《抱朴子》，对后世中外炼丹家都有很大影响。后魏贾思勰的《齐民要术》，是现存最早的农业专著，极有价值。在医学方面，魏晋王叔和的《脉经》，皇甫谧的《皇帝三部针灸甲乙经》等是关于脉理和针灸方面的总结性专著。这个时期关于药方、药理、药物方面也出现不少有名的专著。

第五节　印刷术的发明

印刷术是我国古代人民对世界文化的重大贡献之一。我国先于唐初发明了雕版（也叫刻版）印刷，又于北宋初年发明了活字印刷。

一、雕版印刷术

雕版印刷术，据研究，到九世纪初，即已相当普遍，当时不论民间日历、文人著作或佛教经典均已有了刻本。据此推测，我国发明雕版印刷术时期应当在公元七世纪后期到八世纪初。我国已发现的、最早的雕版印刷品，是1899年在甘肃敦煌千佛洞储藏的《金刚经》，它是公元868年（唐咸通九年）的作品，是一个首尾完整的卷子，长约一丈四尺，印刷术已达纯熟境界。该卷子，卷首有一幅扉画，绘释迦佛在孤园说法的情形，四周有诸天神佛静听情形。卷子是用六块大约一尺宽二尺长的长方形木板，雕刻上文字，印在六张面积相等的纸上，另加一张扉画粘连而成。这是世界上已发现的有日期的最早雕版书籍。雕版印刷术出现时期正是佛教兴盛时期，故最早雕版印刷佛经、佛像最多。

雕版印刷术之所以能出现，有以下几个原因：

一是，东汉公元175年蔡邕的"汉石经"出现以后，人们在长期校抄石经过程中，发明了传拓石刻的方法，就是直接用纸在石碑上拓印文字。

二是，我国自古就有图章及在青铜上铸字的实践，如已发现公元500年前后，在宗教上使用的阳文反字的大印。这些道理与雕版印刷术原理相似。

三是，造纸术经几百年的发展，技术和纸质都有很大的改进，出现了纤维柔韧的纸张,较适宜于拓碑印刷。

所谓雕版印刷,就是把书上的文字按照规定的尺寸,一个字一个字刻在一块块木板之上,再用这块刻成的字版来印书,只要刻好了一块版,就可以多次印刷。刻字有阴文(凹进去)和阳文(凸出来)字体之分。在字版上刷上墨,铺上纸,用刷子在上面刷几下就可以印出字来。当时印书都是单面印,由中缝折起来,一开始沿用卷子式,就是一页页粘起来卷成书。

二、活字印刷术

我国的历史,到了北宋(公元 960 年开始)时,雕版印刷术已采用二百多年,因此雕版技术已很成熟,有名的"宋版书",就多指当时的雕版书。

活字印刷术是公元 1041—1048 年由北宋时的毕升发明的。根据北宋沈括的《梦溪笔谈》记载,毕升用胶泥制做活字,胶泥就是粘土。他把粘土刻成像铜钱那样薄的单字,用火烧硬,在一块铁板上面散上松脂、蜡和纸灰,又用铁做一个书版大小的铁框,叫铁范。印书时,先取铁范放在铁版上,在铁范内排上泥字,排满一版送到火上烘一下,等蜡稍熔化,再用平版在上面压一下找平,冷却后,泥字在铁范内固定不动,就可以刷墨印书。如果同时预备两副铁版、铁范,互相交替,这一版印刷,另一版排字,则印刷速度更快,遇到缺字,可以立刻用胶泥制做。印刷完了,把铁版加热,蜡熔化,用刷子把泥字刷下来,下次再用重排。毕升发明的印刷技术,从铸字、排版到印刷等基本原理,现在基本上仍然沿用。

继泥活字后,在我国又有木活字、铜活字、锡活字、铅活字的出现。其中木活字流行最久,一直到清代一般都用木活字印书。

最早,元代农学家王祯于公元 1298 年曾用木活字印过书。明朝时出现铜活字,1726 年(雍正四年)清政府用铜活字印了一部《古今图书集成》,全书一万卷,份量太大,只印了六十四部。

明朝盛行铜活字时,常州有人发明过铅活字,但没有受到重视和推行。

三、印刷术的外传

在欧洲,德国人谷登堡于1450年发明铅活字,但估计是受我国印刷术原理的启示。因为十二、十三世纪时,欧洲和中国已经在中东一带有频繁接触,并且十字军东征时期(公元1096—1291年),从中东输入了雕版印刷术,而中东的雕版术无疑是从中国传去的,欧洲是十五世纪前后出现雕版印刷的书籍。元朝时(公元1279—1368年),欧洲人已直接与中国人来往。

第六节 我国书籍制度的演变

一、简策(册)制和卷轴制

我国最早可以称作图书的是由竹片和木版做的,最早起源于商殷后期。《尚书》已记载"惟殷先人,有典有册",估计就是指简策。最盛时期是从春秋到东汉末年,以后逐渐由纸代替,约到公元四、五世纪绝迹。

用竹片做的书叫"简策",用木版做的书叫"简牍",一根竹片叫做"简",把许多简编在一起叫做"策"也叫"册"。一块木版叫"版",写上字的叫"牍"。所以,这时期图书的制度叫"简策制度"或"简牍制度"。

约在春秋战国时,当时养蚕已兴,出现丝织品,在上层人物中出现用丝织品写的书,叫"帛书",可以折叠,也可依照篇幅长短剪下来,卷成一束,称为一卷,通常一篇为一卷,短文数篇为一卷,"卷"一般为"帛书"的计算单位。

二、纸书的卷轴制度

由于东汉推广了造纸术，使书写有了条件，之后从魏晋以来，手抄书开始流行。开始时，纸书沿袭帛书的形式，就是把若干张纸粘连起来成一横幅，从左边起，用一根木棒做轴从左向右卷成一束，中心是一根轴，因而叫这种制度为"卷轴制度"，它是继简册制度之后，由帛书到纸书初期逐步形成的书籍形式。

三、卷轴到册叶制的过渡

卷子书有时长到几丈，展开卷起很费事，特别是隋唐时，类书大量出现，人们要查其中某一段文章时就要全部展开，很费事；另外西晋以来，佛教兴盛，和尚念经书，不一定都从头开始，有时需要念其中的某一部分，这样，用卷子书也不方便。在频繁用书的情况下，人们就发明了更省事的办法，就是将长卷子书不再卷起来，而折叠成数寸宽的长方形的一叠纸页，两面用硬的厚纸做书皮。这样就出现了所谓"经折装"或"梵夹装"（与佛经书有关）。这时期大约是唐代中期，因为折起来像一片片树叶，故唐代人也叫"叶子"。它的试样如图3。

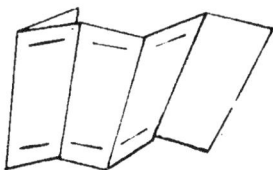

图3 经折装

大约在经折装出现不久，人们发现它容易折断散乱，就又想出办法，用一张大纸对折起来，一半粘在最前页，一半从书的右边包到背面，粘到书的最后一页上，这样就把整个书页连成一个循环往复形式。这种形式叫做旋风装，如图4。

图4　旋风装

四、册叶制度

经折装和旋风装虽然免除了用书时展开和卷起来的麻烦,但由于是折叠式的,久了就容易散成一片片,造成散乱丢失。而且雕版印刷本来是一页一页印出来的,采用卷轴制度又要把一页一页纸粘起来,也很麻烦,于是人们又想出了何不按印刷的页子将书装订成册页的形式呢?就这样在长期实践中,逐渐出现了新的装订形式——蝴蝶装。这是册叶制度最早的形式,大约出现在五代时期(公元907—960年),之后到元代时出现包背装,到明代则出现了线装书,这种线装形式,直到现在也在沿用。

蝴蝶装又叫蝶装,我国宋代蝶装书很有名。装订方法是将书页反折(有字的一面相对),中缝用浆糊粘在书背上,书衣用厚纸包起来,有时用丝品表背。这样装订的书,展书时像蝴蝶展翅状故叫"蝴蝶装"。

这种装法的优点是在中缝(版心)处装订,没有折痕,书页不会折断,但有很大缺点,就是翻书时总是一面有字,一面空白,每读完一页连翻两页。于是人们又继续改进,而出现了"包背装"。

包背装与蝴蝶装的方法恰恰相反,它是将有字的一面向外,空白面折起来,就类似现在单面油印 8 开折成 16 开时的叠页方法。这种装订方法最大特点是把有字的一面全部向外,装订的这一边有较多的空白处,这就给线装书的装订法创造了条件。

包背装除了用浆糊粘贴之外,也有打孔用纸捻串联,然后外面再加整张封面包封。这种方法在元朝时最流行,明代中期后减少,清代则很少见了。蝴蝶装和包背装如图 5、6。

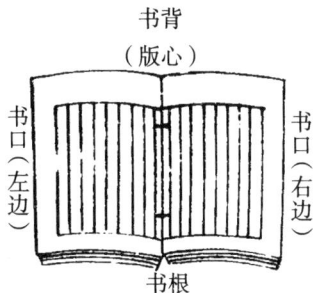

图 5　蝴蝶装

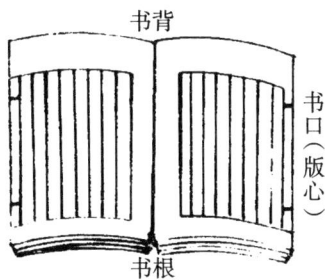

图 6　包背装

线装与包背装形式基本相同,但线装不是整张做封皮,而是上下(前后)各加一张单独封面,然后打孔,有四眼孔、六眼孔、八眼孔等等,穿线订成一册。这种方法大约在十五世纪(明朝中期以后)采用,到清代大为盛行。

线装书便于翻阅,不易散乱,装订时又不须用浆糊,很省工适用,线装书是刻本书最进步的方法。线装书是软的,为了保护书籍,所以多卷集的线装书大多

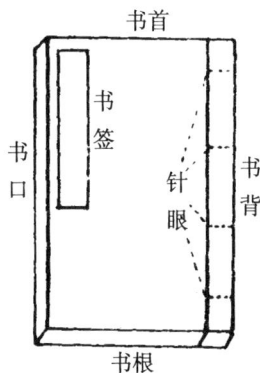

图 7　线装书

都外加一个布面的硬书套,叫做"函",这是古代"书帙"的变形。

五、雕版印刷的重要著作

雕版印刷虽自唐代开始，但真正兴盛起来是从五代开始到两宋年间（元代雕版印刷也很发达），其数量估计已超过一万部以上。

最早的雕版书实物，首推1899年在甘肃敦煌千佛洞里发现的《金刚经》，卷末印有"咸通九年四月十五日王玠为二亲敬造普施"字样，咸通九年即为公元868年，为世界上现存有年代可查的最早的印刷品（现藏于伦敦英国博物馆）。

1944年在四川成都唐人墓中出土了印本《陀罗尼经咒》一卷，印件居中是梵文，纸端印有"成都府成都县龙池坊卞家印卖咒本"字样。唐代成都府设于公元757年，估计是此期刊印，这是我国国内仅存的最古的唐刻本。

唐代雕版印刷主要是一些佛经和群众日常生活用品，如日历、字书、迷信用书等。公元881年，黄巢起义军进入长安时，随同唐僖宗逃亡成都的中书舍人柳玭，在他的《家训序》中记载他当时到书铺阅书时，看到有阴阳、杂记、占卜、相宅、九宫、五伟、字书、小学等书籍发售。

到了五代，民间和佛教徒刻书事业更加发达。在敦煌发现的书籍中，有五代刊刻的韵书残本，还有许多上图下文的单页佛像。私人出资刻书的首推五代后唐翰林学士和凝，后晋天福五年（公元940年），他为丞相时，自己刻写上版雕印他作的短歌、艳曲等一百卷。后唐僧人昙域在成都雕刻过贯休和尚的《禅月集》。后蜀宰相毋昭裔令门人勾中飞、孙逢吉出版《文选》、《初学记》、《白孔六帖》等雕版印刷物，毋昭裔因而成为第一个卖书致富的私人出版家。

五代后唐明宗时，宰相冯道、李愚奏请刻印儒家经典，开了后世官刻之风。当时由国子监组织专人以唐《开成石经》为依据，招工雕印，从公元 932 年到 953 年，共二十二年内刻了《易》、《诗》、《书》、《春秋左氏传》、《春秋公羊传》、《春秋谷梁传》、《仪礼》、《周礼》、《礼记》等所谓九种经书。这是历史上第一次由政府组织的大规模刻印儒经的事业。

南北两宋是我国雕版印刷的黄金时代。公元 971 年宋太祖命张从信到成都筹刻《大藏经》共五千零四十八卷，一千零七十六部，分四百八十函，于公元 983 年全部完成。这是我国历史上第一部刻印的佛藏集，也是第一部刻印的大部丛书。

宋代四大类书，宋太宗时的《太平御览》、《文苑英华》、《太平广记》和宋真宗时的《册府元龟》，都是由国子监陆续刻印流通全国。公元 988 年到 994 年，又命国子监重行校刻九经和四史，并刻印《说文解字》等书。公元 1057 年又刊印了《黄帝内经》、《伤寒论》等医书；公元 1083—1084 年，刊印了《周髀算经》等古算经十种；公元 1086 年又开始刻印司马光的史学巨著《资治通鉴》。

宋代刻书成风，官刻，有国子监、崇文院、秘书监、司天监，还有公使库（相当于现在的招待所）、各地方官署。此外书院刻书、寺院刻书以及私人刻书、书坊刻书，几乎遍及全国。其中尤以四川成都及眉山、浙江的杭州、福建的建阳为其主要中心，因而两宋书籍也特别之多。刻书事业与文化科学教育事业相辅相成，相互影响，相互推动。

两宋时代的儒学，由于佛、道教思想渗入，出现了新的儒家学派——理学，对后世影响深远。如周敦颐（公元 1017—1073 年），是宋代理学家中最早的一个代表者。他的主要学说是关于无极、太极及阴阳五行的运转、变化之说，名著有《太极图说》和《通书》。程颢（公元 1032—1085 年）和程颐（公元 1033—1107 年）兄弟二人共同建立了一套比较系统完整的客观唯心主义的哲学体系，其著作被后人编在一起，名为《二程全书》。朱熹（公元 1130—1200年）是南宋最大的理学家和教育家，他的学识渊博，继承并发展了北宋理学家的学说,对儒家经典中的《论语》、《孟子》、《大学》、《中庸》(所谓四书),作了大量的注解,以阐明自己的观点,他的这部分著作后人辑为《四书集注》。他的哲学著作还有《太极图说解》、《通书解》等。他对学生的讲话记录,被编成《朱子语类》出版。与朱熹同时,在浙江有一批学者并起,叫浙东学派,其中最著名的是南宋进步思想家陈亮(公元1143—1194年)。他提倡"实事实功",因为只要"有权时之志,除乱之功,则其所为虽不尽合义理,亦自不妨为一世英雄"。他激烈批评朱熹一派理学家,在金兵压境关头,只会空谈"义理"、"性命",是风痹不知痛痒的人。其作品有《陈亮集》刊世。

宋代在文学方面,继承了唐代遗风,非常发达。在散文方面,有欧阳修(公元1007—1072年)、王安石(公元1021—1086年)、曾巩(公元1019—1083年)、苏洵(公元1009—1066年)、苏轼(公元1037—1101年)、苏辙(公元1039—1112年)六大家,加上唐代韩愈和柳宗元二人,被中国文学史称为唐宋八大家,他们都有文集问世。如欧阳修的《欧阳文忠集》、王安石的《王文公文集》、苏轼的《东坡七集》、苏洵的《嘉祐集》、曾巩的《元丰类稿》、苏辙的《栾城集》、韩愈的《昌黎先生集》、柳宗元的《河东先生集》等。

宋代最杰出的诗人陆游(公元1125—1210年)有《剑南诗稿》、《渭南文集》、《南唐书》、《老学庵笔记》等留世。

词是两宋的代表性文学品种,名家及其著名作品有范仲淹(公元989—1052年)的《范文正公集》;晏殊(公元991—1055年)的《珠玉词》和清人所辑《晏元献遗文》;李清照(公元1084—约1151年),又名李易安,原有《易安居士文集》、《易安词》均已佚,后人有《漱玉词》辑本;辛弃疾(公元1140—1207年)的《稼轩长短句》。另外,欧阳修、苏轼、柳永则等都有填词名篇。

宋代还有平话和小说出现,传到今天的还有《大唐三藏取经诗话》、《五代史平话》、《大宋宣和遗事》及《京本通俗小说》等。

元代的文学主流是出现了杂剧,据钟嗣成的《录鬼谱》著录,元代杂剧有 458 种。剧作家关汉卿毕生写了六十余种剧本,保存至今的还有十八种,如《窦娥冤》、《望江亭》等为人们喜闻乐见。元代还有著名剧作家马致远的《汉宫秋》、王实甫的《西厢记》、纪君祥的《赵氏孤儿》等都是人们喜爱的佳作。

这个时期在历史学方面有不少开创性著作,如司马光(公元1019—1086 年),花了十九年时间编成的《资治通鉴》,上起战国下至五代,是一部包括一千三百六十二年史事的编年史书。南宋郑樵(公元 1103—1162 年)的《通志》和元初马端临(约公元 1254—1323 年)的《文献通考》,是有关典章制度沿革的通史。南宋袁枢(公元 1131—1205 年),根据《资治通鉴》编成了《通鉴纪事本末》,创立了史书的纪事本末体。

宋代专记一州一县的历史和风土人情的地方志大量出现,较著名的有范成大(公元 1126—1193 年)的《吴郡志》、罗愿(公元1136—1184 年)的《新安志》、施宿(公元 1164—1222 年)的《会稽志》。总志全国各州县的有乐史的《太平寰宇记》、王象的《舆地纪胜》等。

此期金石之学亦有不少专著,如欧阳修的《集古录》、赵明诚的《金石录》、吕大临的《博古图》、王黼的《宣和博古图》等,有文有图,记录铜器和碑刻文字图像,对于研究商、周典章制度,考订史籍极有价值。

自然科学方面,有沈括(公元 1031—1095 年)的《梦溪笔谈》,分故事、辨证、乐律、象数、人事、官政、机智等十七目,609 条,内容涉及天文、数学、物理、化学、生物、地质、地理、气象、医学、工程技术、文、史、音乐、美术等等,是古代最著名的科技史书。毕升活字印刷术,就记述在本书之中。1149 年陈旉的《农书》是我国最早论述南方水稻种植的专著。元代王祯《农书》二十二卷三十余万字,综合了黄河流域旱田耕作和江南水田耕作的生产经验,书中附录

306幅"农器图谱"，书末还附他所著的《造活字印书法》，是最早系统叙述活字印刷的文献。1133年杜绾的《云林石谱》，记载石品116种，是一部地质专著。南宋宋慈于1247年成书的《洗冤录》，是一部系统的法医专著，已被后世译成荷、法、德、英、俄、朝、日等文字。北宋李诫于1100年成书的《营造法式》，全书36卷，357篇，3555条，对历代工匠留传的经验及当时的建筑技术成就做了全面系统的总结。元代薛景石的《梓人遗制》是我国古代著名的木工技术专著。北宋唐慎微编的《经史证类备急本草》六十余万字，收药物一千七百多种，集录了历代本草的序列、百病主治的药物、服药忌例及药物配伍关系等。

从以上介绍可以充分看出，古代雕版印刷技术在当时确实大大地推动了人类的知识交流，大大促进了社会的经济、文化、科学和教育事业的发展。可惜，由于各种天灾人祸，尤其战争破坏，当时的一万多部书，传到今日的不过几百部，大部分都已失传，有些则是后人根据各种类书、丛书辑佚而成，还有一些书目之类文献，使我们当代人，还可以从中得知当时著作和学术发达的情况。毫无疑问，雕版印刷术对我国文化科学的发展和传播做了巨大贡献。

第七节 我国古代图书的厄运

我们中华民族是对世界文明有着巨大贡献的伟大民族。这些文化成就，大多是通过保存下来的图书文献流传于后世，影响于全世界的。

据统计，在二千多年的文献中，共出书十八万部，二百三十多万卷。这并不是全部，还有许多宝贵的图书文献失传和散佚。

图书是一种文化现象，它最忌战争和动乱以及天灾的破坏，但是我国在两千多年的封建社会中，战争、动乱几乎连年不断，少有几十年和平和安定,文化科学就得以迅速发展,作为文化科学的记录载体——图书就必然大量积累起来;一遇到大的动乱,则图书文献往往就首先遭到浩劫。据历史记载,在明清之前一千多年的中国历史中,我国古代的图书文献,先后遭到十次大的厄运,小的厄运和破坏就更多,否则现在流传下来的古代文献(已传世的古籍,大多还是民间所藏)将有可能几倍甚至几十倍于现在。无疑,这种损失也影响我国古代文化科学的更高度的发展。其时,虽然私人有许多藏书,但真正有系统的藏书还是封建政府,而古代书籍的大厄运,大都发生在政府藏书。其中主要有:

一、秦始皇焚书和项羽火烧阿房宫

公元前221年,秦始皇统一中国,分天下为36郡,由中央政府派官治理,但是朝野上下,有一些儒生极力主张搞分封制。他们借《诗》、《书》、百家语为论据,建议废郡县、分封皇子功臣为诸侯。这是不合时宜的倒退主张,丞相李斯借此指斥儒生是各尊私学、诽谤朝政的不法之徒,并建议采取镇压措施,这就是公元前213年秦始皇搞的"焚书坑儒"活动。下令:史官非《秦记》皆烧之,非博士官所职,天下敢有藏《诗》、《书》、百家语者,全部送交地方官杂烧之;有敢聚读《诗》、《书》者,斩首示众;以古非今者,灭族;令下三十日不烧,罚修长城四年。秦始皇这一暴政,不仅把古代自战国以来形成的百家争鸣的学术空气扫荡一空,而且把自夏到秦两千年的文化思想结晶——图书文献焚毁一空。所余下的一点秦宫内藏的图书,到公元前206年项羽进入咸阳时一把火烧了三个月,阿房宫内藏书灭绝。这就是我国古代文化的第一次大浩劫,是古代图书的第一次大厄运。

二、西汉末年王莽篡汉

公元前206年,刘邦建立西汉,推行黄老哲学,为民休养生息。

公元前190年,汉惠帝时解除了秦朝禁书之令,私人藏书又开始出现,政府也广开献书之路,大收篇籍,几十年功夫,到武帝时书籍如山(当时主要是竹木简书),故到汉成帝时命刘向等校书。刘氏父子用二十多年功夫,终于编出了一部国家藏书目录——《七略》,收书一万三千多卷,成为后世了解西汉以前古代中国图书的唯一依据(后来由东汉班固的《汉书·艺文志》抄录保存下来)。

但是西汉末年,外戚王莽于公元8年篡汉,自建新朝。由于改制乱政,很快触发了农民大起义。公元24年,赤眉军与更始军入首都长安后互相攻伐,汉宫被焚,近二百年积累的简帛之书,在大动乱中,全被毁灭。

三、东汉末年董卓暴政

刘秀在农民运动中,夺取了皇位,公元25年移都洛阳,是为东汉。经一百多年的征集、积累和发展,书籍又增至二万多卷,但东汉末年,皇朝腐败,天下大乱。豪强董卓于公元189年率兵入洛阳,废少帝,立献帝,专断朝政,引起曹操、袁绍起兵反对。他又挟献帝迁都长安,自为太师,残暴专横,纵兵焚烧首都洛阳周围数百里,"典策文章,竞共剖散"。乱兵把帛书拆开,大的连起来做车的帷幔和顶盖,小的做成口袋,图书散失烧毁惨重,运抵长安的图书,不过三十余乘。公元195年,董卓部属李催、郭汜又血洗长安,继而又在城内混战,使所余典籍,一无所存。

四、西晋"八王之乱"及其后患

晋武帝司马炎于公元266年建立西晋,大封同姓子弟为王,掌握军政实权。公元290年武帝死后,从公元291年开始到公元306年,为了争夺皇位,同姓子弟互相残杀,兵战了十六年,严重地破坏了生产,激起了西北各族人民起义,一些少数民族也乘机进兵,争夺政权。"十六国"时,汉国国君匈奴族刘聪率兵于公元311年攻破洛阳和长安,俘虏了晋怀帝和愍帝,大肆蹂躏破坏,使西晋自公元280年统一全国后积累的近三万卷书,十去其九。东晋初年,著作郎李充整理政府藏书时,只有三千卷。

五、南北朝时期的战乱

公元420年到589年,是为我国历史上的南北朝时期,其中南朝经历了宋、齐、梁、陈四代。自公元317年东晋在南京建都以来,先是北有"十六国",之后,又开始了南北朝时代,这实际上是一个大动乱、干戈不息的时代。据记载,南朝宋代初年秘书监谢灵运编《四部目录》时已有图书六万多卷,但由于连年战乱,图书不断损失,特别是南朝梁代(公元502—557年)末年,受封河南王的东魏降将侯景叛乱,攻破建康(今南京),连续攻占东南各城,到处烧杀掠夺,控制朝廷,逼死皇帝,都城建康几成废墟,宫内藏书大量被烧。梁元帝将文德殿等藏书七万余卷载运江陵,共得书十四万卷。公元554年西魏(公元535—556年)出兵攻破江陵,梁元帝被杀前夕,命舍人将全部藏书烧毁,西魏军于余烬中收拾残遗仅得四千卷。

六、隋末禁军将领宇文化及兵变

隋代藏书最盛时,藏书达三十七万卷,为封建社会中政府藏书最高峰,后经校定,除去重复有77,000卷。但是,太子杨广于公元604年利用迷信附会的"谶纬"之说,杀了父亲杨坚隋文帝自当皇帝,而后隋炀帝将全部"谶纬"之书烧毁,使之失传。所谓"谶纬"书是指西汉末年兴起的用神学迷信附会儒家经书编的七纬书及《论语谶》、《河图》、《洛书》等,记录不少天文历法、地理、古代神话。隋炀帝暴虐,隋末天下大乱,公元616年隋炀帝逃亡江都,公元618年禁军将领宇文化及发动兵变,杀隋炀帝另立,皇宫几遭兵燹,使宫中藏书无一页传入后代。

江都之外,洛阳还有副本八万。公元 622 年李世民攻占洛阳,派人押运图书沿黄河西上,欲送归长安,结果,"皆被漂没,其所存者十不一、二"。

七、唐中期"安史之乱"

唐初自高祖开始,几代皇帝都极重视征集和典校图书,到唐玄宗时,东都洛阳和西都长安都各将藏书分列经、史、子、集四库。《唐书·艺文志》著录唐以前图书 53,915 卷,唐代学者自著书 28,469 卷,大多为写本书。唐中期开元、天宝年间,政治日渐腐败,中央集权削弱,藩镇割据势力相继而起。公元 755 年,三镇节度使安禄山以诛国舅杨国忠为名,起兵叛乱,攻入洛阳,自称皇帝,又进入长安,同时使其部将史思明攻占河北十三郡,玄宗逃亡四川。叛军所至,烧杀破坏残暴,后叛军内部又相互攻杀,前后七年多,盛唐自此而衰,两都藏书亡散殆尽。

八、唐末天下大乱

"安史之乱"后,唐政府极力重建藏书。代宗时,曾以千钱购书一卷,并设拾遗史到江南寻访图书,政府并组织专人抄写,到公元 836 年时,又藏书达 56,476 卷。

唐末土地高度集中,赋役繁重,社会和阶级矛盾异常尖锐,引起全国性农民大起义,公元 874 年王仙芝先率众起义,次年黄巢响应,起义十年之久,遍及十二个省区,黄巢于 881 年攻入长安,自立为皇帝,政府军与起义军连年大战,政府藏书又都化为灰烬。

九、金灭北宋"靖康之变"

宋代一开始就重视征集收藏图书,公元 966 年宋太祖下诏征集遗书,之后每一个皇帝都倾全力募集遗书,凡献书者,不但得厚赏,还可能被授官职,因此民间献书十分踊跃。公元 1041 年北宋政府编成的官修藏书目录《崇文总目》即已收书30,669卷,之后陆续增添,北宋末年,已达七万多卷。但是由于北宋政府腐败无能,对外族入侵,采取投降政策,于公元1126年冬,金军攻破东京开封,发生所谓"靖康之变"。次年4月,金贵族俘虏徽宗、钦宗两个皇帝和宗室后妃数千人,以及各种工匠、服饰、仪器、珍宝、皇家全部藏书、地图等北去,北宋灭亡,京城中公私蓄积为之一空。

十、南宋末年战乱

赵构于1127年在河南商丘建立南宋政府,命秘书省重建政府藏书,并屡次下诏搜访图书,到1177年秘书少监陈骙编《四库书目》时,已达四、五万卷,且由于印刷术已流行,新书较多。但南宋偏安江南,因有金人不断入侵,接连南迁,先迁扬州,后又都于杭州。南宋末年,元军入侵,战争频繁,公元1276年,元军攻陷南宋都城杭州,随后又追逐皇室于南海,致南宋政府藏书尽皆散失。

十一、明清以后我国古代图书的几次灾难

以上是史书记载的,我国古代图书的十次厄运。明清以后,到辛亥革命五百多年间,我国古籍又遭受过不少浩劫。如:

1. 我国古代最大类书《永乐大典》的命运

明初于公元1408年解缙主编的《文献大成》,定名为《永乐大典》,收书七、八千种,共22,877卷,目录60卷。清代嘉靖、隆庆年间又摹写副本一份,正本毁于明代灭亡的战乱之中,副本于公元1900年八国联军侵入北京时,大部被焚毁,未毁的几乎全部被劫走,现存只有730卷,不过百分之三。

2. 清乾隆禁毁诋书和《四库全书》的命运

清代乾隆于公元1772—1782年间编纂的《四库全书》,是世界上最大一部大丛书,共79,337卷,内容极为广泛,在一定程度上起了保存和整理古代文献的作用。但在征集图书过程中,发现不少不利于清朝统治的书,所谓诋毁之书,乾隆下令"细加核查",凡发现有所谓诋毁本朝之书,不是抽毁,就是删改,更甚者禁毁了三百多种七万余部古书,使我国古代图书又遭一次人祸。《四库全书》缮写七部,分藏南北七阁,其中除宫内文渊阁、热河的文津阁、沈阳的文溯阁保存完整外,杭州文澜阁藏书多遭散失,后经补抄得全,其余扬州的文汇阁、镇江的文宗阁则毁于战火,圆明园的文源阁于第二次鸦片战争时,被英法联军焚毁。

第八节 图书版本的基本知识

一、古籍图书版本知识

自唐初雕版术发明后,民间陆续有了版刻事业,五代自公元932年开始政府刊刻儒经之后,大规模的刻书事业逐渐发展起来。历代刊印的书,可分别划分为:

1. 按刊印的朝代划分:宋刻本、元刻本、明刻本和清刻本。

2. 按刊印的年间划分:北宋本、南宋本、北宋淳化本、北宋淳熙本、元至正本、大德本、明永乐本、弘治本、嘉靖本、清康熙本、乾隆本等。何年间刊刻的叫何年本。

3. 按书版所有者身分划分:官刻本、家刻本、坊刻本。

自五代冯道奏请刊刻儒经以来,历代政府都设刻书机关,叫官刻;皇室名义刻的叫内府本,明朝内府本也叫经厂本,清朝内府本也叫殿本(因刻书机构设在武英殿)。

其他中央机关刻的以机关称名,国子监刻的叫监本,都察院刻的叫察院本。

家刻本是学者文人所刊刻的书,多以刊刻人姓名称之,如宋黄善夫本、明游居敬本。但也有以家塾书斋堂名称之的,如宋魏仲举家塾本、鲍廷博的知不足斋本。多数家刻只一、二种，但也有刻几百种的，明末清初的毛晋就是大刻书家，他的"汲古阁"藏书八万四千余册。

坊刻是书铺、书店刊印，多以书铺名之，如宋勤有堂本、明富春堂本，有时统称坊本。

从质量上看，坊本往往因卖书牟利，粗制滥造者多，只有个别较好。家刻本因多是自己研究成果，故质量较高。

4. 按刻书所在地方划分：官刻、坊刻、家刻都可以地名称之，如福建建阳刻的叫建本，四川刻的叫蜀本，浙江刻的叫浙本。还有更精确的按具体地点叫的，如福建建阳麻沙镇书铺刻的叫麻沙本，四川眉山县刻的叫眉山本。

5. 按书上的行格分：分别叫九行本、十行本、十一行本等。

6. 按印刷用的颜色分：朱印本、蓝印本、朱墨套色本、五色套印本等。

7. 按书的内容分：有注本、无注本（白文本）、单注本、单疏本、注疏本。

8. 按所用活字分：泥活字本、木活字本、铜活字本、铅活字本等。

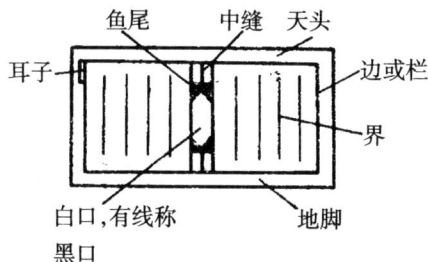

图 8　雕版印刷页上的术语

61

二、现代图书版本知识

通常人们每天都同各种各样的书籍打交道,但除了看书的内容之外,关于书的印刷和装订版本方面的知识一般都不大关心。做图书馆工作的同志们则不然,他们应当对图书的各种外表特征加以了解才能真正做到全面了解图书。关于书籍印刷装订方面的一些外表特征,一般属于版本方面的知识。

1. 版本记录页(也叫"版权页")

是图书的版本记录,是供读者了解图书出版情况的专门文字。图书馆的采购或分类人员经常要参阅这一记录。一般这一记录页印在书名页背面或封底衬页前一页上,国外有印在封二或封三的内面即书皮的内面。按惯例,这里的著录项目包括:书名、著作人、出版者、印刷者、发行者、版次、印张、开本、字数、出版年月、定价、统一书号等项,在国外有的国家包括统一分类号。下面式样就是我国图书的版本记录页上的全部文字:

校 对 手 册

本 社 编

*

科 学 出 版 社 出 版

北京朝阳门内大街 137 号

中国科学院印刷厂印刷

新华书店北京发行所发行　各地新华书店经售

*

1979 年 6 月第一版	开本:787×1092　1/32
1979 年 6 月第一次印刷	印张:$6\frac{3}{4}$
印数:精 1—5,000	插页:精 5 平 4
平 1—25,000	字数:210,000

统一书号:17031·101

本社书号:1585·17—2

定价:{ 布面精装 1.25 元
平　　装 0.75 元

2. 开本

所谓开本是指一本书的大小,即一张大纸切成多少份而言。我们通常所见的书本规格,主要有 16 开(如一本杂志那么大)、32 开(如中学生教课书那么大)、64 开(如新华字典那么大)。所谓 16 开　就是把一张全张的大纸切成 16 份,32 开则切成 32 份。我国现行的一张标准大纸的尺寸是 787×1092 和 850×1168 毫米两种。在上述版本记录页上就有开本:787×1092 $\frac{1}{32}$,就是指使用 787×1092 毫米的大纸,切成 32 开者。

3. 装帧

现在主要有三种:通常书籍用"平装",封皮纸略硬,但不是硬壳;另一种是"精装",封面是硬壳的,有的封面用电化铝烫字或用金箔、色粉烫字,也有布脊纸面精装;再一种常用的是"骑马装",大多用于刊物或小册子的装订,是一页压着一页叠加起来装订。

其他还有"袖珍本装"和"线装",但它们在出版物当中比例很小。

4. 封面

也叫书面,一般指书籍的前封(封一)和前封里(封二),有时兼指底封里(封三)和封底(封四)。前封印书名、作者名、出版者名,封面兼有保护书页和装饰的作用。

5. 护封

套在图书封面外的包封纸,日本书特别讲究护封,一般印有书名、作者和图案,也起保护和装饰作用。也有用软透明纸做护封,上面不印字,故有时也叫软封,也叫"护书封"。近年日本大量用白色塑料做护封套。

6. 衬页

较讲究的书一般都有衬页，在封面和书名页之间和在正文与封底之间有两张空白纸。有的书前后各有两张连接的衬页，叫"连环衬页"（简称叫"环衬"）。

7. 扉页（也叫书名页）

也叫"里封面"，在图书馆里通常叫书名页。扉页虽考虑到装订和保护书内正文的需要，但在图书馆里，类分图书时，往往规定以书名页上的著录事项为准，因为书名页上的著录一般比封面著录完全。

8. 插页

插页不属于开本范围，是单独印刷后插装进去的，一般印制图或表格之类，纸质和颜色往往和正文不一样。如上述版本记录页上记有"插页：精5平4"，就是插进五张精装页、四张平装页。

9. 印张

说明这一本书用多少面纸。按规定，一张大纸等于两个印张。1000 印张等于 500 张大纸，也就是一令纸。如上例《校对手册》写的是"$6\frac{3}{4}$"印张，即是说这一本书用纸是三大张纸又加一个印张的 3/4，按计算，应当是 108 页合 216 面。

10. 字数

版权页上记载的字数，并不是这本书的实际字数，而是按整行的字数得出的。如本书某一完整页有 26 行，每一行是 27 个字，共 702 字一页，再用 702 字乘页数，即得出本书的字数。计算字数时不算标题大小、图表多少、有无空行，一律按整行、整页计算。

11. 版次

关于版次的记载有两项：第一项是×年××月第×版；第二项是×年×月第×次印刷。凡是头一次出版的书，都写"第一版"和"第一次印刷"。要再印时，如果内容不变，一直可写"第一版"，但第二项中则要写明"第二次印刷"、"第三次印刷"……。如果内容有修改变动,那么版次要重新计算,称"第二版"。如《××》书,1975 年 5 月第一版,第一次印刷,1976 年 4 月,内容不变只是重印,即叫第一版第二次印刷。后来修订再版,就作为第二版第三次印刷,而不叫第二版第一次印刷。

12. 印数

是该书出版时所印的册数,从第一版第一次印刷起累计计算。如果一种书,开本装订不一样时,则又要分别累计。如《××》书第三次印刷时,印数为"27,001—47,000"即是头两次已印了二万七千册,这次又印了二万册。

13. 统一书号

统一书号有三个意思。一是本书按内容给的《人大法》的分类号;二是出版社代号;三是种次号。如《校对手册》统一书号是"17031 · 101",其中 17 是《人民大学图书馆图书分类法》分类号第 17 大类,表示"综合参考"类;031 是科学出版社的代号;101 是该种书的顺序号即种次号。《人民大学图书馆图书分类法》共 17 个大类,分别是 1—马列毛著,2—哲学,3—社会、政治,4—经济,5—军事,6—法律,7—文化教育,8—艺术,9—语言文字,10—文学,11—历史,12—地理,13—自然科学,14—医药、卫生,15—工程技术,16—农业、畜牧、水产,17—综合参考。

第九节　图书馆员了解和熟悉图书的方法

图书馆的藏书成千上万,在图书馆工作,不论采购、出借、阅览、咨询情报,要想为读者服好务,必须首先了解图书的内容,了解的面愈广愈深,就愈能满足读者对你所提出的各种要求。

有些从别处转到图书馆来工作的同志,不了解如何熟悉图书,他们要么一点不看,要么抓着一本书不放,从头到尾地都看,这种方法不适合图书馆工作者。图书馆工作者应当善于运用与一般读者不同的方法去了解和熟悉图书。图书馆工作者要在可能的情况下养成一种了解图书的方法和习惯,见任何一本书,都要设法去熟悉它,怎样了解和熟悉呢? 一种办法是从形式上了解,如通过版权页,对版本进行了解。要了解内容如何进行呢? 归纳起来,大致有下述几种:

一、内容提要

通常正式出版的图书,在书名页的背面印有本书的内容提要或叫内容介绍。它类似一本书的提纲,不仅简要说明了本书的内容及其特点,还对读者提供了本书著者的有关情况,常常还指出本书的功用、学术地位以及本书的读者对象。读一篇内容提要只要一、二分钟的时间,但却能基本上了解了一本书的大致内容。阅读内容提要法是图书馆工作者了解、熟悉图书,积累知识,提高业务水平的最常用和最简捷的方法。

二、序言

在有条件时,还可看看一本书的序言。它是出版社、编辑、审定者、作者或译者本人对读者要说的卷头语。序言中通常提供评价材料,说明出版此书的原因,指出本书的优缺点,指明本书阐述什么问题等。有时,特别在文艺书中,还简述和分析全书的主要梗概。序言有时还提供作者生平之类的材料。总之对了解一本书的内容,序言往往是比较全面的。与序言相似的还有"前言"。

三、导言及引言

导言一般是一本书的组成部分,只是对全书正文起一个引导的作用,与导言类似的有"引言",通常述及与本书内容有关方面的情况或评论。所以,要想再进一步了解一本书,时间又很少时就可以阅读一本书的导言部分。

四、目次(目录)

如果时间不够,可以翻阅一本书的目录部分。大多数目次在书的前部,也有少数在书的后面。苏联的图书,目次一般都在后头。目次不仅是书中所述问题的项目单,而且可以看出本书的结构层次。通过目次,可以了解本书的篇、章、节的基本内容和梗概。目次清晰、文字简明,往往用浏览的方法可以熟悉一本书。

五、后记(跋)

一般是附于一书的末尾,在后记中,出版编辑或著者本人要阐明某种想法,并对读者读完这本书作出的一些推测性的结论等。文艺小说之类的书多有后记。

六、注解和注释

这是著者、编者或出版社附在书中的注解,这些注解或注释都是为解释本书内容服务的,便于读者对本书有更细致的了解。

注解和注释一般都具有知识性和学术性特点,常读各种书的注解和注释是提高业务知识的很重要的方法。

七、插图

有的书有各种插图以及各种统计图表等。当没有时间阅读文字时,随手翻阅一下书中的各种图、表,往往可以获得很好的知识,有的文艺书中有连续性插图,往往只看插图就可以了解一书的大概内容。

八、书名、作者、出版地

这三项内容是任何一本书上都有的,一般读者在拿起书时都会注意看一下书名,但很少注意将三者结合起来了解。而图书馆工作者则应当在拿起一本书时,看看书名,再看看是谁著的,继之再看看是何处出版的,这样长期积累起来,就会掌握大量的关于书的较全面的知识,这在推荐图书时往往很有效果。

九、书目、题录、索引、文摘

以上提到的方面适合于自己亲自过目的图书。还有很多图书自己不一定亲自摸过,但是还想更多地了解书籍出版的动态,以及在某些方面有些什么文章发表,这时就要经常翻阅各种书目,如各种预订目录、各种新书通报目录及全国的新书目、总书目等。有的一个月一期,有的一年出一期,经常翻阅,用时不多却能掌握大量的出版动态,这对采购、出借、咨询都有很大的作用。

以上是图书馆工作者了解和掌握图书、提高知识水平的特有的方法,善于运用这种方法,就会在工作实践中愈做愈熟,为读者服务的本领就愈大。

本章复习与思考题

1. 什么叫文献?

2. 文字是怎样产生的?

3. 甲骨文是什么时代的文字? 什么叫"卜辞?"

4. 钟鼎文、铭文、金文都指何而言?

5. 石头文献有哪几种类型?

6. 东汉蔡邕刻的"熹平石经"有何作用?

7.我国最早以图书形式出现的文献有哪几种形式？大约流行于哪几个朝代？

8.我国纸的出现在哪一个朝代？

9.我国写本书(手抄本)盛行于何朝代到何朝代？

10.我国在敦煌千佛洞发现的最早雕版书叫什么名字？是何年印刷的？

11.活字印刷术是何朝何人发明的？记载在何书上？

12.通常一本书的版本记录页上都包括哪些内容？

13.图书馆员一般用什么方法去了解和熟悉图书的内容？

14.图书、期刊、资料三种概念如何理解？

本章参考和引用文献

1.《中国书的故事》,刘国钧、郑如斯,中国青年出版社,1979年版

2.《中国书的历史》,庄葳,上海人民出版社,1980年版

3.《校对手册》,科学出版社,1979年版

4.《中国书史讲稿》,北京大学图书馆学系,1981年6月

5.《中国科学技术史稿》上、下册,杜石然等编,科学出版社,1982年版

6.《中国古代科学技术大事记》,北京大学物理系潘永祥等编,人民教育出版社,1978年版

7.《中国历史要籍介绍》,李宗邺,上海古籍出版社,1982年版

8.《中国书史》(初稿),查启森,武汉大学图书馆学系,1982年7月

9.《中国文化史要略》(人物图书)增订本,蔡尚思,湖南人民出版社,1980年版

10.《中国图书知识》,何卜吉编著,广西人民出版社,1982年12月

11."中国古代图书的命运",周心慧,甘肃《读者文摘》,1984年10期

本章附录

我国历代各种图书目录记载的古籍出版物总量及 1911—1980 年出版物总量统计

年　　　代	部　数	卷　数
西汉及西汉以前(公元 25 年以前)	1,033	13,029
东汉(公元 25—220 年)	1,100	2,900
三国(220—280)	1,122	4,562
两晋(265—420)	2,438	14,887
南北朝(420—589)	7,094	50,855
隋唐(581—907)	10,036	173,324
五代(907—960)	770	11,750
北宋、南宋(960—1279)	11,519	124,919
辽金元(906—1368)	5,970	52,891
明(1368—1644)	14,024	218,029
清(1616—1911)	126,649	1,700,000
总　　　计	181,755	2,367,146

附注：

1911—1949 年 9 月出版图书约十万种；

1940—1948 年 8 月各解放区出版图书 5,300 种；

1949 年 10 月—1980 年出书 527,402 种(其中新版 352,845 种；重版 174,557 种)。

(见"从统计数字看中国图书出版事业的发展"，苑柏华，《图书情报工作》，1981 年第 1 期)

第四章　图书馆的产生及其发展

第一节　我国图书馆的起源

（上古到公元前 206 年秦亡）

　　文字的发明为人类文化的积累和继承发展创造了先决条件。有了文字,就产生了用文字所记录的文献,有了文献,就为图书馆的产生奠定了物质基础。

　　公元 1899 年,在河南安阳小屯村先后发现约十万片甲骨文,经专家研究,已有四千余字,文字构造有会意、假借、形声等特点。据发掘研究,公元前十四世纪,从商王盘庚开始至纣王共 273 年（到十一世纪）在此地建都（这里古时叫殷,故从盘庚之后,商也叫殷商）。甲骨文集中堆放的地方,正是当年集中甲骨卜辞的库房。这是当时已有类似文献档案馆的机构的证明。古代甲骨档案馆是统治者集中文献的地方,这是后世图书馆的萌芽。当时的宫廷已有专门掌管朝廷纪事的史官,甲骨文都是占卜算卦的文字,故叫卜辞,这个工作由专门的占卜之类的史官管理。

　　公元前 770 年到公元前 221 年是春秋战国时期。这五百五十年间,中国社会处于奴隶社会向封建社会过渡的大动乱时期。公元前 476 年战国之后,各地建立了不少封建地主政权。当时铁器、牛耕推广使用,生产力有了比铜器时代更大的发展。文化学术上出现了百家争鸣、诸子蜂起的局面,"尊贤"、"养士"之风大盛。孔子更是第一个开始了公开讲学,提出"有教无类",打破学在王宫的限制,将学校遍及平民。当时诸子之作,如《老子》、《孟子》、《荀子》、《韩非子》、《商君书》等纷纷出现。当时的书,主要是竹木简和帛书,《墨子》书上就有"书之竹帛,传遗后世子孙",《韩非子》书有"先王寄理于竹帛"的记载。书籍多了,就必然有公私藏书。从公家来说,当时国家藏书处所叫"盟府"或"故府"。当时的周、晋、鲁国都有藏书之府,且有史官掌管。《史记》称老子为"周守藏之史",《汉书·艺文志》也说"老子曾在各处做守藏史(或叫柱下史)",故现在有人说老子是我国现在已知道的最早的档案馆长或图书馆长。当时各种文献书于竹帛,文书档案和图书文献没有什么界限,还不可能出现专门收藏图书的正式图书馆,但无疑,后世的图书馆已可追溯到这个时期了。从私人来说,孔子应算做春秋时代的大藏书家,由于他有了丰富的藏书,才有可能整理删订诗、书、礼、易、乐、春秋六种后世所称的经书。应当认为,孔子对这六种书的编辑,不但是对当时学科的分类,而且也是对已有图书的分类。

战国之后,秦灭六国(齐、楚、燕、韩、赵、魏),于公元前221年建立了中国历史上第一个中央集权大帝国,结束了东周以来五百多年分裂割据的局面。在秦帝国统一措施上有书同文的规定,还制成小篆(秦篆)写成"仓颉篇"、"爰历篇"、"博学篇"颁行全国。这说明当时文字形式已有多种,这些文字当然都是书写在竹简之类的文献上,并且表明当时文献已比较广泛,故而统一的国家就有了书同文的要求。

公元前213年,秦始皇的"焚书坑儒",充分说明了书籍已在社会生活中发生了重大作用。焚书令中规定除秦史、医药、卜巫、种树之外的一切书皆烧,提出"非博士官所职,天下有敢藏诗书、百家语者,悉诣守尉杂烧之"。这说明秦宫内有了公家藏书,也说明私人的藏书也甚多。

由于秦始皇的焚书,加上公元前206年项羽进入咸阳,火烧秦宫,一个是焚烧私人藏书,一个是火烧了仅有的公家藏书,使我国秦以前的大量的宝贵文献典籍遭受了历史上第一次大浩劫。关于我国古代图书馆事业究竟起源于何时,除了根据片断资料做点推测外,已找不到确切的文字根据。

第二节 封建社会图书馆的形成和发展

（两汉、三国、两晋、南北朝、隋、唐时期）

一、我国有记载的第一个国家图书馆

刘邦于公元前206年受封汉王,自此开始了我国的西汉朝代。汉初推崇黄老学说,提倡无为而治,采取一系列恢复生产、安定人民生活的措施。人民得到休养生息,社会经济很快得到恢复和发展。在文化上,学术空气活跃,出现陆贾、贾谊、淮南王刘安等人的著作。萧何、韩信、张苍、叔孙通等还编了许多官书——律令、兵法、章程、朝仪等,图书数量有所增加。当时萧何造的"石渠阁",保藏了入咸阳时所得的典籍,汉政府还建立"天禄阁"、"麒麟阁",保存珍本书。到汉惠帝时(公元前194—公元前187年)取消了秦时的藏书禁令,私家又开始有了合法藏书。

到汉武帝(公元前140—公元前88年)时,汉帝国空前强盛。汉武帝开始了中央集权大统一的建设,在文教方面接受董仲舒关于"罢黜百家,独尊儒术"的政策,开始了对儒家书籍的收藏和利用。据《汉书·艺文志》记载,从武帝开始,政府下令"大收篇籍,广开献书之路",广泛征集图书,在宫内扩建藏书馆舍,政府机关有"太常、太史、博士之藏",皇宫有"延阁、广内、秘室之府"。设置了书写宫,负责图书馆工作的叫太史令,当时我国著名的史学家司

马迁就担任此职。藏书总量达三万三千零九十卷。丰富的藏书，奠定了国家图书馆的藏书制度。西汉国家图书馆的建立，为后世各代所效法。《汉书·艺文志》的记载，是我国历史上有关图书馆事业的第一次见诸文献的正式记载。

二、刘向、刘歆父子的贡献

汉武帝之后一百多年间，书积如山，但当时书籍主要是竹简之书，许多书都是征集于全国。因为书缺简脱，重复错乱的现象很严重。公元前26年成帝命刘向（公元前77—公元前6年）领导整理这些书籍，命任宏、尹咸、李柱国分别校雠和整理兵书、术数和方技类之书。每校完一书，"辄条其篇目，撮其指意"，做成该书之提要，属于简要介绍之类，叫"叙录"，连同该书之定本呈送汉成帝，后来刘向又"别其众录"汇编成"别录"——当时皇家图书馆的书目提要。这个"别录"可以说是我国最早一部有内容介绍的图书目录（此书已失传，据说现仅存八篇，姚振宗在《别录佚文》中有抄录）。刘向校书二十余年，死后，其子刘歆在"别录"的基础上编出了全部宫廷藏书的总目录——《七略》。《七略》就是七类，七个部分，也就是：辑略、六艺略、诸子略、诗赋略、兵书略、术数略、方技略。略之下分三十八"种"，"种"之下分"家"。

《七略》中的"辑略"是这部目录书的总序，所以，实际上刘向父子把当时的图书分为六大类，也就是现在人们所说的六分法。

这六分法基本上把当时的书都包括进去了，如六艺略包括儒家经典方面的书，也就是孔子删订的六经书；诸子略包括诸子百家的书；诗赋略包括各种体裁的赋和诗歌；兵书略包括军事著作；术数略包括天文、历法、占卜一类的书；方技略包括医学等自然科学的书。

刘向、刘歆对图书的整理、校雠的工作，是我国图书馆事业史上一件大事，对古代文化做了一次总结性的贡献。现在所流传的公元前一世纪前的著作,大都是他们整理校定的,历代皇家图书馆的图书整理校定工作均受其影响。他们所提出的六分法,不但是我国最早的有系统的分类法,也是世界上最早的有系统的图书分类法,对我国后世图书分类法的发展有很大影响。

三、四分法的出现

晋武帝时,公元 279 年,秘书监荀勖〔xù〕与中书令张华整理书籍,荀勖根据魏末的秘书郎郑默的《中经》——曹魏时皇家图书馆的藏书目录,编制新目录,称为《中经新簿》。郑默(公元 213—281 年)的《中经》目录已开始打破《七略》的分类体系,开创了四分法体系,荀勖则将图书明确地分为甲、乙、丙、丁四部次序。这种四分法体系正适应了《七略》之后三百年内学术变迁和图书增长的需要,因为当时历史类著作大量增加,所以四分法将"历史"专作一类。荀勖的《中经新簿》是我国第一部四分法的分类目录,他当时著录的图书共二万五千九百四十五卷。

西晋前期王朝内部出现"八王之乱",后又有所谓"五胡乱华"的十六国大战,使许多图书化为灰烬。到东晋之初元帝(公元317—公元 322 年)时,所收图书只剩三千卷。

东晋初年著作郎李充在整理国家图书时编了一部《四部书目》,他根据荀勖的四分法,但把乙、丙两部内容互相调换了一下,把乙部诸子一类书变成历史类,把丙部历史一类书变成诸子类,结果就成了五经书为甲部、史记类为乙部、诸子类为丙部、诗赋类为丁部,编定了经、史、子、集四部分类法的次序。到《隋书·经籍志》(唐初魏徵撰,著录存书 3,127 部,36,708 卷,佚书 1,064部,12,759 卷,后附佛、道二录,有总序、大序、小序,简要说明诸家学术源流及其演变,是我国现存最古的第二部史志目录)出版,就从官方确定为经、史、子、集四部分类法体系,之后,公私藏书相继沿用一千多年至今。四部分类法中影响最大的一部目录是清朝于

1783 年冬出版的《四库全书总目提要》共 200 卷,著录图书 3,503
种,79,337 卷,包括《存目》共著录图书 10,231 种,171,003 卷。解
放后计划编制的全国古籍善本书目也按此法编制。

第三节 封建社会图书馆全盛发展时期

(宋、辽、金、元、明、清到 1840 年)

一、两宋时期的图书馆事业

北宋开始于公元 960 年,雕版印刷术已流行二百多年,到这时
雕版印刷已进入黄金时代。这时期史学、文学、艺术、自然科学著
作都有很大发展。这为图书馆事业的发展提供了更加丰富的物质
条件。

宋朝图书馆事业比前期有许多特点,主要表现为:

1. 宋代帝王有"重文轻武"的一贯政策,重视图书的收藏与保
管。除皇室秘阁藏书之外,国家图书馆有三个馆,即史馆、昭文馆、
集贤馆,设"秘书省"领导,官员有"秘书监"、"秘书少监"、"秘书
丞",下面还有"著作郎"、"著作佐郎"、"秘书郎"等。这些掌管图
书的官职在西晋时即已开始,到这时更趋完善。皇帝每隔三、五
月,便带领群臣,赐宴三馆,纵观群书。图书官员积极整理、编辑书
目和类书,使帝王阅读时可"省日兼功"。古代有名的大类书,如
《太平御览》1,000 卷、《册府元龟》1,000 卷、《太平广记》500 卷、
《文苑英华》1,000 卷等都是在北宋初期太宗、真宗时命人编辑的。
由于雕版印刷盛行,当时印书很多,现在已发现宋版书有七百余
种。

宋朝开国初期藏书约四万卷,一百五十年后北宋末年宁宗时,
删去重复的图书已增加到约十二万卷。

2．宋代重视教育事业，从上到下有一套学校制度，如中央的国子监、太学，下到府学、州学、县学，还有大大小小的各种公私书院，全国只是书院就有几百所，这些书院都有大量藏书。

文化科学的发展，雕版印刷术的盛行，著书立说的增多，政、史、文、自然科学等方面都有很多著作出现，使图书馆事业获得了雄厚的物质基础。

3．私人藏书盛行，当时由于城市经济发展，商业兴盛，各种学术著作出现，在儒学基础上发展起来的朱熹的理学（成为后世历代帝王实行封建统治的思想基础）的传播，学校科举制度的推行，读书的人多了，对书的需求也就多了。雕版印刷使书的出版有可能大量进行，城市商业的发展，使书籍的流通得到很大方便，这就给私人藏书创造了条件，因而宋代藏书家很多。

宋代私人藏书具有以下一些特点：

1．藏书之家很多，成分也很复杂，上有王室、大臣，下至各派学者、专家，更有乡绅地主、僧侣、城镇市民等。

2．宋代私人藏书公开抄借盛行，已不是单纯为保藏，有面向社会的倾向，这也与学校书院制度发达有关。

3．私人藏书家都注意图书的校雠与保护。如宋敏求（公元1019—1079年）、晁公武等人藏书都以校雠精慎而闻名，如晁公武藏书二万四千五百多卷，编成宋代有名的提要目录《郡斋读书志》。曝书、防虫等保护图书的方法已有了不少经验。

4．宋代藏书家多自己校书，编制目录，并且不断总结历代目录学成就而推动了我国目录学的发展。如对后世目录学有重大影响的《崇文总目》（北宋政府藏书官修目录66卷，收书30,669卷，分四部四十五类，每类有序，每书有提要）和《中兴馆阁书目》（南宋初年仿《崇文总目》编，七十卷，序例一卷）就是宋代作品。

宋代在我国图书馆史中比较有名的学者是史学家、目录学家郑樵（公元1103—1162年）。他著书很多，在其《通志》的《校雠略》中对图书的采访、购求提出了系统的方法,对图书分类也提出了系统的理论。在《艺文略》中将图书分为经、礼、乐、小学、史、诸子、天文、五行、艺术、医方、类书、文等十二大类,下又分一百家四百二十二种。郑樵自称"散四百二十二种书,可以穷百家之学,敛百家之书",突破了四分法传统,增加了新类目,适应了文化科学的发展,他的分类法第一次应用了第三级类目。

二、明朝时期的图书馆事业

辽(公元 907—公元 1125 年)、金(公元 1115—公元 1234年)、元(公元 1206—公元 1368 年)三百多年间,除元朝于公元1279—1368 年统一过中国外,大多处于连年征战状态,因而图书馆事业没有得到很好发展。元朝末年,朱元璋借反元人民大起义的力量于公元 1368 年在南京建立了明朝。朱元璋早在公元 1366年南征北战时就下令部下各处访求古今图书,藏之秘府。明朝各代都重视藏书,明朝后期不少西洋传教士来中国,如罗马传教士利马窦等,他们同中国人,如徐光启(公元 1562——1633 年)等共同译著了不少西方自然科学著作。明朝政府虽然重视图书的收集,但对保管重视不够,也从没做过整理校订之类的工作。

明朝皇家政府在图书馆事业上值得一提的大事是《永乐大典》的编纂。

公元 1403 年明成祖命学士解缙(公元 1369—1415 年)编一部类书,希望"凡书契以来经史子集百家之书,至于天文、地志、阴阳、医卜、技艺之言,各辑为一书,毋厌浩繁"。第二年书成进上,赐名《文献大成》,但明成祖认为太简略,不久,又派太子少师姚广孝为监修,动员编校、录写、圈点等工作凡三千余人,辑入古今图书七、八千种。该书于公元 1408 年编成,共 22,877 卷,凡例、目录 60卷,装成 11,095 册,定名为《永乐大典》。内容正是所谓"纂集四库之书,及购天下遗籍,上自初古,迄于当世,旁搜博采,汇聚群众,著为奥典"。书成后，原藏南京"文渊阁"，1421 年明政府北迁北京，该阁图书亦北迁入北京，这是明代国家最大藏书阁，藏书曾达43,200 册。这部类书于明朝嘉靖、隆庆年间（约公元 1560—1570 年左右）又抄一副本。该书正本毁于明亡之际（公元 1644 年），副本至清咸丰（公元 1851 年—1861 年）时期逐渐散失，本世纪初八国联军入北京，副本大部焚毁，未毁者大部分被洋人劫走。1960 年中华书局根据历年征集，影印出版 730 卷。

　　明代图书馆事业还值得一提的是私人的楼、堂、馆、阁藏书楼发达。据叶昌炽《藏书纪事诗》中不完全统计，明代著名的藏书家就有 427 人，主要在江南，如江苏毛晋（公元 1598—1659 年）的"汲古阁"，藏书达八万四千余册；浙江范钦的"天一阁"（公元 1566 年建成），藏书达七万多卷；还有祁承爜（公元 1563—1628 年）的"澹生堂"；钮石溪的"世学楼"等等都是藏书万卷以上者。

　　其中最有名的，对后世影响最大的浙江宁波市范钦所建的"天一阁"，是我国现存最早的藏书楼（建于公元 1561—1566 年），在今宁波月湖之西，原藏书七万余卷。清乾隆（公元 1736—1795 年）之后，屡经盗窃，散失甚多，至解放时只存一万三千多卷，其中包括明代地方志和登科录等。清高宗（乾隆）为《四库全书》建造七阁书库，都是按"天一阁"格式建造的。现在国家已将其列为重点保护单位。

三、清前中期图书馆事业

　　公元 1644 年东北满族进入关内，夺取了李自成领导的农民起义成果，在北京建立了清朝。

　　清朝前期，活字印刷（主要是木活字）流行，私刻、坊刻都很兴盛，官刻也很多，书籍大增，因此各省私人藏书家也特别多起来。

　　当时的中国，正处在西洋学术思想不断传入中国，出现资本主义初期文化与封建社会末期文化融为一体的特殊现象。清初康熙

（公元1662—1723年）就十分注意收藏图书，并令人编辑了《康熙字典》（成书于公元1717年，收字47,035个）、《佩文韵府》等工具书。但对图书馆事业来说，清政府比较有名的举动还是公元1772年政府下令设置"四库全书馆"，并以纪昀（公元1724—1805年）为总裁，编纂《四库全书》的活动。

《四库全书》是一部大丛书。从公元1772年开始到1782年编成，共收书3,503种，编成79,337卷，分装36,300册，到公元1788年抄出正本七部，副本一部，分藏文渊阁（北京紫禁城内）、文津阁（热河避暑山庄）、文源阁（北京圆明园）、文溯阁（辽宁行宫）、文宗阁（江苏镇江金山寺）、文汇阁（江苏扬州大观堂）、文澜阁（浙江杭州西湖），副本藏于翰林院。其中文津、文溯、文源三阁专供皇帝使用，江南文宗、文汇、文澜三阁对外开放。

《四库全书》是世界文化史上罕见的大书，是我国比较完备的古代典籍的总汇。内容极为广泛，在一定程度上起了保存和整理我国古代文献的作用，但其编书的目的在于宣扬有利清王朝的统治，对不利其统治之书，多加篡改、排斥不录，甚至禁毁。

清代皇室藏书除七阁外，还有许多"阁、殿、房、室"之藏。藏书之多，内容之富，超过历史任何一代。但由于封建文化专制的本质，决定了这些藏书不能得到充分利用，而且管理不善，不断损失，后又经帝国主义战火或被盗卖，损失极大。以七阁为例，镇江的文宗、扬州的文汇都毁于战火；圆明园的文源阁被第二次鸦片战争英法联军所焚（公元1860年）；杭州西湖的文澜阁藏书亦多散失，后经补抄得全。

清代图书馆事业还有一个很大特点，是继承前朝传统，私人藏书极盛。据不完全统计，清前期有名的私人藏书家有497人。他们成分复杂，有黄宗羲（公元1610—1695年）、顾炎武（公元1613—1682年）等反专制民族压迫的民主主义思想家，为搞政治搞学问而藏书；有为考订书源版本而藏书，如钱大昕（公元1728—

1804 年）、戴震（公元 1723—1777 年）；有为校雠真伪的校雠家的藏书，如卢文弨（公元 1717—1796 年）、翁方纲（公元 1733—1818 年）；有为收藏浏览而藏书，如宁波范钦；有为鉴赏各种版本而收藏，如黄丕烈（1763—1825 年）、鲍廷博；还有书商书贩的藏书家。

影响清代私人藏书事业发展的主要原因是：

1. 清初社会安定，经济一度繁荣，官僚、地主、皇室宗族剥削收入增多，他们大量藏书争相夸耀。

2. 当时图书出版事业发达，木活字印刷流行，官刻、私刻、坊刻都很兴盛，书商增多，购书较容易。

3. 清政府搞文化专制，大兴文字狱，使不少人走上考据校雠的道路，闭门整理古代文献，大搞训诂校注，逃避政事。

4. 康熙到嘉庆几代（从公元 1662—1820 年），社会学术文化一度繁荣，史学、文学、自然科学著述研究都有很大发展，书籍增多，大大促进了图书的收藏积累。

5. 前朝明代私人藏书就很成风，清代则继续发扬此风。

清代私人藏书家如此之多，对我国文化科学事业，对我国图书馆事业的发展有很大贡献。主要表现在：

①他们对古代珍本书籍不惜倾家荡产注意收藏，如清初钱曾，二十年"食不重味，衣不完采，摒当家资，悉藏典籍"，他的"述古堂"是当时最有名的善本书库，他的《读书敏求记》一书是我国版本学的杰作。

②许多私人藏书家，在转抄借阅过程中传播了知识，直接推动了当时的科学文化的发展。清初因害怕书院自由讲学，发挥民族思想，不利清朝统治，故不提倡书院制度。约百年后乾隆时期（公元 1736—1795 年）因为专制政权相对稳定，又沿用明代旧习，提倡书院。据统计，当时全国已有书院 571 所，藏书事业推动了教育事业，教育事业又促进了藏书事业。

③清政府大搞文化专制，焚毁了许多不利清政府统治的文献，

私人藏书家中有些有民族思想的人,往往冒着生命危险去收藏禁书,如揭露清兵屠杀政策的《扬州十日记》《嘉定三屠纪》等,为后世保存了历史真面目。

④许多藏书家,利用藏书搞治书之学,因而在图书馆学、版本学、考据学、目录学方面都有精深的研究和总结,如藏书家孔庆增的《藏书纪要》就是我国全面论述藏书技术的第一本专著,他总结了古人藏书和利用等方面许多经验,对后世图书馆工作有很大指导作用。

⑤根据社会的发展,有的藏书家已提出了不要单纯保存图书,更重要的是使书籍广泛流通,如浙江藏书家曹溶的《流通古书约》就是一例。

清代由于私人藏书的发达,对图书馆学有所贡献的人物很多。其中对后世影响较大的是思想家、史学家、目录学家章学诚(公元1738—1801年)。他对我国目录学有多方面贡献,发扬了目录学"辩章学术,考镜源流"的思想,总结了历代目录学的内容和方法上的经验,发展了目录学中"互著"(参见)、"别裁"(分析)、索引的著录方法。在其著《校雠通义》一书中,全面地阐述了目录学和校雠学的思想经验。

第四节　我国近代图书馆事业的兴起

从公元1840年鸦片战争开始,到公元1901年9月清政府同入侵的八国联军签订"辛丑条约"为止,中国大部地区化为战场。一是帝国主义侵略同中国人民反抗的战场,如第一、二次鸦片战争、1884年中法战争、1895年中日甲午战争等;另一个是革命的人民同封建统治者之间的战场,如太平天国、捻军、黑旗军等起义、1895年孙中山组织兴中会发动资产阶级民主革命、1899年义和团运动等等。由于战争和社会动乱破坏了各种文化设施,公私图书馆事业也遭到破坏,许多藏书毁于兵火,有的散失,有的藏书在战乱中被盗走,封建藏书楼开始没落。

1895年中日甲午战争后,中国面临被帝国主义列强瓜分的危机,促使了中国人民爱国思想的觉醒。统治阶级内部,以光绪皇帝为首,依靠康有为(公元1858—1927年)、梁启超(公元1873—1929年)兴起维新变法运动,要学习外国资本主义,不仅学习西方,还要学习日本强盛的经验。在政治上主张建立君主立宪制代替皇帝独裁;在经济上主张发展官办、民办各种近代工业;在文化上主张废除科举八股,开办新学校,办报纸、办书局……。

维新变法运动虽然失败,但当时宣传活动的声势很大,且有光绪皇帝的支持,一时间各地出现了许多新思想、新倡议,还办了不少学会、学堂、译书局,出版新书刊等等,纷纷介绍西方的文化科学。这场运动对沉睡中的中国人民无疑是一种促动很大的近代思想启蒙运动。公元1896年刑部佐侍郎李端棻(公元1833—1907年)在上书"奏请推广学校设立译局报馆摺"中提出"与学校之益相须而成者盖有数端……",其中第一件就是藏书楼,因此推动了当时许多刚成立的学会、报馆、译局都纷纷设立了藏书楼。这时的藏书楼已与过去不同,而是向外宣传资本主义思想和政治主张,成了与封建主义顽固派斗争的工具。新式藏书楼已与人民大众结合起来了(首先是学生),这就逐渐推动了近代面向社会的公共图书馆的兴起。

当时三年之内,据梁启超《戊戌政变记》中统计,全国设立的学会、学堂、报馆51所,它们大都设立近代藏书楼,如公元1897年浙江的"古越藏书楼"、湖南"湘学会藏书楼"、1898年湖南"南学会藏书楼"、1900年"浙江藏书楼"、1905年上海的"国学保存会藏书楼"等。他们的宗旨一是存古,二是开新,提出"不谈古籍无从考政治学术之沿革,不得今籍无从启鉴变通之途径"。他们办的藏书楼既给会员阅览,也供给会外好学之士阅览。藏书已不再单纯为了藏书而藏书了,这些藏书楼已经具有了近代图书馆的某些特点。

公元 1896 年,"图书馆"一词由日本介绍到中国。公元 1902 年清政府颁发"学堂章程"时,第一次在中国官方文书上出现"图书馆"一词,如其中提到"大学堂当附属图书馆一所","大学堂设图书馆经营官,以各分科大学中正教员或副教员兼任"。公元 1905 年在湖南长沙,由当时清政府湖南巡抚庞鸿书奏请建立了我国第一个公共图书馆。

清政府为缓和国内阶级矛盾,在公元 1906 年颁布的"新政"中规定,在京师及各省设立图书馆。公元 1909 年又颁布了《拟定京师及各省图书馆通行章程》,并在湖南、浙江、江苏等省陆续建立了在一定程度上向社会开放的图书馆。

二十世纪初,公元 1905 年在俄国资产阶级民主革命影响下,孙中山领导的我国资产阶级革命运动愈益高涨。

以孙中山(公元 1866—1925 年)为首的资产阶级革命者们,大力宣传反封建专制,提倡自由、平等、民主、共和。在宣传方法上,除了集会、结社、报纸、刊物之外,很重视设立各种书报阅览室、图书馆,以扩大影响。

公元 1911 年辛亥革命前,各地公私学堂办了不少图书馆,辛亥革命后,近代图书馆更加大量地出现,特别是通俗图书馆大量出现,已深入到某些中小城市和县镇。

现在的北京图书馆,当时叫京师图书馆。在李端棻、罗振玉(公元 1866—1940 年)、张之洞(公元 1837—1909 年)等人的奏请下,于公元 1909 年建立,1912 年 8 月在北京广化寺开放。

辛亥革命以后,蔡元培(公元 1868—1940 年)、鲁迅(公元 1881—1936 年)等曾在北洋政府北京教育部工作(公元 1912 年鲁迅任教育部社会教育局第一科科长,主管图书馆、博物馆、美术馆事宜),都曾努力推进近代图书馆和通俗图书馆的建设。鲁迅还参加了1913年热河文津阁《四库全书》移交京师图书馆的工作。

1915年北洋政府教育部颁发了《图书馆规程》和《通俗图书馆章程》。后者第一条规定:"各省治、县治应设通俗图书馆,储集各种通俗图书,供公众之阅览。各自治区得视地方情形设置之。私人或公共团体公私学校及工场,得设立通俗图书馆。"据统计,到1918年,全国有通俗图书馆286个,巡回文库259个,阅报所1,825处。

通俗图书馆是资产阶级"教育救国"、"平民教育"的一种手段,与当时各省、县官办图书馆相比,它的数量多、读者广、影响大。如湖北省当时有44所,藏书一万八千册,每天读者达七千余人;而当时山东省图书馆,据黄炎培先生1915年统计,每天只有二、三个读者。

第五节　我国近代图书馆事业的发展

(1919—1949年)

一、新文化运动及新图书馆运动

1. 新文化运动及其对图书馆事业的影响

1915年,陈独秀(公元1880—1942年)在上海创办《新青年》杂志,提出民主和科学两大口号,向封建文化思想展开猛热进攻,震动了整个中国思想界,极大地启发了中国人民的觉醒,这就是所谓新文化运动的开始。

1917年苏联十月革命成功,给中国人民送来了马列主义。文化知识界出现了由共产主义知识分子、小资产阶级革命的知识分子及资产阶级知识分子组成统一战线的文化革命运动,即新文化运动。陈独秀、李大钊(公元 1889—1927 年)从 1918 年起在新文化运动中开始宣传马克思主义。

1919 年"五四"运动以后,各种新出版物风起云涌,一年之内全国各个角落新出版的以宣传新文化新思潮的刊物竟达四百多种,1920 年出版了陈望道(公元 1890—1977 年)翻译的《共产党宣言》。

在这时期特别值得提出的是李大钊同志对我国图书馆事业的贡献。

1918 年初李大钊任北京大学图书馆主任兼经济学教授,当年他还吸收过毛泽东同志参加了北大图书馆工作。1919 年 5 月李大钊在北大成立了"社会主义研究小组";1921 年邓中夏、瞿秋白等在李大钊的指导下成立了"马克思学说研究会",并附设一个藏书丰富的收藏马列主义著作的图书馆。该馆到 1922 年 12 月已有图书杂志数百部(种),如中文图书《共产党宣言》、《工钱、劳动与资本》、《阶级斗争》;英文报刊《苏维埃俄罗斯》、《亚细亚》、《国际共产党》;中文报刊有《大陆报》、《共产党》、《新青年》、《先驱》、《工人周刊》、《劳动周刊》等等。

李大钊任北京大学图书馆主任六年,写了不少论述图书馆的论文和讲演,他有许多关于图书馆工作的思想对我们今天的图书馆建设仍然有着指导意义。如:

(1)他特别重视图书馆的学术教育作用,1919 年他就指出"现在图书馆是研究室,管理员不仅保存图书,还要使各种书籍发挥作用……","图书馆和教育有着密切的关系,和社会教育更有关系。"指出了古代藏书楼和现代图书馆在作用上是根本不同的,古代图书馆是藏书楼,管理员是守书的人。为此他特别重视新式图书馆的建设。

(2)他到任不久,就使藏书内容发生很大变化,使具有现实意义的图书激增。汉文图书扩充到 20 万册,日文书千余册,西文书两万多册。为使藏书真正能为读者所了解,他大力改进了目录工作,并由他建议用杜威十进分类法,编制了卡片目录,大大方便了读者的检索。他对于图书的保护、阅览室的开辟等许多具体工作都亲自过问。

(3)为了减少拒借率,扩大各种新书的流通,他主张学校图书馆要增加复本,要采用便利读者选择图书的开架式阅览,认为"这都是图书馆的新趋势"。

(4)他很注意图书馆的建设和注意知识分子同工农相结合。提出"劳工聚集的地方,必须有适当的图书馆、报社,专供工人休息时间的阅览"(见《李大钊选集》第139页,人民出版社,1959年5月第1版)。提出"多办市立的图书馆,通俗的尤甚要紧。图书馆宜一律公开不收费"(见《李大钊选集》第239页)。1919年2月在"青年与农村"一文中呼吁:"要想把现代的新文明,从根底输到社会里面,非把知识阶级与劳工阶级打成一气不可。"(见《李大钊选集》第146页)

(5)他和列宁一样,主张按外国先进经验办我国的图书馆事业。还特别重视图书馆学教育和图书馆员的培养,主张管理图书的人要有图书馆学方面的知识,提倡设立图书馆学科和简易传习所,认为这是"关系中国图书馆前途的事"。为此,他亲自出面,1920年在北京女子高级师范兼课时向学生讲授图书馆学,1921年12月在《晨报》上发表《美国图书馆员之训练》,详细介绍了美国图书馆学校从1887年到1895年的发展情况。

由于新文化运动中马列主义学说的宣传,出现了面向劳动人民宣传革命的新式图书馆。特别是1921年7月中国共产党成立以后,这种图书馆在各地出现了不少。如1920年毛泽东同志在湖南长沙创办的文化书社;1920年北京大学的"通信图书馆";1921年"五一"上海建立的"上海互相团通信图书馆";1922年唐山"工人图书馆"、天津"工人图书馆";1923年江西南昌的"平民图书馆"……这些图书馆都具有同工农相结合,宣传马列主义革命思想的特点,这是近代中国图书馆事业中的新血液。从党成立到1925年大革命这段时间,共产党的领导人如恽代英(公元1895—1931年)、方志敏(公元1900—1935年)、李立三(公元1899—1967年)、邓中夏(公元1894—1933年)、毛泽东(公元1893—1976年)等分别在长江流域、河北、山东组织工人俱乐部,举办图书馆等,对广大群众进行革命宣传,起到了组织群众的作用。

2.上海通信图书馆

1921年"五一"劳动节,由后来成为共产党员的应修人(公元1909—1933年)团结一批上海钱业的职员和青年学徒,创办了上海通信图书馆。当初只有八个人,资金48元,藏书138种,不足三百册,这是一个带互助性的青年读书组织。

经过几年的发展,到1925年8月,文化革命战线分裂,图书馆内部成员也有了分化。随后在共产党的领导下不断发展,到1926年会员已达322人,书刊3,851种,读者已遍及国内22个省,还有美、日、法等海外华侨,影响遍及城乡。1927年"四·一二"蒋介石叛变革命大屠杀时,不少参加革命的会员被杀。1929年5月4日上海通信图书馆遭到上海反动政府封闭。

该图书馆在1921年的"创立宣言"中提出了他们的办馆宗旨,希望他们的图书馆能"成为远近人们的藏书库""成为大规模的上海图书馆的先导"。他们认为"没有图书馆以便于群众,则书报仅能流通于掠夺阶级",因此他们志在下层劳动人民和群众。

在上海通信图书馆存在的八、九年中,他们做出了许多开创性的工作,为后来图书馆界一直推崇。如:

(1)在图书采购和藏书建设上坚持进步性、思想性和学术性原则,专收有时代思想的各种学术文艺书报,对反动复古危害民族及无学术价值的图书坚持不收。

(2)第一个提出取消铺保,废除押金制度,免费为广大平民及知识分子服务。他们"不为金钱、不为名利",推己及人,公之于社会,免费服务,而且又大都是业余服务,真正担当了公共图书馆的使命。与当时所谓公共图书馆要铺保、要押证金,读者寥寥的情况形成了鲜明的对照。

（3）他们创造了通信借书的方式,提出了借书"不受路途限制,不受职务限制,也不受早晚时间的限制"。他们所采用的邮寄借书的方法后来影响了不少图书馆,有些省图书馆还专设了通信借书部。

（4）在图书分类上,他们也勇于创新,他们认为当时流行的《杜威十进分类法》等,有许多分类异常陈旧,许多新思想的图书无法用之分类。因此他们在我国图书馆史上第一次用马列主义思想作指导编出了自己适用的 STT 图书分类法（注："STT"是上海通信图书馆罗马拼音首字母）,还编了拼音字母著者号码表。

（5）为了加强与读者的联系,更好地为读者服务,他们出版了《上海通信图书馆书目》,借此反映馆藏,指导读者,先后编过六次。从 1925 年开始又定期出版了《上海通信图书馆月报》,在读者工作中起过很大的作用。

（6）他们又联合"有牺牲精神的同志",提出"联合各地爱读书而又不能多买书的人们,以互助合作的精神共同创办",为此成立了图书馆共进会。先后当过这个图书馆共进会的会员,大多后来成了我国各界有名的人物,如陈云、恽代英、杨贤江（公元 1895—1931 年）、应修人、郭沫若（公元 1892—1978 年）、郑振铎（公元 1898—1958 年）、钱俊瑞、叶圣陶、郁达夫（公元 1896—1945 年）、楼适夷、汪静之、冯雪峰（公元 1903—1976 年）、魏金枝（公元 1900—1972 年）等。当时该图书馆的重大事宜都是由共进会员产生的执行委员会和监察委员会担任的,具体部门有总务、文书、会计、买书、编目、出借和保管等科。

（7）他们不为名不为利勇于牺牲的服务精神,特别值得我们后代人好好学习。他们都是利用业余时间工作,义务服务。不但具有牺牲精神,而且办事极认真负责,做到了"无论是谁,从来不能误事,值班时,无论风雪雨霜都按时到,路远的一个来回就是十里,而且还觉得很快乐,但并不曾得到什么报酬"。他们的书还有许多是由会员捐赠的,如郭沫若1926年4、5月间就捐书40种。有些书社也捐书,如郭沫若、成仿吾的创造社1928年就赠给112种。

他们齐心协力,热心为读者服务,先后出借的图书达数万次,损失只有千分之七、八,大都是在邮途中丢失,读者每遇这种情况,往往愿意赔偿。他们这种无私的热心为读者服务的精神,也不能不深深地打动读者的心。

(8)由于他们辛勤地工作,通过图书大大教育和影响了一大批青年,这些人有很多后来都成了中国革命各界的名流。

3.韦棣华与中国的新图书馆运动

我国近代新式图书馆,从1905年湖南长沙公共图书馆建立开始,各地陆续设立了一些省立图书馆,藏书楼逐渐向公共图书馆过渡。1915年北洋政府公布《图书馆规程》和《通俗图书馆章程》以后,各地又大量建立了公共图书馆和通俗图书馆。这些图书馆都由当地教育机关主管,拨给经费;一些私人藏书楼和学院也多捐资兴办公共图书馆和通俗图书馆。作为新文化运动组成部分的新图书馆运动,1917年在留美学图书馆学毕业回国的沈祖荣等的倡导下,逐渐发展起来。这个运动的基本主张是反对封建藏书楼,按美国式建立面向大众开放的新式图书馆。

韦棣华(1862年—1931年)早年毕业于美国西蒙斯图书馆学院。1900年她随八国联军来中国,任教会学校——武昌文华大学教授兼任图书馆员工作。她先是设立一个图书阅览室,陈列一些教义、科学之类的书刊、小册子。1910年她创立了武昌文华公书林,即图书馆,自任馆长,宣传基督教和普及科学知识。除对文华大学师生开放外,还对武汉三镇公众开放,影响渐渐扩大。1914年她资助沈祖荣去美国纽约公立图书馆学校,专攻图书馆学,1917年又派胡庆生前去。

1917年沈祖荣回国,她派另一名助手——上海中华基督教青年会全国协会总干事余日章,同沈祖荣一起携带有关新式图书馆的各种影片、模型、统计表等前往全国各省进行宣传。他们先后去过湖北、湖南、江西、江苏、浙江、河南、山西、河北,很快就掀起了提倡美国式的新图书馆运动。他们希望在中国发展近代图书馆事业,发展教育,通过教育来救中国。沈祖荣自称"热心教育以振兴中国为志愿"。胡庆生于1923年也说:"我国现在的形势,非以图书、教育两者为强国的根本不可。"

1920年韦棣华在武昌文华大学创办图书科(专业)。

1921年在美国教育家、哥伦比亚大学教授孟禄(Paul Monroe,公元1869—1947年)的倡议下,成立了中华教育改进社,设立了图书馆教育组,成员有沈祖荣、杜定友、洪有丰等人,他们提倡发展我国的新式图书馆事业,进一步推动了新图书馆运动。

美国为了在精神思想上支配中国,于1905年提出要"退还庚子赔款"企图用这笔退款输入美国的文化教育方式。

1922年韦棣华发起以美国退还的庚款来"推广"中国的图书馆事业,为此她两次回美国与国会两院议员各个面洽陈述理由,被求见者达四百多人。1924年美国决定退还庚款,负责分配庚款用途的中华教育文化基金董事会,于1925年6月召开了第一次董事会,决议以庚款的一部分用于"促进有永久性文化事业,如图书馆之类"。受美国图书馆协会委托,1925年春,鲍士伟代表美国庚款委员会来中国调查图书馆事业的情况。在中华教育改进社协助下,他先后到杭州、苏州、南京、武昌、汉口、长沙、开封、太原、北平、天津、济南、青岛、沈阳、广州等地五十余所图书馆进行了为期两个月的参观和考察,讲演五十余次,并放映有关图书馆的影片,宣传美国图书馆事业的发达情况,宣传美国的"平民教育"和"图书开架、随意借阅"的情况,大力推行美国的办馆方式。以致当时在中国图书馆界掀起了醉心于美国图书馆事业的热潮,就连一些非图书馆界的人士也感到新图书馆运动的声浪,国内各地开始陆续设立了美国式的图书馆。还在全国各地陆续出现了一些地方性图书馆协会,如北平、开封、南京、上海、天津、南阳、广州、济南、苏州等地。最后于1925年4月25日在上海成立了中华图书馆协会(该会于1929年、1933年、1936年、1938年、1942年、1945年先后召开了六次全国年会)。二十多年中,该协会在出版刊物、业务培训、图书馆学研究、调查和加强管理等学术方面做了一些有益的工作。

1925年前后,其他帝国主义国家效法美国,竞相退还"庚款",英国退还"中英庚款"计划设立中央图书馆,日本也退款计划建立图书馆。

从1925年到1932年,中华教育文化基金董事会对图书馆事业先后补贴九次,大部分用于实验美国式图书馆的据点——国立北平图书馆,一部分补助文华图书馆专科学校及美国势力范围的教会学校图书馆。

由于新图书馆运动的兴起,据1925年不完全统计,当时全国各类型图书馆已发展到502所,藏书三百一十余万册,最多是北平市43万册,江苏省41万册。据1930年统计,全国共有各种图书馆2,935所,与1925年相比,又有大幅度增加。

4. 私立专业图书馆和学校图书馆

由于新图书馆运动的推动,这个时期建立了不少专业性图书馆,如1922年5月,官僚买办虞恰卿创办了商业图书馆,收藏商业经济图书两万余册;1924年,上海商务印书馆将"涵芬楼"改为东方图书馆,藏书二十余万册,该馆对外开放;1922年在上海又出现了中国第一个少年儿童图书馆——上海少年儿童宣讲团图书馆,内设藏书室、玩具室、书报室;1923年世界语协会创立上海世界语图书馆;1924年又创立专收报刊资料的人文图书馆,收集近百年的报刊杂志;1925年又成立了上海图书馆学图书馆。

在新图书馆运动中,学校最敏感,因而学校图书馆比其他类型图书馆有更大速度的发展。当时一些比较完备的中学几乎都设立了图书馆。清华大学、交通大学、南开大学、金陵大学及北京、南京一些高级师范都按美国方式管理了图书馆。由于这些大学的带动,国内许多大学图书馆都走上采用美国图书馆方式的道路。

列宁早在十月革命成功之后,就很及时的向苏俄图书馆界提出,要用美国方式改革苏俄的图书馆,但他们进展迟缓。比之当时的苏联,我们中国一批老一代的图书馆学者,对我国近代图书馆的建设正是选择了一条比较先进的道路,这是他们对中国图书馆事业的重大贡献。

比之中国传统的图书馆,美国式图书馆对外开放,完全为了读者,没有种种限制,馆内开架阅览,大大发挥了馆藏的作用。绝不像当时各省官办的图书馆,一般民众视作衙门,不敢问津。无疑,以宣传美国图书馆方式的新图书馆运动,对我国近代图书馆事业的建设是一个很大的推动。

5. 新图书馆理论和图书馆技术的发展

随着新图书馆运动的发展,我国图书馆学理论逐步完善,出现了杨昭悊的《图书馆学》(1923年);戴志骞的《图书馆学术讲稿》(1923年);蔡莹的《图书馆简说》;高尔松、高尔柏的《阅览室概论》;马宗荣的《现代图书馆经营论》;杜定友的《图书馆通论》等。当时散见于图书馆学刊物和其它报刊杂志上的图书馆学论文,据不完全统计已达274篇之多,除介绍美国图书馆方面的情况外,其他还有不少结合中国实际情况的探讨。

图书馆离不开分类法,美国杜威法输入中国后,不适于类分中国的古旧书,一时出现许多"仿杜"、"改杜"的各种分类法,如1922年杜定友的《世界图书分类法》和陈伯逵的《中外一贯实用图书分类法》等等,不下十余种。

在图书排架方面,开始改变过去按书的形式或架格位置安排图书的方法,逐渐采用了按分类的次序排架。与此同时还创制了著者号码表,如圣约翰大学罗士图书馆,把中国著者用罗马字译音后取第一个字母加上汉字笔划数合成一组符号等,但后来大多使用了四角号码。

这时期许多图书馆实行了开架制,如东方图书馆在阅览室陈列中西图书二万余册,供阅览者自由取阅。

二、第二次国内革命战争时期的图书馆事业

1927 年到 1936 年,由于蒋介石叛变革命国共分裂,我国处于第二次国内革命战争时期,出现了共产党领导的苏区和国民党统治地区。

1. 苏区图书馆概况

共产党领导的苏(维埃)区大多处于省界山区,条件艰苦。为了宣传群众,教育群众,他们只能在艰苦的条件下,设立一些"读书班"、"书报室"、"俱乐部"之类,利用图书开展一些宣传教育活动。真正成形的图书馆,只有苏维埃中央图书馆,是江西瑞金工农民主政府成立后建立的。目前有关这方面资料都已失散,只有江西瑞金博物馆里还收藏着当时的图书一千多册。

2. 国民党区进步图书馆事业

1929 年—1930 年,左翼作家、社会科学家、戏剧家、艺术家协会先后成立,反对国民党的文化围剿。

进步图书馆事业方面,自 1929 年上海通信图书馆被查封后,其成员分散进行了书店活动,如公道书店、西门书店、静安书店、新书推荐社、书报邮售社等。

新书推荐社于 1929 年 10 月成立,继承了上海通信图书馆的传统,出版了《出版月刊》,介绍书报,流通进步书刊。

1933 年 3 月,上海出现了一个蚂蚁图书馆,它是职业青年的文化团体,早期叫"青年之友社",1928 年 2 月 10 日由一个英文补习班的几个学生组织的。他们苦闷于白色恐怖,要求进步,成立了图书馆,通信图书馆被查封后,他们的图书馆才开始向社会公开,他们的目标是"要以文化运动为手段,使新社会早日实现"。由于他们的活动符合广大进步青年的要求,会员很快由最初不到十人发展到七、八百人。他们团结教育了许多青年投入了革命队伍。他们的许多作法都与上海通信图书馆相似,成为当时上海进步团体人数最多的一个。1932 年"1.28"日本进攻上海,他们中很多人都参加了救亡运动,该馆于 1938 年被敌伪当局查封。

申报流通图书馆,是 1932 年上海《申报》60 周年时创办的。1934 年,中国报业前辈史量才(公元 1878—1934 年)因抗日救国被特务暗杀,该馆改名为"量才图书馆"。他们的服务对象主要是店员、工友、学生、职员、失业者、教员、学徒工等等,是民族资产阶级办的有进步性质的图书馆,李公朴(公元 1900—1946 年)先生曾任过该馆的馆长。

3.国民党的图书馆事业

1927 年大革命失败后,国民党政府在文化教育方面推行"党化教育",扼杀革命文化,禁止进步思想传播。1928 年发布"取缔各种社会教育机关违背党化教育精神原则"。1931 年颁布禁书128 种,1934 年又禁书 149 种。1936 年 8 月,国民党中宣部内部文件中,禁止社会科学书刊达 676 种,其中共产党刊物列首位,捣毁进步团体和文化机关,捕杀进步文化工作者。原上海通信图书馆负责人应修人就是 1933 年在从事革命活动中被杀害的。

国民党在推行"党化教育"排除异己的同时,于 1927 年 12 月和 1930 年 5 月以教育部名义两次颁布了"图书馆规程",1932 年又颁布"民教馆暂行规程",在各地提倡办图书馆和民教馆。据《申报年鉴》统计,1936 年国民党统治区各种类型图书馆总数达

5,196 所,比 1925 年 502 所增加十倍,其中普通图书馆 1,502 所,学校图书馆 2,542 所,民众图书馆 990 所,机关团体图书馆 162 所。当时各省都设了图书馆,连新疆、宁夏、青海等省也设了图书馆。当时各省图书馆在工作上已有不少改进,如延长开馆时间,实行通信借书(浙江等省馆),设研究室、儿童室和流通部,编印书目、刊行古籍等,文化展览之类的活动也盛极一时。但由于国民党坚持打内战,用于教育的经费很少,用于图书馆的更少,如当时二万元经费的省馆只有 9 个,一万元的 11 个,西康等省只有 260 元。

当时最大的公共图书馆是北平图书馆(原京师图书馆),1928 年与北海图书馆合并改称北平图书馆,藏书 50 万册,藏有文津阁《四库全书》《永乐大典》等丰富的"海内珍本"。

1929 年在南京成立中央图书馆筹备处,后来到抗战时才正式建立,负责接受呈交本,接收教育部北平存书及国学书局并负责出版品的国际交换。

上述两个馆是国民党区有领导作用的国家公共图书馆。当时国民党提倡:"民众教育"和"乡村教育"。1927 年后逐渐将各地原有的通俗图书馆改为"民众教育馆"。据 1934 年统计,全国民众教育馆 1,002 所,1935 年 1,225 所(浙江最多),较大的民众教育馆,还出版民众教育月刊。

当时,除国家政府办的图书馆外,还大量出现私人图书馆,最大的私人图书馆是商务印书馆的东方图书馆,藏书约 40 万册,1926 年实行公开阅览,1928 年设儿童阅览部,1932 年日本轰炸上海时该馆被炸毁。

私立图书馆一般是民族资产阶级联合知识分子所办,有的是学会、会社、团体所办,有的是企业所办。大多围绕自己的工作服务,资金充裕,收藏较丰富,在一定程度上保存了祖国文化遗产,能较广泛的为群众服务,管理工作也有不少改进。但大部分只对本企业、本学会成员开放,有些要保证金,手续较多。

这一时期,国民党区学校图书馆比较发达,据 1931 年统计,学校图书馆有 971 所;1933 年在国立、公立、私立大专院校 109 所图书馆中有藏书约 450 万册;1936 年学校图书馆增加到 2,542 所,其中学校图书馆几乎全是按美国图书馆方式办起来的。

三、抗日战争时期的图书馆概况

1. 解放区图书馆概况

1937 年—1945 年抗日战争时期,共产党领导的解放区,首先是进行了艰苦的抗日战争,其次是节衣缩食,发展生产,第三件事就是发展解放区的文教事业。国共两党第二次合作后,解放区已被国民党中央政府所承认,因而也就有可能在文教事业上进行一些建设。图书馆事业有了一定的规模,如在陕甘宁边区、晋察冀边区、晋绥边区、晋冀鲁豫边区、山东解放区等地都有所发展。解放区图书馆主要有以下三种类型:

(1)公共图书馆

主要设在机关、学校和民众团体集中的城市。如 1937 年 5 月成立的延安中山图书馆,1938 年遭日机轰炸,工作曾一度停顿,1939 年 12 月 13 日,该馆邀请延安各界人士座谈,商讨整顿和扩大事宜。讨论决定:第一,使中山图书馆成为延安大规模图书馆;第二,修正该馆过去章程;第三,聘请林伯渠(1885—1960 年)、董必武(1885—1975 年)、徐特立(1877—1968 年)、吴玉章(1878—1966 年)、周扬、艾思奇等十七人为该馆理事,推林伯渠为馆长,李昌为馆务主任。1940 年"七·七"抗战三周年,该馆正式开馆办事,馆长改为胡乔木担任。1942 年 2 月,召开第二次理事会,成立由胡乔木、艾思奇、周扬等组成的常务理事会,负责领导和处理馆务,决定本馆方针大事。这时该馆设主任,由童大林担任。1941 年该馆藏书有五千余种,一万余册,还藏有俄文书籍。1942 年重庆中华书局捐赠图书一百四十多种,各界人士、学术团体亦不断捐书,还订购大后方国民党区的书刊百余种。该馆机构分材料、读者顾问、编刊、阅览四个部。该馆编印三种刊物,即《时事资料》、《世界大事年表》和《每月全国报纸杂志论文索引》。开馆时间为星期二到星期六的下午,星期日整天开放。1942 年通过整风,改进了借书手续,也废除了保证金制度,改为凭证阅览。在图书出借方面有如下规定:第一,个人借书由各机关最高负责人签名盖章,具函介绍,发给借书证;团体发给机关证,无证不借书。第二,个人借书每次一册,期限两周,团体借的册数和时间视具体情况而定;珍贵图书,概不外借。第三,过期不还者,停止其加倍时间的借阅权;遗失和损坏按市价赔偿;外版书依定价十到五十倍赔偿。

绥德子州图书馆,是延安地区三大图书馆之一,到 1945 年 10 月,藏书已达六千余册,主要特点是面向广大干部和基层群众。

公共图书馆还有晋西北各机关联合办的晋绥图书馆,主要对象是晋西北各机关团体工作人员和专家。贺龙(公元 1896—1969 年)、张平化、林枫等都当过该馆的董事。

(2)各机关团体、学校图书馆

主要是延安各专业团体图书馆。较大的有 1938 年成立的鲁迅图书馆,主要服务于边区一般在职干部,藏书约万余册。当时该馆只有三个人,开始由于缺乏经验,登记不清,没有分类,影响了流通。1942 年整风时进行了整顿,工作有了改进,在培养和提高人才方面做了一定贡献。

(3)第三种类型是各地附设在"民革室"和"救亡室"、"民教馆"的图书阅览室,它们是协助村镇政权开展抗日救亡工作的中心,是沟通战地文化工作的文化据点,也是活跃民众文化生活和学习开会的场所,当时特别在华北各抗日根据地普遍建立。据 1940 年冀中定南等 13 个县统计,共有 1,733 处;1943 年晋察冀边区统计共 15,366 所。

(4)延安图书馆协会

由于解放区图书馆事业的发展,1941年7月13日成立了延安图书馆协会,协会工作包括全面调查统计延安各种图书馆;组织各种业务讨论会;进行馆际互借;募集图书等项。

该协会曾开过两次会员大会。第一次大会讨论"图书馆普通参考书流通办法",还研究了图书分类问题。1942年2月8日召开了第二次会议,这次大会提出的议题有:适当分配新到图书;编制延安图书总目;出版会刊;帮助各馆馆员进行业务学习;选出高戈等五位同志为新理事。

2. 国民党区的图书馆概况

我国图书馆大多集中在华东、华北、东北沿海几个省区。日本侵略我国,使我国原有大部分图书馆沦为敌手,有少数图书馆到处搬迁,向西南、西北一带后方转移。如全国最大的北平图书馆,1937年丢下大量珍贵图书向内地迁移,辗转长沙、昆明后又入四川。南京国民党中央图书馆,1937年也经武汉入四川。

这时期,许多大学组成联合大学,迁入后方。如1937年国立北平大学、国立北平师大(1902年建)、国立北洋工学院(1895年建)三校图书馆迁入西安,合组西北联大图书馆,1938年又由西安迁入陕西城固,与陕西省图书馆合并组成城固图书馆。北京大学(1898年建)、清华大学(1911年建)、南开大学(1919年建)迁入西南,组成西南联大。其他如复旦大学(1905年建)、武汉大学(1913年建)、同济大学(1907年建)、中山大学(1924年建)等大学图书馆也先后迁入后方。

图书馆事业需要安定和平的环境,处在战争的年代,就不可能有什么发展,内迁的图书馆也不过应付一些日常必须的业务而已。

3. 日本帝国主义对我国图书馆事业的破坏与掠夺

日本帝国主义侵略中国,对我国图书馆事业破坏极大,一个是狂轰乱炸,摧毁了许多有名的图书馆;一个是盗走了我国许多珍贵藏书;其三是大大破坏了原来已有相当基础的我国近代图书馆事业。

1937年"七七事变"后,日本飞机先后炸毁了上海东方图书馆、上海图书馆、广州中山图书馆、广西桂林图书馆等。湖南大学图书馆于1939年在一次轰炸中二十分钟内化为灰烬。广东省汕头市图书馆也于1938年炸毁。北京沦陷后的清华被占为医院,清华大学图书馆被日寇据为外科医院,书库改为手术室和药库,阅览室改为病房,查禁了没有迁走的进步图书,科技图书则被盗走。重庆大学图书馆和迁入重庆的许多图书馆在轰炸中也多有损失。

据统计,当时在沦陷区和战区共损失图书馆2,118所,民教馆835所,藏书损失一千万册以上。仅南京市就有43个图书馆、北平有61个图书馆被破坏。抗战头一年,1938年,上海损失图书馆173所,江苏省300所,浙江省377所,河南省392所。

除被炸毁破坏外,日寇每占一城市,派出所谓"科学调查团"(由各种科学家及图书馆学版本学专家组成),到处抢劫我国图书资源,如南京沦陷后,南京各馆贵重图书被盗走七十万册以上。

抗日战争时期,日本帝国主义严重破坏了我国的文化事业,毁灭了我国几千个图书馆,破坏和掠夺了我国许多珍贵文物和图书,使我国文化教育事业和宝贵的文化遗产,遭受了历史上最严重的损失,大大地破坏了我国原来已有一定基础的图书馆事业的建设。

四、第三次国内革命战争期间图书馆概况

1. 解放区图书馆

共产党在抗日战争中得到很大的发展和壮大。日寇投降之后,解放区政权得到进一步巩固。这时解放区的文化事业也有了很大发展,给图书馆事业带来极为有利的条件。当时新建的公共图书馆有:东北图书馆、承德市图书馆、长春市图书馆、张家口市图书馆、冀中群众图书馆、山东潍坊特别市图书馆、胶东图书馆等。

东北图书馆1947年开始筹备,1948年8月10日在哈尔滨正式开馆,1948年11月东北全境解放后又迁到沈阳,1949年2月在沈阳重新开馆。它不仅是东北公共图书馆的中心,也是当时全国范围新建立规模最大的图书馆。

该馆先后接收了伪哈尔滨市图书馆、长春伪"皇宫"的藏书及国民党"国立沈阳博物院筹委会图书馆"、"辽宁省立图书馆"的藏书,1948年底共藏书达60万册,内有文溯阁《四库全书》、宋元珍本、明清善本抄本、清内阁大库明清档案等。

东北图书馆曾编出《东北图书馆概况》一书,是解放区第一部铅印的谈图书馆工作的专著,介绍了图书分类、编目、管理、流通等一系列业务技术,内容结合实际,帮助了人们掌握图书馆的工作方法,对新建馆帮助很大,对全国各解放区图书馆工作产生过不少影响。

2. 国统区进步图书馆

在抗日战争时期的蚂蚁图书馆的基础上,由中华职业教育社、益友社、上海补习教育协会等,于1939年5月在上海成立中华业余图书馆。该馆继承发扬了蚂蚁图书馆的优良传统,在日伪统治下的上海,坚持斗争,传播进步书刊,抗日战争胜利后,他们又给国民党反动派以很大打击。该馆出版的《中图月刊》于1948年被勒令停刊,他们采用邮递借书和集体借书方法,1949年每月外借书刊达六千册,深受群众欢迎。

他们还举办多种形式的读者活动,先后组织"中华业余全国图书馆读者工作人员联谊会"等,加强与读者的联系,还经常举办学术报告,请过郭沫若、周建人、叶圣陶等做讲演,他们还举办过两次图书馆工作人员训练班。

1949年3月与益友社图书馆等发起成立"上海市图书馆联合会",因工作困难一直以筹委会名义活动,直到解放后才成立。

该馆在日伪和国民党统治时期,为革命事业做了大量工作,上海解放后又以新的姿态出现,为新中国图书馆事业做了一定贡献。

在北京,有许多大学的进步青年也自动组织起传播进步思想的图书馆,如北京大学的"子民图书馆"(1947年建立)、清华大学"一二一图书馆"、北大工学院"二六图书馆"等。

上述几个图书馆,在解放战争年代,在党的影响下,密切联系群众,在国民党摧残文化事业的情况下,保存和流通了进步书刊,为传播革命思想,为人民解放战争起了很好的作用。

3. 国民党区图书馆事业的总崩溃

据1936年统计,全国当时有图书馆5,196所,但经过抗日战争、解放战争,图书馆事业受到很大破坏,到1949年全国解放前夕,总共只剩下三百多所。

1945年"八一五"日本投降,蒋介石一面命令解放区抗日军民"应就地驻防待命",叫汉奸"负责维持地方自治",不让八路军"擅自行动";另方面,在美帝国主义协助下,从空中海上把其"国军"运往各地进行所谓"接收",抢夺人民的胜利果实。

这时,原来内迁的图书馆又开始向回迁,但由于图书馆不受重视,回迁中损失严重,进展迟缓。如国立北平图书馆迁到四川云南的图书直到1947年才运到北平;存在上海的书,到1948年还没搞清楚。其他图书馆的情况可见一斑。

当时国民党致力于准备内战,要消灭共产党,图书馆经费很少,停馆很多,1936年前发展起来的中国图书馆事业,随着国民党的战乱而陷入崩溃。

另一方面,美帝国主义趁机开始抢夺我国的文化遗产,特别是国民党要逃亡台湾之际,借机运走大批文物、图书、档案资料,有不少运往美国。这些图书资料对祖国科学研究和文化发展都有很大价值。如安阳、辉县等地出土的古物三百多箱,连同大批甲骨文和发掘记录,还有故宫博物院的全部精华,即铜器、瓷器、书画、玉器、图书等,包括当时在英国伦敦展出的2,972箱,以及南京中央图书馆全部善本书十三万余册。

本章复习与思考题

1. 孔子编了哪六经之书？

2. 老子做过哪朝的柱下史，负责什么工作？

3. 我国最早见于何书首次记载有国家图书馆？

4. 刘向、刘歆父子是何时人，对我国图书馆事业有何贡献？

5. 古代图书分类中的四分法起于何时？经、史、子、集的次序由何人确定？

6. 用四分法编的最大的一部书目是什么书，共是多少卷？

7. 宋代私人藏书有何特点？

8. 宋代郑樵对我国图书馆事业有何贡献？

9. 明初解缙主编的最大一部类书最后定何名称？

10. "天一阁"藏书楼由谁建于何时何地？

11. 清《四库全书》抄了几部正本，都藏在哪几个阁里？

12. 清代私人藏书事业为何比较发达？

13. 清代史学家章学诚在目录学方面有何建树？

14. 清末于何年颁布了《拟定京师及各省图书馆章程》？

15. 京师图书馆（现在北京图书馆）何年建立？何年开放？都是由谁发起建立的？

16. 古代藏书楼和近代图书馆最主要的区别在何处？

17. 1936 年统计全国有图书馆多少个？日本侵略我国初期共炸毁和破坏了我国多少图书馆？

18. 简述上海通信图书馆的特点。

本章参考和引用文献

1.《中国图书馆事业史》(初稿),武大图书馆学系,1962 年

2.《目录学概论》,目录学概论编写组,1981 年 1 月

3.“中国古代藏书史话”,许培生、李春秋,《四川图书馆学报》,1980 年第 4 期

4.“为中国图书馆事业贡献了一生的韦棣华”,许有成,上海《图书馆学研究》,1980 年第 3 期

5.《中国古代藏书与近代图书馆史料(春秋至五四前后)》,李希泌、张椒华编,中华书局,1982 年版

6.“清末改良运动与近代中国图书馆事业”,黄建国,《浙江学刊》,1982 年第 2 期

第五章　我国现代图书馆事业的建设

第一节　列宁关于图书馆事业的部分论述

世界上第一个社会主义国家的缔造者列宁,在操劳国内外革命事业大事的同时,关于图书馆事业,有过许多论述和指令性文件。据 1977 年苏联图书出版社出版的《列宁论图书馆事业》一书第二版收录,列宁的有关图书馆事业建设的文献超过三百篇。

列宁特别喜爱图书馆,也特别善于利用图书馆,对各国的图书馆事业很注意研究和比较,以便摸索出如何建设社会主义国家的图书馆事业。列宁能在国事重重的情况下,特别注意重视图书馆事业建设,其意义非常重大和深远。

下面摘录了列宁关于图书馆事业的部分论述,从中可以了解列宁关于建设图书馆的思想,这对建设我国的图书馆事业具有很大的指导意义。

一、"对于国民教育能够做些什么"

1913 年 7 月 18 日,列宁在"对于国民教育能够做些什么"一文中,对比了西方国家(特别是美国)与沙皇俄国的图书馆事业时,说西方图书馆"他们所注意的并不是经过好几个官僚组织讨论和制定的章程,以及规定几百条利用图书的手续和限制,而是使大量成套的图书连儿童也能利用;他们关心的是使读者能够在自己家里阅读公家的图书。他们认为值得公共图书馆骄傲和引以为荣的,并不在于它拥有多少珍本书,有多少十六世纪的版本或十世纪的手稿,而在于如何使图书在人民中间广泛地流传,吸引了多少新读者,如何迅速地满足读者对图书的一切要求,有多少图书被读者带回家去,有多少儿童来阅读图书和利用图书馆……。"

他在文中还举例说:"纽约图书馆有步骤地要使每个居民在离自己的住宅不到四分之三俄里的地方,即十分钟内就能走到的地方,都可以找到一个分馆,这些分馆就是各种机关和企业的国民教育中心。"(《列宁全集》第19卷第271—273页)

二、"论彼得格勒公共图书馆的任务"

1917年11月,十月革命刚刚结束,列宁在"论彼得格勒公共图书馆的任务"一文中说:"必须根据西方自由国家,特别是瑞士和北美合众国早已实行的原则,立即无条件地进行如下的根本改革:

(1)公共图书馆(前帝国图书馆)应当立即同彼得堡和各地的所有公共图书馆和国立图书馆交换书籍,同时也同国外的(芬兰、瑞典等国)图书馆交换书籍。

(2)图书馆与图书馆之间互寄书籍,应当由法律规定予以免费。

(3)图书馆阅览室应当像文明国家为有钱人服务的私立的图书馆和阅览室那样,每天从早8点开放到晚11点,节日和星期日也不例外。

(4)应当立即从国民教育部的各个局抽调必要数量的职员到公共图书馆去工作(由于军事上需要男子,必须多利用妇女的劳动),因为在这些局里,十分之九的人所干的不仅是没有益处而且是有害的工作。"(着重点"·"系原文所加)(《列宁全集》第26卷第310页)

三、"关于建立图书馆事业"的决议

1918年6月7日,人民委员会"关于建立图书馆事业的决议"中提到:"人民委员会因教育人民委员部对正确地在俄国建设图书馆事业方面的关心不够而再予申斥,并责成该部立即采取以下有效措施:第一,对俄国图书馆事业实行集中管理;第二,采用瑞士和美国的制度。

建议教育人民委员部每月向人民委员会提出两次报告,说明在这方面所完成的实际工作。"(《列宁论图书馆工作》,第27—28页,克鲁普斯卡娅著,李哲民译,1957年,时代出版社)

四、"给教育人民委员部"的指示件

1919年1月30日,列宁在人民委员会议上提出图书馆工作在苏维埃共和国中的地位的问题。根据列宁起草的人民委员会决议,教育人民委员部应每月公布关于图书馆、阅览室数量和书籍发行量扩大情形的简要材料,并将其送交人民委员会。随后不久于1919年2月列宁又写成了"给教育人民委员部"的一个指示件,文中提出:"请将我对人民委员会不久以前提出的问题的下列补充意见转告你部各图书馆(包括社会教育图书馆和国立图书馆等等)管理处,并将你部(和有关的处)对这一问题的讨论结果告诉我。

＊　　　　＊　　　　＊

图书馆工作(当然包括"农村阅览室"、各种阅览室等等)最需要发动各省、各团体、各阅览室等等之间的竞赛。

现在人民委员会要求写报告,这种正确做法应该达到三个目的:

(1)使苏维埃政权和全体公民真实地全面地了解在做什么事情;

（2）吸引居民自己参加工作；

（3）发动图书馆工作人员的竞赛。

为此，必须立即制定能够达到这些目的的报告表格。

我认为，报告表格应该由中央制定，然后，由各省翻印并分发各国民教育厅和所有的图书馆、阅览室、俱乐部等等。

这些表格应该列出（并用黑体字印刷）必须答复的问题，图书馆馆长等不答复这些问题要负法律上的责任。除了这些必须答复的问题以外，再加上很多不是必须答复的问题（就是说，不答复这些问题不一定要送交法院）。

表格中一定要答复的项目包括：例如图书馆（或阅览室等等）的地址，馆长和管理人员的姓名及其住址，书报数量，开馆时间等等（对于大型图书馆还要有其他项目）。在不是必须答复的项目中，应该以提问的方式列举瑞士和美国（以及其他国家）所采用的一切改进方法，以便鼓励运用改进方法最多而且最好的工作人员（奖给贵重的书籍和成套的书籍等等）。

例如：①你是否能用确切材料证明你们图书馆图书流通率的增长？②你们阅览室的读者有多少？③是否和其它图书馆、阅览室交换书报？④是否编有图书总目录？⑤星期日是否开馆？⑥晚间是否开馆？⑦是否扩大新读者，如妇女、儿童、非俄罗斯人等等？⑧是否满足了读者的咨询？⑨有哪些简单切实的保管书报的方法？贮藏书报的方法？阅览部和书库是否有机械联系设备？⑩图书是否外借？⑪书籍外借手续是否简化？⑫是否通过邮局寄书？以及诸如此类的问题。

报告写得好的，工作有成绩的，应受到奖励。

教育人民委员部图书馆管理处一定要向人民委员会汇报：每月收到多少份报告，哪些问题得到了答复，以及各项总计。"（《列宁全集》第28卷，第429—430页）

五、在"全俄社会教育第一次代表大会"上的讲话

1919 年 5 月,列宁在俄国社会教育第一次代表大会上的讲话中说:"我们应当利用现有的书籍,着手建立有组织的图书馆网来帮助人民利用我们现有的每一本书,应当建立一个有计划的统一的组织,而不是建立许多平行的组织。"(《列宁全集》第 29 卷,第 301—302 页)

六、"人民委员会的决议"

1920 年 1 月 17 日列宁以主席的名义写出人民委员会决议:
"人民委员会决定:

(a)责成外交人民委员会、全俄肃反委员会登记管理局及其全部附属机构,军事委员部及其附属机构,将所藏俄国和外国的白匪军书籍,在为了专门的目的使用之后,交给教育人民委员部保存和给国家图书馆公共使用。

(b)书籍应当寄到教育人民委员部国家书库(伏尔赫恩卡,18,科学秘书的房间)。"(《列宁论图书馆事业》,1960 年,莫斯科,国立政治书籍出版社)

七、"人民委员会关于集中管理图书馆事业的命令"

1920 年 11 月 3 日,列宁又写出了"人民委员会关于集中管理图书馆事业的命令":

"1. 教育人民委员部管辖的一切图书馆,以及属于所有其它部门、机关和社会团体的图书馆,一律宣布为人人都能利用的图书馆,列入俄罗斯苏维埃联邦社会主义共和国的统一图书馆网内,并一律交由教育人民委员部(中央政治教育委员会)管辖。

2. 为了实现统一的图书馆网使各图书馆的工作协调一致,特在中央政治教育委员会的管辖下设立中央联合图书馆委员会,由

下列人员组成:教育人民委员部四人(中央政治教育委员会、学校教育处、科学教育处和职业技术局各一人),全俄总工会二人,共和国革命军事委员会政治部一人(委员会的委员须经教育人民委员部批准)。"(《列宁论图书馆工作》第33—34页)

八、"给鲁勉采夫博物院图书馆"的信

1920年9月1日,列宁给鲁勉采夫博物院图书馆一封信中说:"如果按规则,参考书不准带回家,那末晚上,在夜里,当图书馆下班的时候,可否借出。明早送还。"(《列宁全集》第35卷第452页)

九、"致利特肯斯同志的信"

1921年5月17日,列宁致利特肯斯同志的信中说:

"应该使您(和我们)绝对确切地知道:如果每种苏维埃图书出版后一个月(两星期? 六星期?)而在每一所图书馆都还没有这种书的话,那末应该监禁哪些人(既要有中央出版物供应社的人,又要有图书馆网的人,一定要两个机构都有)。"(《列宁论图书馆工作》第38—39页,见武汉大学图书馆学系1980年汇编的"图书馆学基础理论研究资料选编"上册,第30页)

十、"关于利用白匪军书籍的询问"

1921年10月7日,列宁在"关于利用白匪军书籍的询问"中给几个委员部的文件中说:"某些机关直到现在还认为白匪印刷品和书面材料是自己的财产,因而将其作为所属图书馆的不可缺少的部分,这些材料在图书馆中远远没有得到充分的利用。我要求查明,人民委员会的决议为什么执行得这么糟糕,并给你们所属机关下达相应的命令、通知和指示。"(《列宁论图书馆事业》第116页)

第二节　新旧中国图书馆事业的对比

1840 年到 1949 年中华人民共和国建立，这一百多年的中国历史，始终处于内忧外患之中，战争连年不断，不是外国入侵，就是国内战争。新中国的建立，全国人民开始出现了和平统一的局面，特别是建国之初的六、七年中，虽然外有保家卫国的抗美援朝战争，但国内是和平的。由于社会制度发生了根本的变化，由于社会出现了安定的局面，我国图书馆事业也开始进入一个新时期，比起旧中国，有了翻天覆地的变化。这主要表现在：

一、图书馆事业的性质发生了根本变化

由于劳动人民当家做主，图书馆事业已成为广大人民群众提高文化科学知识的事业。由于扫盲运动的开展，使更多的工农大众真正有了利用图书馆的条件。在旧中国，一方面因能够对外开放的图书馆数量有限，又加上连年战争，屡遭破坏；另一方面工农大众中文盲占绝大多数，图书馆实际上只能为少数上层和有文化者服务。解放以后，图书馆事业执行了为工农兵服务的方针，从根本上说，就是执行了为百分之九十以上的广大人民群众服务的方针。图书馆的事业已变成了全国绝大多数人民的事业。

二、图书馆事业的规模得到迅速发展

在旧中国，一方面由于政权是地主资产阶级的，另一方面国内又处于连年战争状态，因而图书馆事业具有数量少、规模小、布局不合理、发展缓慢，且有每况愈下的趋势。如抗日战争之前的 1936 年全国有图书馆 5,196 所，日寇入侵我国，使我国各类图书馆遭到炸毁和破坏的数以千计，并有不少宝贵文献被盗走。抗日战争胜利后,国民党又忙于打内战,使我国早已有一定规模的近代图书馆事业面临崩溃的境地。到 1949 年全国解放时,全国只剩下 391 个各类型图书馆,其中公共图书馆只有 55 所。

全国解放以后,到 1958 年底为止,全国有公共图书馆 922 个,另外还有文化馆图书室 2,957 个;大学图书馆从解放初 132 所发展到 1958 年 229 所;科学院系统图书馆解放之初是 17 个,到 1958 年已发展到 113 所;工会系统图书馆(室),是解放后新出现的类型,1958 年发展到 5,580 个;农村、街道图书室到 1958 年底约有 20 万个。藏书的规模也有大幅度增长。

"十年动乱"期间,我国图书馆事业又遭受到极大摧残,但近年来又得到迅速地恢复和发展。到 1983 年底,全国县以上公共图书馆已发展到 2,038 个;高校图书馆 1983 年统计已有 745 所(藏书 2.5 亿册);科学院系统的图书馆近 140 所(藏书五千多万册)。其中高校图书馆发展比较明显,如 1950 年全国高校图书馆藏书只有七百多万册,1952 年 84 所院校图书馆实际支出的图书经费只有 163.3 万元。到 1956 年夏季,全国有 227 所院校,据 212 所院校图书馆统计,藏书已达 3,728 万册,工作人员 3,568 人,馆舍面积 25.9 万平方米,图书馆预算经费 1,344 万元。经过三十二年的曲折发展,1981 年我国已有高校 675 所,1984 年底已达 905 所。据 1981 年 4 月底 670 所院校图书馆统计,藏书已达二亿册(1984 年已达二亿五千万册),工作人员一万七千余名,馆舍面积 132.33 万平方米,1980 年支出的图书经费为 5,216 万元。目前全国基本上形成了公共、高校、科研三大图书馆系统。三大系统图书馆在许多方面进行了协调,有力地推动了全国图书馆事业的发展。

三、图书馆读者对象发生了根本变化

新中国建立以来,图书馆事业成为国家的社会性文化科学教育事业,广大劳动人民当家做主,图书馆事业首先执行了为工农兵

服务的方针。1956年第一次全国图书馆工作会议时又提出了为"科学研究服务,为普及文化教育服务"的方针,使图书馆的服务对象具有了全民族的广泛社会性特点,使广大人民群众都有权利用图书馆。

读者对象的变化,也反映了图书馆社会职能的变化,图书馆不但在普及文化教育方面发挥了极大作用,而且在为科学研究、为生产建设服务方面也发挥了积极的作用,图书馆事业在社会主义建设事业中,愈来愈显示了它的重要作用。

四、图书馆学教育事业和研究工作得到很大发展

我国图书馆学教育事业发端于1920年韦棣华女士在武昌文华大学创设的图书科。但到1949年解放前夕,近三十年间总共才培养出不到300名专业图书馆人才,可见图书馆学教育事业的落后。1952年全国院系调整,在武汉大学和北京大学分别设立了四年制的图书馆学系,使我国图书馆学教育事业和研究工作有了基本阵地。1949—1976年这段期间,全国又培养出专业大学生(包括函授生)约三千名,比解放前三十年增加了十倍,为今后图书馆学教育事业打下了有力的基础。1976年10月粉碎"四人帮"后到1981年,全国设图书馆专业的院校已发展到17个(其中全国计划的七个)。1981年9月第二次全国高校图书馆工作会议期间,同时召开了全国图书馆学教育座谈会,提出了在重点院校设四年制图书馆学专业和在省市大力发展图书馆学中专教育及发展业余教育的规划。在会议期间规划了各高等院校今后要逐年向图书馆选留本校各专业本科毕业生,并将对他们进行为期一年的图书情报学专业培训。教育部于1983年又做出设想,1990年前全国图书馆学教育要发展30个大学点,并建议理、工、农、医各类院校都来办图书馆学教育,同时还要发展情报学教育。在全国范围内,近年图书馆学职业高中教育发展也很快。由于四化建设的需要,由于

世界"信息革命"潮流的兴起,由于国家、社会的重视,我国图书情报学教育事业,将会有一个突破性的发展。

图书馆学的研究工作,近年来也得到蓬勃发展,图书情报学刊物,全国已有80余种,研究论文每年都有数百篇之多。全国各省图书馆学会活动频繁,呈现一派兴旺发达的景象。

第三节　我国现代图书馆事业的建设原则

一、图书馆事业与国民经济和科学文化教育事业发展相适应的原则

我国是一个人口众多、地域广大、文化科学比较落后的穷国。因此,我国的图书馆事业只能在与上述客观条件相适应的情况下得到逐步发展。比如,只有国家的经济发达了,才能为图书馆事业提供更多的资金和物质条件,因而图书馆事业必然要受到国家经济条件的制约。再比如,只有广大人民群众物质生活真正得到改善,有了精神生活的迫切要求,在极大的程度上脱离了文盲状态时,才能迫切地感到图书馆事业与他们息息相关,从而推动整个图书馆事业向前发展。

但是,当着国家的科学文化教育事业要想得到进一步发展时,又必须使图书馆事业有与之相适应的发展。作为国家智力投资的一部分,作为国家智力资源的主要开发部门,图书馆事业又必须有相适应的领先发展。比如,当我国实行学位制时,作为科学研究不可缺少的物质条件的图书资料工作跟不上去,就保证不了人才的高质量。再比如,要发展科学研究事业,要对经济进行各种新技术的改造,没有图书情报,没有各种先进成果的广泛传播和借鉴,其结果也必将事倍功半。

二、国家办馆和群众办馆相结合的原则

既然我国是一个地大、人口多、经济文化落后的穷国,作为国家的一项社会性事业,它就不应也不可能全包到底。因此,必须发挥公有制和集体所有制以及个人所有制的积极性,同时发挥中央和地方两个方面的积极性,要采取多条腿走路的方针,才能使我国图书馆事业出现丰富多彩、品种多样、布局合理的局面。

国家办的图书馆是我国图书馆事业的骨干力量,它应当积极支援、帮助和扶持各种各样的群众办的各类图书馆(室)的事业。

三、集中统一领导和网络化原则

图书馆是人类知识的宝库,一个国家的图书馆,不管它在什么地方,都应当认为它是全体人民的共同财富,是整个国家民族的精神财富。这就要求整个图书馆事业,要有统一的领导,要有合理全面的安排和布局,在各个图书馆之间要进行协调和联系。从资源开发的角度而言,它应当和其它开发物质资源部门一样,形成自己的从上到下的独立专业系统,并且这个系统应当是包括图书、情报、资料、档案等项智力资源在内,才能有效地开发和利用这些人类已经创造出来的精神财富。只有它们各有分工,又相互有所配合和协作,并且密切联系的时候,才能真正发挥这一资源的整体的作用。由此看来,我国图书文献事业的体制必须改革,才能适应这一事业的客观实际的需要。

第四节　新中国图书馆事业三十五年
及其经验教训

三十五年来我国图书馆事业走过了曲折迂回而又螺旋上升的

路程。其中有成功的经验,但更多的是值得吸取的教训。新中国三十五年的图书馆事业大致可以划分为四个时期:

一、第一个时期是 1949—1956 年

这个时期的特点是,整个图书馆事业处于稳步前进、健康发展的时期。这个时期的基本情况是:

1.对解放前留下来的图书馆事业进行整顿和改造,把旧政府所有的图书馆收归国有;把四十四所私立图书馆纳入了国家计划轨道;调整了藏书成分,充实了马列著作;改革和废除了不合理的规章制度;整顿了干部队伍;使旧图书馆很快地走上了为社会主义新社会服务的道路。

2.学习了苏联图书馆的某些经验和技术,翻译了一批苏联图书馆学著作,但由于缺乏具体分析及思想方法的片面性,也吸取了不少不应吸取的东西,给我国图书馆事业也带来一些问题,如盲目排斥西方某些成功的图书馆学成就等。

3.各种类型图书馆得到很大发展。在这期间,特别是科学院系统的、厂矿工会系统和农村的图书馆,有的原来基础很薄,有的从无到有。如科学院系统的图书馆,刚解放时只有 17 所,1957 年就发展到 107 所;工会系统的图书馆到 1956 年,从无到有发展到几千所;1956 年,农村的图书馆(室)发展到十几万个。

4.为广大群众服务的工作开展很活跃,且形式多样,效果较显著。据 1954 年公共图书馆的不完全统计,借出图书 1,065 万册次,馆际互借 1,501 次(借出图书 13 万册次)。全年举办书展 2,178 次、报告会 1,123 次、读者座谈会 854 次、解答咨询 11,556 次,编制各种推荐、参考书目 953 种。但与此相比,为科学研究服务抓得较晚,只在 1956 年,周总理在《关于知识分子问题》的报告后才开始重视,结果当着"向科学进军"到来时,图书资料立刻感到缺乏,配合不上,工作很被动。

5. 图书馆之间广泛地开展了协作,先后建立了全国性和地区性的中心图书馆委员会,初步形成了系统图书馆网和地区协作网。

6. 图书馆学研究开展得比较活跃,出版的专业书刊和论文较多。

二、第二个时期是 1957—1966 年

这个时期可分为两个阶段,第一个阶段是 1957—1961 年,1958 年,党的八大二次会议通过了社会主义建设总路线及其基本点,并在总路线提出后轻率地发动了"大跃进"运动和农村人民公社化运动,使得以高指标、瞎指挥、浮夸风、"共产风"为主要标志的"左倾"错误严重地泛滥起来。图书馆事业就在这种历史环境下出现了很大混乱。主要表现在:

1. 在建馆问题上的狂热病,特别在农村,一哄而起,没有物质基础,虚假浮夸。当时人民公社图书馆(室)1958 年一下子发展到 47 万个,到 1959 年又一下子降到 28 万个,到后来,真正巩固了的所剩无几。

2. 在图书馆服务对象上,片面强调"工农兵方向",忽视、削弱和取消为专家、为科学研究服务,使得刚刚按照周总理关于知识分子问题的讲话精神抓起来的工作又中途停顿,把为知识分子服务与为工农兵服务严重对立起来。

3. 在图书馆的藏书和利用上,产生了很大混乱。片面追求图书的流通量,提出"提高图书流通率,做到番上加番,翻了再翻"的口号,强调"开门办馆,送书上门",结果造成不重视基础工作,出现图书丢失、缺藏、堆积、书库混乱、目录不健全等问题。对古籍、外文图书采取排斥态度,大大影响了古籍藏书的保护工作和外文书刊的收藏工作。

4. 在图书馆的规章制度方面,由于强调"大破大立",使原有行之有效的规章制度遭到破坏,有的是"只破不立"。

5. 在图书馆学研究上，搞了所谓"拔白旗，插红旗"运动，大大打击了老知识分子。

6. 在图书馆干部培训上，只强调政治，忽视业务和技术，使不少人变成了空头政治家，不务正业。

这个时期的第二个阶段是 1962—1966 年，正是党中央提出"调整、巩固、充实、提高"八字方针时期，八字方针的贯彻，使图书馆事业开始复苏，有了继续向前发展的局面，这主要表现在：

1. 在图书馆事业建设上调整了虚夸、冒进的部分，如农村图书馆条件不具备者不让上马。

2. 在图书馆服务对象上，强调了为广大群众和科学研究服务两者都不可忽视，各馆可以有所侧重和分工。

3. 加强了图书馆的基础工作，如藏书建设、内部整理、目录体系、规章制度的恢复和健全。

4. 在读者服务工作上，注意了内外结合，数、质量结合，整顿了读者队伍，在为科学研究服务方面，出现了重点服务、对口服务，强调了为科研服务要"广、快、精、准"。

5. 在干部培训上，注意红专结合，大练基本功，举办了各种业余学校和培训班。

6. 图书馆之间的协作有了进一步发展。

7. 图书馆学研究出现了活跃气氛，出现了一些有学术价值的论文。

三、第三个时期是 1966—1976 年

这是十年动乱时期，我国图书馆事业遭到了全国性的空前摧残、破坏和大倒退。其主要表现是：

1. 污蔑过去十七年的图书馆事业是"黑线专政"，是"修正主义、资产阶级的文化乐园"，是"封建藏书楼和全民图书馆的混合体"，说图书馆"大放封资修毒素"等等，从而全盘否定了建国以来

的整个图书馆事业。

2.否认图书馆的社会性、科学性、教育性、服务性和保存性,把阶级性当成图书馆的唯一性质。在图书馆界大搞以阶级斗争为纲,把抓阶级斗争当成唯一的工作,搞业务建设被说成是"不抓纲"。

3.在服务对象上,大搞形而上学的唯成份论,只强调工农兵,并使之与知识分子对立起来,从而排斥知识分子。把为生产建设服务说成是"唯生产力论";为科学研究服务被说成是"为资产阶级专家服务";把为教学服务说成是"培养资产阶级精神贵族"。结果用最大最好的地方设毛主席著作阅览室,把毛著当作"圣经",同马列主义著作、同人类几千年文化精神财富隔绝与对立起来。

4.把图书馆为保存文化遗产和人类知识财富而收藏的图书资料,污蔑为"封资修"。对读者大搞封建文化专制主义,搞愚民政策,搞禁锢政策,使大批有用的藏书被封闭。有些地方甚至以"四旧"、"毒草"的罪名,将大量藏书付之一炬,有的大量被盗,有的重要古籍和珍贵藏书被送到造纸厂化浆造纸,全国绝大部分中学图书馆被洗劫一空。

5.破坏了图书馆的藏书建设,外文藏书被污为"洋奴哲学"、"崇洋媚外",大量中断外文图书的采购,中断外文期刊及连续出版物的订购,造成如今大量有价值的期刊残缺不全,不得不花高价向国外补缺。如北京图书馆 1969 年与 1965 年相比,西文书减少了 70%、日文书减少了 80%、俄文书减少了 87%、外文期刊减少了 50%。中文图书"红宝书"复本量急性膨胀,造成馆内压库压架,利用率很低,但这都被当作是"突出政治"。

6.摧残、迫害并拆散图书馆干部队伍。几乎把全部在学术上有成就的老专家打成"反动学术权威",把大批领导干部打成"走资派"、"叛徒"和"特务",长期下放农村,甚至有不少被迫害致死。

把在业务上积极钻研、埋头于图书馆业务工作的同志打成走"白专道路"的人,打成"修正主义苗子"弃之不用;同时派进"工宣队"、"军宣队"来"改造"图书馆。从此开始,有后门的老弱病残和外行大量塞进图书馆,图书馆变成了"休养所"和"安置办"。在这期间还在图书馆大搞派性纠纷,互相揪斗,造成许多图书馆的工作长期处于瘫痪状态。

7.大搞无政府主义,把规章制度说成是"管卡压",取消了图书馆的规章制度和科学管理,使图书馆的工作处于长期无章可循的混乱状态,各种书刊大量丢失。

8.图书馆学教育事业和图书馆学的研究工作,在上述情况下,也只能是长期处于停顿状态。

四、第四个时期是1976—现在

这个时期从粉碎祸国殃民的"四人帮"开始。这个时期的特点是拨乱反正,调整、改革、整顿和提高,向社会主义现代化图书馆事业迈进的时期。

这个时期,由于四个现代化建设的需要,由于十年动乱造成的愚昧,广大人民群众对文化科学知识学习的迫切要求,由于国际上各工业先进国家图书馆事业的飞速发展,由于党的一系列方针政策的贯彻,特别是各种冤假错案的平反和改正,极大地焕发了整个图书馆事业的青春,使图书馆事业得到了迅速的恢复和发展。主要表现是:

1.深入揭批了林彪、"四人帮"的极左路线,拨乱反正,坚持了实践是检验真理的唯一标准。

2.落实了党的各项政策,充分调动了广大图书馆工作者的积极性。

3.进一步明确了图书馆的性质、作用、方针任务和服务对象。

4.整顿了内部,清理了馆藏,健全和整顿了目录,恢复了国际交换和外文书刊的订购,建立了以岗位责任制为中心的各种规章制度,加强了图书馆的科学管理,提高了管理水平。

5.图书馆的服务工作得到了积极改进,延长了开馆时间,增加了为读者服务的内容,特别是对科学研究工作创造了较多的方便条件,如允许读者入库、发给馆际通用借书证等。

6.图书馆建筑有较大的发展,新建扩建各种类型图书馆的规模超过了前期的总和。

7.图书馆协作组织有了广泛的发展,1979年全国图书馆学会的建立,大大推动了图书馆界的交流和协作,大大推动了图书馆学的研究。

8.图书馆学教育事业得到了迅速发展,除经教育部批准的七所院校的图书馆学系(专业)外,各地方增设了十余个图书馆学专业;培训教育、函授教育及业余教育都有了较大规模的发展。各种层次的图书馆学教育近年来也引起了重视,如研究生、大学、大专、中专、职业高中等等教育,目前都有了新的发展。

9.图书馆现代化建设有了新的发展,许多图书馆,特别是高校图书馆设立了复印室、视听室;计算机在图书馆中的应用已进行了许多准备和试点,有的已开始了单机使用。

第五节 当前图书馆事业的主要差距和亟待解决的问题

一、主要差距

1. 全国图书馆数量与人口的比例不相称

我国有十亿人口,全国二千五百余县以上行政单位,到1983年只建立二千零三十八个县级以上图书馆,按全国人口平均约五十万人一个图书馆。全国地、州、盟行政建制已建馆的只占46%，县级行政建制建馆只占60.2%，全国还有八个省辖市没有建市级图书馆。目前国外欧美各国一般是平均一、二千人口或三、四千人口一个图书馆。如按公共图书馆同人口比例来计，苏联不到二千人一个馆，美国是二千六百多人一个图书馆。

因此，我国真正按系统和按地区的纵横交错、各种类型、合理分布、联成一体的图书馆网，还远远没有形成。我国图书馆目前真正形成系统的只有公共、高校和科研三大部分，而三大部分在总体上既缺少统帅机构，在各系统本身，也还没有形成有力的领导系统，它们三者之间也只能是松散的联盟。至于其他各类型图书馆，从系统上来说，也还没有形成，因此，近期内应当首先把全国县以上行政单位的图书馆建齐，这是进一步发展我国图书馆事业的基础。

2. 我国还没有图书馆法，标准化、规格化差距很大

国外许多国家由于有了图书馆法，使图书馆事业不会因人而异。有了图书馆法，就可以依照法律办事，这不但有利于图书馆整个事业的建设，而且对图书馆本身的业务工作标准化问题也会有很大的促进。所谓图书馆法，就是从国家立法的角度，对图书馆在整个社会中的地位和作用做出规定；对图书馆数量按人口比例做出规定；对图书馆建筑标准做出规定；对各级各类馆长、对各级各类图书馆专业人员的职责和条件做出规定；对图书馆事业的投资做出规定；对图书馆事业中一切凡属重大的问题做出规定。这样整个社会就对图书馆的建设问题有了必须遵守的法令，这就必然大大促进了这一事业的建设。现在由于无法可依，因而只能靠人而治，对整个事业来说，也就必然会出现各种不平衡现象和混乱现象。

3. 图书馆干部结构不合理

我国图书馆学教育事业很落后，图书馆工作干部结构极不合

理。现有干部来源杂、质量低,人员数量也少,他们已很明显地不适应客观发展的要求。图书馆作为人类精神资源的开发部门,它应当有更多地熟悉各种文献的专家,不但要有各种学科专业出身的干部,还要有受过图书馆学专业教育的干部;各类干部之中,不但要有高级中级人才,也要有初级人才,这样才能各行其责,发挥各自的作用。目前专业毕业生只占全部工作人员百分之三,大专水平以上的工作人员只占四分之一,干部结构不合理,这样的队伍显然是不能胜任智力资源开发的责任的。

4.小农经济办馆思想普遍存在

在图书馆界,大而全、小而全的小农经济的办馆思想普遍存在,传统的守摊办馆的思想还相当严重,落后的各行其是的服务方式比较普遍。这些问题与图书馆的干部来源和图书馆学教育事业有关,当然也与我国还没有国家的图书馆法更有关。

5.图书馆现代化手段差距很大

我国图书馆内的技术设备和现代化手段差距很大,如复印手段在国外已成普遍工具,在我国就是大学图书馆至今还有大多数馆尚没有解决,至于视听手段、缩微复制就更不普及了。在国外,许多大型馆电子计算机已普遍应用,如美国已有二万多个图书馆使用了计算机,在我国还刚刚在试验之中。

二、亟待解决的问题

鉴于上述情况,我国图书馆事业的建设,当前应当积极创造条件解决下述几个问题:

1.制定国家的图书馆事业法令

图书馆事业是一个国家民族的智力建设事业,它在国民生活中,究竟应占何种地位;对它的投资在国民经济中究竟应占何种比例;什么样的地区应建立什么样的馆;多少人口应建立一个什么样标准的馆;图书馆的建筑,对于不同的情况应当有什么不同的标准;什么馆应配备多少什么职称的专业人员,其它辅助人员应是多少;各级各类馆配备何种水平的馆长,由谁来承认,由谁来任命,称职者如何,不称职者如何,以及各类工作人员的质量标准、工作职责、工作标准、晋级标准、奖惩制度等等。只有用立法的形式由全国人民代表大会公布于全国,才能使整个图书馆事业建立在一个可靠的基础上。

2. 改革和健全体制

图书馆事业不单是文化事业,它也是科学事业的一部分,它涉及社会上的每一个人、每一个部门,横跨各个学科,因而它不是任何一个从属部门所能掌握和控制得了的。它有各种类型的图书馆,因此,在全国就应当有直属国务院的可以统调各种类型图书馆的最高的权威机构。同时各个系统亦应有各自相应的统管机构。体制不健全,从全国来说,不可能做到布局合理、统筹安排,也很难做到密切联系、互相协调。

3. 大力发展图书馆学教育事业

大力发展图书馆学教育事业才能有效解决现有干部的培训和提高问题。没有图书馆学教育的发展,不但整个事业的水平要受影响,就是求得进一步发展也很困难。方针政策有了,干部问题决定一切,没有一定数量和质量的图书馆专业干部,整个图书馆事业就不能健康地发展。当前我国图书馆事业正朝向现代化图书馆事业迈进,培训图书馆专业干部更有重大的现实意义。

4. 当前抓科学管理是个关键

当前,图书馆事业的调整和提高应当积极抓好科学管理。搞好整个图书馆事业的潜力很大,如若在现有基础上迅速提高一步,必须抓好科学管理,也就是对人、财、物的全面规划、全面管理、全面控制,做到人尽其才、物尽其用、方法得当、符合科学规律。

第六节　我国现有图书馆的基本类型

一、研究图书馆类型的意义

首先,图书馆工作的基本技术和方法虽然相同,但不同类型的图书馆具有不同的社会职能,因而它的收藏内容、读者对象、工作特点也就不同。只有认真研究它们的各自特性,才能真正发挥各种类型图书馆的社会作用。

其次,研究各种类型图书馆有助于了解社会对各种类型图书馆的具体要求,以便在一个地区做到类型多样、布局合理,形成为广大群众需要的图书馆网。

二、图书馆类型的划分方法

按划分的标准不同,一般有下列几种类型的图书馆:

1. 按主管部门或领导系统划分

文化部系统:包括国家图书馆、省市自治区图书馆、省辖市县(区)图书馆、文化馆图书室等。这些都是由文化部、文化局领导的。

高校系统:高校图书馆、专科学校图书馆。1981 年 9 月全国高校图书馆委员会正式成立,负责整个高校系统的图书馆事业。

科学院系统:主要包括科学院及其分院、各研究所的图书馆。

中小学系统:目前全国中小学图书馆还处在恢复重建阶段,在领导体制上还没有形成由上而下的系统。

工会系统图书馆:主要是各厂矿企业的工会图书馆。

军事系统图书馆:军事领导机关、院校、研究单位以及部队系统的各级图书馆。

大型厂矿系统技术图书馆：目前此类图书馆基本上处于各自为政的状态。

政府系统各机关团体图书馆：这类图书馆目前也处于各自为政状态，没有自上而下的领导。目前一般都是各级机关内部利用。

以上这些所谓系统图书馆，除文化系统外，实际上并没有真正形成由上而下的领导关系，并且全国也没有一个统一指挥各种类型图书馆工作的中心。文化部虽在名义上负责全面领导的责任，但它与许多其他系统是平行的关系，因而在实际上也就无力统帅各个系统的图书馆事业。

2. 按读者对象划分

根据读者对象之不同，可以把图书馆划分为普通（市民）图书馆、少数民族图书馆、军人图书馆、学生图书馆、农民图书馆、盲人图书馆、青少年图书馆、儿童图书馆等。

3. 按藏书范围划分

综合性图书馆，包括公共图书馆、综合性大学图书馆、科学院及其分院图书馆、工会图书馆等。

多科性科学技术图书馆，包括多学科文、理工院校图书馆、大型厂矿的技术图书馆等。

专科图书馆，如学科专业研究所图书馆，高等学校系、所（研究所）图书分馆和情报资料室。

通俗图书馆，如一般基层工会、街道、农村图书馆以及青少年儿童图书馆等。

图书馆类型的划分，还可按社会职能划分为流通图书馆、版本图书馆；也可按所有制划分为全民所有制图书馆、集体所有制以及私人图书馆；按规模划分还可以有大、中、小型图书馆等等。

图书馆类型的划分，通常一个国家只采用一、二种标准。在我国习惯上采用按领导系统来划分图书馆的类型。因此，在我国往往把图书馆划分为公共图书馆、学校图书馆、科学图书馆、技术图书馆、专业图书馆、工会图书馆、军事图书馆、儿童图书馆等几个类型。

三、公共图书馆

这是面向社会广大群众开放的图书馆,由各级文化部门领导。

1. 国家图书馆——北京图书馆

清末京师图书馆,由李端棻、罗振玉、张之洞等奏议于 1909 年始建,1912 年正式开放,1928 年与北海图书馆合并改成国立北平图书馆,解放后改为北京图书馆。

1949 年刚解放时,北京图书馆只有藏书 145 万册,工作人员不足 100 人,馆舍约为八千平方米。到 1981 年藏书已超过 1,000 万册,人员 1,000 人,面积四万平方米。新馆(十四万平方米)已批准建筑,该馆落成后将成为世界上第一流的、规模最大的现代化图书馆之一。

北京图书馆是国家图书资源的藏书中心,现有文种六十多种,有接受全国出版物呈缴本的权利,它全面接受全国各出版社出版的图书、期刊和报纸。在国际上它是联合国出版物的收藏中心之一。它已成为我国国际书刊交换和国内馆际互借的中心,因而它也是我国国家的书目中心(包括编制现行国家书目、回溯性目录、联合目录及专题目录)。

北京图书馆目前是全国图书馆协作活动的组织者。它主要服务对象是中央党政领导机关、科学研究部门和重点生产建设单位。同时还规定凡年满 18 岁的公民都可成为它的读者。它通过馆际互借、文献复制、书目索引、咨询解答和内部流通阅览等方式为广大读者服务。在国内它也是全国查找文献资料的基地。

北京图书馆同时还是图书馆技术现代化和组织全国网络化的枢纽。国家图书馆有责任组织图书馆现代化技术装备的研究、试验、应用和推广领导,开展全国图书馆网络化的设计、组织和协调工作,它在推动图书馆实现现代化方面应起中心和枢纽的作用。

它还是我国图书馆学的研究基地。国家图书馆应为图书馆学的理论研究广泛收集、编辑和提供国内外的情报资料。同时,还需要出版刊物、组织学术讨论、提供出版条件,推动全国图书馆学研究的发展。

2. 省、市、自治区图书馆

省、市、自治区图书馆是公共图书馆的骨干力量,是国家科学、文化、教育事业的重要组成部分,是省、市、自治区范围内藏书、目录和书刊互借及业务研究交流协调中心。

到目前为止,全国大部分省、市、自治区都建立了图书馆。大都藏书 100 万册以上,有些图书馆藏书已超过 200 万册。

省、市、自治区图书馆的特点:

(1)藏书是综合性的,一般都具有地方文献特藏,故具有地域性特点。

(2)读者对象十分广泛,不同年龄、不同职业、不同民族、不同文化的读者都有。

(3)图书馆业务活动领域广泛并且要求具有一定的专深度。

省、市、自治区图书馆的方针和具体任务:

省、市、自治区图书馆的方针是同时担负着为科研为广大群众服务的双重任务,但以为科研服务为重点。主要对象是党政机关、科研生产及文化教育部门,也要积极主动为一般群众特别是自学青年服务。

具体任务包括:

(1)根据本地区政治、经济、科学和文化教育事业当前的和今后的发展需要,以原有藏书为基础,建设成质量较高、具有地方特点的藏书体系。与本地区各种事业有关的国内一切出版物应系统收藏;中央级出版物和本省市地区出版物及有关地区的地方文献,要收集齐全;外文书刊以基础科学、参考工具书、综合性书刊和本地区确有需要的专业书刊为主。

（2）通过馆内流通阅览、馆际借书、邮寄借书、书目参考、咨询解答等多种形式为读者服务。

（3）积极开展书刊宣传和阅读辅导工作。

（4）组织系统图书馆间的协作与协调工作，并担任地区中心图书馆和图书馆学会的工作。

（5）推动图书馆学教育事业，开展在职图书馆工作者的业务培训工作。

省、市、自治区图书馆一般设下列机构：

业务办公室、采编部、阅览部、书目参考部、图书保管部、特藏部和研究辅导部。

3.市、县（区）图书馆

省辖市、县（区）图书馆，特别是县（区）图书馆是国家的最重要的基层图书馆。它直接联系着我国城乡农村广大人民群众，直接为他们服务。

解放到现在三十多年来，县级图书馆有很大发展，但全国仍有数百余县还没有建立县级图书馆。

县图书馆的任务：

（1）以普及为主的原则进行藏书建设。

（2）在开展馆内流通阅览的同时，要花较多力量到农村办借书点和流通点。

（3）开展阅读辅导，扶持农村生产队办好农村图书馆（室）。

四、高等学校图书馆

高等学校图书馆是我国图书馆事业的一大类型，它是学校教学科研的重要组成部分。大学图书馆的规模与质量是学校教育水平的重要标志。

到1982年12月全国有761所高校，其中有670所具有一定规模的图书馆,不少学校藏书超过百万册。

1. 高校图书馆的特点

高等学校有综合性大学、多科性大学、文科大学、理工科大学、专科性大学之不同,但它们具有一些共同的特点,主要表现在:

(1)在藏书方面:藏书都具有一定规模,一般质量较高。收藏范围密切结合本校所设系、科、专业,较系统、较完整,藏书利用率较高;教学用书比例较大,基本能解决同一时期较多读者集中用书的需要;较重视外文书刊的收藏,往往能反映世界最新学术水平。

(2)在读者方面:对象比较单一,主要是教师和学生,文化水平整齐,读者借书用书随着教学进程具有明显的阶段性规律。

(3)在图书馆业务工作方面:图书馆业务工作一般较深较细,科学管理水平较高,藏书与目录组织有较强的连续性和累积性,图书馆流通阅览与教学进程配合较密切,较有计划性和阶段性。

(4)一般高等学校各系、各研究所都设资料室,它们与学校图书馆的关系基本有三种情况:一是系、所资料室在行政、人事和业务上都由图书馆领导,它们实际上是分馆;二是行政、人事归系、所领导,业务上由图书馆领导,由校图书馆统一图书采购、分类、编目;三是各系、所资料室完全独立,同图书馆只有业务上联系,目前属于第二种情况居多。

2. 高等学校图书馆的性质和基本任务

(1)高等学校图书馆的性质

高等学校图书馆是学校的图书资料情报中心,是为教学和科学研究服务的学术性机构,它的工作是教学和科学研究工作的重要组成部分。

(2)高等学校图书馆的基本任务

在社会主义四个现代化建设的新时期,高等学校是教学中心,也是科研中心。高等学校担负着培养大批德智体全面发展的专门人才和开展科学研究的双重任务。

根据新时期高等学校的任务,高校图书馆的基本任务是:贯彻党的教育方针,为培养德智体全面发展的又红又专的社会主义现代化建设的专门人才服务,为教学和科学研究服务,为建设社会主义物质文明和精神文明做出积极贡献。

(3)高等学校图书馆的具体任务

①根据学校的性质和任务,在藏书建设上要注意形成有具体学科特点的藏书体系。根据本校专业设置、学科发展方向、科研项目,全面系统收藏国内具有较高学术水平的理论著作;教学参考书应根据学生人数,保证适当复本;凡与本校专业有关的国外书刊应全面入藏,相关边缘学科书刊应尽量入藏;马列、社科及文艺书籍按一定比例入藏。加强书刊管理和保护,注意剔除工作。

②配合学校政治思想教育工作,宣传马列主义、毛泽东思想及党的方针、政策。

③扩大藏书开放范围和形式,推广开架借阅,做好读者辅导工作。加强读者研究,降低拒借率,提高书刊利用率,开馆阅览每周不少于70小时。

④开展参考咨询和加强情报服务工作,创造条件开展定题服务。

⑤加强图书情报队伍的建设,加强专业干部的培养与培训工作,积极协助图书情报学专业教学工作;积极开展高年级学生的"文献检索与利用"课的教育。

⑥研究和采用图书情报工作的新技术、新设备和新方法,努力实现图书情报工作现代化。在高校中应当设有复印设备及录音机、放映机等视听设备,争取条件设立缩微视听资料室。重点大学应创造条件采用电子计算机,尽快实现采购、编目、存储、检索、传递、借阅管理的机械化和自动化。

⑦加强对系(所)资料室的业务领导和管理、统筹、协调,搞好一个院校内的图书情报资料的存储和检索中心的建设。

⑧开展馆际协作,加强资源共享活动。

⑨积极进行图书馆学、目录学、情报学的理论、技术方法的研究,加强现代化手段应用研究。

⑩加强规章制度建设,健全岗位责任制,努力实现业务工作标准化,加强统计工作。

3.高等学校图书馆的领导体制和组织机构

(1)高等学校图书馆实行校(院)长领导下的馆长负责制,应有一名主管教学、科研工作的副校(院)长分管图书馆工作。

(2)馆长、副馆长的任免,一般院校与系主任、副主任相同;重点院校与教务长、副教务长相同。

(3)高等学校图书馆一般应设党支部(或党总支),直属校(院)党委领导。

(4)高等学校图书馆一般应设办公室(或秘书)、采编部(组)和流通阅览部(组)。各馆根据需要,可分设或增设采访部(组)、编目部(组)、阅览部(组)、流通保管部(组)、期刊部(组)、情报服务(或参考咨询)部(组)、研究辅导部(组)、特藏部(组)及技术部(组)等机构。

(5)各部(组)主任、副主任(组长、副组长)的任免与教研室主任、副主任相同。

(6)规模大、系科多的学校,根据需要与可能,可设立系(所)资料室。

(7)高等学校可设立图书馆委员会,作为学校图书资料情报工作的咨询机构。图书馆委员会成员由馆长和系主任推荐,提请校(院)长聘请组成。

4.高等学校图书馆工作人员

(1)高等学校图书馆工作人员包括党政工作人员、专业人员、技术人员、技术工人、公勤人员。

(2)专业人员编制原则:以学生一千人、藏书五万册配备十五名专业人员为基数;在此基数上,每增加一百名学生、五十名研究生各增加一名专业人员;每增加五万册藏书增加一名专业人员;年平均进书量一万册配备三名专业人员。图书馆内的党政干部、研究和应用现代化技术手段(计算机、微缩、复制等)的技术人员,以及从事维修、装订等工作的技术工人、公勤人员,应根据实际需要另列编制。

(3)高等学校图书馆应有计划配备包括图书馆学、外语(古汉语)和各学科在内的专业人员。专业人员的文化程度应是中专(高中)毕业以上,大专以上程度应逐步达到百分之六十以上。

(4)高等学校图书馆专业人员是教学和科研队伍的组成部分,应按职称与相应的教学和科研人员享受相同待遇。

5.高等学校图书馆的经费、馆舍和设备

(1)全校书刊资料购置费由图书馆统一掌握,合理使用,书刊资料购置费的比例一般应占全校教育事业费中的百分之五左右。

(2)高等学校都应建造独立、专用的图书馆舍。

(3)高等学校图书馆添置的复印、微缩、视听等设备和家具,纳入高校的设备购置计划,由设备费内开支。

6.高等学校各系资料室问题

《高等学校图书馆工作条例》第18条规定:"系(所)资料室是全校图书资料情报系统的组成部分,实行系(所)和校图书馆双重领导。各系(所)应有一名副主任分管图书资料室工作。校图书馆对系(所)资料室负责业务领导和协调。"

规定中还指出:"系(所)资料室的服务对象主要是教师、研究生和毕业班学生。它的职责是负责本专业书刊的保管和阅览,并着重进行专业资料的收集、整理和研究,开展情报服务。"

目前,有许多系资料室被办成图书馆分馆模式,应当改变,应当大大加强它的情报工作职能。各院校图书馆对系(所)资料室的业务领导和协调问题亦应大力切实地加强。

五、科学和专业图书馆

科学和专业图书馆包括科学院系统的科学图书馆、政府各部所属研究院(所)图书馆。它是我国目前图书馆三大系统之一,是为科研和生产服务的重要部门。

1.科学和专业图书馆的特点

这类图书馆虽有综合性和专科性之不同,有大中小之不同,但也具有某些共同的特点。主要表现在:

(1)在藏书建设上,除科学院及分院图书馆具有综合性特点外,大多数馆具有学科专业性特点。其藏书量虽然不大,但学科内容专深。重点是收藏学科的基本理论,外国文献的比重较大,特别是外国专业期刊,一般收藏齐全,对国内外都特别注意情报资料的收藏。

(2)读者对象主要是科研、工程技术人员,他们一般专业水平较高,懂得外文,因而较侧重情报资料和外文书刊的利用。

(3)在图书馆业务活动上,比较侧重情报资料的收集、加工、报道、检索和提供,工作专深而细致。对图书情报工作人员在专业和外文方面要求较高。

2.科学和专业图书馆的工作方针和具体任务

坚持百花齐放、百家争鸣、古为今用、洋为中用,为生产、为科研、为四化建设服务的方针,对这类图书馆具有特殊的意义。

(1)建立现代化的图书情报体系。在本系统范围内改革管理体系,实行图书、情报一体化,图书情报资料统一归口。

(2)健全和发展科技文献资料的搜集工作。采集的原则是"侧重基础,侧重提高",做好文献的线索研究,掌握国内外主要科技出版商及学会、协会出版动态,不断开辟新的搜集渠道。

(3)大力加强科技情报工作,充分发挥科技情报的耳目和参谋的作用。开展情报调研和分析,开展情报定题和跟踪服务,开展报道工作,开展课题的动态水平、趋势的综述和述评活动,为领导部门提供战略情报和参谋性意见。

(4)逐步建立电子计算机的文献检索系统。

(5)积极开展图书情报工作的理论、方法等科学研究。

(6)加强图书、情报队伍的建设。

(7)加强协作和辅导工作。

3.科学和专业图书馆的业务机构

其机构要符合图书情报工作一体化要求,或建立新的情报业务部门,或赋予原有的图书馆以情报业务的职能。

六、其它类型图书馆

上述是我国当前主要的三大类型图书馆,并已形成了一定的系统。此外,还有工会图书馆、少年儿童图书馆、中小学图书馆(室)、街道图书馆(室)和农村图书馆(室),它们也是我国几个较重要的图书馆类型。但由于历史和物质条件的限制,这些图书馆都还没有走上正规,今后有待逐步整顿,加强管理。

第七节 我国图书馆网的建设

一、建立图书馆网的意义

1.几个基本概念

图书馆合作,通常这是指两个或两个以上的图书馆之间进行馆际协作,以促进馆藏的利用,提高读者服务水平的活动。

图书馆联合,通常这是指一定地区一定类型或一定范围的图书馆之间的一种协作形式。它需要参加协作的各个图书馆签订相应的合作协定,并根据协作的要求制定出正规的管理制度,一般要有适当的经费预算。通常这种联合体不要求有正式编制的工作人员，如果特别需要，为数也很少。如近年各地出现的高校图书馆协作组织，即属此种类型的图书馆联合。

图书馆网，这是传统的图书馆间互相合作联合的扩大，它需要建立中心机构，并拥有一定的人员编制去实施网络计划，它有统一的规划和工作计划，并有计划、有组织地开展各种服务活动。

上述"图书馆合作"、"图书馆联合"与"图书馆网"的主要区别在于，少数图书馆之间的传统合作活动，在一定意义上来说是非正式的；而图书馆网则是国家的、正式的、有组织的机构，它使各类型各级图书馆联成一个有组织的整体，统一领导、统一规划、统一行动，从而形成一个既有分工又有协作，纵横交错、脉络贯通的图书馆网。

图书馆网的主要标志是：

（1）有集中统一的领导；

（2）由布局合理、大中小相结合的各类各级图书馆所组成；

（3）各馆之间相互协调与协作；

（4）现代化图书馆网还包括电子计算机、复印、缩微、视听设备网络协作。但图书馆网和计算机网络是两个系统，二者是互相促进，相辅相成的关系。

图书馆网络系统的模式。图书馆网络系统有纵横两条系统：从纵的方面看，是指按领导关系和专业性质组织起来的、有上下隶属关系的系统图书馆网，有人称之为"条条"；另一个是指从横的方面来看，是通过馆际协作或业务辅导关系将各种类型图书馆组织起来的一个地区的图书馆网，有人称之为"块块"。整个图书馆事业网，就是将各系统、各地区图书馆纵横交错地、脉络贯通地组成为集中统一领导的全国性图书馆网。这种网的基本作用是协作和协调，所以通常称之为"图书馆协作网"。

2.图书馆网的意义

列宁早在 1919 年 5 月 6 日全俄社会教育第一次代表大会的"贺词"中就说过："我们应当利用现有的书籍,着手建立有组织的图书馆网来帮助人民利用我们现有的每一本书,应当建立一个有计划的统一的组织,而不是建立许多平行的组织。这件小事情反映出我国革命的基本任务。如果革命不解决这项任务,如果革命不走上建立真正有计划的统一的组织的道路,来代替俄国的混乱状态和荒谬现象,那么这个革命仍然是资产阶级革命,因为走向共产主义的无产阶级革命的基本特点也就在这里。"(《列宁全集》第 29 卷第 299—302 页)列宁又在克鲁普斯卡娅起草的关于集中管理图书馆事业法令草案所做的补充和修改中指出："鉴于图书的奇缺和根本不能满足巨大要求的藏书数量,在图书馆工作中不容许有任何重叠现象。因此,属于其它一切主管机关、社会团体和机关的图书馆也必须加入统一的图书馆网,并必须在教育人民委员部的监督下根据总的计划来进行工作。"(《列宁论图书馆工作》第 55 页)列宁的这一段话对我国今天的图书馆事业仍然具有现实意义。建立图书馆网就可以消除各种混乱现象和各自为政、本位主义的现象,才能真正实现"资源共享"。我国是一个社会主义国家,本来早就有着集中统一的条件,但是多年来,图书馆事业一直处于各种机构平行领导的局面,有的根本也无领导,各自为政、各行其是,谁也管不了谁的局面一直很严重。这当然是中国长期小农经济落后的分散主义状态造成的,"大而全、小而全"在图书馆事业中也不例外。由此而造成了资金、人力、物力的大量浪费,大大阻碍了图书馆事业现代化的步伐。

现在国外在这方面早已走在我们的前面。本世纪以来,特别是六十年代以来,各国都在想尽办法保持本国在各个科学领域里的领先地位,都先后成立了由政府出面组织的图书情报网的领导机构,大大加强了图书情报的统一领导工作。如美国在 1966 年 9 月设立了总统直接领导下的图书馆工作委员会和全国图书馆顾问委员会。1970 年尼克松设立了全国图书馆及情报科学委员会。苏共中央在 1959 年和 1974 年两次做出了加强图书馆工作的专门决议,大力发展各种类型的图书馆。许多第二世界国家,六十年代以后都陆续建立了由政府统一领导下的图书馆网和情报网的领导机构。七十年代以后,国际间的图书馆网和情报网也有了很大的发展。

在这种情况下,我国如不迅速跟上,不但不适应国际形势的发展,而且必将大大影响我国的四化建设。从我国当前的实际情况来看,建立统一的图书馆网最少可以起到下列的积极作用:

(1)对全国的图书馆事业,甚至情报事业实现集中统一、步调一致的领导,为图书馆事业的标准化、规格化创造组织前提。

(2)消灭目前的多头领导、各自为政的混乱状态,克服藏书建设中的小而全、大而全的盲目和重复劳动状态。

(3)变一馆之藏为整个国家之藏,不论大小图书馆,通过网络,都可以共享整个国家的图书财富,可以大大提高各馆藏书的流通率。

(4)图书馆内各种技术工作的统一协调,可以大大节省人力、财力和物力。

(5)由于步调一致,必然导致相互促进和借鉴,大大提高图书馆事业的水平。

(6)为图书馆事业的现代化,特别是为计算机的网络化创造组织前提。

二、图书馆网的组织

1. 组织图书馆网的指导思想

列宁关于建立图书馆网的思想也应当是我国建立图书馆网的指导思想,他的基本思想是:

(1)十分强调图书馆的教育职能,把"帮助人民利用我们现有的每一本书"作为组织图书馆网的根本出发点。

（2）十分强调图书馆的服务职能,总是把充分发挥每一个图书馆和图书馆员的作用,充分发挥每一本书的作用,高效能地为读者服务,作为衡量图书馆工作和图书馆事业水平的唯一标准。

（3）反复强调图书馆事业必须集中管理,反对无政府主义、分散主义和本位主义。图书馆网必须是"有计划的真正的统一","而不是许多平行的组织"。五届人大政府报告提出"发展各种类型的图书馆,组成为科学研究和广大群众服务的图书馆网",为我国图书馆网的建设,指出了方向。

2.图书馆网的组织

在组织图书馆网时,应充分发挥我国社会主义制度的优越性,从我国具体情况出发,克服国家与地方、地方与地方、系统与系统、馆与馆之间各行其是、自成体系、互相抵消等一系列弊病,建成适合我国具体情况的统一管理方式。

（1）积极发展各种类型图书馆

各种类型图书馆是图书馆网建设的基础,我国地大人口多,内地、边疆、沿海、农村、城市应当全面规划、合理布局。在图书馆网中,目前自然形成的公共、高校、科研三大系统,藏书多、基础好、干部力量强,应当成为图书馆网的骨干和中心。

省、市、自治区以上图书馆,从纵的方面讲,北京图书馆是国家图书馆,应成为全国的藏书中心,在书刊协调、馆际互借、编制联合目录、统一编目、馆际协作、图书馆学研究等全国性图书馆工作中起组织与推动作用。省、市、自治区图书馆是国家举办的综合性公共图书馆,是省、市、自治区范围内藏书、目录和馆际间书刊互借、业务交流的中心,是联结上下的重要枢纽。

从横的方面来看,省、市、自治区馆是本地区图书馆事业的中心,它要同其他省、市、自治区图书馆联成一个网面。

国家应重点建设北京图书馆,使其真正成为全国图书馆事业的中心。同时应进一步充实省、市、自治区图书馆的藏书和人员，改善必要的工作条件。

各级县、区图书馆是公共图书馆的基层馆，它是联结广大城乡农村基层群众的纽带，应当逐步做到县县区区都有一个图书馆。1980年5月26日，中央书记处第23次会议通过的《图书馆工作汇报提纲》中提出"争取在1985年前将全国的省、市、县（区）图书馆基本建齐"。

科学技术图书馆直接为科研生产服务。目前所属系统较多、领导分散。如能按照系统（部）组织起来，各系统之间再密切合作，就可以成为图书馆网的又一个重要组成部分。中国科学院图书馆、中国医学科学院图书馆、中国农业科学院图书馆、中国地质科学院图书馆以及其它全国性专业图书馆，都是各该系统的中心图书馆，应当进一步充实和加强，使它们真正起到中心馆的作用。

高校图书馆是图书馆网中的重要支柱之一。高校馆也有与中央各部和地方领导的关系问题。目前全国高校图书馆已开始由教育部统一领导，各校各自为政的局面将不断得到克服，使之真正成为一个有机的大系统。

除上述三大系统外，还有政府机关、人民团体、部队系统、工会系统、农村系统、中小学系统和城市街道系统。这些系统是图书馆网中的网点，各主管部门应当加强对它们的领导，给予必要的人员和物质保证，各中心馆应加强对他们的辅导。

发展各种类型图书馆，应首先保证重点，有计划地加强一批中心馆的建设，在国家统一领导下，使它们逐步成为我国文献收藏与检索中心。条件成熟时，还可与国际上的检索系统联结，形成联机和联网检索系统。这样才有可能逐步形成我国的电子计算机文献检索网络。

（2）加强各系统图书馆之间的协作与协调

馆际间的协调与协作是馆网建设和活动的中心内容。在加强集中统一领导的情况下,通过协调与协作方式,把隶属于不同系统的各种类型的图书馆组织起来。要建设好一个高效能的图书馆网,应当坚持下述四个相结合原则:

第一,集中统一领导与发挥地方两个积极性相结合。有了集中统一领导,才能尽快结束目前存在的分散和混乱状态。但必须注意中央和地方、国家办馆和群众办馆的两个积极性,才能使全国图书馆事业真正繁荣起来。

第二,大、中、小型图书馆相结合。大型馆是骨干和协作中心,中小型馆是分支和基层网点,只有大中小相结合,才能真正发挥大型馆的骨干作用,中小型馆才能在网络中普遍受益,得到不断提高。

第三,地区(块块)与系统(条条)相结合。各系统图书馆网是按领导关系、专业性质组织起来的,藏书性质相近,任务大体相同,便于协作,这是图书馆网的重要组成部分;地区图书馆网是按行政区域,根据就地就近的原则组织起来的,包括一个地区的各种类型图书馆。上述条条块块两者结合起来,才能形成纵横交错的图书馆网。但是在现代化手段不高的情况下,加强"块块"网的建设尤为重要,这样就地就近组织起来,活动方便,交流直接,收效较快。

第四,协作中心与检索中心相结合。协作中心是按地区、按系统通过组织手段实现的,主要是开展图书协调(如外汇使用比例、外文期刊采购分工)、馆际互借、业务交流、干部培训等。协作中心,一个地区、一个系统只有一个。

电子计算机检索中心,是根据各单位藏书基础、现代化设备条件、工作进展速度形成的,它是由现代化技术手段网络起来的,主要活动是图书情报资料的存储、检索机读目录等。检索中心在一个地区、一个系统之内,不一定只有一个,可能有几个,也有的可能跨地区跨系统形成中心。因此,图书馆网中的协作中心与计算机的检索中心,应注意互相补充和结合。

三、图书馆网的任务

早在 1957 年，在周总理的直接领导下，国务院第 57 次会议通过批准了《全国图书协调方案》，组成了国务院科学规划委员会领导下的图书小组，建立了两个全国性的（北京、上海）、九个地区性的（武汉、沈阳、南京、广州、成都、西安、兰州、天津、哈尔滨）中心图书馆委员会，使我国各系统各类型图书馆之间的协调与协作，走上了由国家全面规划和统一管理的道路。

随后，河南、湖北、浙江、吉林、山西、青海、安徽、宁夏、新疆等省，也先后成立了中心图书馆委员会或协作委员会，并开展了协调与协作活动。其主要内容有：

1. 藏书建设的协调与协作

图书是图书馆工作的物质基础，补充藏书的工作是各馆日常工作之一，如何加强计划性，克服盲目性，在馆网形成的情况下应是首先考虑的问题。各馆入藏新书不应看成是本馆的事，应看成是全国和地区统一藏书的组成部分。坚决克服大而全、小而全的倾向，应根据本馆在馆网中的地位、本馆类型、任务及特点，保证重点，兼顾一般，统一协调。

特别是对于外文书刊的引进，馆际协调更属必要。因为外汇有限，如何把少量外汇合理分配，既不造成盲目重复，又各自保证重点需要，尤为必要。中文图书也有协调问题，但目前外文书刊采购，特别是原版外文书刊采购协调是协作网的重点协调内容之一。

2. 编目工作的协作

这里主要指统一编制联合目录的工作。

统一编目可以在全国范围内节约大量分编力量，便于全国的图书著录与分类实现标准化、规格化，既保证分编质量，又可为将来编制中心机读目录打下基础。

目前，我国已进行的统编卡片工作，还存在一些问题，如书卡不能同时到达,订购手续繁琐,分编质量也不够高,俄文统一编目还没有恢复,日文统编工作还没有开展等。这个工作势在必行,有待加强,逐步实现。

联合目录是报道多馆藏书的有效方法,是变馆藏为国藏的重要手段之一。

目前全国联合目录不少,但缺乏统一规划,还没有形成分工合作、门类齐全的联合目录体系。由于没有现代化手段,目录质量和报道时间不理想。

3. 书刊流通方面的协作(包括复制工作协作)

主要指馆际互借工作,这是使某馆的某一本书,变为能在全地区、全系统或全国起作用的有效措施。这种办法在国外已是被广泛采用的、互通有无的好办法,但大多是个别馆之间的业务活动。我们这里讲的是把个别馆之间的互通有无变为全地区、全系统或全国各种图书馆之间的大协作,大中小馆一律平等,分享大网络的图书资源。

要真正做好这一工作,大力发展静电复印工作和缩微复制工作是必备的条件。特别是各个中心馆,应当加强这方面的建设,以使那些孤本书、罕见书或其他不便借出馆的书,能得到复制出馆的条件。

4. 图书馆学研究方面的协作

这方面工作大部分以学会名义出现。一方面要把力量组织起来,另一方面要进行分工协作,组织联合刊物是一种较好的形式。

图书馆学研究事业,是指导图书馆工作实践的事业,具有战略意义。在研究内容上,要不断出现新成果、新经验、新技术、新论点,以指导图书馆工作一步步向前发展。从研究范围来看,应包括图书馆学各个领域;从研究成果看,应有丛书类、教材专著类以及各种工具书类;在研究方法上,要进行专题研究、比较研究和综合研究。

5. 培养干部方面的协作

这是发展图书馆事业的根本大计,人才不解决,图书馆事业现代化就是空话。这个工作全国要统筹,各地方、各系统凡有条件者,都应采取措施培养干部,或在各类学校中开设专业,培养专门人才。"文化大革命"前有些中心图书馆委员会办了不少在职轮训、业余学校等形式的教育 近几年来,图书馆学教育和干部培训工作又开始大发展起来。

第八节 图书馆学教育和业务辅导工作

一、图书馆学教育

1. 国外图书馆学教育概况

（1）日本

至 1977 年为止,日本已有 232 所大学建立了图书馆学科或设公共课程,占日本大学总数的 24％。在校图书情报专业学生九千余名。目前,在国立大学中每两所中有一所;在公立大学中每六所中有一所;在私立大学中每四所中有一所开设图书馆学的课程。

（2）美国

美国有三千余所大学,图书馆学教育始于 1887 年。截至 1980 年,各州业经鉴定合格的图书馆学研究生院有 65 所（其中同时开设硕士、博士学位课程 19 所）,还有 82 所学院尚未接受鉴定。此外有 215 个本科生专业培训单位,还有一百多个学校开设图书馆技术助理培训课程。目前在美国攻读图书馆硕士学位的学生,全日制大约有四千六百人,非全日制约有五千五百人,美国每年授予图书馆硕士学位近六千人。

美国学图书馆专业的学生,以取得其他专业（如理、工、农、医、文等）"学士"、"硕士"学位者为主要对象。所以，美国图书馆专业人员一般都具有两种学位，一个是其他学科学位（大学本科四年毕业后取得），一个是图书馆学学位（学二年图书馆学由论文取得）。美国图书馆学教育是研究院制为主，兼有大学本科和专修科。

（3）苏联

苏联现有各种图书馆学校162所，培养硕士学位的有5所，百分之八十是中等专业学校。每年毕业生达三万人，其中大学本科毕业生占三分之一。

（4）印度

全国有42所大学开设初级学位的图书馆学课程，10所开设硕士学位课程，培养博士学位的有1所。另外一些邦的图书馆学会开设部分专业水平的课程及一些女子综合工艺学校培养的大学水平的图书馆学专业女生，每年毕业生大约一千二百五十余名。

（5）菲律宾

现有25所院校设有图书情报专业，有5所院校培养图书馆学硕士。

2. 国内图书馆学教育概况

我国图书馆学教育开始于1920年武昌文华大学图书科。解放前还有金陵大学、社会教育学院等也陆续办过图书馆学系或专业，但到1949年近三十年间总共培养学生二百八十人。解放后，经院系调整，北京大学、武汉大学两校分别设立了图书馆学系。但两校在粉碎"四人帮"之前的廿七年间，才培养823名毕业生。如果加上其他院校间断开办的以及1,200名北大等函授生，总共培养的专业图书馆员只有三千多名。

这种状态，不论与国外相比，还是从适应我国科学文化教育发展的需要来说，都是有很大差距的。我国现有约十五万专职图书馆员，图书馆学专业毕业生不超过百分之三。若按以往的步子办图书馆学教育,不但各科需要的专业图书馆员得不到满足,就是将现有图书馆员的后备力量都变成有专业训练的人才,十几万人需要几百年才能解决。可见,采取有效措施,加快图书馆学教育,迅速改变我国图书馆事业干部结构现状,已是迫切需要解决的问题。

粉碎"四人帮"后,我国科学文化教育事业获得了新生,图书馆学教育事业也得到了应有的发展。现在,除了北京大学、武汉大学外,已有北京师范大学、华东师范大学、东北师范大学、山西大学、南京大学、安徽大学、福州大学、湖南大学、兰州大学、南开大学分校、复旦大学分校、中山大学、湘潭大学、大连工学院、中国人民大学一分校、中国医科大学、陕西财经学院以及部分军医大学等都纷纷设立了图书情报专业,在校学生近二千名。

1981年9月,在北京召开的全国第二次高等院校图书馆工作会议期间,举行了图书馆学教育座谈会,提出了在重点院校建立四年制专业,在各省市发展中等图书馆专业教育的设想,并在教育部内建立了图书馆学专业教材编审组,统筹图书馆学专业教育的教材出版事宜。

我国图书馆学教育即将面临新的大发展时朝,可望在不久的将来,必将形成各种类型(文、理、工、农、医等)及各种梯级的图书馆学教育体系。

3. 大力发展图书情报学教育的战略意义

世界范围正在到来的技术革命,实质上是一场"知识革命"或"信息革命"。这场革命最后完成的将是一个高度发达的"知识社会"或"信息社会"。这个社会没有也不可能脱离人类社会历史发展的轨道。相反,恰恰是人类智力进化、知识积累的必然结果。同当代"工业社会"物质资料的生产与流通高度发达一样,在"信息社会"中,知识的生产与流通传递也将是高度发达的。这就是未来社会的实质。以图书情报资料的收集、整理、分析研究、传播报道、提供利用为职能,进行知识信息交流的图书情报部门,在未来社会中,必然面临重大挑战。得到蓬勃发展的一切图书情报部门,都将成为高度运转的全球信息情报网络中的大小节点,将像目前社会中的日用百货、食品商店一样,成为人们生活中的第一需要。

这种完全在预料之中的图书情报部门的发展前景,清楚地表明,没有数量足够、质量相当的专业人才,根本无法适应未来社会发展的需要。而我们今天,在这方面的底子太薄弱了,现时我国四化建设的飞速发展,就已经愈来愈尖锐地暴露出社会需要与人才奇缺的矛盾,未来的信息大发展,这种已可见到的矛盾,必将日益加剧。赵紫阳总理在1984年初召开全国科技情报会议期间提出的"要把信息当成一个大问题抓起来,投一些资,引进一点技术,制造一些设备,训练一批人才"需要我们做出极大努力。胡耀邦同志指出的"对世界上最新的科学知识,最新的先进技术,最新的科技动态,要有每年、每月、每周询问、打听、跟踪的热情",由于人才缺乏,远远不能适应需要。工业先进的美国,人口是我国的四分之一,每年只图书情报学硕士毕业生就达六千名;苏联在校图书馆学专业生达三万多名;人口只有我国十分之一的日本,每年图书情报专业毕业生也达八、九千名;而我国图书馆学教育,加上函授生,每年毕业不过几百名。如此教育规模,就是到了2000年也达不到上述国家一年所培养出来的专业人才。情况是相当严重的,也是相当紧迫的。

旧时代,图书馆界传统的"以师代徒"的培养人才的方法和"干中学、干就是学"的培养专业人才的方法,都是过去农业社会和手工业生产方式形成的,并且只能适应当时的需要。而二十一世纪,将是一个现代化的科学技术大发展的世纪,各种专门人才,非经长时间的系统教育是无法适应需要的。我国图书情报事业的干部来源,今后只有主要来自专业学校培养出来的人才(当然是各种层次),才能使我国图书情报事业真正走上大发展的道路,才能使我国图书情报事业真正走上规范化的道路。

不要说在未来的"信息社会"，就是在当代的"工业社会"时代，若没有数量足够、质量相当的图书情报专业人才，要想使科学、文化、教育以及整个国民经济高速发展，是根本不可能的，这已为各个工业先进国家的社会发展事实所证明。图书情报事业与图书情报人才，正是与科学、文化、教育事业及其专门人才相互配合发展的。因此，图书情报学专业人才培养问题，是我国图书情报事业当前最紧迫、最重大的战略问题。我国图书情报事业今日的状况是昨日图书馆学教育落后的产物。我国二十一世纪图书情报事业的前景，则将取决于今日图书情报学教育的科学预测和部署。

4. 关于我国图书情报工作人才的预测

随着国际范围"信息革命"的兴起，随着我国文化科学教育事业进一步发展和人民物质文化生活的大大改善，在我国文化事业建设高潮中，图书情报事业必将获得极大的发展。苏联二亿多人口，全国有专职图书馆员七十万；我国十亿人口，目前专职图书馆员不过十五万人，要与苏联目前情况相当，我国应有三百万图书馆员。从我国实际情况预测，在公元2000年以前，如果全国专职图书馆员达不到一百万，其中受过专业训练的各级图书馆专业人才达不到十分之一，即十万人规模，也就很难谈得上我国图书馆事业的真正大发展，没有这样规模的（最起码的）大发展，图书馆事业将很难保证那时我国文化、科学、教育、经济建设繁荣昌盛时期的最低需要。

我国这样一个十亿人口的大国，有一百万图书馆员，与苏联二亿多人口，有七十万图书馆员相比，按人口平均比较还差很远，因此，可以说，一百万图书馆员，应当是未来我国文化科学教育事业兴旺发达对图书馆事业最起码的人才队伍的要求。不上百万，不能形成产业大军，而这种产业必将在我国形成，如美国已经形成信息产业或情报产业。

在一百万图书馆员中，受过大专以上图书馆学教育的人才，应不低于百分之十,即十万人,受过中等水平图书馆学教育的,应不少于百分之五十,即五十万人。没有这样的人才比例,我国图书馆事业就不可能适应文化、科学、教育和经济建设事业的需要。像过去只有百分之几的图书馆学专业者来搞图书馆工作的状况,如果不尽快改变,在世界"信息革命"的挑战下,必将阻碍我国第三代图书馆事业的迅速形成和发展,成为我国文化、科学、教育事业大发展的阻力。

如何解决专业人才问题,按教育部规划,1990年,全国图书馆学专业要发展为三十个点(客观形势的发展和需要,会远远超过这个规划),如每个点每年招收三十人计,每年可毕业九百人,十年后到2000年才毕业九千人,不及目前美国、日本一年的毕业生量,要使我国图书馆学专业大学毕业生达到十万名时,需要一百年,这个速度显然是不行的。因此,大学图书馆学专业教育(包括专科)还需要大力发展,而且要突破常规地大发展,应力争达到每年有五千名毕业生的速度,才有可能适应未来发展的需要。

中专教育,目前仅有湖南省等少数个别省开办。这个层次的教育,在我国更应有一个突破常规的大发展。全国没有三、五百个中专水平(包括职业高中)的图书馆教育规模,同样适应不了未来图书馆事业对这个层次的人才需要。

上述所提数字并非冒进,这是我国不以人们主观意志为转移的社会发展的客观需要。关键问题在于统筹规划,要把图书馆学教育,真正纳入到国家整个文化事业建设的总体规划中去,纳入到国家整个教育结构的总体规划中去。从可能性方面来看,目前全国905所高等院校,都应当根据自己的各方面条件,配合地方大中型图书情报部门的力量,分别开办大学、大专、中专,正规的、业余的、函授的、电大的等等形式的图书馆学专业班。如以七百个学校来计,每校每年最少招收三十名,每年就可有二万多名各种层次的图书馆专业毕业生。

图书馆工作是搞图书情报工作的,它与所有的学科、专业都有密切关系,并为它们服务。因此,各类院校,都应当按照本校其它专业学生数量的适当比例(应当不低0.5%),来开办图书情报专业班。

5. 关于我国图书情报学教育的方针和统筹问题

我国图书情报学教育,与其它学科比较,底子太薄,数量有限,范围太窄,手段落后,方法陈旧,质量不够高。这种历史形成的局面,不可能一朝就会有根本转变,也不能因为原来基础太差,而顾虑重重,不敢大力发展此项教育。图书馆学教育,即使是水平低一些,也比专业教育短缺,使图书馆事业长期解决不了专业人才的局面好得多,质量问题,必然会在发展中逐步解决。因此,我国图书情报学教育,目前可以考虑的方针,似可表述为"统筹规划,多种类型,全面发展,高、中、初程度合理配套,质量逐步提高"的方针。

首先,邓小平同志关于教育要面向现代化、面向世界、面向未来的指示,不但给整个教育,也给图书情报学教育指明了前进的方向。要对图书情报学教育及图书情报事业的人才状况,进行三年、五年、十年以至二十年的预测和分析规划。我们必须有强烈的现代化观点、世界性观点、未来性观点以激励我们着眼未来,并从预测出发,对图书情报学教育涉及的资金问题、师资问题、教材问题等进行统一的规划。考虑到我国地大人多,历史上形成的各地政治、经济、文化、科学发展的不平衡性,各地不能采取"一刀切"的办法。有的地区,如北京、上海、天津及一些大学密集的省区,举办层次高一些、品种类型全一些的各种图书情报学教育中心;对一些偏远、文化科学发展较后进的地区,先举办层次低一些、品种类型单一一些的图书情报学教育点。同时,要大力鼓励一切能够举办并具有办学积极性的单位,甚至于个人,开办各种类型、各种层次的图书情报学培训教育。组织那些已退休离休的图书情报界的老同志,或搞组织教学,或登台讲课,或编写教材;对图书馆界现有工作人员中,凡没有系统受过图书情报学教育的同志,进行分期分批地培训,并选拔其中能够担任教学工作的同志,以充实专业教师的队伍。所有的公共图书馆的辅导部门,所有的图书馆学会,都应当将在职人员的专业培训和图书馆学教育问题,列为首要任务进行考虑。目前,全国范围的图书馆学教育和培训工作,正在各地兴起。比较而言,当前师资问题还不是主要矛盾,主要问题是适合各种层次教育和培训用的教材极端缺乏,公开发行的极少,在书店里也没有它应有的位置,给各地培训工作造成极大困难。目前,全国出版社将近三百家,各行各业都有自己的出版社,唯独图书馆学方面,至今没有很好落实。据说已有出版社分工出版图书馆学教材,但是由于不是专业出版社,仅仅分工搞一点。又由于据说出版这方面教材赔钱(其实并不赔钱,而是心中无数),工作还是不能很好落实,致使图书馆学教育所需的教材形成特别严重的短缺局面,这是需要亟待解决的。

为了有效解决上述一系列有关问题,以及通盘考虑全国的图书情报工作和教育问题,在图书馆事业领导体制没有合理解决之前,应当在中央一级,尽快建立一个有各委、部、办参加的全国图书情报工作或图书馆事业全国工作委员会之类的组织,并建立相应的常设办事机构,把全国的,而不只是三大系统的图书情报工作全面统筹起来。不尽快改变我国图书馆事业长期形成的多头领导、分散混乱的落后状态,我国图书馆事业真正要大发展是非常困难的。现在全国的改革,进展很快,成效卓著。党的十二届三中全会的召开,将给城市改革开创新的篇章,我国图书情报界,也必将出现更加美好的新局面。

6.如何发展我国的图书馆学教育事业

在国外图书馆学教育中,有美国的以研究院为主型的图书馆学教育体系;有苏联的以中专为主型的图书馆学教育体系;有日本以理工院校办图书馆学的教育体系;欧洲许多国家也多是大学本科式的图书馆学教育传统。

　　我国是一个科学、文化落后，人口众多的大国。在我国各种专门人才缺乏的情况下，特别是经过十年"动乱"之后，各行各业都深感后继乏人，因此，我国当前的图书馆学教育主要还不宜采用美国方式，也就是还不可能将大学毕业已经成才的人，再派学图书馆学。这不是说我国图书馆事业不需要这样的高级人才，而是说暂时我国图书馆事业的状况，还不适应使用过高水平的图书馆员，但作为部分地补充图书馆干部中的学科图书馆员，以加强图书馆工作中的学科人才的力量，还是必要的。特别是对高校、科研系统来说，应当从各学科中逐年选送一批学科人才进入图书馆，并对他们及时地进行图书情报学专业培训，这将会大大加强图书馆的情报职能和现代化建设。当前我国图书馆事业真正按标准普及的问题还没有解决，一般水平的专业人才问题还远远没有解决，所以，美国类型的教育目前还不完全适合我国当前的情况。西欧各国大学本科式的图书馆学教育体系是否适于作为我国图书馆学教育的主要形式呢？根据我国当前的实际情况，也不很适宜。原因是：第一，四年制本科教育要有较为成熟的师资队伍，但我国目前，除北大、武大图书馆学系外，其他几个四年制的院校，师资队伍都很不健全。师资队伍不健全，搞四年教育，不但时间拖得很长，而且很难达到应有标准。第二，我国专业图书馆员奇缺，图书馆专业干部结构极不合理，因此，当前主要矛盾是尽可能争取时间，迅速改变图书馆的干部结构状态。办四年制教育，难度大一些，时间拖长了。那么，苏联以中专为主型是否适合我国呢？应当说，有其可取的一面。我国是一个农业人口占百分之八十的大国，广大农村的科学文化普及事业很需要一批受过专门训练的初级图书馆专业干部。农村有了这样一批力量，农村图书馆事业才能得到切实的发展。但是，当前我国广大农村的文化事业还很落后，多数农村农民的物质生活还没有得到真正解决，农村住宅分散的状态一时还不

152

能改变,文盲还占相当比例,在这种情况下,农村图书馆网在短期内还很难普遍形成。目前的情况是中专教育可以有一定的发展,着重补充城市厂矿企业的图书馆工作队伍,条件较好的农村乡镇也可以补充一部分力量。其他大中型馆也还需要一批合格的初级图书馆员。

从整个图书馆干部队伍来看,中级的图书馆员队伍建设应当是一个迫切问题,学制可采取两年制大专教育的形式。通过他们可以使现有各种类型的中小图书馆尽快走向规格化,使其得到充实和发展;各大中型馆内也还需要一批中级的专门人才去充实各部门的工作;在有条件的农村,也可以通过他们去进行农村图书馆网的建设(包括人才培训)。

两年制大专教育,投资少、收效快、师资较好解决。全国七百多所高等学校,重点院校近百所,如果每一所重点院校,都能按照本校特点,去建立两年制的图书馆学专业(有条件的重点院校亦可建立四年制专业),每校以招收三十名计,全国每年就可招收三千名学生,数量可观。分散经办,负担很轻,有三、五年的时间,图书馆干部队伍的结构就可大大改观。

当前,在图书馆学教育问题上,应当破除一些传统观念,也就是要改变只有文科或师范院校才适合办图书馆学专业的传统观念。应当认为,任何院校,包括理、工、农、林、牧、医、地等院校都可办图书馆学专业。这是当代科学技术分化、综合发展的必然趋势,也是图书馆加强情报职能的必然要求。各种学科,如果不培养自己适用的图书馆员,别的学科培养的人才,虽然水平不低,但很难适应本单位专业的需要。如要文科学校培养的图书馆专业人才去开发自然科学文献资源就会很不适应;如果不是医学院校图书馆专业培养的人才去搞医学图书馆,就会困难重重。

综上所述,图书馆学教育,应当统筹安排,因地因条件而宜,多种类型、多种层次合理配套。先求得比较全面的发展,再逐步提高质量,进行调整,摸索出我们中国式的图书馆学教育的合理模式。

7.图书馆学教育的师资问题

解决我国目前图书馆学教育事业中师资短缺问题,可以从以下几个方面考虑:

(1)凡是有教学能力的图书馆学专业毕业生,应当首先考虑把他们安排到专业教学岗位上去,对干部的一些不合理的使用应当予以调整。

(2)对从事多年图书馆工作的其他学科专业大学毕业生,凡有教学能力者,应考虑安排到图书馆学专业教育岗位上去。目前已有不少图书馆学系的骨干教师,是学文史或外语出身而从事多年图书馆工作的同志。这种类型的干部,在各类图书馆中为数不少。

(3)近年图书馆学专业本科毕业生和研究生,应当首先考虑,把他们安排到各地有图书馆学专业的院校,以充实各校的图书馆学专业。

(4)大力提倡兼职讲师的办法,聘请各大中型图书情报部门中能够担任教学工作的同志,做本专业的兼职教师。

图书馆学教育和其他专业教育一样,要求教师具有一定的条件,归纳起来,图书馆学专业教师主要应具备下述三个基本条件:

①具有一定的学术水平和教学能力;

②具有一定的图书馆工作的实践经验;

③具有一定的科研能力和水平。

为了保证图书馆学专业教育的教学质量,在物色教师时,应着重考虑他的上述三个方面的实际情况,不能因为师资缺乏,而不考虑实际的教学效果。

8.课程设置和教学内容问题

图书馆学专业教育和其他专业有很大的区别。他需要在掌握图书馆学原理和基本知识的前提下,去管理各种学科的图书。因此,他的知识面必须广泛,否则,本专业知识学得再好,而其他知识贫乏,就很难熟悉他所管理的各种图书。因此,图书馆学专业的课程设置应当按下述四个方面进行设计:

(1)中、外文课

图书馆是人类知识的宝库,它的表现形式包括古今中外用文字表达的各种书刊文献。这是图书馆工作者每天主要接触的工作对象,他对这些书刊文献了解得愈多,他的服务工作能力就会愈强。因此,图书馆学专业教育,应首先考虑安排相当比例的中文和外文课程。图书馆事业是治书的事业,书籍是用文字表达的,只有具备良好的文字训练的人,才能胜任图书馆工作。如果可能,外文和中文课程,应不少于全部课时的四分之一。

(2)学科基础课

这主要是指文科图书馆学专业,应学好历史、文学、地理课;理工图书馆学专业,应学好数理化基础课。这不但能使学生将来很好地适应学科的图书馆工作之需要,而且还为他们将来进一步进行深造打下基础。课时可考虑占总课时五分之一左右。

(3)图书情报学专业课

目前图书馆学专业课,有许多重复现象,因而在课时上有较多浪费。为了能较合理地使用课时,课程设置可考虑在图书情报学概论课中增加一些不必作为专业课开设的内容,如书史、图书馆事业史及图书馆设备和建筑等。以便空出时间,重点开设图书分类学、主题法与主题标引、中外文编目、文献检索、专利和专利文献、计算机情报检索、目录学、工具书、期刊管理及专业英语等。课时的占用可以略高于语文课,不宜占时过多。

(4)相关知识课

学生在学了上述这些课程后,是否能够适应图书馆工作需要呢?实践证明,不大量地给以其他相关知识的教育,各种知识面很窄,遇到各种类型的书刊资料,就会感到无所措手足,不知从何下手,分类时不知往哪里分,编目时也不知编的是什么东西。因此,应当根据本专业的性质,尽可能多地以选课的形式为学生开设各种相关课程。如理工院校图书馆学专业,就可考虑开设科学史、科学学、自然辩证法、信息论、控制论、系统工程、自然科学概论、计算机和一些现代化知识等。其他一些相关学科,在可能的情况下,也应尽量争取开设。

9.图书馆学教育的行政管理

(1)行政组织

目前我国图书馆学教育事业正处于发展阶段,不少新成立的系或专业,规模小、教学人员不足,开始时,大多采取由院校图书馆兼办并由馆长兼任主任。这样做易收到利用图书馆资源与解决实习困难、人物共用之效,但从长远观点和实际效果来看,这样做并不妥当。图书馆有其与教学完全不同的任务,二者交叉,往往在人事、物质、财务上发生不必要的矛盾,而影响教学效果,干扰教学进程。希望图书馆有良好的实习条件,但事实上,图书馆各部门工作很忙,学生在馆内进行实习活动,不是影响了各部门的正常工作,就是馆方只能让学生进行一些非实质性的实习,干一些较多的零活,达不到教师设计的实习要求。从管理体制来看,随着科系不断发展和扩大,新课程的增加,教学事务日益繁杂,图书馆馆长已不可能有足够时间和精力,统筹两个重要岗位上的工作。因此,图书馆馆长和系主任应当分设较为有利工作。美国在以往三十年中,图书馆学院的院长往往兼任图书馆的馆长,目前这种安排已在改变。图书馆学院的院长不再干预大学图书馆的事务;图书馆馆长可以充当学院的顾问,有条件者也可兼一、二门专业课,但已没有对整个学院的行政管理权。我国北大、武大两校,也经多年反复实践证明,馆系分设有明显的优点,可以充分保证教学计划的顺利实施。

但是,分设并不等于相互没有关系。本校图书馆应当是图书馆学系学生的天然的实习基地,是教学与实践相结合的理想场所。教学和科研的成果也有利指导和推动图书馆工作。但目前有不少地方两者的关系不协调,甚至关系不和睦。为从整体上解决这个问题,可考虑由馆长兼任系科的顾问或系务委员会的成员,系主任则兼任图书馆的管理委员会的成员。

从以往实际效果来看,二者协调得好,彼此有利。系主任应经常关心了解图书馆工作,掌握新问题、新动向,使教学工作紧密配合实际需要。图书馆馆长经常了解教学成果,有利于本馆各项工作的规范化建设。

专业系科主任,负责本系科的教学领导工作,大量行政事务可由副主任或教学秘书处理。规模大一些的系、科,应成立一个系务委员会或教学领导小组,由系科正副主任、正副教研室主任、教授或教师代表、教学秘书组成。本系有关制定教学方案、课程修改及招生、分配等重要事宜均由该委员会讨论、通过做出决定。在这一工作中,还应注意吸收学生代表,特别是高年级学生代表参加必要的教学管理工作。

(2)教学条件和物质设备

其中包括系科地点选择,图书资料室、实验室、实习室、设备、教室、办公室等。

地点最佳方案是设在院校图书馆主要建筑物内或离它近一些的地方。

专业图书资料室是教育环节中的一个极为重要的部门,建设好坏,直接影响教学质量。对专业资料室的要求是:

①藏书以本专业有关者为限,不常用的旧版书、早期过刊等应剔除由院校图书馆管理。常用参考工具书、书目文献等应陈列并供师生共同使用。

②除传统藏书外,还应有缩微资料、电影片、幻灯片、录像带。

③图书资料室的座位应不少于全日制学生的一半。

实习室应配备各种实习用书,如供中外文分类、编目实习用的书(各大类目配套)、图书分类法、中外文参考工具书、中外文科技文献检索刊物等,配备必要的打字机、照相设备、复印设备、胶印设备、油印机、阅读机、微型机等。如果地点条件困难,可与资料室合并。有条件者应备有视听设备的电化教室,能容纳全系师生数为宜。专业系科应有自己的工作班子和专用办公室,除正副主任、教学秘书、系办公人员、班主任等行政人员的办公室外,应为骨干教师提供备课室。

印刷出版条件:美国许多图书馆学系都设有自己的研究中心和出版机构,出版专业刊物、印刷专业教材讲义、出版科研成果等,对教学工作有很大推动作用。出版条件涉及到教材生产问题,这是保证教学进程的重要环节。我国图书馆学教育,教材问题一直没有得到很好解决,这与创造出版条件不够有直接关系。

二、业务辅导工作

1. 业务辅导工作的意义

所谓业务辅导工作,主要是指在同一地区或同一系统之内,大型馆对中小型馆,有基础的老馆对新建馆,在方针任务的贯彻和业务技术方法方面进行指导或帮助,使之更好地开展各项业务工作。

建国三十多年来,随着社会发展的需要,各地陆续建立了许多新馆,但是由于图书馆学教育事业跟不上社会发展的需要,许多新建的图书馆,大部分工作人员没有经过专业训练,大多不了解图书馆学的基本原理,因而无法合乎要求地适应图书馆事业的建设。业务辅导工作,实际上就是为使各种新建馆、小馆都能达到图书馆学原理的要求,而产生的一项指导性工作,它实际上是图书馆学教育事业的一个分支。

图书馆的业务辅导工作,不是行政事务工作,而是一项图书馆学教育和图书馆学研究工作的一部分。要搞好业务辅导工作,必须搞好调查研究,必须对所发现的各种问题进行分析研究,找出问题所在,找出具体的解决办法,才能进行切实有效的辅导。而欲求得根本上解决业务水平问题,又必须紧紧抓住图书馆学教育这个环节,有计划地进行干部培训。

2. 业务辅导工作的组织

各省、市、自治区应以公共图书馆为中心,建立一个上下贯通的业务辅导网。组织形式大体有三种:

(1)分系统辅导,按专业分工

我国图书馆的业务辅导网,首先是按系统建立起来的。在同一系统之内,采取层层辅导的原则。如公共系统图书馆,北京图书馆是国家图书馆,它对各省、市、自治区图书馆承担业务辅导任务;各省、市、自治区图书馆在业务上则辅导本地区的市、县图书馆;市、县图书馆则又辅导所在地区的基层图书馆(室)。

在同一地区之内,又可按各馆的专业性质,分系统进行辅导,如学校系统、科研系统等等。各级公共图书馆,不但是本系统的业务辅导中心,而且还要协助其他系统,如学校、工会、科研等系统建立各自的系统辅导网。

(2)分层辅导,分片包干

在一省或一市(县)范围内,除层层辅导外,还可将本地区各类型图书馆分成若干辅导片,在每个片内,指定地点适中、干部力量较强、基础较好的图书馆为核心馆,负责本片内同级各馆的业务辅导工作。省、市、自治区图书馆或市、县图书馆,只直接辅导各个核心馆。此种方式较多地用于市、县馆对大量各种类型的基层馆(室)的辅导。

(3)分专业与分片相结合

根据实际需要,在一个省、市之内,还可把上述两种方法结合起来。在各种类型图书馆较集中的大城市,采用按专业分工,分系统辅导;在基层馆较多而又分布较广的市、县中则采用分层分片的办法辅导。在某些大城市还有把二者交叉并用的,在这些辅导中,各级公共图书馆仍然起着核心组织作用。

上述三种形式,第一种形式,既发挥了各系统图书馆的积极性,又密切了各系统图书馆之间的关系,也解决了公共馆辅导其他专业馆可能遇到的实际困难;第二种形式,可以避免一馆负担过重的现象,又使各系统各级图书馆都能得到业务上的辅导,克服了过去因公共图书馆力量不足,而造成的空白点;第三种形式则集中了前两种形式的优点,加强了各系统、各级图书馆之间的联系,从而使业务辅导工作质量不断提高。

3. 业务辅导工作的任务

(1)负责本地区、本系统的中心图书馆委员会和图书馆学会的日常工作(有的图书馆学会可以从辅导部中独立出来);

(2)总结交流本地区、本系统图书馆的工作经验;

(3)收集、整理并保管有关的图书馆业务和图书馆学书刊资料,积极推动本地区、本系统的图书馆学和图书馆业务工作的研究;

(4)组织本地区、本系统的图书馆网事宜;

(5)培训图书馆在职干部。

4. 业务辅导工作的内容

(1)调查研究

调查研究是业务辅导工作的起点,是开展辅导的依据。对被辅导馆情况掌握的深度,是衡量辅导工作好坏的重要标志。

要做好辅导的调研工作,第一,调研工作必须深入,避免根据道听途说和统计表报来做结论;第二,调研工作要贯彻于辅导工作的全过程。应经常掌握新情况、新问题、新经验,避免"上去呆半年,下去两三天",或依据电话进行辅导的现象。

(2)交流经验

抓好典型,突破一点,取得经验,指导全面,对典型单位要深入了解、全面了解、发现问题、提出问题、解决问题、总结经验。对先进单位,一方面注意吸收别地、他人的经验,另一方面要注意看到自己的不足,注意组织经验交流会活动。

(3)培训干部

要真正做好业务辅导工作,必须有组织有计划地举办各种类型图书馆干部培训活动,这是提高辅导效果的根本措施。

5.业务辅导工作的方法

(1)重点辅导

在本地区、本系统内,选择一、两个图书馆做重点,通过重点,了解和掌握一个图书馆的工作规律,摸索出一套具有普遍指导意义的经验,再进行大面积的推广辅导。

对工作基础较差或出问题较多的馆,也可采取重点辅导的方式,促使他们迎头赶上。

(2)巡回辅导

这种方法要有明确的目的性,去哪些图书馆,解决什么问题,事先应有所准备。特别边远地区,注意利用巡回辅导的方式,发现问题,及时帮助解决。

在工作进行中,还可以把巡回辅导和重点辅导结合起来进行。

(3)现场会议

选择工作较好的图书馆召开现场会议,推广经验,这是开展大面积辅导的好办法。现场会议要结合参观座谈,使理论与实践相结合。

(4)书面辅导

一是不定期地将那些具有普遍意义的经验编印成册,分发本地区、本系统内各馆学习参考;一是出版定期或不定期业务刊物。

(5)日常业务咨询

这是辅导部门日常辅导的方法,有口头的、电话的,也有信函形式的。辅导部门,应对这种日常辅导工作做好专门记录,积累资料,发现问题,总结经验。

第九节　我国与国外图书馆事业的比较

衡量一个国家图书馆事业的发达情况,往往是把图书馆数量与人口的比例、图书馆藏书的保障率(人均图书馆藏书册数)和图书馆的图书流通率作为基本标志。

一、图书馆数与人口的比例

苏联现有公共图书馆共计 133,200 所(据苏联《科学与生活》杂志 1984 年 9 月号数字);美国现有公共图书馆(不包括分馆) 7,190 所;我国县以上公共图书馆只有 2,038 所(据 1983 年统计)。

苏联现有科学、专业图书馆六万所左右;美国现有科学、专业图书馆 7,150 所;我国只有 4,000 所中等规模以上的科学、专业图书馆(据 1983 年底统计)。

苏联现有大学图书馆 890 多所;美国现有大学图书馆 2,968 所;我国只有 745 所大学图书馆(据 1983 年底统计)。

据美国国会图书馆副馆长威廉·韦尔什的报告,美国几乎每一所中学和小学都建立了图书馆,并配备一定的工作人员。日本在本世纪初就有了小学图书馆规则。苏联学校图书馆共 17 万所(包括 890 所大学馆)。在我国,中学图书馆不但不普及,而且大部分不对学生开放;而小学甚至有不少重点小学或中心小学也没有图书馆。

根据联合国教科文组织 1976 年《统计年鉴》资料,公共图书馆一个馆的平均人口数,在苏联为 1,946 人、在美国为 2,643 人、在日本为 74,437 人、在波兰为 1,093 人、在加拿大为 9,866 人、在匈牙利为 1,270 人、在瑞典为 4,026 人、在丹麦为 3,745 人;在我国大约为 50 万人口平均有一个图书馆。

据资料报道,苏联现有各类型图书馆 36 万所。他们宣称,图书馆服务已普及到大多数企业和每一个居民点。日本在 1950 年 4 月 30 日颁布的"图书馆法"中提出要"把图书馆办在身边,办到生活中去"的口号。现在,日本图书馆的服务范围一般不超过 1—1.5 公里的半径。如规定,当地人口三万人时,藏书 2 万册、建筑 720 平方米;人口在十五万人时,藏书 7 万册、建筑面积 1,470 平方米。欧美有些国家的图书馆法规定,1.5 公里的半径内应设置一所图书馆;有的国家规定,从住地最远步行 10—20 分钟的距离内,就应找到一所图书馆。英、美等国的公共图书馆是按"市馆——分馆——阅览室"三级建置的。如英国伦敦的帕奈特区,有人口三十万二千六百人,有藏书五万到十万册的图书馆二十个,其中一个中心馆,另外还有"汽车图书馆"两台,每天巡回十七个借书点。这样,全区每个居民都无遗漏地可以利用图书馆。每个家庭在 1.5 公里之内都能找到一个图书馆或一个"汽车图书馆"的巡回点。到图书馆去,最远有 20 分钟即可到达。上述情况,在欧洲许多国家中基本上都已如此。在我国,一个数百万人口的大城市,只有一、二个省、市级公共图书馆,其中市辖区,几十万人只设一个区馆。

二、图书馆藏书的保障率

据上述联合国教科文组织 1976 年《统计年鉴》的资料,平均每人拥有图书馆藏书的册数,即图书馆藏书保障率,美国为 1.81 册、苏联为 5.14 册(另据苏联《科学与生活》杂志 1984 年 9 月号报道说,苏联目前公共图书馆藏书 201,000 万册。按人口平均,每人有 8 册图书馆藏书)、波兰为 2.07 册、加拿大为 1.37 册、匈牙利为 2.9 册、瑞典为 3.72 册、丹麦为 6.46 册。上述是公共图书馆按人口藏书的保障册数。我国目前公共图书馆的藏书量约为两亿册,按全国人口平均为五人一册书。

大学图书馆藏书与学生的比例,美国现有2,968所大学图书馆,藏书总量为8.3亿册,美国目前在校大学生约一千万人,平均每生约八十余册;苏联现有890所大学图书馆,藏书总量为4.8亿册,苏联目前在校大学生五百余万,平均每生八十余册;我国1983年底已有745所大学图书馆,藏书总量为2.5亿册,目前在校大学生一百余万,平均每生约二十册。

三、图书馆藏书的流通率

据上述联合国教科文组织1976年《统计年鉴》的资料,美国藏书38,757万册,人口为21,300万,年借出总数是89,285万册,平均每人借图书馆藏书4.18册;波兰藏书7,048万册,人口为3,402万,年借出总数是14,192万册,平均每人借出4.17册;丹麦藏书3,271万册,人口为506万,年平均每人借出16.53册。我国图书馆藏书流通率低而拒借率高。例如我国省市级以上公共图书馆的图书流通率平均只有藏书总数的35%;大学图书馆的图书流通率也与此相仿,许多重点大学图书馆的图书流通率只有30%左右,全国各类大学图书馆的图书流通率平均为总藏书2.5亿册的45%,并且常常是集中于少数书刊的反复使用,图书拒借率一般在30%—40%之间浮动。

本章复习与思考题

1. 简述列宁的建馆思想与我国图书馆事业的差距。

2. 新中国图书馆事业有哪些根本变化?

3. 我国图书馆事业三十年中主要教训是什么?

4. "左倾"思潮对我国图书馆事业主要有哪些干扰?

5. "四人帮"对我国图书馆事业有些什么摧残和破坏？

6. 我国图书馆事业与国外先进国家相比，主要差距是什么？

7. 我国图书馆事业当前亟待解决哪些问题？

8. 如何区分图书馆类型？

9. 高校图书馆的特点是什么？

10. 高校图书馆的具体任务是什么？

11. 图书馆网的主要标志是什么？

12. 图书馆网的建成能起哪些积极的作用？

13. 图书馆网的"条条"、"块块"是什么意思？

14. 图书馆一般在哪些方面进行协调与协作？

15. 简述国内图书馆学教育概况？

16. 图书馆学专业应当学习哪些课程？

17. 业务辅导工作有哪些基本任务？

本章参考和引用文献

1. "新中国图书馆事业三十年"，黄宗忠，《武汉大学学报》(哲学社会科学版)，1979 年第 5 期

2. "新中国图书馆事业的回顾和展望"，郭星寿，《四川图书馆学报》，1980 年第 1 期

3. "当前我国图书馆事业的几个问题"，刘季平，《图书馆学通讯》，1979 年第 2 期

4. "我国高校图书馆事业的现状及其发展趋势"，肖自力，《1981 年学术报告集》，北大图书馆学系编印，1982 年 3 月

5. "列宁与图书馆"，张琪玉，《图书馆学通讯》，1984 年第 2 期

6. "试论图书馆学教育的发展和改革"，来新夏，《津图学刊》，1983 年第 1 期

7. "充分重视图书馆在四化建设中的地位和作用"，光明日报评论员，《光明日报》，1979 年 11 月 24 日

8. "国家图书馆在图书馆事业中的地位与作用",谭祥金,《北图通讯》,1979 年第 2 期

9. "关于公共图书馆为四个现代化服务的几个问题",查启森,《四川图书馆学报》,1979 年创刊号

10. "图书馆工作汇报提纲"(1980 年 5 月 26 日中央书记处第 23 次会议通过),《馆员必备》图书馆业务资料汇编,第 1—10 页,宁夏图书馆学会 1982 年编印

11. "办好高等学校图书馆的浅见",黄宗忠,《武汉大学学报》(人文科学版),1963 年第 4 期

12. "试论高校图书馆在学校的教学和科研服务中的地位和作用",陈誉,《图书馆学通讯》,1980 年第 1 期

13. "高等学校图书馆的书库组织和阅览室的设置问题",卢子博、卢忠岳、沈继武,《图书馆》,1964 年第 1 期

14. "关于科学研究机构的专业图书馆的几个问题",常伯华,《中国科学院图书馆通讯》,1956 年第 6 期

15. "科学图书馆工作发展问题",顾家杰,《图书馆》,1963 年第 3 期

16. "新中国图书馆事业三十年(1949—1979 年)",张树华、吴慰慈、郑莉莉,《吉林图书馆学会会刊》,1980 年第 3 期

17. "正确认识建国以来图书馆事业的发展——与黄宗忠等同志商榷",黄文虎,《吉林图书馆学会会刊》,1980 年第 4 期

18. "我国图书馆网建设初探",杜克,《图书馆学通讯》,1979 年第 1 期

19. "为建设现代化图书馆网而努力",韩承铎、鲍振西,《北图通讯》,1978 年第 2 期

20. "学习列宁关于组织图书馆网的教育",徐文绪,《北图通讯》,1972 年第 2 期

21. "组织图书馆网必须有统一领导",朱南,《北图通讯》,1978 年第 2 期

22. "论我国图书馆网的建设",梁林德、吴慰慈,《吉林省图书馆学会会刊》,1979 年第 1 期

23. "美国的图书馆网",巴埃·马尔克森著,肖自力译、侯汉清校,《黑龙江图书馆》,1978 年第 4 期

24. "图书馆现代化资料综述",《吉林省图书馆学会会刊》,1979 年第 1

期

25. "国内外图书馆学教育问题",桑健,《图书与情报工作》,1981 年第 1
期

26. "试谈我国图书馆学教育问题",桑健,《图书与情报工作》,1981 年第
2 期

27. "采取多种形式,培养提高干部——东北师大图书馆的一些做法",
赵克,东北三省第一次图书馆学科学讨论会论文,1981 年 8 月

28. "试谈当前图书馆的干部培训工作",王丽云,东北三省第一次图书
馆学科学讨论会论文,1981 年 8 月

29. "台湾省图书馆事业概况",柯寒,《图书情报工作》,1981 年第 3 期

30. "关于图书馆学教育体系的研究",蔡志敏,东北三省第一次图书馆
学科学讨论会论文,1981 年 8 月

31. "积极稳妥发展图书馆学教育事业,为四化建设培养更多的图书馆学
专业人才",董明刚,东北三省第一次图书馆学科学讨论会论文,1981 年 8 月

32. "图书馆学教育机构行政管理探索",张君炎、张金芳,《图书馆学通
讯》,1981 年第 2 期

33. "美国现代图书馆学情报学教育概况",阎守礼,《计算机与图书馆》,
1981 年第 4 期

34. "美国图书馆学教育概述",施士宁,《大学图书馆动态》,1982 年第 9 期

35. "学习列宁图书馆学思想",况能富,安徽,《图书馆工作》,1984 年第
2 期

36. 《信息交流与图书情报》,李明华,浙江大学科技图书情报专修科,
1984 年 10 月

本章附录 1

《列宁全集》中文版中有关"列宁与图书馆"主题部分的页码

第一卷

181,229—230,492。

第二卷

493,496。

第三十七卷

XXIV – XXV 间插页, XXIX – XXXIII, LXIII* 。1, 3, 17—18, 21—23, 28—29, 33—35, 37—38, 49—50, 52, 56—57, 59, 62—63, 66, 71, 75, 77, 79, 83, 85, 105, 115, 116, 128—129, 148, 178, 200, 248, 250, 266, 287, 290, 311, 313, 316, 342, 416, 433, 482, 485, 487, 489, 498, 501, 503, 507—508, 510—511, 528, 540, 574, 580, 586, 603—607, 611, 614, 620, 625, 657, 660, 671, 679, 682, 683, 685。

第三十八卷

39, 44—49, 258—267, 359, 368—369, 372, 378—379, 381, 384—385 间插页, 445—446, 631, 649。

第三十九卷

6—7, 11—12, 16—18, 20—22, 29—31, 58—59, 78—79, 204, 209—210, 215—217, 219—223, 225—226, 233, 297—298, 306—308, 406—411, 431—432, 435, 509—512, 586, 598, 600, 623, 625—626, 654, 662—664, 668, 677, 691, 856, 881—882, 906, 910。

(《图书馆学通讯》1984 年第 2 期, 张琪玉, "列宁与图书馆")

本章附录2

省(自治区、市)图书馆工作条例
(1982 年 12 月)

第一章　总　　则

第一条　省(自治区、市)图书馆(以下简称省馆)是国家举办的综合性的公共图书馆,是社会主义科学、教育、文化事业的重要组成部分,是向社会公众提供图书阅读和知识咨询服务的学术性机构,是全省(自治区、市)的藏书、图书目录和图书馆间协作、协调及业务研究、交流的中心。

第二条　省馆应坚持为人民服务、为社会主义服务的方向,贯彻百花齐放、百家争鸣,古为今用、外为中用的方针,结合本省的实际,利用书刊资料,为社会主义的物质文明和精神文明建设服务。

---

* 　L 为罗马数"50"。

其主要任务是：

（一）宣传马列主义、毛泽东思想，宣传党和政府的政策、法令，向人民群众进行共产主义和爱国主义教育；

（二）为本地区的经济建设和科学研究提供书刊资料；

（三）传播科学文化知识，提高广大群众的科学文化水平；

（四）搜集、整理与保存文化典籍和地方文献；

（五）开展图书馆学理论和技术方法的研究，对市（地）、县（区）图书馆进行业务辅导；

（六）在省（自治区、市）政府有关部门的领导下，推动本地区各系统图书馆间的协作和协调。

第二章　藏书与目录

第三条　省馆应根据本省社会主义物质文明和精神文明建设各个领域的需要，结合原有藏书基础，确定书刊资料补充原则，通过多种途径，有计划、有重点地补充馆藏，逐步形成具有地方特色、适合当地读者需要的藏书。

本省（自治区、市）的正式出版物和有关本地区的地方文献资料应尽全收集。

要注意藏书的完整性，对重要的报刊、丛书、多卷集和其它连续性出版物要力求配齐。

应有计划地清理和剔除藏书中不必要的多余复本。

馆藏书刊资料，要有步骤地向缩微化过渡。

应建立保存本书库。

第四条　省馆对新到书刊资料，要及时登记、分编，尽快投入流通。要严格注意图书加工质量，根据国家的统一要求，逐步实现分类、编目的规格化、标准化。

第五条　省馆应分设读者目录和公务目录。读者目录除应设置分类、书名、著者等目录外，还应积极创造条件编制主题目录。

要有计划地将旧藏编成书本式目录。

目录应有专人组织和管理，定期检查，保持书、目相符。

第六条　省馆收藏的书刊资料是国家财产，受法律保护，任何人不得侵占，其它单位不得任意调出。

要加强藏书管理，切实做好安全防护工作。

要教育读者和工作人员爱护书刊资料，与损毁、盗窃书刊资料的不良现象作斗争。

第三章 读者服务工作

第七条 省馆的一切工作都是为了最大限度地满足读者对书刊资料的合理需要。要加强读者服务工作，要文明礼貌服务，不断提高服务效率和服务质量。

第八条 省馆应根据不同的服务对象，确定图书的借阅范围。除根据中央和国家出版主管部门规定对某些书刊停止公开借阅外，不得另立标准，任意封存书刊。

善本、孤本以及不宜外借的书刊资料，只限馆内阅览，必要时，经批准可向国内读者提供复制件。

第九条 图书流通工作尽量方便读者。应根据需要和条件，分设各种阅览室，逐步实行开架或半开架借阅制度。出借图书除采用个人、集体、馆际外借外，还应积极开展电话预约和邮寄借书。

要积极开展资料缩微和复制工作，逐步开辟声像资料服务。

第十条 省馆应采用多种形式报导馆藏、宣传好书，正确指导读者阅读，充分发挥馆藏书刊资料的作用。

第十一条 省馆应根据读者的需要，积极做好书目参考和情报服务工作。编制或利用各种书目索引，系统地介绍和提供有关专题的书刊资料；开展定题服务、跟踪服务，组织代译网等工作。

第十二条 流通阅览工作人员应当解答读者阅读方面的一般性咨询，参考咨询工作人员则侧重解决读者专题研究中有关图书资料方面的咨询问题。

第十三条 省馆借阅开放时间要适应读者需要，一般每周不得少于五十六小时，需要闭馆或变更开放时间，应报请主管部门批准，并预先通知读者。

第四章 研究、辅导与协作

第十四条 省馆要有计划地进行图书馆业务理论和技术方法的研究，以促进图书馆干部的专业水平、图书馆工作和服务质量的提高。

第十五条　省馆可根据需要,承担省级图书馆学会和中心图书馆委员会(或协作委员会)的日常工作,在有关部门领导下,积极组织图书馆学研究和图书馆间的协作、协调活动。

第十六条　省馆负有对本地区公共图书馆的业务辅导任务,其主要对象是地(市)、县(区)图书馆,并通过它们促进农村、街道、厂矿、学校和其它图书馆(室)的工作。

第五章　组织机构

第十七条　省馆设馆长一人,设副馆长二至三人。正、副馆长应由认真执行党的方针政策、热爱图书馆事业、有较高的科学文化水平和组织管理能力的干部担任。

　　主管业务的馆长(或副馆长),应逐步做到由具备副研究员以上业务技术职称的专业干部担任。正、副馆长由上级主管部门任免。

第十八条　省馆设馆务委员会。馆务委员会由正、副馆长和各部主任组成,在馆长主持下对全馆重大业务问题进行讨论并作出决定。

第十九条　省馆机构要力求精干,一般可设下列业务工作部门:业务办公室或业务秘书(部主任级)、采编部、阅览部、书目参考部、研究辅导部;各馆根据工作需要还可增设保管部、期刊部、古籍部和特藏部等。

　　各部根据工作需要可设若干组。

　　各部正、副主任应逐步做到由具备馆员以上业务技术职称的专业干部担任,其任免由馆长提名,报请省文化局批准。

第二十条　省馆要加强思想政治工作和行政后勤工作,以保障业务工作的顺利开展。

第廿一条　省馆要根据精简的原则确定人员编制。定编可参照下述标准:以五十万册图书、七十名工作人员为基数,每增加一万至一万三千册图书,增编一人。

　　民族地区图书馆每增加八千至一万册民族文字图书,增编一人。

　　行政人员一般不得超过总编制额的百分之十七。

第六章　工作人员

第廿二条　省馆工作人员必须拥护中国共产党领导,热爱社会主义祖国,努力学习马列主义、毛泽东思想,热爱图书馆事业,刻苦钻研业务,全心全意为读者服务,积极做好本职工作。

第廿三条　省馆应注意加强图书馆专业干部队伍的建设,有计划地配备图书馆专业、语言文字专业和其它学科的专业人员。

　　　　专业技术干部必须具备中专以上文化水平,大专以上文化程度的人员应逐步达到占全馆人数的百分之四十以上。

第廿四条　省馆要积极创造条件,采取多种形式,结合工作需要,有计划地对各类在职人员进行定向培训。

　　　　对工作人员要定期进行考核。新进馆的业务人员均需经过考核录用,并需进行必要的基本业务训练。

第廿五条　专业干部业务职称的确定或晋升,按国务院颁布的《图书、档案、资料专业干部职称暂行规定》执行。

　　　　应逐步改善工作人员的工作和生活条件,在劳动人事部门的支持下,根据需要与可能,解决某些业务技术人员的劳动保护问题。

　　　　对成绩突出的工作人员,应予以表彰或奖励;对违章、失职以至造成严重事故的人员,应视情节轻重,予以批评教育或党纪国法处分。

第七章　经费、馆舍与设备

第廿六条　要保障省馆必要的经费,并根据图书资料不断积累的特点,图书购置和业务活动经费应逐年有所增加。

　　　　购书费在总经费中的比例,一般不应低于百分之四十。

第廿七条　要根据藏书建设和读者工作的需要,有计划地逐年增添必要的图书馆专用设备。要改善善本书刊和其它重要文献资料的安全、保护条件。要有计划地添置复印、缩微、视听等现代技术设备,并积极准备采用电子计算机文献检索技术。

第廿八条　省馆应逐步建设适应图书馆特点和需要的专用馆舍,扩建和新建馆舍要纳入地方基建规划。

第八章　附　则

第廿九条　各省馆应根据本条例的精神,制定本馆各项工作的规章制度。

第三十条　本条例原则上也适用于拥有百万册以上藏书的其它大型公共图
书馆。

文化部文件

文图字(82)第 1548 号

本章附录3

中华人民共和国高等学校图书馆工作条例

(1981 年 10 月 15 日)

第一章　性质和任务

第一条　高等学校图书馆是学校的图书资料情报中心,是为教学和科学研究
服务的学术性机构,它的工作是教学和科学研究工作的重要组成部
分。

第二条　高等学校图书馆应贯彻党的教育方针,为培养社会主义建设人才,
发展教育科学文化事业,建设社会主义物质文明和精神文明做出贡
献。其任务是:

（一）根据学校的性质和任务,采集各种类型的书刊资料,用科学的
方法进行分类编目与管理。

（二）配合学校思想政治教育工作,宣传马列主义、毛泽东思想及党
和政府的政策法令。

（三）根据教学、科学研究和课外阅读的需要,开展流通阅览和读者
辅导工作。

（四）开展参考咨询和情报服务工作。

（五）开展查阅文献方法的教育和辅导工作。

（六）统筹、协调全校的图书资料情报工作。

（七）开展馆际协作活动。

（八）培养图书馆专业干部。

（九）进行图书馆学、目录学和情报学理论、技术方法及现代化手段应用的研究。

第二章 业务工作

第三条 高等学校图书馆的各项业务工作应加强科学管理，不断提高服务水平，最大限度满足读者的需要。

第四条 高等学校图书馆应根据学校教学和科学研究的需要及馆藏基础，通过多种途径，有计划、有重点地补充国内外书刊资料，逐步形成具有本校专业特色的藏书体系。

采集书刊资料应以教学、科学研究用书为主，兼顾课外阅读的需要。

要注意保持重要书刊资料的完整性和连续性，注意收藏本校的出版物和学术文献。

应有计划地进行书刊资料的剔除工作。

第五条 高等学校图书馆对新到书刊资料应及时分类编目，尽快投入流通，并定期报导。

要提高分类编目质量，注意分类的科学性和实用性，保持著录、编目的准确一致。根据国家的统一要求，逐步实现分类、编目的标准化。

第六条 高等学校图书馆要健全目录体系，一般应分设读者目录和公务目录。读者目录可设置分类、著者和书名目录。有条件的馆可编制书本式馆藏目录和增加主题检索途径。

图书馆应有反映全校书刊资料收藏情况的总目录，成为全校的查目中心。

目录的组织和管理要有专人负责，经常进行检查，保持书、目一致。

第七条 高等学校图书馆要合理组织藏书，加强书库管理，做好书刊资料的防护工作。并切实加强珍善本书刊的保藏和利用。

第八条 高等学校图书馆应加强读者服务工作，根据需要和条件分设各种出纳口和阅览室，健全服务体系，提高藏书利用率。

要做好出纳工作，降低拒借率，缩短取书时间。

配合学校的政治思想工作和教学、科学研究任务，进行阅读辅导，举办书刊展览,编制推荐书目,组织报告会、座谈会,开展多种形式的读者服务工作。

逐步实行书刊资料的开架或半开架借阅,并注意切实加强管理。

要教育读者爱护书刊资料,对违章或损毁、盗窃书刊资料者,视情节轻重,给予批评教育、赔偿、罚款以至行政处分等不同处理。

积极创造条件,开展静电复制、缩微照相、视听阅览等服务项目。

应注意经常保持图书馆环境的安静与整洁。

开馆阅览时间每周不少于 70 小时。寒暑假应保证一定开馆时间。

第九条　高等学校图书馆应努力开展参考咨询和情报服务工作,配合学校的教学和科学研究任务编制各种专题书目索引,辅导读者查阅文献资料,并进行有关方法的基本训练,开展定题服务、回潮检索和情报分析。

第十条　高等学校图书馆应注意总结工作经验,结合本馆实际有计划地组织专题研究,积极参加图书馆学会的学术活动,提高干部理论水平。

第十一条　高等学校图书馆应积极参加本地区、本系统的馆际协作,做好书刊资料采购、馆际借书、编制联合目录、组织业务交流、培养干部以及新技术应用的研究等方面的协调工作。

第十二条　高等学校图书馆应加强业务统计工作,制订和健全各项业务的规章制度、工作细则和岗位责任制,并认真组织贯彻执行。

第三章　领导体制和组织机构

第十三条　高等学校图书馆实行校(院)长领导下的馆长负责制,应有一名主管教学、科学研究工作的副校(院)长分管图书馆工作。

第十四条　高等学校图书馆设馆长一人,并视需要设副馆长若干人。

馆长、副馆长应由认真执行党的方针政策、热心图书馆事业、有较高的科学文化水平和组织能力的人担任。

馆长主持全馆工作,领导制订全馆规划、工作计划、经费预算、干部培训计划及规章制度等,并组织贯彻执行和总结,定期向校(院)长报告工作。

馆长应参加校(院)长办公会议,应是校(院)务委员会的委员。

副馆长协助馆长完成各项工作。

馆长、副馆长的任免,一般院校与系主任、副系主任相同,重点院校与教务长、副教务长相同。

第十五条 高等学校图书馆一般应设立党支部(或党总支),直属校(院)党委领导。党支部(或党总支)负责党的建设工作和思想政治工作,对图书馆业务工作起保证监督作用。

第十六条 高等学校图书馆一般应设办公室(或秘书)、采编部(组)和流通阅览部(组),各馆根据需要,可分设或增设采访部(组)、编目部(组)、阅览部(组)、流通保管部(组)、期刊部(组)、情报服务(或参考咨询)部(组)、研究辅导部(组)、特藏部(组)及技术部(组)等机构。

各馆应从实际出发,以利于科学管理为原则,确定本馆的机构设置,并相应明确其职责。

各部(组)主任、副主任(组长、副组长)的任免与教研室主任、副主任相同。

第十七条 规模大、系科多或校园分散的学校,根据需要与可能,可设立专业分馆或学生分馆。分馆是总馆的分支机构,受总馆直接领导。

第十八条 规模大、系科多的学校,根据需要与可能,可设立系(所)资料室。

系(所)资料室是全校图书资料情报系统的组成部分,实行系(所)和校图书馆双重领导。各系(所)应有一名副主任分管图书资料室工作。校图书馆对系(所)资料室负责业务领导和协调。

系(所)资料室的服务对象主要是教师、研究生和毕业班学生。它的职责是负责本专业书刊的保管和阅览,并着重进行专业资料的收集、整理和研究,开展情报服务。

第十九条 高等学校可设立图书馆委员会,作为学校图书资料情报工作的咨询机构。

图书馆委员会的成员由馆长和系主任共同推荐,提请校(院)长聘请组成。图书馆委员会设主任委员一人,副主任委员若干人,主管图书馆工作的副校(院)长担任主任委员,图书馆长担任副主任委员。

图书馆委员会应定期召开会议,听取图书馆长的工作报告,审议图书馆的年度计划,讨论图书馆工作中的重大问题,并向校(院)领导反应改进图书资料情报工作的建议。

第四章　工作人员

第二十条　高等学校图书馆工作人员包括:党政工作人员;专业人员;技术人员;技术工人;公勤人员。

第廿一条　高等学校图书馆工作人员必须拥护中国共产党的领导,热爱社会主义祖国,努力学习马列主义、毛泽东思想,全心全意为人民服务,热爱图书馆事业,刻苦钻研业务,积极做好本职工作。

第廿二条　高等学校图书馆应根据读者人数、藏书册数和年平均进书量,并参照学校的性质、系科的设置、教学和科学研究任务的轻重、校舍的集中与分散等情况,配备必需的工作人员。

各校可参考下述比例研究确定本校图书馆专业人员的编制:

(一)以学生一千人、藏书五万册配备十五名专业人员为基数;

(二)在此基数上,每增加一百名学生、五十名研究生各增加一名专业人员;每增加五万册藏书增加一名专业人员;年平均进书量一万册配备三名专业人员。

图书馆内的党政干部、研究和应用现代化技术手段(计算机、缩微、复制等)的技术人员、从事设备维修、装订等的技术工人、公勤人员,应根据实际需要另列编制。

第廿三条　高等学校应加强图书馆的专业队伍建设,有计划地配备包括图书馆学、外语(古汉语)和各学科的专业人员。专业人员的文化程度应是中专(高中)毕业以上,大专以上程度的应逐步达到百分之六十以上。

第廿四条　高等学校图书馆应积极创造条件,采取多种形式,紧密结合工作需要,有计划地对各类在职人员进行培训。

第廿五条　高等学校图书馆专业人员业务职称的确定、晋升,按照国务院颁发的《图书、档案、资料专业干部业务职称暂行规定》执行。

在图书馆工作的党政工作人员、技术人员、技术工人等的职称及定职、晋升办法,按国家的有关规定执行。

评定职称应同工作人员的培训和考核结合进行。

第廿六条　高等学校图书馆的专业人员是教学和科学研究队伍的组成部分，应按职称与相应的教学和科学研究人员享受相同的待遇。

高等学校图书馆工作人员应根据不同工种享受相应的劳保待遇。

第五章　经费、馆舍、设备

第廿七条　高等学校应重视藏书建设的投资。书刊资料购置费在全校教育事业费中应占适当比例，一般可参照5%左右的比例数，由学校研究确定。

全校书刊资料购置费由图书馆统一掌握，合理使用。

第廿八条　高等学校应有计划地为图书馆添置复印、缩微、视听等设备和家具，纳入学校的设备购置计划，由设备费内开支。

电子计算机等现代化装备由教育行政部门（或国家有关部门）全面规划，统筹安排。

第廿九条　高等学校都应建筑独立、专用的图书馆馆舍。建筑标准按教育部编制、国家计委和建委共同审定的《一般高等学校校舍规划面积定额》中的有关规定试行。

高校总务部门应积极做好图书馆的房屋、设备维修工作，改善灯光、通风、防寒降暑等条件，为师生创造良好的学习和科研环境。

第三十条　高等学校图书馆均应贯彻勤俭办馆、厉行节约的原则。

本章附录4

中国科学院图书情报工作暂行条例（试行草案）
（1978年12月）

第一章　总　　则

第一条　中国科学院的图书情报工作是科学研究工作的一个重要部分，是科学研究工作的耳目、尖兵和参谋。必须在党的领导下，高举毛主席的伟大旗帜，坚持为科学研究服务，执行百花齐放、百家争鸣和古为今用、洋为中用的方针，为赶超世界先进科学技术水平，为实现党在新时期的总任务而奋斗。

第二条　图书情报工作必须走在科学研究工作的前面,根据我院侧重基础、侧重提高的原则,紧密结合研究和发展自然科学的新理论、新技术、新材料、新工艺,围绕解决国民经济和国防建设中综合性的重大科学技术问题,调研国内外科学技术的发展情况和趋势,广、快、精、准地收集、整理和提供国内外有关的科技文献和情报,为出成果、出人才做出贡献。

第三条　图书情报工作应当在切实做好经常性业务工作的同时,积极开展新理论和新方法的研究,加速引进新技术和新设备,采用现代化的手段和科学管理方法,健全各种规章制度,建立布局合理、脉络贯通的全院图书情报体系,培养一支又红又专的图书情报工作队伍,为实现图书情报工作现代化而努力。

第二章　体制与任务

第四条　中国科学院宣传出版局是院图书情报工作的职能机构,负责图书情报业务管理工作。

第五条　中国科学院图书馆是全院图书情报中心,其主要任务是:

（一）紧密结合我院的科研方向任务,收集、整理、保管和提供国内外科技文献,为科学研究工作服务;

（二）调研国内外科学技术的发展情况和趋势,收集国内外科技情报,进行分析、研究,为我院制订科研政策、规划、计划和科学研究工作服务;

（三）组织全院科技情报交流,协调全院情报刊物的编译出版,宣传报道国内外的最新科学理论和技术;

（四）对院地区图书馆和所情报研究室进行业务指导,做好全院的图书情报协调、经验交流和干部培训等工作;

（五）组织全院图书情报人员开展图书情报理论、方法和现代化手段的研究,参加国内外有关学术活动。

为保证完成上述任务,院图书馆应实行党委领导下的馆长分工负责制,建立学术委员会,并根据需要设立若干部门。

第六条　院地区图书馆的主要任务是：

（一）紧密结合本地区各所的科研方向任务,收集、整理、保管和提供国内外科技文献,为科学研究工作服务;

（二)调研国内外科学技术的发展情况和趋势,收集国内外科技情报,进行分析、研究,为分院各所制订规划、计划和科学研究工作服务;

（三)组织全地区的科技情报交流,编译出版情报刊物,宣传报道国内外最新科学理论和技术;

（四)对本地区各所情报研究室进行业务指导,做好本地区的图书情报协调、经验交流和干部培训等工作;

（五)组织本地区图书情报人员开展图书情报理论、方法和现代化手段的研究,参加国内外有关学术活动。

为保证完成上述任务,院地区图书馆实行党委领导下的馆长分工负责制,建立学术委员会,并根据需要设立若干部门。

第七条　所(包括相当研究所一级的台、站、厂、社、校,下同)情报研究室(图书馆、图书情报研究室,下同)是全所图书、资料、情报工作的统一归口部门,其主要任务是：

（一)紧密结合本所的科研方向任务,重点收集、整理、保管和提供本门学科和相关学科的文献,为科学研究工作服务;

（二)调研国内外与本所有关学科的科研情况和发展趋势,收集国内外科技情报,进行分析、研究,为本所制订规划、计划,确定研究课题、引进新技术和科学研究工作服务;

（三)组织全所研究技术人员,开展群众性情报工作和情报交流,编译出版情报刊物,宣传报道本门学科国内外的最新理论和技术;

（四)开展图书情报理论、方法和现代化手段的研究,参加国内外有关学术活动。为保证完成上述任务,各所党委要切实加强对情报研究室的领导,要有一名业务所长分管。

第三章　业务工作

第八条　科技文献的收集要根据本单位的方向任务,有重点、有计划、有步骤地进行,注意协调、节约,形成特色;整理方法必须科学,检索体系必须完整;藏书组织必须合理,注意新陈代谢;阅览流通、宣传推广和参考咨询要做到积极主动,有利科研,方便读者,千方百计地提高服务质量和文献利用率。

第九条　科技情报工作要加强对国内外有关学术机构、学术团体、学术活动、学术刊物和著名科学家等情况的调研,及时了解和掌握科学技术的最新成就,摸清世界科学技术水平和发展规律,以及可供参考的经验,进行分析研究,编写出有情况、有分析、有对比、有见解的综合述评或专题研究报告。

第十条　参加科技外事活动是获取国外科技情报和文献的重要途径,各单位应会同外事部门,安排本单位的图书情报人员参加技术座谈、出国考察等活动。

第十一条　组织科技情报交流和编译出版情报刊物,应当紧密配合科研任务的需要,采取多种方式,保证质量,讲求实效。

第十二条　各级图书情报部门要积极组织研究技术人员和社会力量开展群众性情报工作,通过各种渠道、各种办法搜集引进国外新技术、新情报。

第四章　设备、条件、经费

第十三条　采用先进技术和现代化设备是实现图书情报工作现代化的必要条件。各级图书情报部门都应有计划、有步骤地装备电子计算机或终端设备,逐步构成地区性和全院性的计算机检索网络系统,建立集中(或分散)的文献库和数据库。

应尽快建立和完善复制技术、声像技术和自动化传送等现代化设备。

第十四条　为了加强基本建设和开展图书情报手段现代化的研究,院图书馆应建立新技术研究室,有条件的院地区图书馆和所情报研究室可建立新技术研究组,重点研究新技术和新设备在图书情报工作中的应用。

第十五条　为了保证全院图书情报刊物的印刷出版工作,要加强院和分院的印刷出版力量。

182

第十六条　各级图书情报部门的业务经费,纳入本单位的科研经费预算,保证业务工作需要。

第五章　工作人员

第十七条　图书情报部门的工作人员由以下各类人员组成:

业务人员;

技术人员;

业务组织人员;

党政工作人员;

技术工人;

公勤人员;

其他人员。

第十八条　业务人员的职称及定职、升职办法按照《中国科学院图书、资料、情报业务人员定职、升职试行条例》执行。

第十九条　在图书情报部门工作的技术人员、业务组织人员、党政工作人员、技术工人、公勤人员等的职称及定职、升职办法,参照有关条例执行。

第二十条　必须建立一支又红又专的图书情报工作队伍。

院图书情报系统的党政工作人员和业务组织人员,必须懂得党的政策,热心图书情报事业,并具有一定的业务水平。业务人员必须具有图书情报业务知识、广博的科学知识和较高的外语水平。应当配备一定数量的高中级技术人员从事图书情报工作。

院图书馆、院地区图书馆和所情报研究室都应按其工作性质、服务规模、文献数量和业务发展等情况确定人员编制。所图书情报人员的编制名额一般占全所人员总数的百分之五,人员较少的单位,比例可大一些。

图书情报工作人员应保持相对的稳定。

第廿一条　各单位在研究有关科研的重大问题时,要重视发挥图书情报部门的作用。平时要注意吸收图书情报业务人员参加有关会议和学术活动,为他们开展工作提供必要的条件。

第廿二条　图书情报业务人员是研究技术人员的一部分,各级领导要保证他们至少必须有六分之五的业务工作时间。他们的工作成绩和研究成果的评选、奖励以及科研津贴和劳动保护等待遇,都与研究技术人员相同。

第廿三条　图书情报工作人员在业务上的提高和学术上的深造,主要是通过业务实践和有计划的培训。各单位要积极选派图书情报工作人员参加院内外各类培训班、学术活动和出国培养。

第六章 图书馆的性质、职能和方针任务

第一节 图书馆的性质

什么叫性质？《新华词典》的解释是："事物本身所具有的,区别于其它事物的特征。"性质也可以曰之属性。一个事物的属性有本质(或根本)属性和非本质(一般)属性之别。本质属性是一种事物自身固有的,是稳定的,一个事物的性质就是由本质属性所规定的;而非本质属性通常是外加的、变化的,非本质属性有时可以很多,但有它无它,都不能决定一个事物的性质,也就是都不能作为一个事物之区别于其他事物的根本标志。

关于图书馆的性质问题,因为这是图书馆学领域中最基本的理论问题之一,加之过去过分强调了图书馆的阶级性,甚至把它说成是图书馆的唯一属性,使图书馆事业遭受到很大的灾难。因此,近几年来,在我国图书馆界对图书馆的属性问题,有不少大胆的探索,无疑,这种探讨是非常有益的。它对于我们真正客观地,而不是主观想象地认识图书馆的本质属性问题具有积极的推动作用。围绕属性问题所提出的观点很多,据有人统计,不下十几种。诸如:"社会性"、"科学性"、"教育性"、"收藏性"、"服务性"、"阶级性"、"学术性"、"技术性"、"情报性"、"工具性"、"辅助性"、"知识性"、"生产力"、"检索性"等等。

在这些属性说当中,目前具有较大影响的是图书馆的社会性、

科学性、教育性、服务性四大属性之说。但是，认真地分析研究结果，发现这四大属性，并不是图书馆的本质属性，它们都是人们主观外加的，因而它们都不能作为图书馆同其他事物相区别的根本标志。如：主张图书馆具有"社会性"的，其主要论据是：

1. 图书是人类共同的精神财富；

2. 图书馆是组织人们共同使用图书的场所；

3. 图书馆广泛应用着各种加工技术并具有生产力性质；

4. 对社会性还要从社会性与阶级性的对立统一的关系考虑。

但是，由社会的生产力性质和社会的上层建筑性质所决定的图书馆的社会性，并非图书馆所独有，社会上许多事业都具有这种性质。人们的衣、食、住、行等事业，人们所说的第一产业农业、第二产业工业以及第三产业服务行业，实际上都具有这种属性，因而，社会性以及与其相关在一定历史条件下的阶级性，对图书馆来说是非本质属性。

主张图书馆具有"科学性"的，其主要论据是：

1. 图书馆是开展科学研究工作的据点，是为科研提供文献资料的基地；

2. 图书馆工作本身就是一项具有科学研究性质的工作。

图书馆是科研工作的重要组成部分，科研工作或科学技术工作离不开图书馆，即离不开前人和今人已有的经验结晶。但这只能表示，图书馆具有生产力性质，而生产力性质，正如科学技术是生产力、知识是生产力一样，并不是图书馆所独有。随着人类知识的不断积累以及各种信息手段的利用，将有许许多多的事业都具有科学性，因而，科学性不是图书馆区别于其他事业的根本标志。

主张图书馆具有"教育性"的，其主要论据是：

1. 图书馆是通过图书资料来传播文化知识的；

2. 图书馆是群众自学和深造的场所；

3. 图书馆的教育对象和教育内容具有广泛性。

图书馆事业是教育事业的一部分,当然它具有教育性。图书馆是人类知识的宝库,自然各种人群都会有形无形地在图书馆中受到教育。但正如新闻、广播、电影、电视、戏剧等也具有教育作用一样,它们也都不是教育事业本身。因此,教育性也不是图书馆区别于其他事业的根本标志。

　　主张图书馆具有"服务性"的,其主要论据是:

　　1.树立革命的服务思想;

　　2.发扬优良的服务新风;

　　3.掌握熟练的服务技能。

　　论据的核心是服务态度和服务技能,服务技能又是为态度服务的,而态度,是任何事业都必须具有的道德,并不是仅有图书馆事业才讲服务态度。人类社会,是相互服务的群体,谁也离不开要为别人(亦即社会)做贡献的义务,谁也离不开受到社会为他服务的权利。这是社会的一种自然分工,各行各业都有着为谁服务的问题,只是各自工作性质不同,服务的手段和表现形式略异而已。如此看来,服务性也不是图书馆区别于其他事业的根本标志。

　　总之,其他还有一些属性之说,只要它们并非是图书馆这个事物所固有,它们都不能算是图书馆区别于其他事业的根本标志,充其量都不过是图书馆这一社会现象的非本质属性而已。

　　那么,图书馆的本质属性究竟是什么?它区别于其他事业的根本标志是什么?为什么一提起"图书馆",人们就很自然知道它是一个什么性质的单位,而绝不可能同其他各种文化教育、科学机构相混淆,这究竟是什么本质的现象在起作用呢?简要言之,图书馆的性质,它的根本属性,它区别于社会上其他事物(事业)的根本标志,就是它的:1.文献的系统收藏性;2.知识的个别检索性。

一、人类文献的系统收藏性

　　赵世良同志在《图书馆的演化及其根据》一文中,论述了图书馆的存在从蕴育(原始文献集合时期)、萌芽(藏书楼时代)、成长(近、现代图书馆阶段),一直到它的繁荣(未来文献保障体系)的未来。深刻地揭示了图书馆这一社会现象的本质规律,而社会之所以需要"图书馆"这样一种机构,是因为人类自从有了知识载体——文献(广义而言的文献)以来,一方面,各种文献在传播过程中,会迅速地沉淀于社会的各个角落,产生了文献的散失现象;另一方面,社会上总是有很多读者和读者群,正是需要检索(查找)这些已被散失于社会各个角落里的各种文献,而任何个人,又绝对不可能单纯依靠自己去获得这些已经散失而他又非常需要的各种文献。这种文献传播特性和文献个别利用的特点之间所形成的巨大矛盾性,就是图书馆形成、发展的根本原因。在人类社会中,再没有任何一种人为机构能承担这样的使命和具有这样的职责。因此文献的系统收藏性就成了图书馆区别于其他的社会文化、科学、教育机构的根本标志,文献的系统收藏性就成了图书馆这一社会现象的本质属性之一。

二、人类知识的个别检索性

对知识的个别检索,或者说个别性、检索性以及知识性充满着图书馆的一切活动。图书馆成年累月采集的各种知识文献,都是在一种一种地进行着,馆内的各种工作,如分类、编目、典藏、阅览,无一不是以个别知识、个别文献为其基本内容。所谓检索,狭义的概念是指查找,但查找要有对象才能谈得上查找,因而又有广义的"检索"概念,它包含着系统的入藏、组织,或叫储存,或叫输入过程以及随机的、个别的查找,或叫输出过程。图书馆的一切业务工作,无论是图书、期刊还是各种特殊的文献、资料,无一不是在连续不断地输入、输出或存储、检索过程中运动。图书馆与外界广大读者和用户,又形成了系统存储与个别检索的两大侧面。这是图书馆工作的本质规律,是它的本质属性之一。

为了使图书馆的本质属性表述得更为清晰,在整体上,把存储和检索作为两个概念,亦即把输入和输出作为两个概念来表述。简言之,图书馆的本质属性是收藏和检索。在这里,之所以用"检索"而不用"传播",是因为"传播"只有对外部的概念,而"检索",不但是外部读者的检索,图书馆内部各种工作过程也是一个不断"检索"的过程,如采集、分类、查重、编目、选书、排架、清点等等活动。

综上所述,图书馆之区别于其他社会性事业的根本标志,就是它的人类文献的系统收藏性和人类知识的个别检索性。

第二节 图书馆的职能

什么是职能呢?《新华词典》(1980 年版)的解释是:"人、事物或机构本身具有的功能或应起的作用。"通俗一点说,它是干什么的? 那末,图书馆的职能是什么呢?

一、系统收藏人类文化科学知识典籍

从商殷后期的甲骨档案,直到近现代图书馆的产生、发展,三千多年的文化科学史表明,图书馆事业随着人类社会文化科学的发展而发展起来。有了竹木技术和丝织品,才有竹木简书和帛书,随后又因为有了纸的发明,才有大量的手抄本出现。雕版印刷术则又代替了手抄本。图书馆正是在图书文献不断完善、不断增多的情况下逐步发展起来的。正是因为人类要继续生存,社会要不断前进,后人就要在前人已有的知识、经验、成果的基础上继往开来,所以人类社会就自然地需要有专门的机构来从事人类知识载体的收集、保藏和管理,以便在需要时进行查考和利用。由此表明,图书馆从一产生就有了明确的基本职能,就是收藏人类文化科

学知识典籍的职能。图书馆的这种职能承担着历史性的责任,它所收藏的图书文献,是整个国家、整个民族、整个社会从古到今的精神财富,并且还要越出国界、越出民族、越出阶级进行横向的收藏,因而,它既不属于一个时代所专有,也不属于某一个阶级所私有。

由于图书馆有了这个基本的收藏职能作前提,它才有可能以此为基础而发挥出其他的职能和社会作用。它的其他职能和社会作用,则又随着人类社会的文化科学不断发展而日益丰富和突出出来。

二、积极传播人类文化科学知识

图书馆是人类知识的宝库,收藏的目的是为了利用。因此,传播人类文化科学知识就成了图书馆的第二个基本职能,并随着科学文化的发展而日益增强和丰富多彩。比如,在竹简和帛书的时代,由于生产力低下,因而不可能大量书写。这时,物稀而贵,图书馆只能是达官显贵进出其间的藏书楼。在当时,图书馆虽然不可能直接面向社会,但是通过达官显贵、官府要人,也就间接地传播于整个社会,这是其一。其二,藏书楼时代的图书馆工作者,有其向社会传播知识的特殊方式。比如,由于古代藏书楼事实上成了当时的知识文献的收藏中心,既然不对外开放,管理图书的人就必然是一些守书的博学之士和研究图书的学者。既要研究就必然有其成果,或者著书立说,或者编制书目,并通过这些成果的传播,而实现了藏书楼传播文化科学知识的职能。春秋时"柱下史"(相当于档案馆长职务)老子李耳的《道德经》的传播是如此;西汉太史令(相当于图书馆长职务)司马迁的《史记》的传播也是如此;西汉末年刘向、刘歆父子,都是做过图书馆工作的,他们的《别录》、《七略》的传播,也是当时藏书楼向外传播知识的一种形式。唐、宋以来,由于印刷术的发明,文化、科学、商品经济的发达,书籍大量增多,私人藏书得以兴起,特别是明清以来,各种楼、堂、馆、阁、斋、院之类大量出现。这些收藏保管图书的人,大多数是搞学术研究的人,因而明、清以来,各种书目纷起,而目录学、校雠学、训诂学等也都有了精深的研究。古代藏书楼各种书目的编制和目录学等的研究,就成了当时他们向外传播文化典籍、传播知识的主要形式。

综上所述,图书馆从古代藏书楼起,就具有了传播人类知识的职能,在当时大多是以各种学术研究成果的形式表现出来的。

到了近代,由于资本主义的发展,各种科学知识的增多,教育的普及,图书文献大量增加,也就使古代藏书楼很快过渡到面向整个社会的公共图书馆阶段。由过去的以藏为主,发展为藏、用并重的阶段。在我国,主要是二十世纪以来,特别是辛亥革命,推翻了我国两千多年封建专制政体以来,各种公共图书馆、通俗图书馆大量出现,这些图书馆以自己所收藏的书刊作手段,向广大社会传播着文化科学知识。图书馆在执行其传播知识这一基本职能过程中,具有明显的促进社会教育和情报传递的作用,在某些情况下,虽然也可以称之为职能,但并不是图书馆的基本职能。它的基本职能就是收藏典籍和传播知识两项,图书馆就是图书馆,它既不是学术研究所,也不是教育机构,与情报研究所也有所区别。因此,有些职能,确切一些说,还是称之为作用比较确切。

促进学术研究的作用

近代图书馆,由于面向广大社会,内部管理工作项目必然增多,外部又要接迎大量的各种来馆读者,因而它已不可能像古代藏书楼那样,自身从事更多的学术研究,只能在执行传播知识这一职能过程中,促进学术研究,为学术研究创造充分利用书刊文献的条件。科学家和研究工作者,几乎无一例外地要依靠图书馆的协助,才能圆满地完成他们的学术研究工作。当然,图书馆员要编制各种书目、各种题录,对研究工作者进行各种咨询以及一些文献工作等,也是学术性活动,但是这些学术活动都是为专家、学者进行学术研究创造良好条件的学术活动。因而,确切一些说,它所具有的是促进学术研究的作用。

社会教育作用

图书馆在传播科学文化知识的过程中,对社会上的广大群众必然起着独特的教育作用。图书馆所储存的是整个人类的知识和智慧,因而图书馆的社会教育作用必然是范围极为广阔、对象极为复杂、内容极为多样的教育。在我国当前物质精神文明的建设事业中,图书馆的这种社会教育作用,必将得到更充分的发挥。但是一般地说,它所具有的是起着社会教育的作用。

情报传递作用

图书馆存储的是人类的各种知识,其中有许多就是带有情报信息的知识,自古代就如此,但随着科学文化的发展而日益明显起来。特别是近二、三十年以来,科学技术飞速发展,图书文献量剧增,如何使人们更快更有效地利用当代最新科技情报问题,就成了图书馆在执行其传播知识这一职能过程中必须认真解决的问题。在人类面临着知识污染的情况下,图书馆如果不加强情报(有用信息)传递的作用,必将失去其传播知识的真正价值。

综上所述,图书馆的两个基本职能,即收藏典籍和传播知识的职能,是各种类型图书馆都具有的,是一切图书馆的共性。但在传播知识的职能中,则依照各种具体图书馆类型或者服务对象之不同,而分别具有促进学术研究、进行社会教育和情报传递的作用。如大型公共图书馆,三者兼而有之;小型公共图书馆或儿童、青少年图书馆,则主要起着社会教育的作用;专业科技图书馆则更多的作用是表现在情报传递方面;大学图书馆,通常是以促进学术研究、情报传递为主而兼有社会教育的作用。

第三节　我国现代图书馆事业的方针任务

所谓方针,《辞海》(1980年版)的解释是:"国家、政党在一定历史时期内,为达到一定目标而确定的指导原则。"所谓任务,就是"指定担任的工作或担负的责任"(《新华词典》)。一般来说,方针比较原则,比较概括,任务比较具体,任务是由一定方针指导的。但在实际当中,往往有将方针任务连在一起来说的。

通常方针任务并不是一成不变的,它也是需要通过实践来检验的,它往往随当时社会的政治、经济、文化的发展而发展变化。

那么,我国图书馆事业的方针、任务是什么呢?

一、历史的回顾及新方针的提出

从建国以来到1976年粉碎"四人帮"之前近三十年当中,我国图书馆事业走过一段曲折的道路,这条曲折的道路,是受我国对图书馆事业在各个时期所提出的方针的指导所造成的。特别是在1958年以后到"文化大革命"这段时间内所提出的一些方针,违背了图书馆事业本身的职能和性质,把它与一般的文化事业相混淆,以致发展到"十年浩劫"期间,使图书馆事业受到了巨大的破坏。

建国以来,关于图书馆事业的方针,按照年代曾有下列几种提法:

"为工农兵服务",这是图书馆界常说的"一为"方针,这是建国以后到1956年7月全国图书馆工作会议以前提出的方针。

"为科学研究服务、为普及文化教育服务",这是通常说的"二为"方针,这是在1956年党中央号召向科学技术进军,文化部在同年7月召开的全国图书馆工作会议上提出的。

"为政治、为生产、为工农兵服务",这是所谓"三为"方针,这是在 1958 年 4 月全国省、市、自治区文化局(厅)长会议上进一步明确的文化事业的方针,也曾被认为是图书馆事业的方针。

"为工农兵服务,为无产阶级政治服务,为社会主义服务",这也是"三为"方针,是毛主席为文化工作制定的社会主义时期的总方针(见 1967 年 5 月 23 日的《解放军报》)。

"宣传马列主义、毛泽东思想,为三大革命运动服务",这是在 1971 年全国出版工作会议时,为图书馆规定的任务(见 1971 年《全国出版工作会议纪要》)。

"为工农兵服务、为社会主义建设事业服务",这是在 1974 年四届人大通过的《宪法》中规定的文化事业的方针任务。

上述这些提法,除了 1956 年提出的"二为"方针能比较反映出图书馆事业的职能、性质和特点之外,其他各种提法,严格说来,都只能是一般的文化事业的方针,而不是图书馆事业的方针,但多年来,却硬塞给图书馆事业,并为许多人所接受了。几十年图书馆事业的实践表明,这些违背图书馆职能性质的方针,给我国图书馆事业造成了很大的混乱,许多不应出现的做法都由此而产生。如把专家、学者与工农兵对立起来;对资版图书刊物的采购一度中断;对许多可以广为流通的中外古典名作加以禁锢等等。

经过近三十年图书馆事业的实践,已从正反两个方面的经验教训中认识到,图书馆事业不仅仅是一种文化现象,它还具有科学的教育的性质,因而党关于文化事业的方针,决不应成为作为科学文化教育事业组成部分的图书馆事业的方针。图书馆是横跨各个学科的综合性的科学管理性质的事业,它应当具有反映自身特点的独自的方针。这个方针,在 1978 年我国五届人大的《政府工作报告》中得到了比较正确的表述。这就是:"发展各种类型的图书馆,组成为科学研究和广大群众服务的图书馆网。"在 1980 年 5 月 26 日,党中央书记处通过的《图书馆工作汇报提纲》中,还具体地指出:"将来还可以考虑把北京图书馆办成一个中心,建设全国性的图书网,把图书馆办成一个社会事业,不一定设行政管理机构。"

二、如何正确理解当前提出的图书馆事业的基本方针

五届人大《政府工作报告》中所提出的图书馆工作的基本方针,有四项彼此相连的基本内容:

第一,是发展各种类型的图书馆。

我国图书馆事业,解放以来有很大发展,但是国家大、人口多、情况复杂,加之原有文化科学落后,因而我国图书馆事业历来存在着没有集中统一领导、发展不平衡、布局不合理、类型不齐全的问题。到目前为止,也仅仅初步形成公共、科研、高校三大系统,而且全国现有县级以上行政单位二千五百三十六个,到 1983 年才建立二千零三十八个县以上的图书馆。至于工会系统、农村系统、部队系统、中小学系统……都远远没有形成。

在各种类型图书馆中,不但要有公共、科研、学校、工会、部队、农村图书馆,还要有儿童图书馆、残废人图书馆以及医院、改造场所的图书馆。从所有制来说,解放以后,经过历次运动,全国图书馆大多数变成了国家经办。图书馆是文化科学教育性质的社会事业,学校都可以有民办,为什么图书馆不可以发展民办呢? 因此,多种形式的图书馆问题,还应包括国家的、集体的乃至私人经办的图书馆事业。只有这样,我国图书馆事业才能星罗棋布、形式多样、丰富多彩,为提高全民族的科学文化水平,发挥图书馆事业的巨大作用。

第二,是组成全国图书馆网。

在发展各种类型图书馆的基础上,进一步组成全国的纵横交错、类型齐全、分布合理的图书馆网。图书馆网是一国图书馆事业的发展方向,也是图书馆现代化的一个标志。

图书文献是人类共同创造的知识财富,它是人类的第二资源,既然是人类共同创造的,就有一个资源共享的问题。对一个国家来说则是整个国家的财富和资源,不论何地方何部门的图书资源,都应当国人共享之。要达到共享,就要采取各种措施,将它们联成有机的整体。这就要求图书馆工作的标准化和规格化,要求采购工作的协调,要求设备用品专业化,要求编目工作统一化,要求联合目录的协调,要求文献资料检索的协调,要求馆际互借的协调,要求干部培训和图书馆学研究工作的协调。所有这一切,要求集中统一领导下的分工合作。

图书馆网的建立,一般要求是:首先,从纵的方面按领导关系和按专业性质组成从上到下的各系统的图书馆网,如公共系统的图书馆,从中央到省、市、县、区;中央各专业部门,从上到下,省、市、县,本专业连成一条直线,这是所谓"条条"。这种直线网络,对各个专业单位来说,不论从科研上还是从生产上,都有极大的意义,具有从上到下进行本专业指导和情报交流对口专业书刊资源、互通有无的作用。其次,以省市地区一个片片为中心,组成当地的各种类型的门类齐全的图书馆网。这种地区范围的网络,人们一般称之为"块块"。把一个省或一个市之内几十、几百个各种类型图书馆纳入一个网内,成为一个超大型的综合性的图书馆,这样就可以达到在一省一市之内解决互通有无的问题。在一省一地之内能解决的问题,就不必到全国各地盲目乱跑。如果一省一地解决不了,可以通过系统交叉求得解决。

全国图书馆事业,有了这样的纵的一条线、横的一个片的网络,就使全国图书馆工作真正纳入了一个有机的整体。一个国家真正有了这样的纵横交错、四通八达的图书馆网,才能真正有效地发挥它为科学研究和广大群众服务的作用。

第三,是为科学研究服务。

我国要在本世纪末实现四个现代化,科学技术是现代化的关键。科学研究,不论是什么学科,都对社会实践具有带头的意义。

196

科学研究搞出了水平,国家的各项事业才能真正跟着出现新水平。图书馆是人类知识的宝库,又是科学文化教育事业的组成部分,要发挥国家的科学文化教育事业的巨大作用,图书馆就要利用本身的条件,首先为具有战略意义的科学研究服务。科学是生产力,科学研究的成果,通过人们的物化劳动可以立即变为直接的生产力。我国经济建设的政策是:"经济建设必须依靠科学技术,科学技术必须面向经济建设",因而图书馆为科学研究服务,就是直接为发展社会生产力服务,这是图书馆事业之存在于社会的根本宗旨。

第四,是为广大群众服务。

这里有两层意思,一个是凡属中国的公民,不论是何人,没有阶级、经济地位、文化程度和民族的差别,整个中华民族的成员,都可称之为广大群众。在图书馆服务的对象问题上,过去由于与一般文化事业的方针相混淆,而使图书馆的服务对象问题变得很复杂,现在有了这样明确的提法,就打破了各种各样的人为造成的对立与矛盾。当然,谁是主、谁是次,这要由具体图书馆服务的任务而定。科研图书馆就应当以科技人员为主;大学图书馆就应当以教师和学生为主;公共图书馆的服务对象则主要以市民为主。在公共图书馆的服务对象上,则又要根据馆之大小和其收藏图书文献的能力,大型馆一般应以为发展生产服务为主;一般中小型馆,则以普及文化教育和一般的社会教育为主。图书馆不是消遣场所,不是俱乐部,而是读书求学问,是为了增长知识,并把这种知识转化为有利社会发展的生产力的场所。这是图书馆在服务对象上分别主次的主要依据。

另一层意思,我国的广大群众的主体是工人和农民,他们是我国百分之八十以上的广大群众。但是由于历史的原因,大多数人的文化科学水平很低,随着国家社会主义建设事业的一步步深入,要求整个中华民族在科学文化上要有一个较大的提高,这就要求图书馆事业,必须肩负着提高中华民族,特别是提高广大工人农民群众科学文化水平的重任。这里有普及问题，也有提高问题。当然，这个问题的真正解决，还更有待于各种类型，特别是各种基层类型的图书馆之大量建立。

三、如何有效贯彻我国图书馆事业当前的基本方针

1. 坚决贯彻落实党在新时期的总任务

党在新时期的总任务，就是有系统地进行社会主义现代化建设，就是要把我国建设成为现代化的、高度民主的、高度文明的社会主义强国。最后的目标，就是在 2000 年实现工农业生产总值"翻两番"的任务。坚持党的四项基本原则的根本目的，就是要保证党的四化建设这个总任务，这是我们总的方向。图书馆的一切工作，都应当沿着这个总的方向加速这个奋斗目标之实现。

2. 认真地吸取历史的教训

几十年来，我们的经验教训很多，归纳起来，在图书馆事业中主要应当吸取的教训是：

（1）要保持方针任务的相对稳定性

一项事业的方针任务的提出，是根据社会的客观实践总结出来的行动准则。既然如此，就说明它是被慎重提出来的，因而也应当稳定地进行贯彻和落实。不能今天这样一个提法，还没有做出结果，明天又出来一个新的提法，使得具体工作随之摇摆。如1956 年关于图书馆工作的方针，本来是比较科学、比较符合我国当时的实际情况，本应得到很好的贯彻和落实。但是不出两年，却又出现了一个新的所谓方针，之后，都是不过几年，就出现一种新的提法，整个图书馆工作也就随之变动，从而出现了很大混乱，一直到"文化大革命"，几乎整个图书馆事业被断送掉，把人类知识的宝库变成了一座政治宣传站，完全违背了图书馆事业自身的规律。

（2）必须按照图书馆事业的客观规律办事

任何事物都有规律可循,图书馆事业也有其客观规律性。比如,按照具体图书馆的任务入藏图书期刊,就要有本馆的特点而不是各家都千篇一律。在"文化大革命"中,各种类型图书馆都千篇一律地大量入藏所谓"红宝书",就违背了图书馆的客观规律。造成该进的书进不来,用不上的书大量充斥书架。再如,期刊工作需要保持连续性,不能任意中断。但是,在"十年浩劫"中,不但国内期刊大量被迫停刊,就是国外大批有用的科技期刊也大量被迫停订,以致现在有许多科学图书馆、大学图书馆不得不花费超过几倍、几十倍的价钱去补订过去缺的期刊。再比如,向读者推荐图书、揭示馆藏的著者目录,按著者求书进行专题研究具有重大的实用价值,可是不少图书馆却轻率地取消了积累多年的著者目录。在图书分类法上按观点类分图书的做法也是不按科学规律办事的做法。诸如此类的问题都表明,不按图书馆自身规律办事,必然会给工作带来许多不应有的损失。

(3)排除"左倾"干扰,认真贯彻党的有关政策

主要是要继续肃清几十年来"左倾"思想对我国图书馆事业的各种影响,真正按照图书馆事业本身的特点来办图书馆。图书馆是人类知识收藏的中心,是一个为科学研究和为广大群众进行科学文化教育服务的社会性事业。由于它收藏了古今中外的人类的一切知识领域的文献,因此,必须认真贯彻党的"百花齐放"、"百家争鸣"、"洋为中用"、"古为今用"的方针,使这个储藏人类知识的宝库达到最大的丰富。

3. 加强统一领导,统筹安排,以点带面,积极发展

我国图书馆事业以及情报事业应当是统一领导、统一规划的事业。没有统一领导就没有统一规划,因而各项工作就不可避免地出现混乱和重复浪费。

我国是一个大国,人口多、地域广,一个省就相当于国外一个不小的国家,任何分散现象都会在整体上造成混乱。我国图书馆

199

事业的原有基础太差,在建馆上必须有重点地区别对待,只有区别对待,才能首先办好一批重点,再以点带面,逐步扩展,积极发展起来。

几十年来,我国图书馆事业由于受政治形势的干扰,从全国布局来看发展缓慢,从事业建设来看曲曲折折,弯路很大,因而存在许多遗留问题,这些问题都应在国民经济调整时期加以认真整顿和解决。只有如此,才能在新形势下阔步前进。这些问题包括:图书馆法有待制定;图书馆事业体制有待改革;各类图书馆的领导机构有待健全;干部结构混杂,专业干部比例过小的局面应当设法改变;规章制度应当成形;目录体系应当完备;图书馆现代化方向有待做好必要的业务建设和干部准备……。这些问题不注意很好解决,我国图书馆事业当前的基本方针就不能得到有效地贯彻。

本章复习与思考题

1. 图书馆的职能和它的社会作用是什么?
2. 图书馆的性质是什么? 如何理解图书馆的社会性和阶级性?
3. 研究图书馆的性质对图书馆工作有什么意义?
4. 我国图书馆事业当前的基本方针是什么?

本章参考和引用文献

1. "关于图书馆发展规律的几个问题的探讨",韩平,《图书情报工作》,1980 年第 1 期

2. "谈谈图书馆工作的规律性",张树华,《图书馆工作》,1979 年第 4 期

3. "图书馆工作的传递作用、体系和发展",周文骏,《图书馆学通讯》,1979 年第 1 期

4. "试论社会的科学能力",赵红洲,《红旗》,1979 年第 4 期

5. "图书馆是阶级斗争的工具论质疑",荀昌荣,《湘图通讯》,1980 年第 1 期

6. "科学图书馆是生产力",李明华,湖南省第 1、2 次科学讨论会文集,1979 年 10 月

7. "试论图书资料和图书馆在发展社会生产力中的作用",桑健,辽宁《图书馆学刊》,1980 年第 2 期

8. "试论科技资料的属性",关明久,辽宁《图书馆学刊》,1980 年第 2 期

9. "图书馆、资料室有阶级性吗?"李青,中国人民大学《资料工作通讯》,1980 年第 2 期

10. "试论图书馆的阶级性",薛新力,《四川图书馆学报》,1980 年第 4 期

11. "关于图书馆的阶级性问题",刘德桓、卢德勤,辽宁《图书馆学刊》,1980 年第 2 期

12. "现代图书馆阶级性刍议",于鸣镝,辽宁《图书馆学刊》,1980 年第 2 期

13. "图书馆与生产力试探",洪涣、刘义,《四川图书馆学报》,1980 年第 2 期

14. "明确新时期图书馆的方针任务,促进图书馆事业的新发展",张玉柱、陶振刚,山东省图书馆学会 1980 年科学讨论会论文

15. "试论图书馆的性质",胡劲松,航空工业部第 602 研究所,中国图书馆学会 1984 年杭州基础理论讨论会论文

16. "图书馆的演化及其根据",赵世良,中国图书馆学会 1984 年杭州基础理论讨论会论文

第七章　图书馆的藏书建设

书刊是图书馆的物质基础。社会上的书刊资料经过图书馆的搜集、整理、加工、组织和保管变成图书馆的藏书。这部分工作基本上都是图书馆的内部业务工作。这些工作大部分过程是由采编部门和典藏部门承担的。藏书工作有一系列环节，每一个环节都有自己的要求和方法，图书馆内部的技术性的工作主要是指这一部分工作。这部分工作做好了，才能保证建设一个科学的高质量的藏书体系，这是为读者服务工作的前提和基础。因此，很好地研究藏书建设问题，对图书馆具有首要的意义。

第一节　藏书的采集

一、现代出版物的特点

随着人类社会的发展，人类的智慧资源大量增长，而记录人类各种知识的现代出版物，在当代出现了数量庞大、增长迅速、内容广泛和形式复杂等特点。具体来说：

1. 数量大、增长快

当代科学技术迅速发展，它反映了人类对自然界认识的深化，改造自然能力的增强。人类一切知识智慧的发展，都通过它的载体——图书文献的形式表现出来。当代各个知识领域的文献资料的数量愈来愈多,并以加速度的形式继续增长。据统计,全世界1952年公开出版图书二十五万种;1962年近四十万种;1972年五十六万种;1983年近七十万种。刊品种六十年代为两万种;七十年代初,很快增至约五万种;1982年6月已有报道,全世界期刊十四万种。我国出版事业增长也很快,1983年全国出版图书35,700种,比1978年增长1.4倍。1983年全国平均每人占有出版图书5.7册。1983年全国共出版杂志3,415种,比1978年增长2.7倍。1983年共出版省级以上的报纸340种,比1978年增加283种(《人民日报》,1984年8月31日报道)。面临着数量如此庞大的现代出版物,图书馆在搜集、整理、保管和流通传递方面已出现了许多新情况。比如,如何及时掌握出版动态,取得对口的书目信息;如何做好对口收藏;图书分类如何适应交叉学科、边缘学科的迅速增长;各种新型出版物如何加工、如何保管;书库急速饱和问题如何解决;如何向读者及时提供对口的书目及资料信息等等。

2.类型复杂、形式多样

传统的知识载体,主要是印刷形式的图书、期刊、报纸、图片等等。而现代出版物,除了类型繁多的印刷形式广泛发展之外,还出现了大量的非印刷形式的信息载体,如缩微资料、视听资料、计算机可读资料等,它们大都是以塑料性材料为媒介的载体。为了适应这种情况,图书馆的业务部门需要做出相应的安排,采取相适应的对策。

3.时效性强、新陈代谢频繁

科学技术的发明创造不断出现,产品设计与工艺流程不断更新,许多专业知识很快被新的知识、新的理论、新的学说所代替。这一特点反映在当代科技文献上,就是出版期短、速度快、内容新、新陈代谢频繁、知识陈旧老化加快。据统计,最近二十年发展起来的工业新技术到今天已有百分之三十陈旧过时。在电子技术领域,陈旧过时率达到 50%,如晶体管技术,1957 年研制成功,六十年代初开始在电子技术中广泛应用,但到 1969 年集成电路开始了应用,这时晶体管技术在计算机、通讯等方面已开始被淘汰,现在大规模集成电路又代替了集成电路技术。上述这种知识时效性强、使用寿命短的特点,要求图书馆必须加快图书情报传递的速度,提高文献的检索水平,因而图书馆的情报职能必须日益加强,才能适应生产技术和科学研究向现代化发展的需要。

4. 广泛分散、相互交叉渗透

当代科学技术发展的趋势,向着不断分化和不断综合的两个方向前进。分化的结果导致学科愈分愈细、分支愈来愈多;而综合的结果则导致各个学科互相交叉渗透,出现许多边缘学科、综合学科、相关学科,使学科之间的严格界限在消失转化,学科之间的相互联系在逐渐加强。反映现代科学技术的文献资料,一方面内容广泛分散、复杂多样,很不集中;另一方面互相渗透,彼此重复交叉的现象很严重。一方面,一个刊物往往刊登许多个学科的论著;另一方面,一个学科的论著又往往分散发表在许多不直接相关的刊物上。同时同一刊物又可以不同的载体形式出版,如印刷式的、磁带式的等等。其它还有一书多版、旧书改版,以及不同语种的相互翻译等问题,给图书文献资料的收集、整理和传递带来许多新的困难。

二、现代出版物的类型

研究出版物的类型,了解各种出版物的性质、内容、特点和作用,有助于图书馆有计划、有目的、有选择地收集图书;有助于科学地整理和管理图书;有助于有针对性的向读者进行宣传推荐。

1. 按出版物的内容划分

(1)指导性文件

主要指党和政府发表的有关决议、指示、报表、法令文件等。

它们的特点是现实性强、政策性强。通常它们都是首先在报刊、电台先行发表，随后出版单行本、汇编本等单独发行。

（2）科学著作

包括古今中外科学家、思想家、社会活动家、学者及一般作者的学术论著以及资料汇编。它们的内容一般涉及社会科学、自然科学、技术科学各学科，通常是围绕某一学科或专题进行系统论述。这类著作对于读者系统地进行专业学习和研究参考具有较大价值，在图书馆藏书中，特别在大型图书馆、专业图书馆中占有重要地位。

（3）文学艺术

它包括古今中外文艺理论及小说、诗词、图片、画册等。除专业科技馆外，在各类型图书馆的收藏中都占一定比重。

（4）技术性图书

主要是指一般技术专业书籍，以工程技术方面的技术书居多，是科技图书馆和大学图书馆应特别注意收藏的类型。

（5）通俗读物

主要是普及科学、技术及文化知识方面的出版物。这类书通俗易懂、生动活泼，往往具有文图并茂的特点，这类图书在中小型图书馆中占有较大的比重。

（6）教材

一般指大学的教学用书。大学教材一般都是按照一定的学科体系，结合学生的知识水平编写的。它具有内容相对稳定、阐述系统完整、表述概括清楚的特点。高校教材理论性较强，一般可作为科学专著供学习参考。其中一部分比较成熟定型的，又可作为教科书公开出版，而大部分由学校印刷，供内部使用。教材是学校图书馆入藏的重点，一般都具有品种多、复本量大的特点。

（7）工具书

主要指参考工具书，也包括检索工具书，是各类图书馆必备的藏书成分之一。工具书涉及的知识内容广泛,形式多种多样,有字典、辞典、百科全书、年鉴、手册、地图册以及书目、索引、文摘等。它是读书治学的工具,既能辅导自学、指示读书门径,又能解答疑难,提供资料线索。工具书一般主要供人们参考或查找资料用,不作系统学习用。按照内容性质,又分为综合性工具书和专业性工具书;按照用途,又分为参考性工具书和检索性工具书。

(8)特种文献资料

所谓特种文献资料,主要是指出版形式比较特殊的科学技术资料。这一类出版物主要有科技报告、外国政府出版物、专业会议文献、专利文献、技术标准、学位论文、产品样本等。特种文献资料,内容广泛新颖、类型复杂多样,有不少具有尖端和最新情报价值,有的公开发表,有的内部发行。它们从不同领域反映了当前科学技术的发明创造、发展动向和最新科技水平,对于生产技术、教学科研都具有重要的参考价值。它们是理工大学、科学专业图书馆以及大中型图书馆、情报单位、大型厂矿科技图书馆重要收藏内容。通常它们都具有情报来源的价值。

2.按出版形式划分

(1)印刷品

指传统纸张印刷品。印刷方法有铅印、胶印、油印等。纸张印刷品的优点是:便于流传阅读而不受时间、地点和条件的限制。缺点是:比较笨重、易损易破,储藏、整理、保管比较麻烦。

印刷品的种类很多,按图书馆习惯来分,主要有以下几种:

①书籍

是比较成熟定型的出版物。它有封面、书名页、正文,并装订成册,论述问题全面系统。从时间来看,书籍出版比报刊周期长,一般不含最新最近的情报信息。书籍是传统图书馆藏书的主要成分。

②小册子

是指篇幅较少的图书,各国都有不同规定,联合国教科文组织规定 49 页以下的图书称为小册子。主要特点是装帧简单(如多用骑马装)、出版及时、现实性强、宣传效果大。其中多数属于配合各时期政治运动的宣传教育读物以及科普读物。由于其时效性强,图书馆对这部分图书应及时采购、及时整理、及时流通。

③期刊

也称杂志。一般指具有固定名称、定期或不定期出版、每期版式基本相同、带有年卷期号的连续出版物。期刊有公开期刊(邮局订购)和内部期刊(一般内部征订和赠阅)。它的内容有综合性的(如大学学报、情报所的综合性刊物等),也有专科性的。期刊出版周期短、速度快、内容新颖,具有最新知识和最新科研成果的特点。据估计,所含情报信息占全部出版物的百分之六十以上。据 75 个国家和地区统计,1982 年全世界期刊已达 14 万种,它是各类图书馆,特别是大中型专业、科技和院校图书馆收藏的重要成分之一。

④连续出版物

这是最近十几年随着科学技术迅速发展而出现的、愈来愈被人们重视的、介于图书和期刊之间的一种出版物。它具有内容广泛、类型复杂、出版形式灵活多样的特点。全世界连续出版物每年发表的文献约有一百万件。连续出版物出版分散,由于时间、流通和保密等原因,有许多不公开发行,搜集比较困难,但各国都普遍重视对这类出版物的收集。如年报(鉴)、科技报告、会议录、会议预印本、学位论文、专利说明书、通报、纪要之类。其类型有单主题的,也有多主题的,在科研上重要参考价值。

⑤专题资料

主要是各科研机关、大学、厂矿内部发行的各种专题资料,无卷无期,时而有,时而无。目前我国国内一般作为情报资料收藏,主要是通过交换方式取得,近年也开始按内部资料订购。其中有许多与连续出版物有所交叉。

⑥报纸

是一种宣传报道最迅速的出版物。出版快、数量大、开本大、传递及时、阅读面广，现已成为人们每天不可缺少的精神食粮。报纸分全国性的、地方性的;综合性的、专门性的;大多为日报,也有周报、月报,如科技小报等。报纸是各类型图书馆必备的藏书成分之一,但由于品种愈来愈多,如仅美国1984年就有1,750多家日报,我国1983年仅省级以上报纸就有340种。这些报纸当然不可能都订购,因此就有一个选择性问题。

目前,全世界已知日报8,409种(164个国家和地区),非日报性报纸32,476种(111个国家和地区)。

⑦其它

如地图、图片、乐谱等等,它们具有内容和形式上的特点,往往需要单独保管和使用。

(2)缩微型

也叫缩微复制品,包括缩微胶片、缩微胶卷、缩微卡片等。它们有不同的缩小倍数,可将文献缩小几十倍、几万倍,甚至上千万倍。它们的体积小、重量轻、存储量大、节省书库空间、便于保存、转移、适于自动化检索;但阅读不方便,必须借助于缩微阅读机和其它辅助设备,需要增加阅读设备和空间。缩微复制品可以弥补印刷品的不足,图书馆收藏的绝版书、孤本书可以通过缩微复制得到复本,便于保存。文献资料的缩微化,是图书情报工作现代化发展趋势之一。

①缩微胶片,亦叫缩微平片(Transparent Microcard)

是一种透明的缩微复制品,它是将文献资料用缩微复制照相机拍摄于感光胶片上制成的。一般使用的规格是105毫米×148毫米。缩微胶片分三种类型,普通缩微胶片,每张可拍摄六十到九十八页文献;超缩微胶片,每张可拍摄二千五百到三千二百页文献;特超缩微胶片,每张可拍摄二万二千五百页文献。

②缩微胶卷(Microfilm)

它是用成卷的胶片连续拍摄而成的。每卷长度视文献资料的长短而定,有三十米、五十米不等。缩微胶卷是现在缩微型中最基本的品种。它适于复制成套的文献资料,便于保存和再复制。多用 35 毫米和 16 毫米胶卷,每卷可分别缩拍一千四百页和二千八百页文献。

③缩微卡片(Microcard)

这是一种不透明的缩微复制品,实际上就是缩微照片。大小和普通卡片相仿,一般是 75 毫米 × 125 毫米。缩微卡片缩小的比例为 24:1 左右,单面每张印四十到六十页文献,双面的可增加一倍。在缩微卡片的上部,印有用肉眼能直接看清的文献名称、编号等,因此,可以将缩微卡片像普通卡片一样排在目录盒内,查找使用很方便。

(3)视听资料

包括唱片、录音带、录像带、幻灯片、科技影片等。这些材料直接记录声音和图像,给人以直感,因此,也叫直感资料或称声像资料。这类资料对于科学观察、知识传播,有时能起到独特的作用。在现代图书馆中,视听资料已成为不可缺少的组成部分。

(4)机读型

它是指电子计算机可以阅读的资料,主要有磁带、磁盘等。它是近年出现的一种新的资料形式。它主要是通过编码和程序设计,把文献变成数学语言和机器语言,输入到计算机中去,储存在磁带或磁盘上,阅读时再由计算机输出。

①磁带

是在塑料带上附上一层磁性物质而制成。目前,国产磁带记录密度为每毫米 20—30 个二进制信息,磁带宽为半英寸和一英寸,磁带道数为 9 道和 16 道,长度为 800—1,000 米,厚度为 50 和

37 微米两种。它具有储存容量大、成本低、能反复多次使用、长期保存而不破坏信息等优点。

②磁盘

磁盘的信息记录在圆盘表面的磁层上。磁盘兼有储存容量大、存取快,并能处理越来越大的数据等优点。为了使产品小型轻量化,磁盘片只有百分之十到百分之二十英寸厚,磁盘的直径为7—8英寸,磁盘外面采用10—14英寸直径的盘片,盘片有单片、六片和十二片不等,也有的把盘片装在一个匣子里,称为单片匣式磁盘。

三、藏书采集工作的原则

各种图书文献浩如烟海,各类型图书馆的性质、任务、读者对象各不相同,经费条件有一定限制,馆舍规模有一定范围,这就要求各种图书馆必须根据本馆的特点进行藏书采集工作。这样才能做到既少有长期呆滞压架的图书,又能基本满足本馆读者对图书的各种要求。要做到这一步,就需要研究藏书采集的原则,并根据本馆的具体情况,制定出切实的藏书采集标准,指导采集工作实践,避免藏非所用,用而无藏。

1. 目的性原则

不同类型图书馆,有不同的读者对象,因而具有不同的任务。采集图书必须有明确的目的性,防止盲目滥购,既浪费资金,又降低馆藏质量。目的性原则,具体来说应考虑以下四个因素。

第一,本馆的方针任务。如县、区公共图书馆,主要担负着为广大群众进行思想教育和普及科学文化的任务,收藏的书刊应当是带有综合性、现实性、推广性和通俗性的读物。省、市公共图书馆则担负着为科学研究和广大群众服务的双重任务,并以为科学研究服务为重点,除了收藏综合性、基础性的古今中外书刊外,还要重点收藏有关发展本地区经济、文化、科学技术方面的专业书刊资料。高等学校图书馆,主要服务于学校的教学和科研,其收藏应当适合专业教学和科研情报的需要。总之,各馆的方针、任务不同,收藏书刊的范围和重点就不同。

第二,根据本馆服务对象的实际需要收藏图书。各类型图书馆都有自己的特定的读者对象,其中也有主要对象和一般对象之分,因而除了考虑整体大范围之需要外,还要特别考虑重点服务对象之需要,在保证重点的情况下,兼顾一般。

第三,具体图书馆的性质,决定着藏书的成分和内容。图书馆的性质可分为科学性的与大众性的,有综合性的和专业性的,有全国性的和地区性等区别。如北京图书馆是国家图书馆,兼有全国性、综合性、科学性和公共性等特点,它的藏书要求是"国内求全,国外求精"。就是说,国内书刊资料要全面、系统入藏;国外书刊资料,结合我国实际需要有选择、有重点地入藏。要成为国家书库和全国的图书情报资料中心。省、市公共图书馆,具有地方性特点,因而它的藏书兼有综合性、科学性和地方性的特色。科学院系统的研究所图书馆,其藏书内容专深,外文书刊资料比重大,这与大众性的、通俗性为主的基层图书馆的藏书有明显的不同。

第四,地方特点对藏书有很大影响。这主要表现在当地的经济、文化状况、地方传统、民族特点等都决定了地方各级公共图书馆藏书的地方特色。各省、市公共图书馆,因地区经济、文化、历史特点的差异,也都带有各自的地方特点。地方特点对其它类型图书馆也有不同程度的影响,只不过没有公共图书馆那么显著而已。

2. 系统性原则

藏书的系统性和完整性是由于人类的知识体系具有连续性和积累性特点决定的。所谓系统性、完整性,主要是指重点藏书要全面系统,某些大部头丛书要成龙配套,重要刊物应连续无缺。一般藏书,只要求具有广泛性和适用性即可,不可能方方面面都做到系统、完整。

藏书的系统性和完整性是长期搜集、系统积累而成的,因而在藏书采集过程中要经常注意补缺的工作。科学研究的继承性、书刊出版的连续性、重点藏书的系统性,要求补充藏书时,注意积累,连续不断,在藏书体系中要避免残缺零散的现象,才能使藏书具有更大的学术价值。

为要做到系统藏书,必须注意处理好几种关系。

(1)重点藏书与一般藏书的关系

任何一个图书馆都没有必要、也没有力量将古今中外的一切出版物搜集齐全,总是有重点、有选择,按实际需要和可能收藏书刊资料,要做到使有限的经费发挥更有针对性的作用,这就要保证重点、照顾一般。

各类图书馆都应当明确自己的入藏重点,并在重点确定之后贯彻始终,以便形成自己的馆藏特色。对重点藏书要做到及时、全面、系统和完整。

在注意突出重点的同时,在力所能及的情况下,补充一般藏书,满足读者多方面的需要。在这方面,有的馆规定了藏书构成的比例。如有的理工科院校规定:科技图书不少于75%、社会科学图书不超过15%、文艺书籍不超过10%。

(2)数量与质量的关系

在藏书建设中,只有把藏书的数量和质量有机地结合起来,才能满足读者对图书数量和质量两方面的要求。选择图书时,必须从质量着眼,尽可能选择学术价值高、实用价值大的书刊,但是如果没有一定数量,质量也无从谈起。切忌盲目滥购,盲目重购,应把有限经费最大限度地花在有所用的书刊上。

(3)品种与复本的关系

这是各类图书馆,特别是大学图书馆经常碰到的实际问题。各种各样的图书,以多少读者平均一本为合适,买少了供不应求,买多了闲置压架。一般来说,品种齐全,复本要相应减少;反之,复本增多,品种就可能减少。"种多册少"的原则适于科学图书馆补充学术性书刊、外文原版书刊及珍贵的大部头书,这类书的采集原则应当是保证品种,不要复本。如果某种书读者多,又经常利用,则要求保证一定的复本,特别是高等学校学生参考书,更需要保证一定比例的复本。

确定各类藏书的复本标准,是一件很细致的工作,复本确定不当,影响藏书质量。过多了浪费,过少了不能满足读者需要,造成外借时过多的拒借。确定复本的多少,要根据图书的内容价值,结合读者需要情况,拟定符合实际的复本补充基数。尤其大学图书馆,复本率确定不好,往往影响教学。目前已有不少文章研究院校藏书的复本问题,所取得的总平均复本数大约为五到十本之间。

3. 分工协作原则

这是图书馆事业发展的整体性需要,也是图书资源的保存和共享的要求。各馆之间在藏书补充方面的分工和协作,有利于合理使用经费,特别是可以节约外汇,又能扩大本馆可能利用的藏书品种。

要分工协作,就要树立全局观点,克服各自为政、贪多求全的本位思想。分工协作搞得好,各馆都可受益,能做到应该购的不缺,保证品种,变各馆集体之藏为一馆之藏。防止要购的各馆都购,不购的各馆都不购,结果造成一地的藏书品种不全,复本过多。从长远来说,应制订出全国的或地区的切实可行的藏书协调方案,克服各自为政、盲目采购及平行重复的严重浪费现象。为了保证图书资源共享,还应建立全国或地区的以及各系统的目录资料中心,编制新书目、新书通报与联合目录,开展图书交换、调拨和复制图书的工作。这样,不仅可以互补残缺、互通有无、扩大书源、节约经费,而且可以提高藏书质量。

四、藏书采集工作的调研

藏书建设的好坏,关键在于调查研究工作。所谓藏书调研,就是要摸清读者的实际需要,摸清本馆实际所藏以及出版发行工作的情况。

1. 对读者的调研

图书馆的藏书建设,是以本馆的具体读者为出发点的,也就是以有利于本馆读者利用为目的。首先要分清本馆所服务的读者都有哪些类型,其次要了解这些读者可以分为多少个读者群,有些什么特殊的读者;再其次就是要摸清各个读者群经常需要一些什么类型、什么水平的图书。了解的方法,可以直接接触,可以发调查表,可以开座谈会,以及经常将征订单、书目等向读者介绍,由读者选书,还可以通过阅览室、外借处了解经常拒借的情况。采集部门如能在图书馆大门口设立读者"书目意见箱",将可以取得与读者经常性地联系。这对藏书建设会有很大的作用。

2. 对馆藏情况的调研

经常有重点地检查和研究馆藏情况,摸清家底,是保证藏书的系统、完整和做好补配缺漏以及建立有特色的藏书体系的必要措施。在实际采集过程中,必须先了解本馆已有什么,还缺什么,才能着手购入。在征订单上圈选图书时,必须严格进行查重工作,避免重购,特别是对外文原版图书,更须仔细认真。

对馆藏情况的了解,分数量和质量两个方面。藏书的数量,可利用藏书登记、统计材料或馆藏总目录,借以了解本馆藏书总量和各类图书的数量。对各类图书流通率和拒借率进行综合分析比较,可以了解各类藏书的品种、复本及其比例在读者中的利用情况,借以鉴定采集工作的质量水平。对藏书质量的调研,可利用全国总书目、联合目录、专题目录等来核对本馆馆藏目录,从中发现缺了哪些不该缺的图书,以便有计划地补充。特别是对一些重点图书、工具书以及丛书、多卷书、重要期刊,应当建立跟踪记录,做到心中有数,以便不失时机地加以补充。

在了解馆藏方面,对各兄弟馆的馆藏进行调研也很重要,根据各兄弟馆的馆藏目录,特别是大型馆的目录,对照本馆有什么重要缺藏,是补充缺漏的重要方法之一。其中可分别情况,通过采购、馆际交换、复制、索取等方法加以补充。

3. 书源的调研

图书的来源广泛复杂,有公开的、有内部的;有国内的、有国外的;有订购的、有交换赠送的。这些不同的渠道,有关业务人员了解得愈多,采购时心中愈有底。如:

(1)国内出版社情况

了解国内中央一级和地方一级的各种出版社都有些什么分工,及时掌握他们的出版计划、出版动态及出版目录,才能做到有计划地补充藏书。

(2)国内的发行情况

要了解各地新华书店、外文书店、古旧书店、邮局以及中国图书进出口总公司的各自发行范围、发行动态,收集各种预订目录,加强同他们的联系,是得以及时补充图书的保证。有些出版发行业刊物,如《世界图书》等应经常浏览。

(3)国外出版发行情况

全世界一百多个国家有几万家出版发行机构,不可能也没有必要全部掌握,但对国外几百家历史长、出版稳定、信誉好、影响大的出版社,其出版物多有较大参考价值,应当通过报刊资料掌握动态,直到直接联系,及时取得书目,以便能及时引进我们需要的书刊资料。如世界有名的四大科学出版公司:西德的施普林格(Springer)、美国的约翰·威利(John Wiley & Sons)和麦格劳·希尔(McGraw Hill)公司及荷兰的埃尔塞维尔(Elsevier)出版公司,都是有较广泛的世界影响,应当经常注意他们的动态。

（4）内部出版物的发行情况

内部出版物包括国外和国内。对国外应着重掌握国际学术及各种专业组织的各种学术会议动态，以及了解各国有关政府出版物机构、大公司、高等院校、科研情报等部门的情况。对国内也应大致了解类似的诸方面情况。他们大多数经常编印大量的非正式出版物，是大中型各类图书馆重要的图书资料来源之一。图书馆应有专人主动和这些单位联系，打通渠道，掌握情报线索，采用征订、交换、购买等方式搜集这些难得资料。

在藏书建设中，采访工作者的调研活动居于首要地位。没有充分、仔细、经常性地调查研究活动，就不可能保证使本馆藏书真正形成结构严密、体系完整的适用的知识结构。负责采集工作的同志，必须制定切实的职责条例，并规定每周的调研日程，对所进行的调查研究，必须做出连续性记录。根据调研结果进行综合分析，定期地提出补充藏书的具体书目，特别对那些多卷书、丛书以及重要的工具书更应如此。

采访工作者，每周至少应有三分之一的时间进行调研活动，通过调研，发现问题，确定目标，指导藏书采集活动。图书馆藏书建设的质量高低，取决于采集工作质量，如果是一所院校，其影响所及将是整个院校的教学和科研的质量问题。

五、图书馆的藏书结构

图书馆收藏的图书多种多样。按学科区分，有哲学、社会科学、自然科学、技术科学、文学艺术，每部分之下又可分许多学科；按内容水平区分，有普及读物、专著、研究资料等；按用途区分，有工具书、教科书、专业书、参考书、普通读物；此外还可以按文种、按载体形式、按装订形式等区分。面对类型、内容、用途繁杂多样的图书，各个具体图书馆必须按照本馆的对象和任务，组成一个适用于本单位的有主有从、有专有博、有深有浅互相配合的整体，才能建成一个结构合理的藏书体系。合理的藏书结构是一个复杂的多维结构。

由于各个馆都有自己的特定对象和中心任务,因而不应该也不可能使自己的藏书面面俱到,这样就会在实践中形成各馆的藏书结构的特点。

一个合理的藏书结构,应具备哪些特点?

1.首先要围绕本馆特定的读者对象和中心任务,确定入藏重点;

2.不能单有一门藏书,必须有多门相关知识的藏书相配合;

3.多门相关知识的藏书,不能平均对待,应根据不同需要、与重点学科的关系,达到各门图书不同水平的收藏;

4.与本馆对象和任务完全无关的图书,不管其水平如何,都不应收藏。

一个图书馆只有在不同水平层次上满足了上述要求时,才可认为其藏书结构比较合理。其中藏书结构的主要指标是各个学科藏书的合理搭配和图书内容深浅不同搭配。

藏书结构问题,按照系统论的观点,是指对图书馆的藏书构成进行整体性、综合性安排。这种整体性和综合性安排,不但具有一个馆的意义,更有一个系统、一个地区,以至整个国家的意义。一个图书馆,对自己的藏书建设如果没有整体结构层次的考虑,其藏书就很难达到系统性,对某些重点部分,也很难达到完整性。有些图书馆,藏书过百万,经典著作也不少,更不乏某些精品。但当某一读者从某一专业教学或某一研究课题需要出发,提出针对性索书要求时,往往会发现满足率很低,钱花出去不少,而馆藏服务功能却不强。这通常是在藏书结构方面缺乏整体性规划设计造成的。

教育部肖自力同志,根据美国图书馆协会《藏书发展方针规范指南》等资料〔如美国斯坦福大学,分 A 级(完整):一切文种的知识记录;B级(广泛):不同学派的著作;C级(初级):各学科主要著作;D级(基础):教学用书;E级(偶然):一般参考书〕,结合我国的实际情况,在国内首次提出了关于图书馆藏书结构问题的研究,并在他的《试论藏书结构》一文中,针对我国实际情况提出了一个五级藏书结构方案,其基本内容是:

甲级(完整的藏书):努力搜集某专题领域的所有知识记录,不管其内容水平、文种、出版形式、著作方式,以搜集齐全为准。如国家版本图书馆对本国正式出版物的收藏;一个地区馆对本地和有关本地出版物的收藏应达到这个水平;一个专业馆,对本专业及与本专业直接有关的藏书应达到这一级标准。

乙级(研究水平):乙级藏书以满足能借藏书进行独立研究为目标。对高校来说,要能满足教师、研究生和高年级学生学习和研究的需要。因而必须收集各该专业领域中各种不同学派的有代表性的全部著作,包括主要外国文种的著作、论文集、会议录、期刊、资料。不仅要有现期期刊和新书,也要搜集回溯性的基本资料,包括尽可能完整的主要过期期刊、参考工具书和书目资料及其有关文献。科研单位所制定的研究领域、大学中招收研究生的专业等,其藏书应达到这个水平。

丙级(大学水平):丙级藏书以满足大学生和个人自学大学课程的需要为目标。应当收集全部基础著作、重要著者所写的全套著作和有关评论、优秀教科书、参考书、工具书、书目资料、范围比较广泛的基础期刊等,还应包括经过精选的外文教科书。科研单位的相关领域,大学中招生或准备招生的学科,以及一切打算帮助青年自学达到大学水平的图书馆,与其有关专业领域的藏书,应达到这个等级水平。

丁级(基础水平):这是经过精选的藏书,以介绍人们认识不同专题领域为目标。应搜集公认代表作家的基本著作、基础教科书、参考书、书目资料、代表性期刊。原则上不收外文书刊。研究

218

单位和大学图书馆在其可能有关的方面,应达到这一级水平。大学生文化修养和开阔视野所需要的书刊资料,也属于这一等级。

戊级(最低水平):这是指在藏书范围之外的专题领域,只选收少量很基本的著作或工具书,以备不时之需。

对以上五级,可以列表加以归纳概括,以便对各级的概念,能够尽可能具体一些。见下表:

五级藏书结构分类表

级别	要求	采集范围	目的
甲级	完整状态	所有文种、出版形式、著作形式及各种水平的图书、期刊及资料	本院校重点研究专业和学科,本馆主攻方向
乙级	研究水平	不同学派的全部著作、论文集、会议录、进展与现状、期刊、参考工具书、书目资料及其它有关文献(以上包括主要语种)	满足一般专业和学科师生在某学科方面能独立进行研究之需要
丙级	大学水平	全部基础著作、重要著者的全套著作和有关评论、优秀教科书、参考书、工具书、书目资料、基础代表性期刊、部分外文精选的教科书,本级的书要尽量优选	能满足本学科大学生用书及自学达到大学水平者用书
丁级	基础水平	精选的书,不同专题领域公认代表作家的基础著作、入门著作、基础教科书、参考书、有代表性的重要期刊、精选的科普及文化思想修养方面的书,本级不收外文	用于师生开阔视野、增进修养或扩大知识面
戊级	最低水平	本馆藏书之外的有可能涉及到的专题领域,只精选少量的最基本的著作和工具书,不收外文	备师生偶尔涉猎之需

除了上述等级标准方案之外,还应有一个统一的专题范围。如美国图书馆协会决定以国会图书馆分类目录的五百个专题作为学科划分的依据。西德在进行藏书采购协调时,只分了二十七个专题,一百零五个小专题。根据我国情况,可以《中国图书馆图书分类法》的大类为依据,有一些可直接使用,有一些可细分,有一些要做些归并,定出三百到五百个专题比较合适,各馆可据此确定出适合于本馆的针对性专题。

对图书馆的藏书结构,如果有了上述的藏书等级和专题划分,就会使藏书质量得到保证,而不是单纯以花多少比例的钱为依据。因为,即使经费的比例能按计划做到,但却不一定能保证各种比例内的藏书质量。有了上述等级标准和专题划分,就可以对藏书结构进行评价,如某馆在某一专题领域已达到某级水平,目前正趋向于某一级,符合要求的应是什么水平等等。这样,采集工作就有了明确的质量标准,而不是单纯地按比例去花钱。在规划藏书结构时,更可以用这五个等级,对所有专题进行分类,哪些是本馆主要重点藏书,应达到甲级;哪些是进行研究所需要的专题,应达到乙级;哪些是相关专题或是大学生学习需要的,应达到丙级;哪些是兼顾的专题领域,作为扩大视野,提高文化修养之用,达到丁级基础水平就可以了;哪些只需选个别著作和工具书,达到戊级,即最低水平。这样,就使"保证重点,照顾一般"的采集原则有了基本的质量依据。

一个图书馆如果能基本实现上述的藏书结构的建设,那么它就能比较理想地完成本馆的任务。当然,各学科之间的关系是不断发展变化的,图书馆的任务也常有变化,所以应随时注意客观实际情况的变化,要使藏书结构经常处在一个动态的、不断调节的最佳状态。

各个图书馆如能基本达到上述藏书结构要求,则大大有益于馆际协调,大大有益于馆际间的有益合作,增大互相依存性,而改变过去的"大而全、小而全"的小农经济状态,真正达到一个地区的藏书结构的最佳状态。

六、藏书的补充方式

图书馆平时的藏书补充工作主要有购入和非购入两种方式。

1. 购入方式

包括订购、选购、邮购和复制。

(1)订购,即预订。这是图书馆平时补充藏书的主要方式。图书馆根据新华书店等发行单位送来的预订目录,圈选自己需要的书刊。凡圈选过的书目,在图书馆必须经过查重,确实证明没有收藏,或摸清本馆已入藏了多少,还需要多少,才能按手续将需要预订的书目报给新华书店。订购方式虽能使图书馆有计划地补充藏书,避免漏购,但预订目录著录简单,有时光凭书目有选错书的情况。订购图书工作必须建立一定的预订记录(拟购卡),以便于检查核对。订购工作必须按规定的程序和制度进行,才能确保质量。

(2)选购,即到书店就地选购图书。这种方法简便易行,能直接鉴别图书的内容质量,决定取舍。它可以弥补预订方式之不足。不过,到书店选购,不便使用馆藏目录,容易造成重购。如果是有计划地挑选补缺,还是可行的。选购有一个缺点是书店门市有什么才能购什么,不一定能满足预想计划。因此,这种方式不是大型图书馆的主要采购方式,较适用于藏书不多、经费较少的小型图书馆。

(3)外地邮购。图书馆预订图书一般都在本地新华书店进行。但图书馆往往为了及时获得外地出版物,经常可委托外地书店等单位选择某些书刊,用邮寄方式购买。这是一种较好的辅助采购方法。

(4)复制。这是一种补充稀缺书刊的最好方法,如有些珍本书、有些无法购入的外文原版书,本馆又需入藏时,可以采用复制的方法解决。复制方法包括抄录、照相复制、静电复印和缩微复制。目前用静电复印法较多。

2. 非购入方式

包括呈缴、接收与调拨、征集与交换。

(1)呈缴本,又叫缴送本。为了完整地保存文化科学遗产,各国都有规定,全国各出版单位每出一种新书刊(主要是公开发行的),必须抽出一定数量的样本,缴送给指定的图书馆。我国同世界各国一样,也建立了书刊缴送制度。如国家出版局1979年4月18日(79)出版字第193号"关于修订征集图书、杂志、报纸样本办法的通知"中规定:"凡出版社、杂志社和报社编辑、出版的各种图书、杂志、报纸,均应在出版物出版后即向国家出版事业管理局(北京东四南大街85号)缴送样本,初版新书一份、重印书一份、杂志一份;向版本图书馆(北京北总布胡同32号)缴送样本初版新书一份、重印书一份、杂志一份、报纸合订本一份;向版本图书馆二库(湖北省均县)缴送样本初版新书一份、杂志一份、报纸合订本一份;向北京图书馆(北京市文津街)缴送样本,初版新书三份、杂志三份、报纸合订本一份。"

(2)接收与调拨。这种方式对新建图书馆、基础薄弱的图书馆是一种重要的藏书来源。接收图书,主要来自撤消单位的藏书,或分散在有关单位与图书馆的多余复本书,其中有不少是有价值的资料。书刊的调拨,一般是在图书馆协作机构组织下,有计划地将一些图书馆多余的书刊,调拨给另一些需要的图书馆。这是一种节约经费、互通有无地补充藏书的好办法。

(3)征集与交换。这也是一种补充藏书的重要来源。运用征集方式搜集书刊,要做深入的调查研究,利用书目索引、情报检索工具以及通过有关人员,了解有关单位的内部书刊、技术资料、地方文献、革命史料和作家手稿等情况,有目的地向有关单位征集,并建立经常的征集关系,以补充难得的资料。

图书交换是各图书馆之间、图书馆与情报部门以及其它有关单位之间建立临时或长期的交换关系,以取得无法用购买方式补充的内部书刊资料的重要方法,这种交换关系,在国内一般是按照一定的交换关系卡建立起来的,各自的交换关系卡可作为以后互相交换书刊资料时的依据。在国外,一般是用发函的办法建立关系,并须设卡作为依据。

七、采集工作的书目工具书

1. 中文方面

(1)《科技新书目》

这是目前订购中文科技图书资料的主要目录工具。由新华书店北京发行所主办,现在每月 10 日、25 日出版两次,可通过邮局订阅,每期 4 开 16 版。预订的内容主要是中央一级专业出版社出版的中文科技图书及技术标准。从 1978 年开始也报道地方出版社出版的图书。新书预订栏所列出的每种书都著录:本期书次号、出版单位、本书所属大类、著者、开本、字数、页数、装订、出版日期、统一书号、定价、内容提要、读者对象。每期的"最近新书"栏,报道最近已经出版的新书书名,书名前的书号是指本书曾在哪一期《科技新书目》上作为第几种书征求预订过,可以了解本单位已经预订过的书的出版情况。如书店漏发,就可据此向书店查询。新书目上还有"专题书目",也可以作为选购图书的参考。每期新书目的最后附有订购单,填好需要数字后,按规定时间送当地新华书店。在书名右上角有星号的是重版书,预订时注意查看,防止重订。该目录,目前主要反映北京、上海、天津、重庆四地六十余家出版社的科技图书,占全国科技新书 70% 以上,其它各地出版社出版的科技图书很少反映。

(2)《全国新书目》

这是国家出版事业管理局版本图书馆编辑出版的。每月出版一册,可向邮局订购。我国有呈缴本制度,凡是全国或地方的正式出版单位的出版物,都要向版本图书馆呈缴样本。《全国新书目》就是反映我国每月出版的新书的总目录。在自然科学部分内有:自然科学、医药、卫生、农业、林业技术、交通运输、航空工业等大类。目录中所列的每种书都著录:书名、著者、出版日期、开本、定价。该目录所反映的书都是已经出版的书,所以,可以补充上述《科技新书目》之不足,发现没有入藏时,可按上面的线索去采购。《全国新书目》还有《专题书目》,介绍某一专题的图书出版情况,采购时可以参考。

(3)《全国总书目》

它也是由版本图书馆编辑出版的,但通常是每年出一次,由新华书店发行。它是反映一年之中全国各地出版过哪些书,是查找国内图书出版物的主要线索,采购中文图书需要查考。

(4)各地出版社征订目录

图书馆订购中外文图书的主要目录,或由新华书店发来,或在邮局订阅。各地方各专业出版社通常也向外发送本出版社的订购目录,采购人员应当主动收集,有的可以发函联系,建立正常的订购关系。

(5)各单位内部征订单

各科研部门、各大学常常有内部编辑发行的内部刊物,其中有些是作为内部赠阅或交换用的,有些也作内部征订。这类单位的资料一般在公开场合很难得到,特别是科技、社科内部资料,往往都很有参考价值,采购人员应注意了解这方面的动态。凡有交换关系的单位,一般都主动将征订单送上门来,凡收到这种订单应送交有关部门,不要轻易草率地扔掉。

(6)《中文图书卡片征订目录》

由北京书目文献出版社编辑发行。该目录是专门为各单位订购中文图书提要卡片而编的,是根据全国各省、市、自治区新华书店或出版社(不包括《科技新书目》已反映的书店与出版社)编印的《征订目录》汇编而成。它虽然不是中文科技图书的征订目录,但它反映了《科技新书目》报道以外的各地方新华书店或出版社即将发行的图书(其中包括科技图书)。因而它是了解中文科技图书出版、发行线索的另一个重要工具,其独特之处在于它提供的线索比《全国新书目》和《全国总书目》所反映的时间要早得多,是补订或函购图书的重要目录。

(7)中文图书提要卡片的订购与使用

所谓提要卡片,就是由北京书目文献出版社编印的对图书进行统一编目的卡片,卡片著录包括内容提要,故叫提要卡片。该提要卡片,可以减少图书情报部门编目工作量,有利于将来实现全国的统一编目。

该提要卡片原由北京图书馆统编部自1974年开始发行的,目前改由书目文献出版社编印发行。目前该统编提要卡片,已由书目文献出版社委托各省图书馆提要卡片组经办各省卡片发行工作。订购与使用方法如下:

①卡片的编印范围

中央和地方出版社出版的并由新华书店以公开及内部等方式发行的图书(包括第一版、各次改版及第一版和新版的线装书)和从国外引进并在国内较大范围公开发行的外版中文图书。

重印书、国内不公开发行的外版中文书、中小学课本、连环画册等不编印卡片。

②卡片的著录

北京书目文献出版社,根据即将批准的国家标准《普通图书著录规则》(该《规则》依据1984年4月国家标准局颁布的《文献著录总则》——GB3792.1—83制定),最新编制的统编提要卡片著录样式如下:

mei zhi ji gong ye

酶 制 剂 工 业　　上册/张树政主编. —北京：
科学出版社,1984. 7
386 页;16 开

3.80 元

　　本书分上下两册出版。上册介绍酶制剂生产基本原理和生产设备、试验室的精制方法以及酶的固定化技术等。

　　Ⅰ.酶…Ⅱ.张…Ⅲ.　　　Ⅳ.①IQ925 ②82.946 ③TQ9
科技 84—74—38　　　　　　13031·2607　84—11359〔76〕

　　卡片款目说明:第一段为书名、著者、出版地、出版家、出版年月,连续著录,各项之间分别用"/"、". —"、":"、","作标识。第二段为页数和开本,用分号";"作标识。第三段为附注项,本款目内空缺。第四段为国际标准书号、价格、获得方式,本款目只列出书价"3.80 元"。第五段为内容提要项。第六段为标目项,本款目中为:"Ⅰ.酶…",这是书名排检标目;"Ⅱ.张…",这是著者排检标目;"Ⅲ."是主题排检标目,这里空缺;"Ⅳ."为分类标目,这里列出三个分类号,即①TQ925 是《中图法》分类号;②82.946 是《科图法》分类号;③TQ9 是《中小型法》分类号。其它为业务注记,如最后一行左侧是《科技新书目》84 年 74 期第 38 条。右侧"13031·2607"是统一书号,"13"是《人大法》自然科学大类;"031"是科学出版社代号;"2607"是 13 大类种次号。"84—11359"是本卡 84 年度流水编号;〔76〕是统编卡片专题代号,这里指化学工业专题。

　　③卡片的订购方式

　　为适应不同单位的需要,该卡片目前按以下五种办法订购:

　　a)全套订购。凡该社发行的卡片全部都订购。

226

b)按专题订购。该社发行的卡片分 83 个专题,一个专题为一个订购单元。科学技术部分共有 38 个专题。即:

专题号	专 题 名 称	中图法相应类号
46	自然科学总论	N
47	数理科学和化学	O
48	天文学、测绘学、地球物理学	P
49	气象学	P4
50	地质学	P5
51	海洋学	P7
52	自然地理学	P9
53	生物科学	Q
54	古生物学	Q91
55	微生物学	Q93
56	植物学	Q94
57	动物学	Q95
58	昆虫学	Q96
59	人类学	Q98
60	医药、卫生	R
61	农业、林业	S
62	畜牧、兽医、狩猎、蚕蜂	S8
63	水产	S9
64	工业技术	T
65	矿业工程	TD
66	石油、天然气工业	TE
67	冶金工业	TF
68	金属学、金属工艺	TG
69	机械、仪表工业	TH
70	武器工业	TJ

专题号	专题名称	中图法相应类号
71	动力工程	TK
72	原子能工业	TL
73	电工技术	TM
74	无线电电子学、电讯技术	TN
75	自动化技术、计算技术	TP
76	化学工业	TQ
77	轻工业、手工业	TS
78	建筑科学	TU
79	水利工程	TV
80	交通运输	U
81	航空、宇宙飞行	V
82	环境科学	X
83	综合性图书	Z

c)按出版社订购

订户可根据该社所列的"出版社一览表"(出版单位常有增补)选订某个出版社的卡片,订片时以某一出版社为单元。

d)按书选片,订户向书店订了什么图书就向该社订购什么书的卡片。

e)主发专题订购。新华书店发行的全部图书中,有相当一部分未经征订而直接发行。采用"按书选片"的订户无法订这类图书的卡片,因此该社采取"主动发片"的办法来弥补这一不足。订户若需订购此类图书的卡片,可以填写"主发卡片订购单"。

在上述五种订购方式中,各类型图书情报部门应根据单位性质(如综合性还是专业性)、规模(藏书多少)及当地所能购到的图书情况,选择订购方式。一般情况下,中小型馆采用"按专题订购"和"按书选片"较适宜,前者可满足本单位已订专业图书的卡片外,还可了解本单位未订的专业图书的出版情况,有利了解出版线索及进行参考咨询工作,但需要多花一些经费。"按书选片"的办法,可避免过多或不足情况的产生,比较经济,但采购线索太窄。

④卡片的预订与管理使用

凡需订购中文图书提要卡片的单位,应与书目文献出版社联系,经同意后,填写书目文献出版社的"订户登记片"。交费办法是:每年年底预交下年度的部分款项,待下年度结算后补交不足部分。

订户收到卡片后,按卡片上著录的统一书号排列。其方法是按出版社代号将卡片集中,再按分类号排顺,分类号相同的,按统一书号上的顺序号排列;有的馆先按出版社区分,再按书名汉语拼音排顺,效果很好。

订户收进图书后,按图书封底右下角的统一书号的出版社代号及有关分类号、顺序号去找提要卡片,如果遇到某书无片时,首先查明是否预订了该书的卡片,然后决定是自编卡片还是等候提要卡片。

2.外文方面

(1)外文影印版

①《外文图书征订目录》——F字目录和E字目录

F目录:

该目录由北京608邮政信箱编印,它是订购我国影印的西、日文科技图书的主要目录工具。每期分下列23个大类:

1.语言工具书;2.数学;3.天文;4.力学;5.物理学;6.力能;7.一般科学;8.一般技术;9.电工、无线电工;10.建筑;11.环境科学;12.采矿;13.地学;14.生物;15.农业;16.医学;17.化学;18.化工;19.食品工业;20.轻工;21.冶金;22.机器制造;23.运输。

F字征订目录的著录格式:

F 146/45（英 3—5/3376）　　　　　　　　　　（73.76）

Hardy, J. K.

High Frequency Circuit Design

Reston 1979　　　　　　　　　　354P. 18 开　2.60

高频电路设计

本书主要介绍高频放大器、振荡器和滤波器的实际设计方法,对有关理论也作了扼要的论述,而对设计中的一些具体问题却通过大量的实例作了详细的说明。可供无线电技术工作者和有关专业的大学师生参考。

目次如下:①信号失真,②元件,③调谐电路,④滤波器及附录,⑤阻抗匹配,⑥高频晶体管,⑦小信号放大器,⑧振荡器,⑨发射机,⑩接收机电路。

说明:第一行有三项内容,左角为 F 目录征订期数和书次号,如 F146/45;中间括号内是进口原版书号;右角为《科图法》分类号。第二行为著者项。第三行黑体字为原文书名。中间在中文书名的上一行,左边是出版者、出版时间;右边是页数、开本和定价。中文书名,用黑体字,其下为内容提要。

该目录每期后面都附有书名索引,西文按拉丁字母顺序,日文按五十音图顺序排列。

书店发出的每本目录中都附有订单,填好后按规定的日期送给书店,即可等书来货。

E 目录:

该目录是陕西省西安市影印的苏联及东欧国家的俄文版科技图书征订目录。著录格式与 F 目录基本相同,订购办法与 F 目录一样。

②《外文国际专业会议录征订目录》——P 目录

P 字目录系由上海 4060 邮政信箱编辑,每期分下列 18 个大类:

1. 数学;2. 力学;3. 物理;4. 化学;5. 地学;6. 医学;7. 农业;

230

8.力能;9.电工;无线电工;10.采矿;11.冶金;12.机器制造;13.化工;14.食品工业;15.轻工业;16.环境科学;17.运输;18.军事。

P字目录是了解国际和国外科技专业会议情况及预订其出版物的主要目录,以西文、日文为主,俄文不在内。每期目录后面有书名索引,前面有预订单,选订填写后撕下,按规定日期送新华书店。

(本目录1978年后,并入F目录系统,1980年后又并入期刊特辑N字目录系统,但仍以P字头编征订号)。著录格式与F目录相同。

③《外文特种刊物征订目录》——R字目录

R字目录由北京608邮政信箱编印,是预订美国AD报告、PB报告、NASA(美国国家航空及宇宙航行局报告)、USAEC(美国原子能委员会研究报告)的影印本目录。每期后附报告编号索引,每期中夹有印好的订单,可填写后按规定日期送书店。

一般著录格式较简单,按顺序,第一行包括三项,左角为R目录期数和第××种,如162期第112种,写成162/112;右角为著作者姓名;中间是AD报告自身的编号,其形式如AD—AO12290。第二行为本报告的标题名称,以下为出版年、页数、书价,最后一行为本报告中译名。

(2)外文原版书征订目录

①《外国科学技术新书征订目录》——T目录

该目录由中国图书进出口公司图书二部编印,每月一期,包括美、英、德、法、日等国近期出版的科技新书。

②《国外新书预订目录》——ST目录

该目录由中国图书进出口公司编印,是预订苏联及东欧各国进口原版图书的目录,其著录格式与其它征订目录大同小异。

③外文图书统编卡片订购办法

书目文献出版社自1962年开始发行(原北京图书馆统编部发

行)，目前仍继续发行，只发行外文图书 F 字（西、日文科技书）、P字（国际专业会议）、E 字（东欧及苏联科技书）、R 字（特种报告）四种《征订目录》的图书卡片，其它外文图书不编，图书卡片发出时间一般都在订户收到图书之前。外文图书订购卡片式样：

Brown, Carcl W.

The minicomputer simplified : an executive's
guide to the basics . —New York ; Free Pr. , 1980.

213 P. ; 24cm.

微型机浅论《管理者用基础知识》

F 224.5   29.185/B877

TP36   S61/11(1.30)

卡片款目说明：该提要卡按新的精神，与英美编目条例第二版（AACR2）著录规则一致。第一段为著者项，占首行；第二段为书名项、出版项，连续著录，书名黑体字，"："号之后为书名说明，".—"之后为出版地，"："号之后为出版家，"，"之后为出版年；第三段为页数、开本（规格）；第四段为书名中译名。下边左侧为《中图法》两个分类号，即本书可分入两处，"F224.5"是经济计算中的电子计算机应用类号，"TP36"为微型机类号；右侧 29.185/B877为《科图法》分类号和著者号；"S61/11"是《社科征订目录》期号和书次号；括号内为书价 1.30 元。

订购方式有三种：

a）全套订购。该社发行的四种外文图书卡片每种每期都订购，张数固定，长期有效。

b）分种订购。即根据本单位需要,对四种卡片按种选订,每期每种张数固定,一次订购,长期有效。

c）按期选订。对《外文图书征订目录》的每期,按需要选择预订,在订书的同时填好卡片预定单,注明卡片张数,把订单寄给该社。

凡需订购该卡片的单位,首先向该社提出需要,该社同意后发给"订户登记卡"。订户如果改变订购办法或停订,需提前一个月通知该社。付款办法与中文图书提要卡片相同。

八、采集工作程序和日常业务关系

1.采集工作程序

（1）第一阶段程序

采访工作首先要注意收集并管理征订单、各种订购书目,这是保证书源的基本前提。有了征订单和订购书目,能否把所需要的图书订购进来,就需要充分了解读者对象和专业方向的需要。在院校和科研专业单位,一般可以把各种征订单和征订书目发给有关的科、系、研究室进行初选,随后按规定期限汇集起来,由采访人员进行平衡做出最后确定。要做到不重、不漏、订数准确,就要对已经初选的图书,逐种查重,看看本馆是否已购入以及购了多少。查重一般主要都是通过书名目录来进行的。经过查重,心中有了数,即可决定某一种书该不该订购、订购多少册。随后按规定权限审批。采集工作条例可以规定:多少金额之内,采访员有权自己决定,多少金额以上要由主任或馆长审批,以及超过多少限额要上一级领导审批,工作过程中按规定办理。批准过的订购计划,即可填写订单,到财会部门办理汇款,并寄出书目订单。会计到银行信汇时,要将征订单交给会计贴在汇款单一起汇给对方,这样,对方收到汇款单即知道款子具体用项,及时办理,如果汇款单与订单脱节,往往不是耽误时间,就是容易出现差错。这项工作完成之后,就要把已预订的图书制成卡片,排到预购目录中去,预购卡上填写的内容应包括预订何书、订多少、何时订、向谁订的、单价多少、总价多少、经手人等信息。预购卡片,如果是选自征订目录上的书,可多订一份目录,按条剪下来,注明有关情况,贴在旧卡片上,按字顺排起来。内部征订的可单独制作,如果有统编卡片,则单独排一个统编预购目录。以上工作全部完成,第一阶段即结束,等候来书或等候新华书店的取书通知。

(2)第二阶段程序

从去新华书店取书开始为第二阶段。要整批取书时,采访人员要去车库调车,去书店图书馆供应部点书,取发货票,回馆后全部交给验收人员。成包的书籍进馆后,先由登录验收人员拆包验收,验收人员以发货票为单位对照实物,清点无误后,如果书名相同,每种书抽出一本作为样本书(其它复本放在规定的架位上以便贴书标等加工时取书)交给采访员,由他进行采购记到。这里所谓记到,就是对照预购卡查对某书来货是否相符,相符时即应将预购卡逐一撤出作废;如是统编卡片,则抽出卡片夹入样本书内,并夹入"图书加工流程单"(见236页),有特殊去向的书应加以注明,供典藏拨书时参考;如果是重购的复本书,则应填上原书分类号,之后即可再将样本书交给登录人员,至此第二阶段程序全部结束。

(3)第三阶段程序

以后的工作,基本上都是由登录人员去做,如盖章、打个别登录号、配根卡,如须以卡片做个别登录账时,还要同时夹一张打了与某一册书同一号码的白卡片,供编目印卡时代印。之后经过总括登录,随后经过分类、编目、加工,经过校验后送典藏验收入库。随每批书送入典藏的个别登录卡及各工序加工的作业单由典藏交回采访部。当采访人员确认自己所采集的图书,已完整无缺地进入藏书体系开始流通时,即可去财务报销清账,抽出有关借款条。

234

以上，采集一种图书，在采访部门，实际上要经过三个阶段，一、二十道工序，才最后结束。

2. 与其他业务部门的联系

在上述采访工作过程中，除本身许多业务环节外，还有许多与之有关的业务联系，其中包括：

（1）与出版发行单位的联系

由于图书馆的采购方式主要是预订，因此业务往来最多的地方是新华书店。订户与书店必然有一系列财务往来，因此应有明细的分户往来账目，避免混串。

（2）与本单位财务部门的联系

由于订户与书店的关系中有预付与现金交付的情况，那么订户与本单位财务部门就有预支和凭单据报销等手续。任何用款凭证都应明细登册（包括项目有：发票号、开票日期、金额、册数、批号、财务部门盖章等），也就是要建立财务账。交出凭证时应由财务部门在财务账上盖章验收。对预支账、流通款应定期与财务部门核对清理。

（3）与本单位收发部门的联系

中文报刊一般经邮局投递，零星到货。负责报刊工作的同志每年应将预订的中文期刊目录送交一份给本单位收发部门，以免到货时与私人订阅的报刊混串。

（4）与协助选书单位的联系

在高等院校和大中型科研单位里，由于科系和各种研究室较多，图书馆的采访部门在采集图书时，必须很好地依靠各个科系或研究室的专业人员协助选书，才能使采集来的各种图书较好地符合各类专业人员的实际需要。为此，目前已有不少图书馆，特别是院校图书馆的采访部门，在本院校内组织各系、各专业的教师，建立图书采购联络网。这样，图书馆的采访部门就有一个与这些参与采购选书工作部门的联系问题。要做好这项工作，必须加强同有关专业人员的密切交往,要建立必要的联系制度,如按期选送预订书目,按期汇总等等。这项工作对保证采集工作的质量是一个重要环节。目前,虽然有不少院校已建立了这种联系,但缺少较为密切的协调,制度化也不够,这是很需要加强的。

图 书 加 工 流 程 单

批号　　　　日期

类型	文种	种数	册数	个别登记起止号	到馆日期		分类		编目		加工校对		入库	
					签名	日期	签名	日期	签名	日期	签名	日期	签名	日期
图书	中													
	西													
	日													
	俄													
	其它													
期	刊													
资	料													
其	它													
备	注													

采集工作关系到一个馆的藏书质量,工作繁琐细微,应有岗位责任制及工作细则,才不致造成因人而异,各行其是,出现混乱。工作细则一般包括采集标准、搜集征订书目及征订单、选订、查重、办理订购手续、汇款(通常由会计按银行账号汇出)、排采购预订卡片、取货、验收、记到抽卡、盖章、打流水号、登录、报销清账等环节,每批书各环节往往是周而复始循环进行。

检查采集工作的标准是:收集的图书是否符合采集标准,错购、重购、漏购占采购总数的比率是多少,手续是否准确迅速。

九、统一书号登记查重卡

该登记查重卡(见 238 页表),适用于一切公开发行而有统一书号的图书(包括统编提要卡片预订之书)。凡预订之图书,一律按统一书号登记卡登记,某书号之书预订多少,用数码写在所在格之内,书来之后,按统一书号对准登记卡号进行记到,可先用铅笔写出预订数,书到之后用色笔定数。本卡长期妥善保存,日后再行预订或选书查重时,即可根据该卡记录查知何号之书已购,已购多少,是否来货,何号之书没有购过等情况,决定采购与否。

这种方法对一般中小型图书馆比较适用,大馆采购渠道广,此法也不失为一种重要的辅助方法,因为公开发行的中文图书占总采购数量的主要部分。该卡一张可记一百种书,双面,可记二百种,一年如进几千种书,不过用几十张卡片,按出版社设一级导卡,国内出版社能涉及到的,至多一、二百家,十七个大类的书,一般也不能都涉及到。所以占地少、保管利用方便,有一个不大的卡片盒即可全部盛下,所以有的中型馆采用此法,去外地书店选购图书时,还可随身带去,当场利用。有的馆,大量编制预订卡(包括提要卡片),书来之后,自制预订卡作废,提要卡片则抽出利用,无法为以后采购创造方便条件,只好每次查重都须利用大套的公务目录,从管理学角度看,不能认为是科学的。

该卡使用方法:首先按出版社代号集中,一个出版社之书再按大类区分,大类之内按序号在所在格内填写。每一个大类序号,超过 100 号续一页,如双面印,则过 200 号续一页。也可以完全按统一书号次序填写。如统一书号为"9072·12",即把"9072"记在某一张记录卡上做标目,表明是 072 号出版社出的第 9 大类之书,所有"9072"的书都集中在一起。黑点"·"之后的"12"是第 9 大类的种次号,按序号次序填入记录卡内相应空格之内,但仍应以"072"出版社代号集中,作为第一级检索点。如果完全按号码次序排,就会使同一出版社分散在各个类号之下,虽然检索效果一样,但对某一出版社的出版书种的信息不便掌握。

此法的缺点:只知书号,不知书的具体情况,不便于采购工作某些咨询;但采购工作最关键的问题是不买重书,不漏购图书,而此法正能简便、准确、迅速地记到、查重。漏购之书,空号也是一个线索。这种方法不适用于内部订购之书,只好另做预订卡片系统。

统一书号登记查重卡

出版社及代号　　　　　　　　　大类及代号　　　　No

序号	册数	序号	册数	序号	册数	序号	册数	序号	册数	序号	册数	序号	册数	序号	册数	序号	册数	序号	册数
1		11		21		31		41		51		61		71		81		91	
2		12		22		32		42		52		62		72		82		92	
3		13		23		33		43		53		63		73		83		93	
4		14		24		34		44		54		64		74		84		94	
5		15		25		35		45		55		65		75		85		95	
6		16		26		36		46		56		66		76		86		96	
7		17		27		37		47		57		67		77		87		97	
8		18		28		38		48		58		68		78		88		98	
9		19		29		39		49		59		69		79		89		99	
10		20		30		40		50		60		70		80		90		100	

注:规格可做成长17公分×7公分,四边要留的空白边,依情况而定。

目前全国各地出版社出版的公开发行的图书,均按《中国人民大学图书分类法》十七个大类进行分类,由它所组成的统一书号,如"9012·022"表示人民教育出版社(012)所出版的第9大类(语言文字学)第22种书。该统一书号,通常在印刷时印在一本书封底右下角。《人大法》十七个大类是:1.马克思列宁主义、毛泽东思想;2.哲学(附宗教、无神论);3.社会科学、政治科学;4.经济学、政治经济学与经济政策;5.国防、军事;6.人民法律;7.文化教育、人民教育;8.人民艺术;9.语言文字学;10.人民文学;11.历史、革命史;12.地理、经济地理;13.自然科学;14.医药、卫生;15.工程技术;16.农业、畜牧、水产;17.综合参考。

十、国际统一标准书号(ISBN)的应用

1. 标准书号的应用范围

印刷型图书及小册子、微型出版物、盲人出版物、混合型媒介出版物、机读磁带、教学影片及幻灯片。

不在编号范围的印刷品有:临时性材料、日志、日历、广告、没有书名页和正文的画片、插图、录音品及期刊。

2. 标准书号在图书上的印刷位置

书名页底部或书名页背面、封底或封套下部,也可以印在书脊下方。

3. 标准书号的编号结构组成

标准书号的号码都由一个冠有 ISBN 字符的十位数码组成,这十位数分四个部分,各部分之间用"一"或空格隔开。如:

ISBN 组号—出版者号—书名号—验号

ISBN 90—7000—234—5 或

ISBN 90　7000　234　5

各部分号码说明:

(1)组号:代表一个语言或地理区域、国家或集团的编号,由国际书号中心设置和分配。组号长度可取 1～5 位数。出书多的常用语言一般只给一位。如英语区的英、美、澳、新西兰、加拿大、南非、津巴布韦给 0 或 1;法语区的法国、比利时、加拿大、瑞士给 2;德语区的西德、奥地利、瑞士给 3;日本给 4;苏联给 5;目前 7 号已给中国。给两位的有印度—81;挪威—82;波兰—83;西班牙—84;巴西—85;南斯拉夫—86;丹麦—87;意大利—88;荷兰及比利时(荷语区)—90;瑞典—91。三位者有香港地区—962 等。

(2)出版者号:代表上述组内所属的一个出版者(出版社、公司、独家发行商等)的编号。由各组区的书号中心设置和分配,长度可取 1—7 位。

（3）书名号:代表一个特定出版者所出版的一种特定出版物的书名号码。实际上各出版单位的书次号,其长度根据所属出版者的前缀长度而定。

（4）校验号:是标准号中最后一位数,该数可以是0—10中任一个,如果是10,用"x"表示。该数的值和前9位数之间有一定关系,要用10—2这9个数分别乘标准书号的1—9位数(称加权),其乘积之和加上校验数应能被模数11除尽。如:

ISBN	0	8	4	3	6	1	0	7	2	7
	×	×	×	×	×	×	×	×	×	
加权	10	9	8	7	6	5	4	3	2	

$$0 + 72 + 32 + 21 + 36 + 5 + 0 + 21 + 4 = 191 + 7 = 198$$

198这个数应被11除尽。能除尽证明该书号合法正确;如果某一个号不符合校验测定,说明编号有误。

上述标准书号,除校验位是一位数外,其他三部分的长度是可变的,但三部分加起来必须是9位数字。

4.标准书号查重

因为国际标准书号由数码组成,数码有次序性,而第一位组号又是固定的,因而可以利用中文统一书号查重用的表格设立国际标准书号记录卡。先按第一位的组号设一级导卡,预订图书时,先按序列填注,收到书后,再按序号去卡片表格中找到相应位置号进行记到。我国已决定参加国际统一标准书号系统,我国语言区代号为7。但由于我国各方面准备工作不足,目前还不能正式使用。将来我国正式使用国际标准书号系统,对中文图书也可利用这种书号进行登记、查重和记到,这时可以不考虑第一位语言区号,仍按目前统一书号中出版社代号作为第一级检索标目,估计与目前国内的统一书号系统,不会有太大的矛盾,至多改变一下图书分类号即可。

240

第二节　藏书的整理和加工

一、入藏图书的验收

预订的图书从书店取回以后,第一件工作就是拆包验收。验收的方法是,根据发货票核对已收到图书的册数、金额与所附单据是否相符。这种单据通常一批书一张单据。数量核对无误后,还需检查书的质量,有否缺页、污损等情况,发现问题及时与有关部门联系处理,要做到账与物完全一致。

二、藏书财产的记到、盖章和打号

经过验收之图书,采购即应进行记到,以书核对预订卡片,凡已到货之书,即将预订片抽出,将实数记到流程单上,如本书为特定读者采购的,应在流程单上标明,供典藏参考。经记到无误的图书即成为本馆的财产,以盖章作为标志。盖章的位置,可根据图书及各类文献的特点规定统一的盖章位置,不能随意乱盖,也不能因盖章污损文字和图片,一般都是盖在书名页中下部或封面下部并加盖在本单位自行规定的某一页上,通常不盖在封口上。

一本书盖了馆藏章就成了本馆图书财产的证据,盖章的图书财产必须逐册打号,也就是打上图书个别登记号,在打此号时,一般要与书袋卡(即根卡)一同给号,使本书个别号码(流水号)与本书的财产底卡——根卡号码完全一致,之后即将该根卡夹在书内,交给下道工序,下传到编目加工时进行加工,加工后按号找书,将本书的根卡(一般是一式两张)装在该书的书袋内。书袋内的两张根卡,一张做典藏卡,即做本书入库的财产底根,一张在外借台借书时,作为本书流通的记录卡,该卡有借书者姓名、证号、借书日期、还书日期等内容。

三、图书的登录

登录也叫登记，采入的图书文献作为本单位的固定资产，盖了馆藏章、打上了登记号，最后就要做财产登记，才能确保图书文献采购手续的完备。

登录的作用：

1. 通过图书的入藏总括登录和注销登录，可以随时掌握本馆现有图书总数及各大类书各有多少册，并随时掌握开支情况。

2. 通过总括登记可使资金使用账（财务账）与图书入藏登记账联系起来，随时查明资金的去向和图书的来源。

3. 通过总括登记，可查明每批收进的图书是否全部登账入库，保证财产的完整无缺。

4. 通过个别登录（对每本书的入藏或注销登记），可保证每册图书的完整，为清点图书提供依据。

总之，完整的登记，可以随时掌握本馆有一些什么书、藏书的总册数及其价值；各大类（如马列、社科、自然科学、综合性图书、文艺等）、各文种、各类型（如书、刊、资料等）图书文献的馆藏数量；了解某一时期（月、季、年）入藏或注销图书的数量和价值、图书的来源和注销的原因等。这些数据是制定计划、安排经费、编写工作报告等的重要依据。

（1）总括登记（或总括登录）

总括登记也叫藏书统计，是对每批入藏的图书或每批注销的图书进行的总登记。它的作用是可以随时掌握全部馆藏情况，如入藏图书总数、注销图书的总数、实际馆藏的总数。

入藏总括登记的方法是，每次购入的一批图书（一张发货票）登记一次，在登记账面上占一个格。入藏总括登记做好后，把该批书的总括登记号记在发货票上，使账与物联系起来，以备查账时使用。

总括登记包括:登记号(按每批图书到馆的先后次序一批书一个号,也就是一个发货票一个号,连续不断)、图书来源、单据号、总计种数、册数、金额、各大类图书的种数、册数(可按大部类或自行确定几个类列项)、个别登记起止号、采购注销、备注等项。下面所列格式为一般中小型馆可用的入藏总括登记账的格式,此登记账,入藏、注销分设两本账簿。

藏书总括登记簿 (收到部分)№

年 月 日	总括登记号	图书来源	发货单据号	总计			内容分类											个别登记	起止号	采购注销丢失转卖	备注
				种	册	金额	马列哲学		社科		科技		综合		杂类						
							种	册	种	册	种	册	种	册	种	册					
本页总计																					

藏书总括登记簿 (注销部分)№

年 月 日	注销凭据	批准文据时间	总计			内容分类											注销				备注
			种	册	金额	马列哲学		社科		科技		综合		杂类		剔除处理	丢失	赠送	转卖	
						种	册	种	册	种	册	种	册	种	册					
本页总计																					

图书注销总括登记是每注销一批(所谓一批有时或一本或许

多本书),也就是以一张注销凭证为准,登记一次,在账面上占一个格,项目如上表所列。每页最底一格为本页总计,总计时,可采用各页连续累计的办法,这样可以随时掌握汇总数字。也可以一年为单元,各页累计,可订成册,注明在登记簿的首页规定部位上。登录账大小、行数多少视情况而定,通常不能小于十六开纸。

总括登记,不论是收入部分,还是注销部分,都可用卡代账,可根据条件采用。

(2)个别登记

所谓个别登记是指对图书馆入藏的每一册图书的登记。通过个别登记可以了解每本书的入藏情况、注销原因及图书价格,并可用它作为清点图书的根据。个别登记是图书财产的明细账。

在进行图书个别登记之前,已如前述,在图书规定的地方打上个别登记号。图书个别登记号,是按图书入馆的先后顺序,每一册书打一个号码,是一个连续的流水顺序号,这个号码叫做图书个别登录号。它的作用是把每一册图书个别化,在图书清点、注销或按流水号排架时都可以使用。

个别登记的方法,是一种书登记一次,在账面上占一格,给号时,复本书每一本一个号,在一格上可以是一个号,如0001(无复本时),也可以是0002—0036(有复本),种类不能混,登记时不必每册占格。多卷集书配套进馆时,配套给流水号,登记时占一个格。

个别登记账的项目有:登记日期、个别登记号、书名、著者、出版者、版次、装帧、页数、单价、总括登记号、注销凭证号。

藏书个别登记簿

年		个别登记号	书名	著者	出版者	出版年	版次	装帧	页数	单价	总括登记号	注销凭证号	时间	附注
月	日													

　　有的图书馆个别登记不采用账本式,而用卡片代账,就是在编目时多做一个目录卡片(该卡是由采购打号时单打一张有个别登记号的片子,有的馆称之"一元化卡",该卡经编目加工再经典藏验收后退给采购),采购按登记号先后顺序排列,成为个别登记账。这种方式优点是省工省时,每年成批打捆妥善编号、保存,采购并不需要大目录柜。有的馆采用活页的办法,由编目员印卡片时,在统一规定的活页纸上代印,每一张活页纸,有印六种或者八种图书的目录卡片格式。个别登记号是按顺序排的,印好的整页交给采购统一保管,作个别登记账。

　　(3)图书登录时的注意事项

　　①总括登记号是连结总括登记账和个别登记账的关键,故此号在两个账上都必须记全。

　　②总括登记,每一发货票上的这一批书(不管是几本)为一个总登记号,不能空号,不能重号。个别登记须一本书一个号,一直按流水号登下去,不能重号,不能空号。

　　③登记的内容、格式及账目不能轻易改动,登记单位要统一,字迹要清楚,如有错误,改正时须盖章表示。

　　④登记之前,有复本书,要把复本集中好,打流水登记号时,按一种书处理,登录时占一个格。多卷集图书,一次到馆者,要配套打号做一种书处理。

　　上述介绍的登录格式,适于一般中小型馆,一些大型馆多自行设计。各馆可根据既适用又简便的原则大同小异地设计自己适用的登记表格,印刷后装订成册,总括登记簿的尺寸,多用八开纸横印的大账,过小则账面不清。

四、图书的分类

图书分类是以一定的图书分类表为依据,按照图书的学科内容,确定该书在分类体系中的具体位置,并用图书分类号标示出来。对群书而言是图书分类工作,对一本本具体图书而言,叫归类工作,也就是把一本书归到哪一个类上去。

目前,国内大多数图书馆使用的图书分类法是《中国图书馆图书分类法》和《中国科学院图书馆图书分类法》。其中《中图法》将经过很好修订之后作为国家的标准图书分类法推广使用。该分类法分五大部类,所谓五分法,即:①马列主义、毛泽东思想;②哲学;③社会科学;④自然科学;⑤综合性图书。在此基础上又分成二十二个基本大类,即:A. 马克思主义、列宁主义、毛泽东思想;B. 哲学;C. 社会科学总论;D. 政治、法律;E. 军事;F. 经济;G. 文化、科学、教育、体育;H. 语言、文字;I. 文学;J. 艺术;K. 历史、地理;N. 自然科学总论;O. 数理科学和化学;P. 天文学、地球科学;Q. 生物科学;R. 医药、卫生;S. 农业科学;T. 工业技术;U. 交通运输;V. 航空、航天;X. 环境科学;Z. 综合性图书。在工业技术大类中,又派生出十六个二级类,即:TB. 一般工业技术;TD. 矿业工程;TE. 石油、天然气工业;TF. 冶金工业;TG. 金属学、金属工艺;TH. 机械、仪表工业;TJ. 武器工业;TK. 动力工程;TL. 原子能技术;TM. 电工技术;TN. 无线电电子学、电讯技术;TP. 自动化技术、计算技术;TQ. 化学工业;TS. 轻工业、手工业;TU. 建筑科学;TV. 水利工程。上述这十六个工业技术方面的大类是工业技术方面经常使用的类号。

图书分类工作是藏书整理工作中的关键性环节,它对排列图书、揭示和利用图书起着引路的作用。可以说,没有图书的分类工作,成千上万册图书就无法进行科学的管理。

从藏书排列来说，入藏的各种图书，只有经过科学的分类，才能把内容庞杂、形式多样的各种图书，按照上面所划分的知识门类把它们分成一级类、二级类、三级类直到各种细目，有层次地组织起来。用号码表示时，就成为所谓层累制或等级制，使同类内容的书集中在一起，把不同内容的书严格准确地区别开来。这样就方便了图书馆工作者，上架排书、按类熟悉图书和推荐图书、指导读者阅读；而读者则可以按类查找、按类了解和使用图书。在开架书库中，读者进库即可直接按类号去查阅自己需要的藏书。分类号码次序是图书排架的主要依据和次序，再结合辅助号码组成为索书号码。这个索书号就是具体一本本图书在书架上的确定位置。所以分类工作是组织藏书体系的基本手段。

从揭示和读者利用藏书来说，为了方便各种不同读者能从不同角度查找图书，通常图书馆内部都用多种目录从不同角度进行揭示，比如分类目录、书名目录、著者目录、主题目录等。虽然图书馆的目录体系中有各种目录，但由于分类目录具有学科系统性特点，对系统揭示藏书，具有其它目录不能代替的优越性，而分类工作，正是得以组织成分类目录的前提。

从图书馆的其它业务工作来看，也离不开图书的分类体系。如流通借阅中统计各类书借阅情况，了解读者阅读倾向，如政治类、文艺类、科技类各占多少，就少不了分类。其他如制定工作计划、制定采集标准、掌握藏书动态、编制综合性书目等等，通常也是按知识门类、学科体系来进行的。因此，图书分类工作以及图书分类的基本知识是图书馆和图书馆工作者开展各项工作的基础。由于分类工作的重要性和复杂性，目前它已发展成为一门图书分类学，成为图书馆学中主要专业技术课之一。

五、图书的编目

所谓编目就是编制图书馆的目录，这里主要指卡片目录体系。

目录的作用是图书馆向读者揭示藏书,帮助读者了解、选择、查找和利用藏书。它既是记录馆藏书刊资料的清册,又是引导读者利用藏书的工具,也是图书馆各部门开展业务工作不可缺少的手段。图书馆补充新书,要做查复(也叫查重)工作,了解哪些书已经买过了,哪些书已买了多少,都要根据目录查对(主要是书名目录和著者目录);编制各种书本式目录,要利用卡片目录体系;保管、典藏、宣传推荐、解答咨询和检索文献等也都必须利用本馆的各种目录组织。

编目工作一般分两个基本步骤。一个是对各种书刊资料进行描述,也叫著录,即按照规定的著录项目,对每一本书进行逐项记录;另一个是将分别著录的一张张款目卡片,按照一定规则排列起来,形成体系,称为目录组织。

图书卡片的著录工作是按统一的著录条例进行的。过去一般按照北京图书馆编印的《中文普通图书统一著录条例》(试用本,1979版)著录。著录项目有:①书名项;②著者项;③版本项(出版地、出版者、出版时间);④稽核项(页数、开本、价钱);⑤附注项(必要的说明等);⑥提要项。以上各项分行著录,每行中间各项通常用空格表示。目前,全国文献工作标准化技术委员会第六分委会,已将《中文图书著录规则》报送国家标准局审批,将作为国家标准颁布推行。书目文献出版社所编的统编卡片目前已按该新规则发行标准卡片。卡片著录标准式样,如上文"提要卡片"式样。新的著录规则与过去的著录条例没有原则的变化,只是采用了若干个符号代替过去的空位表示法和增加了排检标目等。如书名项与著者项之间用"/"标识著者;著者与出版地之间用". —"标识出版地;出版地与出版家之间用":"标识出版家;出版家与出版年之间用","标识出版年,以上各项连续著录。稽核项分为二行,页数和开本占一行,中间用";"号标识;书价单独占一行。以上为著录正文,其下为内容提要和排检标目两段,最下边属于业务注记范围。

有了这样一张张卡片(经过著录的卡片即称之为"款目"),就可以在目录柜里组成目录体系。因此,卡片目录中的一张卡片,书本目录中的一本书的著录就叫做一个款目。一个款目是组成目录的一个单位,是一本书或一件资料的代表,读者从每个款目的各项著录中,可获得对一本书的内容及外形特征的基本了解。每一张著录过的卡片,即每一个款目上的著录是否全面、明了,直接影响读者对藏书的利用。所以,图书卡片的著录是编制图书馆目录的基础。

所谓目录组织,就是按照不同的方法,将著录完备的每一张款目系统地排列起来,组成为不同种类的目录。图书馆目录一般有分类目录、著者目录、书名目录和主题目录四种。分类目录以卡片上的分类号做标目;书名目录以卡片上的书名做标目;著者目录以卡片上的著者姓名做标目(西文著者,原来名在前,但因其名字通常缩写,故习惯上编目时,要把姓放到前面,名放在后面,按姓排卡);至于主题目录,为了有所规范,需要做出主题标引(标注在卡片中间靠上沿),排卡时按统一标引的主题词做标目,进行排列。有的用关键词法组织主题目录时,则在款目中的书名项里以划红线的方法标出关键词,排卡时即按红线标出的关键词进行。

目录组织排列的方法基本上有分类和字顺两种。分类目录是按分类号码加辅助符号的顺序排列的,一般有分类号加著者号或分类号加种次号,这组号码就是图书在架上排列的顺序,所以,也叫索书号。书名目录、著者目录、主题目录则都是按字顺的方法排的,通称字顺目录,中文字顺目录的排检,旧例多使用笔划笔顺法,如查"工"字起头的书名,"工"字是三划,就到三划里去找,都是三划时,再按"、一丨丿"的起笔的笔形顺序去找;四角号码法,就是按四角号码字典的查法排检;汉语拼音字母顺序法,也叫音序法。音序法,有按全称拼音的字母顺序,和西文字典查法一样;有按每一个汉字拼音的第一个字母,即每一个汉字,只取第一个字母(声母),叫首字母法。据统计,在中小型馆,用首字母法还比较适用。外文字顺目录,通常都是按外文字母顺序排检的,如西文按拉丁字母表、俄文按俄文字母表、日文按五十音图顺序排检。

在组织图书馆的目录体系时,通常要考虑到两个问题:一个是本馆究竟应当备有哪些种类的目录;另一个是各种目录怎样才能做到互相联系、互相补充成一个整体,从而形成一个完备有效的目录体系。

一个图书馆要设置哪几种目录,应根据读者的需要和本馆的实际可能而定。一般来说,应当有读者用的目录和本馆工作用的目录,所谓公务目录,但在小型馆里,这二者可以合一。

读者使用的目录,通称读者目录,根据馆藏形式可分图书目录、期刊目录、特种文献资料目录、缩微资料目录、视听资料目录等。按语种可划分为中文、西文(包括英、法、德、西班牙等文)、日文、俄文等文种各自独立的目录。

公务目录也叫工作目录、业务目录,是图书馆采编部门业务工作天天要用的目录。业务目录应当是反映全部馆藏的总目录,有些在读者目录中不一定反映的书,在总目录中则都必须反映。因此,图书馆的目录,应当是以公务目录为主干,以各部门(如外借、阅览、咨询)各语种(中文、西文、日文、俄文)各类型(如书、刊、资料)目录为分支,组成本馆统一的目录体系(包括书名、著者、分类、主题目录系统)。

目前我国图书馆目录组织中存在的问题:

1.何种图书馆应该用何种目录不统一。如大馆该设几套,小型馆该设几套,公共馆该设几套,大学馆应设几套等等没有标准,因而只能根据条件各行其是,如有些高校馆没有著者目录,这不能不认为是一个缺欠。

2.目录卡片的著录,除统编卡片外,各馆著录繁简不一。有的打字,有的手写,也没有统一要求。特别对各类大中型馆,不但应要求著录项目、规格基本一致,而且应当要求必须打字,没有打字机的应当配备。

3.目录排检方法各馆也多各行其是,沿袭旧例。如中文目录,有用笔划笔顺的,有用四角号码的,有用汉语拼音的。日文书名目录,有用五十音图的,有用汉字笔划笔顺的,有的用繁体,有的用简体等等,都有待逐步规范化。

4.许多馆的目录有卡无书、有书无卡的现象比较严重。这种情况不但大大增加了拒借率,而且人力物力都有很大浪费,目录体系缺乏专设机构或专人来管理,使目录形成谁都管又谁也不管的局面,这是造成图书馆目录,特别是读者目录普遍比较混乱的主要原因。

5.主题目录对科研、大学图书馆具有特殊的实用性。在各类图书馆的咨询中,主题目录也有及时、准确、明了的优点。特别是在生产科研读者愈来愈多的情况下,应当及时推广主题目录。目前大多数都是各自摸索进行,应当及时组织培训,推广使用。

6.机读目录应早做准备。随着计算机在图书情报部门中的应用,机读目录愈益提到日程上,这就更加需要对各图书馆的目录工作全面及时地进行标准化和规范化的建设。这是将来使用机读目录时必须的前期准备工作。

六、图书的技术加工

图书的技术加工,除前述在采访部门已进行的盖章、打印登记号外,还有在分编部门的印索书号、贴书袋、装根卡(书袋卡),印其他特殊标记以及在装订部门的修补、装订等。

上述各项工作,除修补装订外,都属于采编部门的任务。这些工作都直接为藏书组织的排检、典藏、保管和流通、阅览服务。它使成千上万册图书,经过这些加工,又进一步一本一本地分别区分出来,对每一本书来说,为投入流通做好了全部准备工作。

图书的采集、整理和加工是图书馆的主要内部工作,大部分流程在采编部门进行,它的基本流程如253页图。

第三节 藏书的组织和保管

图书经过整理加工之后就要送给典藏部门,由这里将各类图书按需要和规定比例分拨给各部门,并将基本部分留足送入总书库,此时图书就正式进入组织管理和阅览流通的阶段。典藏部门(总书库)从采编部门接受加工好了的各类图书,要根据本馆书库、各阅览室及其他有关部门的需要,对整个图书进行合理分布。由于长年积累,图书馆的藏书具有数量庞大、类型复杂、内容广泛、多种多样的特点,因而特别需要对进库的图书做到布局合理、排检科学、管理妥善、方便使用。

一、藏书的划分

藏书的划分也叫书库的划分或藏书的布局。

典藏部门分拨图书时,必须从近期和长远考虑,合理分布。应做到有利保管,方便使用,管而不死、用而不乱、管用结合,避免为管而管、为存而存,要使藏书更好地接近读者,方便读者使用,提高藏书的利用率。在一定的条件下,有区别地按性质藏书,既有利于管理人员熟悉藏书、管理藏书,又能照顾到各方面读者的需要。

对藏书的布局要注意相对稳定性,适当注意情况的变化而做合理的调整。

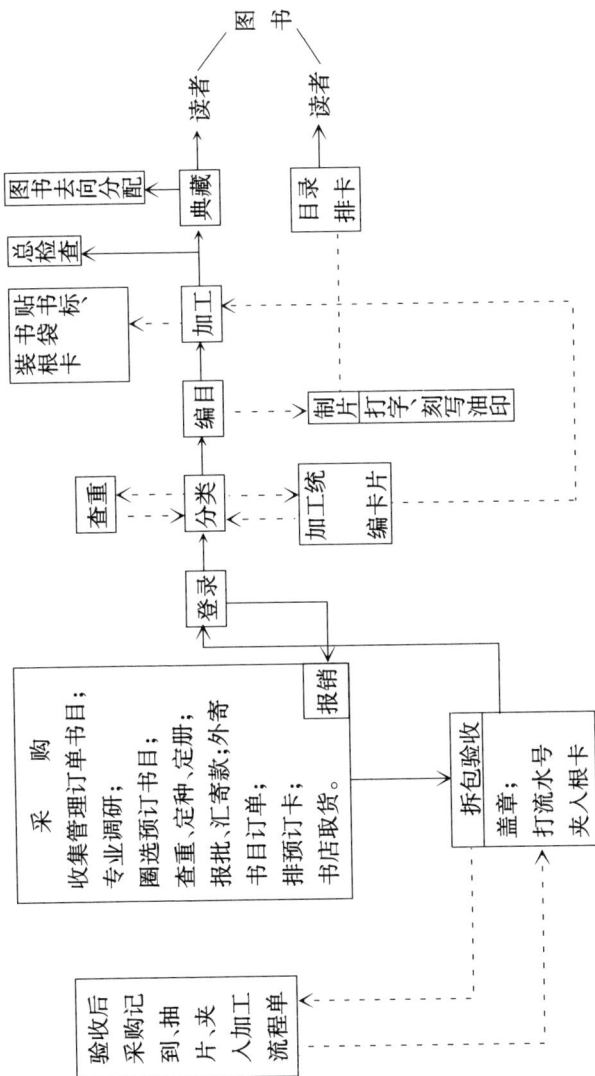

采编室工作流程图

253

一般大中型图书馆,藏书的划分通常分为基本藏书、辅助藏书和专门藏书三个部分,组成以基本藏书(书库)为中心,以辅助藏书(各阅览室)和专门藏书为分支的藏书体系。

1. 基本藏书

也叫基本书库或总书库。它是图书馆的主要书库,是全馆藏书的基础。基本书库的藏书内容范围和品种数量,可以反映某一个图书馆的藏书性质的特点,并能反映本馆满足读者需要的规模和能力。因此,凡本馆所入藏的图书,基本书库里必须最少保证一本。

基本书库成分复杂,内容广泛,包括古今中外各个门类的图书。为了保管方便和服务方便,许多大型图书馆通常按藏书的性质、类型和文种,划分若干部分,分层(多层建筑的书库)排放。如按性质和使用范围区分,划分为一般书库、提存书库;按文种又可分为中文书库、外文书库(西、日、俄文种分别排架);按外形区分,可划分为期刊库、古籍线装书库、特种资料库、缩微资料库、视听资料库等等。

为了保存图书和满足急需,有的馆将每一种图书抽出一本,作为样本单独保存,叫做样本库或保存本书库。这里的藏书不外借,供特殊读者在外借台借不到此书又急需时在内部阅览。样本库对科研图书馆具有一定意义,它对科研读者,有时可以解决重要急需,而使科研工作不受影响。

基本书库对辅助书库和特藏书库起着调节的作用。当图书馆为某一特定需要,组织辅助书库和特藏书库时,便从基本书库中抽出有关书刊;当辅助书库撤消或部分藏书过时不需要时,仍然将书归还给基本书库。

2. 辅助藏书

也叫辅助书库。图书馆的读者有不同读者群,根据读者情况要分设不同的辅助书库,建立适应各种不同类型读者群的阅览室

（如科技的、社科的、文艺的等）、参考室、专业分馆等。辅助藏书因为适应某一读者群,藏书具有针对性,因而图书利用率高、流通率大。辅助书库一般属于推荐性或参考性图书,规模不一定要大,但能解决特定读者对口的需要。

辅助书库与基本书库是局部与整体的关系,二者可以根据各自的需要进行调节。

辅助书库不宜设置过多,设置过多,造成藏书分散,复本量增加,就会增加人力、物力的负担。因而辅助书库的设置必须合理。

3. 专门藏书

也叫特藏书库,特藏是由于某一部分藏书有特殊读者的需要而设的,有时特藏书库反映一个馆的藏书特色,如地方文献特藏、善本书特藏、专利文献特藏、缩微和视听资料特藏等等。由于特殊,有的馆将有关藏书从采购、整理、加工、典藏、阅览组成一条龙,划归专门特藏机构负责,如期刊部、善本特藏大多如此。但条件不具备的中小图书馆一般不设特藏部门。

上述基本书库、辅助书库和特藏书库,都各具有一定特点和一定的独立性,但是三者必须密切联系、互相配合,才能构成本馆的完整的藏书体系。

图书馆的藏书组织,应采取哪种方式,往往受许多因素的影响,如干部条件、藏书规模与读者特点、空间与设备条件以及典藏借阅条件等。

我国图书馆由于受旧藏书楼影响,不少馆藏书不分新旧,不管利用率高低,习惯单一的典藏借阅制度,也就是将藏书一律集中于完全闭架的大书库里。读者与藏书完全隔绝,使许多宝贵藏书长期压架,发挥不了应有的作用。国外有三线制藏书布局,很值得我们学习和推广。所谓三线制藏书布局,就是将馆藏图书,根据读者利用率的高低、图书使用价值的大小及新旧程度,划分为三条线:将读者利用率最高、流通量最大的图书集中起来组成第一线藏书——开架阅览室。这里的书,应以现实性强、推荐性强、针对性强的新书为主,实行分科开架阅览。将读者利用率较高的图书集中起来组成为第二线藏书系统——开架或半开架辅助书库或阅览室。第一线只供内阅,第二线可阅可借,因此,这里也可以有第一线的藏书内容(如部分复本)。将读者利用率很低的图书集中在一起组成为第三线藏书系统——基本书库。这里主要应存放不常用的、流通率低的(包括新书)、陈旧过时的以及由一、二线藏书系统更替下来的图书。这里的藏书,具有保存库性质,可以采取闭架方式,读者通过查目进行借阅。如能将基本藏书,特别是教学用书、科研用书、专业用书向一定读者群开架,则更会大大提高馆藏利用率或图书的周转率。这种藏书布局的特点就是使书库能阅览,阅览室内有藏书,使读者尽可能与藏书接近。

二、藏书的排架

藏书只有科学合理地排在架上,才能做到迅速提取和准确地归架。

藏书的排架,应根据不同类型的图书或资料采取不同的排架方法。在一般情况下,图书一类的藏书大多采用分类排架法,便于按类找书;期刊类通常按照刊名字顺法排架,因为人们查找刊物时一般习惯按刊名查找。在过刊库里刊名字顺法很适用;但在开架陈列的期刊室里,则采用先分类后按种次顺序排架较好。内部交流资料,因篇幅较少,装订简单,有的还要装资料盒保管,所以一般多采用闭架法,按流水号排架;有些连续性科技资料,因原件上有顺序号,如收藏较多,也有按原序号排架的。缩微胶卷、磁带、磁盘、唱片之类资料,需要放入盒内保管,通常按顺序号保存,另外做出分类卡片目录以供查找。

归纳起来,藏书的排架主要有两大类:

1. 分类排架法

这种排架法是将藏书分门别类地按照分类号次序排架的,排架顺序反映分类法的体系。采用分类排架法时,藏书是按分类体系(分类号次序)排列的,同一种书再按辅助号码顺序排。排架号,即是索书号,由分类号和辅助号两部分组成。分类号取自分类表;辅助号目前国内较通用的有两种:一种是著者号,一种是书的种次号。如:《中国书的故事》,著者刘国钧、郑如斯,索书号为 $\frac{37.684}{L647}$,其中"37.684"为该书的分类号,即该书在图书分类表中的位置;"L 647"则是"刘"的著者号码(按著者号码表取号),这种索书号叫做分类著者号。用分类种次号者,索书号的第二行号码不取著者,而取同类图书来馆的先后次序给的种次顺序。二者各有优缺点,目前还不能完全统一。

分类排架法的优缺点:

优点是:能使书刊资料按学科门类集中在一起,使藏书成为一个有内在联系、有逻辑层次的科学体系,便于人们直接在架上找到同一类或相近类的图书资料。如要找电子学类的图书,在该大类下,可以找到许许多多与电子学有学科联系的各个小类的图书。如真空电子技术、光电技术、激光技术、半导体技术、微电子学、集成电路、电子元(组)件、基本电子电路、无线电通讯等等。这种排架法,对于系统了解藏书,按学科熟悉和研究图书非常方便,因而也有利于图书馆员宣传和推荐图书。

缺点是:为了使同一类书陆陆续续地集中排在一起,在书库里必须为每一大类留一定的空位,等待以后陆续入藏的同类书。这种空位留多了,浪费书库空间;留少了,很快排满了,就要及时倒架,继续腾出空位待用。各类图书进库数量不同,需要分析研究入藏各类图书数量增长的规律,才能留好空位,避免经常性地倒架。

2. 形式排架法

这是按照藏书的某种顺序排架的,主要有三种:

第一种是登记号排架法

这种排架法是按入藏图书的先后次序（或图书的个别登记的次序）排列的，实际上就是流水号排架法。有大流水号，即从开始顺序一直排下去；有小流水号，也叫年流水号，每年从 0001 号开始，如 80—0001 即是 1980 年 0001 号资料，81—0359 即是 1981 年第 359 号资料。通常流水号法用于资料的排架。如果有多种类型的文献按流水号排架，则应在每一类型年流水号前加一个文献类型标志，一般取该文献名称第一个汉字汉语拼音第一个字母代表。

第二种是固定排架法

这种排架法是根据藏书到馆的先后顺序将书刊在架上固定位置。每一本书都由书架号（如第一架）、层格号（如第二层）和层格内的顺序（如第 56 册）组成，其索书号，就是架位号，即：1—2.56。这种方法是一种老式排架法，对于图书已不适用，对期刊过刊的排架尚可利用。

第三种是字顺排架法

一般是按书名字顺排架。这种方法也适于期刊库排架使用。

当然，在图书排架形式方面，还要有文种之别，以及图书类型之别，如图书与期刊就不能排在一起。特种资料，如专利类、标准类、样本类等都应当分别排架，才能做到管理方便、排检方便、使用方便。

形式排架法的优缺点：

优点是排检迅速、节省空间、能充分利用书库书架，一般没有经常倒架问题。这种方法也较适用于密集式书架。

缺点是不能将同类学科的图书按体系集中一起，不适于开架，如果要有针对性地查找一本书，必须按照目录（卡片目录或馆藏书本目录）查出索取号才能按号找到所需的图书。工作人员也无法利用排架形式来推荐和宣传图书。

三、藏书的保管

图书资料是国家人民的财产,应当保护和爱护,要防止损坏和丢失。

书刊资料损坏和丢失的原因,归纳起来主要有两个方面,一是社会原因,如工作中的缺点事故、规章制度不健全、读者中的不良倾向以及个别破坏盗窃行为等等。这些都属于人为的现象,是可以采取措施加以克服和防止的。另一个是自然现象,如图书本身的老化、周围自然环境中各种有害因素对图书的破坏以及图书馆设备与建筑条件的限制等等。

藏书的保管工作,要从保护和管理两方面入手。应当做到思想重视、制度健全、措施落实、执行严格。对工作人员有爱护图书的问题,对读者更有爱护图书的问题。因为图书在借出流通阅览过程中,会遇到各种情况,如果不加爱护,一本新书可能经过一个读者就会变成不能再利用的破书,因此,关于爱护图书的教育,不论对馆内工作人员和馆外读者,都应当作为图书馆经常性工作来进行。同时建立和严格执行丢失损坏的赔偿制度,以便使每一本图书都能保持其应有的使用寿命。

除此之外,对于图书的保管问题,要特别注意进行下列各项工作。这些工作,有的属于图书馆办公室经常要抓的工作,有的则属于书库工作人员日常必须注意的事项。

1. 防火

各种类型的书库,都必须采取一切有效措施,防止一切可能引起火灾的祸源,库内严禁存放易燃物品、严禁吸烟。要定期督促专门人员检查电路和供电设备,检查灭火器材是否有效,建立切实可行的消防制度,有条件的馆应争取配备自动灭火设备和自动报警仪器。

2. 防潮与防高温

书库在没有空气调节的情况下,夏季书籍吸水潮湿发霉,冬季失水干燥脆裂。较大书库,每年可以不断吸收和放出成吨的水分。空气中的有害物质浸入纸中,可以使书籍不断发生物理和化学变化,使书籍腐蚀老化,因此,要注意保持书库的恒温、恒湿度。书库中的温度,夏天以 22℃—28℃,冬天以 18℃—22℃ 较适宜;相对湿度夏天以 50—60%,冬天以 40—55% 为宜。在此环境内,纸张可保持 6—12% 的正常含水量。比较先进的图书馆,对藏书和周围空气要进行脱酸处理,以排除不适宜的湿度,以及对贵重图书进行药物处理。有的采用通风、吸潮、空调、密封,书库应当避免日光长期照射,尤其要避免强光线直射书库,书库的窗户应安装毛玻璃、百叶窗或挂帘等。

3. 防虫、防鼠

对图书破坏性较大的害虫有蛀虫、蠹鱼、白蚂蚁、老鼠以及霉菌等,对它们一般采取"以防为主、以治为辅"的方针。平时除放置防虫防鼠药物外,应该注意书库的通风、防尘、防潮,以除去害虫滋生繁殖的条件。

4. 清洁卫生

灰尘可以粘污图书,也是害虫和微生物置身和繁殖的地方,同时灰尘对工作人员身体健康也有不利影响,因此,对书库应该注意经常采取除尘灭菌的措施。清洁卫生工作要从两方面入手,一是书库的周围环境卫生;二是书库内部的卫生。有条件的馆,最好采用吸尘器、设置紫外线消毒装置。

5. 装订修补

对磨损、撕页或脱线的书刊,应及时修补、裱糊,零散期刊要及时装订成册,不能乱堆乱放,这样既保护了书刊,也方便了读者利用。此项工作,尤其在开架阅览室中应作为经常性的工作。

6. 安全制度

加强书库的安全制度,非书库工作人员,应有进库手续。建立切实可行的读者丢书、损毁，以及偷盗的赔偿制度和处理办法。注意外借书刊的催还工作，严格借还制度。在有条件时，特别对开架阅览室，可以安装防盗装置。

四、藏书的清点

定期和不定期的清点藏书，是图书馆的一项经常性工作。

清点藏书是一项细微工作，要有组织的进行。清点之前，要明确目的、要求、原则和清点的范围，确定清点的方法和时间安排。为了不影响日常流通工作，清点工作可采取分区、分类、分库、分架的方法，分期分批进行。

清点藏书通常有排架目录清点法和图书登记簿清点法两种。

1. 图书排架目录清点法

许多图书馆的图书排架次序，就是图书分类作者号次序或索书号次序，因此，用每书的书袋卡做典藏卡，实际上也就等于排架目录；有的馆还单独备有排架目录。清点图书时，先将目录核对好顺序，再将书架上的书，按分类号次序排好，之后以卡片对书。这种方法迅速、准确、方便。

2. 图书登记簿清点法

这种方法是利用图书馆财产登记簿核对藏书，虽然比较准确可靠，但这种方法只适于按登记号顺序排列的图书。

通过清点，对一部分陈旧过时图书以及多余复本书进行剔除或调拨、交换或集中保存，以提高本馆藏书的质量，减少书库的压力。

五、藏书的剔除工作

图书馆建筑，在开始设计时就有一个藏书量的限度。这个限度如果是在考虑了近期和远期需要的情况下确定的，那么它应当是一个图书馆必要藏书的基本合理的限度；如果由于设计不合理，造成书库过度饱和,那就应当考虑扩建,以适应本馆藏书的需要。上述两种情况,不论属于何种,都或迟或早地有一个书库饱和问题。这是就书库条件、图书馆的空间容量而言的。另一方面,各种类型图书馆入藏的图书,因为各种原因,总会有部分图书失去流通的价值。因而,不论从合理的节约书库考虑,还是从读者的实际需要考虑,以及从图书馆内部的科学管理来考虑,图书的新陈代谢问题是图书馆藏书建设中的重要内容。有进有出,才能不断提高馆藏质量,从而加强服务效果,这正符合图书馆藏书建设的客观规律。

应当说,这个规律是普遍适用的,只是具体的剔除标准不同而已。有保存任务的大型公共图书馆,剔除的范围可能要小些,但是以需要当代最新科研和教学书刊为主的科学图书馆、院校图书馆,其馆藏,总是以适应现时科研和教学需要的书刊为主要的馆藏内容。如果总量的一半是陈旧过时的书刊,那么可以肯定说,这个馆是无法满足它的读者的日常需要的。

故此,一个图书馆,根据它的特定对象,其藏书达到一定数量和质量时,应基本上可以满足本馆大多数主要读者的需要,因而,一个图书馆的藏书总量是可以有一个指标限度的。比如规定何种类型,多少读者,以什么读者为主的图书馆,藏书总量为二十万、五十万或一百万册,作为该馆的藏书指标。如目前在国内一般院校,理工院校平均每个学生有 150—200 册藏书,文科院校、师范院校有 250—300 册有质量的藏书保障,即可较好满足教学、科研的需要。超过此指标之后,即应注意本图书馆的藏书量的稳定状态。国外对此有所谓"图书的零增长速度"之说并非没有道理。要保持这个指标,就要在日常工作中把采购(进书)与剔除(出书)结合起来。因此,剔除工作应当是图书馆日常工作之一。实际上,我国由于图书馆建筑跟不上,许多院校藏书保障率还没有达到指标,书库即已饱和;有的虽接近指标,但藏书质量低,又不能很好保证需要。但不论如何,藏书的剔除是必须的。

图书的新陈代谢问题,过去在国内不曾引起重视,近年因新书大量涌进,在多年一贯制的馆舍条件下,使大多数图书馆都出现了旧书不下架、新书乱堆放的严重现象。应当说,这是客观实际向图书馆学提出的新课题。

在国外,藏书提存早已提到日程,如国外有些国家建立了书刊交换中心就是为解决这个问题的一项措施。有地区性的、全国性的,也有世界性的。地区性的,如美国中西部图书馆馆际中心,在芝加哥设立的储存(也叫保存)图书馆,负责集中收藏该中心各成员馆移送陈旧过时的书刊和多余的复本书,以供各成员馆共同使用、交换或调剂。全国性的,如苏联从1975年起成立了全苏的储存图书馆。世界性的,如世界书刊交换中心,该中心设在美国华盛顿,这个中心有1400个图书馆参加,这些图书馆把它们的陈旧过时的书、多余的复本送交这个中心,相互进行调剂,只收一些服务费用,其它都免费。凡参加的会员馆,每年只交25美元作为世界书刊交换中心的开支。日本也有了关于图书剔除的标准和规定。

图书的剔除问题,是图书馆科学管理的重要组成部分,已愈益引起人们的重视。

所谓剔除是对那些在本馆实际上已不流通的"死书"而言。有人认为,在本馆是"死书",在别馆别地也可能变成活书,因而对这种书取名叫"呆滞书"。图书馆的呆滞书,就是指在图书馆不参加流通而失去效用的书。失效的情况实际上还有程度不同,大致可分为部分失效、半失效、基本失效和完全失效四种。所谓剔除工作,应当是从分析研究和处理呆滞书的过程中来进行,因而在研究剔除工作时,应首先研究呆滞书的情况。这个工作是非常细微而又是一项较高水平的工作。工作过程还有一系列程序,不能简单从事。下面分别加以叙述:

1. 呆滞书产生的原因

（1）随着时间的演进，历史的发展，社会的进步，科学技术的突飞猛进，新知识、新技术、新工艺的产生等等，必然使许多知识成为陈旧甚而成为失效知识，这就导致反映这些"知识"的书刊资料不能不在收藏它们的图书馆里呈现呆滞的状态。如钢铁厂现在普遍采用氧气顶吹转炉炼钢，采用高炉高温高压技术和带钢轧制技术，国外甚至已采用了氩气炼钢的新技术。这样，在许多大型馆里收藏的五十年代一些有关炼钢的图书，其中许多又都是从苏联译过来的书，就必然属于陈旧知识。记录这些技术的图书，大多数读者很少会去利用。再如五十年代一些学习马列主义的小册子，都是根据当时情况编写的，除个别外，大多数已不被现时读者所借阅。再如体育方面许多球类标准和规则，现时已有较大变动，当然不再适用了。其他许多当年的一些标准，已随着技术工艺的进步而不再适用等等如此之类的图书，因时代不同而必然会在图书馆出现失效呆滞的状态。

（2）在收集、交换、捐赠等非购入的图书资料中，有不少属于品种重复、数量多余的部分，造成超过本馆实际需要的复本量。这部分书当然只能长期呆滞。

（3）由于采购工作不当而人为造成的呆滞书。如复本量掌握不当会造成大量图书超过实际需要。据统计表明，一般大型图书馆，每购进八万册中文新书中，就有一万到二万册书是潜伏的呆滞书。采购人员不精通业务，不了解本馆读者的实际需要，对不同性质、不同版本的图书，对图书的地区性特点，对图书针对性特点，对图书的应用年限等认识不足，往往不是造成购进的复本过多，就是出现一买进来就不适用。在许多图书馆里，几十年没有一个读者借阅过的图书是大量存在的。在采购工作中，还有不少是因为不查重或查重不认真，造成本来不该买的书而买进来了。还有的因为不懂采购原则和标准，而出现盲目花钱乱购图书的现象。还有的对政治性图书的盲目采购，如此等等。由于采购造成的呆滞书，在各种图书馆中都是相当可观的,这也是人为造成呆滞书的主要原因。

(4)图书整理加工过程中的某些粗心大意也是造成呆滞书的一个原因。如归类错误,或书号打错或书标打错贴错,使图书无法处在其应在的位置上,甚至完全归错了学科体系,在闭架书库里,当然此种书无法流通。

(5)典藏图书时,不了解具体图书的性质,把高精尖图书分入一般读者书库,或把通俗读物分到科研读者的书库里等等,也是造成部分图书呆滞的一个原因。

(6)由于读者目录不健全,有书无卡,或排卡错误或索书号码不清等等,也会造成一部分书出现呆滞状态。

由上可见,有些呆滞书并不属于剔除范围,许多呆滞书只要做适当加工和调整,即可使其流通;还有些图书如做适当推荐报导,也可使其发挥作用。但呆滞书中确有相当一部分是属于应当剔除的。

2. 可按剔除对象考虑的图书

(1)陈旧过时和知识失效的图书;

(2)多年来基本上不参加流通的书;

(3)没有现实意义的政治小册子之类;

(4)过多的复本书(只留少量必要复本);

(5)五十年代苏联原版和译本中的知识陈旧的图书并且复本量又多者;

(6)图书的内容与本馆读者根本不对口的图书;

(7)破烂不堪或残缺不全又无参考价值的一般文艺小说之类。

3. 处理呆滞书的意义

(1)可以提高馆藏图书的质量,从而大大提高服务的效率和服务质量;

（2）分析研究呆滞书的各种成因，有助于了解采购工作中的各种薄弱环节和问题，不断地提高采购质量，也可以发现分编和典藏工作中的一些漏洞，及时改进工作。

（3）将陈旧过时及多余复本书及时处理掉，不但可以节约书库空间，有效利用书架，使无架可上的图书及时上架，正常参加流通，而且也可以大大减少人力的浪费。

（4）通过多余复本的处理，不但可以回收一部分资金，还可以互相调剂、互通有无，支援了别人，也方便了自己。

4. 处理呆滞书的原则

图书的实用价值等于图书的知识对社会的贡献加图书的知识的有效年限加图书的外形质量（书价、版本、装帧）。

这是评价一本图书的三个主要因素，不能简单地只从书价或只从年限来评价一本图书而作为处理的依据。

具体来说，在处理各类呆滞书时可以考虑下列各项原则：

（1）按本馆读者对象考虑某书的实用价值之大小或无使用价值，对无使用价值之图书或根本不参加流通的书，应当剔除；

（2）对有流通价值的图书，应按采购标准留书，只处理多余的复本；

（3）没有读者对象而有一定价值的图书，视今后有无读者，酌情留一、两本；

（4）具有地区性特点的图书，本地区留书高于外地书；

（5）同类书中的多品种、质量好的按采购标准留书，质量差的最少减半留书；有平装和精装的书，只处理平装书；

（6）分册的图书要强调完整性，不配套的多余复本书应予处理，多卷书都超过指标数的，可以成套处理；

（7）破损无法修补的图书，一律处理；

（8）古籍善本书不在考虑之内。

5. 处理呆滞书的步骤：

（1）对呆滞书的分析研究和藏书剔除工作,应该是图书馆日常工作之一,各馆可根据本馆具体情况,制定出《本馆处理呆滞书条例》,书库人员可按条例进行日常分析研究和剔除工作(要履行必要手续),对于不好区分,一时不能决定的呆滞书,可以集中进行;

（2）集中处理时,最好有领导、读者、图书馆工作人员三方面的意见;

（3）下架的图书,应逐本或按种类填写"图书注销单",并经有关领导审批,同时注销采购账目,剔除无书的目录卡片,将书送交处理库待处理;

（4）对应处理图书,可内卖、外卖、旧书店处理、废纸处理,有的还可以做交换,互通有无。

交换图书可印制下列图书登记格式进行:

剔旧图书处理登记簿

接受单位

编号　　　　　　　　　　　　　　　处理单位

类别	书名	著译者	出版者	出版年	原书价	处理价	处理数	需要数	附　记

本章复习与思考题

1. 当代图书文献有些什么特点?

2. 出版物按内容性质分有哪些类型?

3. 出版物按出版形式划分有哪几种类型?

4. 图书馆藏书采集的原则是什么?

5. 补充藏书有哪些途径?

6. 采购工作包括哪些环节？如何查重？

7. 采购中文科技图书需要用哪些书目工具？

8. 如何办理图书提要卡片？如何管理？

9. F、P、E、R、ST 五种目录都是订购什么书的？

10. 说明一张统编卡片上的各项著录的意义是什么？

11. 预订的图书进馆后如何进行验收？

12. 什么叫入藏总括登记？什么叫个别登记？各有何作用？

13. 图书的整理加工包括哪些主要工作？

14. 说明基本书库和辅助书库的关系？

15. 图书分类排架法按什么排架？有何优缺点？

16. 呆滞书通常都是由哪些原因造成的？

本章参考和引用文献

1.《图书馆学基础》，北大、武大合编，商务印书馆，1981 年版

2."同类图书排列问题探讨"黄俊贵，天津《图书馆工作与研究》，1980 年第 3 期

3."图书分类的理论与实践"（连续），白国应，山西《图书馆通讯》，1980 年，1、2、3 期

4.《科技文献管理》，王海滨、杨文侠，天津市科技情报研究所，1980 年 5 月

5.《科技情报文献工作知识》，沈家模、许培基，上海科技文献出版社，1979 年 9 月

6."呆滞书的处理"，周波，辽宁省图书馆，1980 年

7."再论藏书剔旧"，李修宇，《黑龙江图书馆》，1980 年增刊

8."漫谈图书馆的藏书剔旧问题"，培生，上海《图书馆学研究》，1980 年第 3 期

9."对改革现行登记制度的一点看法"，王宝琨，《黑龙江图书馆》，1978 年第 3 期

10."资料收藏应当有统一计划和合理布局",林有秋,《科技情报工作》,1980 年第 8 期

11."谈谈图书采购工作",于湖宾,《图书馆工作》,1979 年第 6 期

12."略谈图书采购工作中的几个关系",苏瑛辉,《福建图书馆学通讯》,1980 年第 1 期

13."试谈高等学校图书馆藏书体系",吴勋则,《图书馆学通讯》,1980 年第 1 期

14."怎样保护好书刊资料",明达,江西《图书馆工作》,1978 年第 3 期

15.《图书馆学基础知识》,赵国庆,阜新矿业学院图书馆,1980 年 10 月

16."全国图书统一编号方案"(修订草案),《北图通讯》,1978 年第 1 期（试刊)

17."关于国际统一标准书号系统",万锦堃,《世界图书》B 辑,1982 年第 4 期

18."世界报刊品种统计",王恩光,《图书情报工作》,1981 年第 5 期

19."试论藏书结构",肖自力,《图书情报工作》,1981 年第 1 期

20."论入藏图书比例问题",潘惟友,安徽《图书馆工作》1982 年第 2 期

21."三线制藏书与组配式索书号",褚晓明,《大学图书馆通讯》,1984 年第 2 期

22."五级藏书制的实践与探索"——理工科中小型馆的模式,上海海运学院,蒋志伟,1984 年 9 月高校图书馆藏书建设研讨会论文

23."关于三线制藏书布局的几个问题",王惠翔,《大学图书馆通讯》,1984 年第 5 期

24."藏书结构研究若干理论问题的探讨",陈修学,《大学图书馆通讯》,1984 年第 5 期

本章附录1

世界主要国家重要出版机构概况

1. 日本出版社

目前约有出版社4,154家,(其中1979年统计,儿童出版社104家),著名者有旺文社、平凡社、偕成社、学习研究社、小学馆、讲谈社、大日本图书社等,年出2,667种书,占整个日本出版量十分之一。

日本有许多上百年的出版社,目前仍然出名还在出版图书的有:

社名	创建年代	出版特点
吉川弘文馆	(1857)	
丸善社	(1869)	
金原出版株式会社	(1875)	经销国内外医学书
日本经济新闻出版局	(1876)	出版日本经济报纸,1947年开始出书
有斐阁	(1877)	
春阳堂	(1878)	
南江堂	(1879)	医科学生用书及医学书
内田老鹤圃	(1880)	
三省堂	(1881)	
富山房	(1886)	
中央公论社	(1886)	
东京堂	(1890)	
东洋经济新报社	(1895)	经济学及普及读物
裳华房	(1895)	理工科大学基础教材,各种工具书
明治书院	(1896)	
新潮社	(1896)	
同文馆	(1896)	
山海堂	(1896)	
实业之日本社	(1897)	

有朋堂	（1901）	
妇人之友社	（1903）	
美术出版社	（1904）	
妇人画报社	（1905）	
研究社	（1908）	
讲谈社	（1909）	
	（1913）	社科、工具书,出版占日本第六位
平凡社	（1914）	哲学、史地、文理工、教育、工具书、趣味书

此外,日本还有若干家有出版特色的后起出版社:

产业图书株式会社	（1918 年 创,1947 年 由 17个公司合并）	理工科教科书
家之光协会	（1925）	农村读物为主
ココナ社(电晕社)	（1927）	金属、机械、船舶、土建、纤维工程,重点是电子学、自控、图像、音响、情报工程。
朝仓书店	（1929）	小学教师为主要对象及农业书
日刊工业新闻社出版社	（1946）	手册、便览、辞典出名
森北社	（1950）	大专的学生、技术人员用书,尤以土木、数学出名。
CQ 社	（1954）	电学书为主
东京化学同人社	（1961）	理、工、医专业书

2. 美国出版社

美国有特色的出版社有:

社名	出版特点
约翰·威利父子公司	科学技术出版物
麦格劳·希尔(McGraw - Hill)	科学技术出版物

271

普莱南	
马塞尔·德克尔	
桑德斯公司	侧重医学
托马斯公司	侧重医学
威廉斯与威尔斯公司	侧重医学
施普林格公司	侧重医学
海湾出版公司 （GULF）	石油化工方面
石油出版公司 （PPC）	石油化工方面
化学橡胶公司 （CRC）	石油化工方面
阿维公司（AVI）	农业食品方面
伯吉斯公司 （Burgess）	农业食品方面
埃迪森·韦斯利 （Addison – Wesley）	各种教科书
利顿教育出版社 （Litton Educational Pub. CO.）	各种教科书
霍顿·米夫林公司 （Houghton　Mifftin）	各种教科书
普兰蒂斯·霍尔	综合性出版物
哈珀·曼公司	综合性出版物
澳兴纳出版公司 （Oceana）	专出法律书
西勃莱出版社 （Seabury　Press）	专出人文科学和宗教书
鲍克公司 （Bonker）	专出各种专业参考工具书，出版《出版周报》报导全美出版动态。
兰德·麦克纳莱公司	专出各种地图

专出小开本廉价纸皮书，内容有传记、古典小说、参考工具书等，但是大

多为科学幻想、惊险、侦探、色情小说等出版社主要有：

班坦图书公司（Bantan Books）

沃纳图书公司（Warner Books）

瓦伊金出版社（Viking Press）

塔普林格出版公司（Taplinger Publishins CO.）

3. 西德出版社

西德共有出版社 2,300 家。西柏林有 170 家，汉堡有 160 家，慕尼黑有 360 家。出版社中出版医学的出版社约 30 家，出版各种教科书的约 150 家。

西德在世界上影响最大的出版社是施普林格（Springer）出版社（与阿克塞尔·施普林格不是一家），1842 年创建，是世界最大出版社之一。出版内容有医学、心理学、数学、物理、化学、地球科学、计算机科学、工程学、法律、经济学、哲学等。出版过医学在内的二十种大百科全书。目前还出 162 种期刊，半数为医学，英文出版，绝大部分是国际性的。1912 年出版世界第一种医学文摘杂志，现在一共出 19 种文摘杂志。还出版视听教具影片、录像带、幻灯片等。它出版的书，百分之六十以上科技书用英文。每年出版新书 650 种，60% 向 110 个国家出口。在版图书已达 7,000 种，1964 年在美国纽约设立该公司一个出版社，专出英文书。

4. 英国出版社

英国有名的大出版社主要有：

朗曼集团公司（Longman Group Ltd.），出版工具书有名，出版物质量好，是世界最大纸皮书的出版社之一。

企鹅图书公司（Peuguin Books Ltd.）

5. 荷兰出版社

荷兰有一个 1580 年创建的欧洲最大最早的出版集团，即埃尔塞维尔出版公司（Elsevier）。

该公司分四大部分，其中图书部有 12 个出版公司及分设在丹麦、西班牙、比利时、瑞士、纽约、英国、法国等国的办事机构。全年出书总量 603 种，在版图书 5,608 种，文种有荷、法、西等。

它的科学部有 12 个出版公司及六个地区办事处，主要出版科技书刊，以英文为主。该部又叫联合科学出版公司。

Associated Scientific Publishers，是目前世界四大科学出版公司之一。1977 年出版图书 551 种，其中新书 442 种有 408 种是英文。该部现有再版图书 4,000 种，英文期刊 258 种。

6. 法国出版社

目前法国有 500 家出版社，其中 350 家集中在巴黎。1978 年出书 26,584 种，各类书的比例是：

科技书 6.2%　　　　　　文学 24.7%（小说 15.9%）

教科书 11.9%　　　　　　艺术 6.3%

人文科学 8%　　　　　　职业教育、技术培训 10.8%

百科词典 20.9%　　　　　青少年读物 9.4%

其他 1.8%

（以上资料均从《世界图书》1979—1981 年各期搜集）

本章附录 2
全国科学技术及推荐出版社一览表

1983 年全国有出版社 292 家（其中中央级 132 家）。这里根据《全国新书目》1980 年 12 期提供的 245 家和中国出版工作者协会科技出版工作委员会 1984 年 11 月版《科技图书出版发行咨询手册》中提供的 98 家科技出版社资料，介绍有关科技、教育方面的专业出版社 110 家如下（按音顺排）：

1. 安徽科学出版社

代号 200，合肥市跃进路 1 号，电话 76392，开户银行：合肥长江路办事处，帐号 3052001

2. 北京出版社

北京崇文门外东兴隆街 51 号，电话 754271，开户银行：北京市西长安街分理处，帐号 4602030

3. 北京大学出版社

代号 209,北京海淀区北京大学内,开户行:北京市海淀办事处,帐号 460148

4. 北京科学技术出版社

北京西直门外南路 19 号,电话 894553、277588,开户行:北京新街口分理处,帐号 8902521

5. 测绘出版社

代号 039,北京复外三里河路 50 号,电话 863877

6. 重庆出版社

重庆李子坝正街 102 号

7. 电力工业出版社

代号 036,北京市六铺炕

8. 地图出版社

代号 014,北京白纸坊西街 3 号,开户行:北京广安门分理处,帐号 4601102

9. 地震出版社

代号 180,北京复兴路 63 号,电话 811924,开户行:北京翠微路分理处,帐号 8901383

10. 地质出版社

代号 038,北京市西四羊市大街 64 号,电话 667783,开户行:北京市西四分理处,帐号 8901099

11. 电子工业出版社

北京万寿路,电话 811756,开户行:北京翠微路分理处,帐号 8901—430

12. 复旦大学出版社

上海复旦大学内,电话 482191,开户行:杨浦五角场所,帐号 2689204,电挂 8251

13. 福建科学技术出版社

代号 211,福州河东路得贵巷 27 号,电话 54378,开户行:福州东大分理处,帐号 663474

14. 纺织工业出版社

代号 041,北京东长安街 12 号,电话 556831—537,开户行:北京王府井分理处,帐号 8901488,电挂 4791 转出版社

15. 高等教育出版社

北京市沙滩后街 55 号,电话总机 442931,开户行:北京东西分理处,帐号 4601161

16. 广东科技出版社

代号 182,广州市新基路 37 号,电话 82930,开户行:广州市分行第一营业部,帐号 046002

17. 国防工业出版社

代号 034,北京海淀区东公庄西路老虎庙 7 号,电话 890241,开户行:北京市西城区百万庄分理处,帐号 8901733

18. 广西人民出版社

代号 113,南宁市河堤路 14 号,电话 3645,开户行:南宁市支行,帐号 052004

19. 贵州人民出版社

贵阳市延安中路 5 号,电话 27005,开户行:贵阳市云办,帐号 0346031,电挂 3652

20. 哈尔滨工业大学出版社

哈尔滨大道街 166 号,电话 33051 转 582,开户行:哈铁办,帐号 89431152,电挂 3300

21. 海洋出版社

代号 193,北京复兴门外大街 1 号,电话 867608、868941 转分机,电传号码:22536 NBO CN,开户行:北京南礼士路分理处,帐号 890155

22. 河北科学技术出版社

河北石家庄市北马路 45 号,电话 22501,开户行:石家庄市桥西办,帐号 46006

23. 黑龙江科学技术出版社

代号 217,哈尔滨市南岗区建设街 35 号,电话 35613、35528,开户行:哈尔滨人民银行革新办事处,帐号:4644126

24. 河南科学技术出版社

代号 245,河南省郑州市西里路 94 号,电话 22039,开户行:郑州花办,帐号 0652021

25. 湖北科学技术出版社

276

代号 106,武汉市解放大道 81 号,电话 333546、333542,开户行:武汉市分行宗关办,帐号 46—17,电挂 2980

26. 湖南科学技术出版社

代号 204,长沙市展览馆路,电话 26557,开户行:长沙中山路办,帐号 4620572

27. 化学工业出版社

代号 063,北京和平里七区 16 号楼,电话 466682、463641,开户行:北京和平里分理处,帐号 8901269

28. 华中工学院出版社

湖北省武汉市武昌喻家山,电话 70154 转 244 或 369,开户行:武昌关山办,帐号 46—21

29. 计量出版社

代号 210,北京和平里 11 区 7 号,电话 463192,开户行:北京和平里分理处,帐号 8901151

30. 吉林科学技术出版社

代号 091,吉林省长春市斯大林大街 102 号,电话:22539、25182,开户行:长春人民广场办,帐号 6503

31. 机械工业出版社

代号 033,北京市百万庄南里一号,电话 890671,开户行:北京百万庄分理处,帐号 8901672

32. 江苏科学技术出版社

代号 196,南京市中央路 145 号,电话 33683,开户行:南京城北办,帐号 2146016

33. 江西人民出版社

江西南昌市第四交通铁道东路,电话 66639、66800,开户行:南昌市四交办,帐号 6046018

34. 教育科学出版社

代号 232,北京市北环西路 10 号,电话 665728,开户行:北京市西长安街分理处,帐号 8901511

35. 经济科学出版社

北京西安门刘兰塑胡同 8 号,电话 656194,开户行:北京地安门分理处,

帐号 660153

36. 科学出版社

代号 031,北京朝内大街 137 号,电话 444755,开户行:北京东西分理处,帐号 4601075

37. 科学技术文献出版社

代号 176,北京和平街北口,电话 464504,开户行:北京市和平里分理处,帐号 8901555

38. 科学普及出版社

代号 051,北京海淀区白石桥路 32 号,电话 896461、896164,开户行:北京海淀魏公村分理处,帐号 4601—5

39. 劳动人事出版社

北京和平里中街 12 号,电话 8653201,开户行:北京和平里分理处,帐号 8901161

40. 辽宁科学技术出版社

代号 288,沈阳南京街六段一里二号,电话 34963、34443,开户行:沈阳市中山广场分理处

41. 煤炭工业出版社

代号 035,北京安外和平北路 16 号,电话 462197,开户行:和平里分理处,帐号 8901313

42. 南京大学出版社

江苏省南京市汉口路 11 号,电话 34651,开户行:人行南京汉口路分理处,帐号 2489147

43. 内蒙古科学技术出版社

赤峰市哈达街 1 段 471 号,电话 2942,开户行:赤峰市江山区办,帐号 89200

44. 能源出版社

北京阜成门外八里庄,电话 810064,开户行:北京人行西四分理处,帐号 8901186

45. 宁夏人民出版社

宁夏银川市解放西街 105 号,电话 2708、2241,开户行:银川市西街办,帐号 88021031

46. 农业出版社

代号 144,北京朝阳区枣营路,电话 593718,开户行:中国农业银行北京市朝阳区支行,帐号 431—17

47. 轻工业出版社

代号 042,北京市阜成路 3 号,电话 890571 转 238 分机,读者服务部地址:北京市西单北大街 93 号,电话 655754,开户行:北京西城区百万庄分理处,帐号 8901584

48. 青海人民出版社

青海省西宁西关大街 96 号,电话 24508、23405,开户行:西宁市支行城西区办,帐号 1165017

49. 清华大学出版社

代号 235,北京清华大学校园内,电话 282451 转 2543、2750,开户行:北京海淀分理处,帐号 4601—53

50. 求实出版社

北京海淀区中央党校内

51. 气象出版社

代号 194,北京白石桥路 46 号国家气象局院内,电话 890371 转 354,开户行:北京海淀区魏公村分理处,帐号 8901—88

52. 企业管理出版社

代号 207,北京市国家经委内

53. 人民交通出版社

代号 044,北京和平里东街,电话 462302、466602,开户行:北京和平里分理处,帐号 4401010

54. 人民教育出版社

代号 012,北京市沙滩后街 55 号,电话 442931—16,开户行:北京东西分理处,帐号 4601025

55. 人民军医出版社

北京复兴路 22 号甲 3 号,电话 8146337,开户行:北京海淀区翠微路分理处,帐号 8901—335

56. 人民体育出版社

代号 015,北京市崇文区体育馆路 8 号,电话 757161(总机),开户行:北

279

京体育馆路分理处,帐号4601067

57. 人民卫生出版社

代号048,北京崇文区天坛西里十号,电话755431(总机),开户行:北京永定门分理处,帐号4601018

58. 人民邮电出版社

代号045,北京市东长安街27号,电话554771,开户行:北京市王府井分理处,帐号5401020

59. 山东大学出版社

山东省济南市山东大学校内,电话44588转472,开户号:济南市郊区办,帐号459301

60. 山东科学技术出版社

代号195,山东济南市南郊宾馆西路,电话24529

61. 上海辞书出版社

代号187,上海市陕西北路457号

62. 上海交通大学出版社

上海市淮海中路1984弄19号,电话314972,开户行:徐办华分处,帐号7100432

63. 上海科学技术出版社

代号119,上海市瑞金二路450号,总机370160,开户行:卢办打浦桥分理处,帐号5346010

64. 上海科学技术文献出版社

代号192,上海武康路2号,电话373426,开户行:徐汇区办,帐号2189097

65. 上海外语教育出版社

代号218,上海西体育会路119号,电话660231—56—171,开户行:虹口区办,帐号1489773

66. 商务印书馆

北京王府井大街36号

67. 山西人民出版社

代号088,太原市并州北路11号,电话24396,开户行:太原市银行五一广场办,帐号4052007

68.陕西科学技术出版社

代号202,陕西省西安市北大街131号,电话2—5901、2—8236,开户行:西安北大街办,帐号52008

69.水利水电出版社

北京三里河路6号,电话89446,开户行:北京地安门分理处,帐号8901214

70.书目文献出版社

代号201,北京市文津街7号

71.四川科学技术出版社

代号118,成都市盐道街3号,电话23153、24849,开户行:成都市南行解放南路办,帐号46018

72.石油工业出版社

代号037,北京安定门外外馆东后街甲36号,电话465179、464993,开户行:人行甘水桥分理处,帐号890121

73.天津科学技术出版社

代号212,天津市和平区赤峰道124号,电话23925,开户行:天津和平路分理处,帐号10246015

74.同济大学出版社

上海四平路1239号,电话462121,开户行:上海市五角场办,帐号268917

75.外语教学与研究出版社

代号215,北京2442信箱,电话890351—765,开户行:北京海淀区魏公村分理处,帐号4601—7

76.文化教育出版社

代号057,北京市沙滩后街55号

77.文字改革出版社

代号060,北京市朝内南小街51号

78.武汉大学出版社

湖北省武昌珞珈山武汉大学内,电话75941转,开户行:武昌珞珈山办事处武大工作组,帐号46021

79.物资出版社

北京西城区月坛北街 25 号,电话 890941 转 986,开户行:北京南礼士路分理处,帐号 8901519

80. 西安交通大学出版社

西安市咸宁路 28 号本校内 1 村 13 舍 102 室,电话 3—1011 转 316 分机,开户行:西安交大分理处,帐号 46933

81. 西北大学出版社

西安小南门外,电话:学校电话中继线 25036,开户行:西安陵园路分理处,帐号 88021

82. 西北电讯工程学院出版社

西安市本院内,电话 5—1321 转 2421、2423,开户行:西安市人行陵园路分理处,帐号 89037

83. 新疆人民出版社

代号 098,乌鲁木齐市解放路 306 号,电话 25478、25358,开户行:乌鲁木齐天山区办,帐号 46—41

84. 冶金工业出版社

代号 062,北京灯市口大街 74 号,电话 552374,开户行:工商银行王府井办,帐号 3201—3

85. 云南人民出版社

昆明市书林街 100 号,电话 28541,开户行:昆明市支行营业部,帐号 1046107

86. 原子能出版社

代号 175,北京 2108 信箱,电话 890471,开户行:北京西城区办,帐号 8801331

87. 宇航出版社

代号 244,北京市

88. 中国标准出版社

代号 169,北京复外三里河,电话 862112,开户行:北京南礼士路分理处,帐号 4601002

89. 中国财政经济出版社

代号 166,北京东城区大佛寺东街 8 号,电话 337953,开户行:北京菜市口分理处,帐号 460150

90. 中国大百科全书出版社

代号 197,总社地址:北京安定门外外馆东街甲一号,电话 464389,开户行:北京朝阳办甘水桥分理处,帐号 8901—79,电报 2560;分社地址:上海古北路 650 号,电话 597147,分社开户行:上海分行营业部,帐号 5426135

91. 中国电影出版社

代号 061,北京北环西路 15 号,电话 662251

92. 中国广播电视出版社

北京阜成路 12 号,电话 896426,开户行:北京西城区南礼士路分理处,帐号 8901530

93. 中国环境科学出版社

代号 239,北京西郊紫竹院公园内,电话 893220,开户行:北京市百万苑分理处,帐号 8901765

94. 中国金融出版社

北京西交民巷 17 号,电话 653431

95. 中国科学技术翻译出版社

北京朝内大街 137 号,电话 444625,开户行:北京市王府井分理处,帐号 6501005

96. 中国林业出版社

代号 046,北京市朝内大街 130 号,电话 550998,开户行:北京和平里分理处,帐号 8901—251

97. 中国农业机械出版社

代号 216,北京市劲松八区 24 楼 4 门

98. 中国青年出版社

代号 009,北京市东四北大街 12 条 21 号,电话 444761,开户行:北京东四分理处,帐号 4601143,电报 4357

99. 中国铁道出版社

代号 043,北京东单三条 14 号,电话 552866,开户行:北京市东城区王府井分理处,帐号 5701—38

100. 中国建筑工业出版社

代号 040,北京阜外百万庄,电话 8992686,开户行:北京百万庄分理处,帐号 8901553

101. 中国人民解放军出版社

北京平安里 3 号,电话 6638231,开户行:新街口分理处,帐号 85246

102. 中国社会科学出版社

代号 190,北京日坛路 6 号

103. 中国铁道出版社

代号 043,北京市东单三条 14 号

104. 中国统计出版社

代号 006,北京市三里河国家统计局内

105. 中国学术出版社

北京朝内大街 137 号,电话 440731—214,开户行:北京王府井分理处,帐号 6501005

106. 浙江大学出版社

杭州玉泉浙江大学内,电话 21701 转 2376 或 2588,开户行:杭州市湖滨分理处,帐号 8944082

107. 浙江科学技术出版社

代号 221,杭州市武林路 125 号,电话 22931 转,开户行:杭州市支行营业部,帐号 6501007

108. 专利文献出版社

代号 242,北京阜成路,电话 890171 转 007,开户行:海淀区翠微路分理处,帐号 8801—55,

109. 知识出版社

代号 214,北京市安定门外外馆东街甲 1 号

110. 中山大学出版社

中山大学校内(东南区 16 号),电话 46300 转 348,开户行:广州新港西路分理处,帐号 3—046007

本章附录 3

全国科技图书发行一览

北京市

北京科学技术书店

    地址:北京市西单北大街 180 号   电话:662941

    银行帐号:6502—04

前门科学技术书店

    地址:北京市前门南大街 57 号   电话:332463

    银行帐号:6503—010

北京计量标准书店

    地址:北京市永安路南四楼 102 号   电话:334274

    银行帐号:6503—010

北京高等教育书店

    地址:北京市学院路 26 号   电话:277474

    银行帐号:6503—1

天津市

天津科技书店

    地址:天津和平路 224 号   电话:20097

    银行帐号:锦州道分理处 10165088

天津大专教材书店

    地址:天津和平路 214 号   电话:26916

    银行帐号:同科技书店

天津医药卫生书店

    地址:天津滨江道 21 号   电话:393722

    银行帐号:同科技书店

标准门市部

地址:天津和平路 224 号二楼　　　　　电话:21446
银行帐号:同科技书店

上海市

中国科技图书公司
　　地址:上海市河南中路 221 号　　　　电报挂号:40004
　　银行帐号:黄办南分处　3565015
　业务科　　　　　　　　　　　　　　电话:212156
　经营部　　　　　　　　　　　　　　电话:230084
　　一楼营业大厅　　　　　　　　　　电话:234567
　　二楼营业大厅　　　　　　　　　　电话:230000
　　三楼展览大厅　　　　　　　　　　电话:233333
　文史哲图书服务部　　　　　　　　　电话:217114
　科技图书发行部　　　　　　　　　　电话:216242
　上海科学会堂门市部　　　　　　　　电话:282040
　　图书馆供应部　　　　　　　　　　电话:214170
　上海邮购书店　　　　　　　　　　　电话:214991
　大专院校供应部　　　　　　　　　　电话:210448
　　复旦大学门市部　　　　　　　　　电话:480906
　　华东师范大学门市部　　　　　　　电话:548461×950
　　上海师范学院门市部　　　　　　　电话:384301
　　交通大学门市部　　　　　　　　　电话:310310
　　同济大学门市部　　　　　　　　　电话:462121
　　华东化工学院门市部　　　　　　　电话:380811
　　华东纺织工学院门市部　　　　　　电话:522430
　　上海机械学院门市部　　　　　　　电话:433040
　　上海工业大学门市部　　　　　　　电话:650744
　　上海铁道学院门市部　　　　　　　电话:506344
　　上海海运学院门市部　　　　　　　电话:840911
　　上海第一医学院门市部　　　　　　电话:311900
　　上海第二医学院门市部　　　　　　电话:260760

第二军医大学门市部　　　　　　　　电话:481006

上海外国语学院门市部　　　　　　　电话:664900

上海水产学院门市部　　　　　　　　电话:431090

上海外贸学院门市部　　　　　　　　电话:518181

华东政法学院门市部　　　　　　　　电话:522209

上海财经学院门市部　　　　　　　　电话:664690

上海体育学院门市部　　　　　　　　电话:480541

上海冶金专科学校门市部　　　　　　电话:388191

上海建材专科学校门市部　　　　　　电话:481135

上海市委党校门市部　　　　　　　　电话:481475

普陀区新华书店科技门市部

　　地址:上海市长寿路 232 号　　　　电话:564352

　　银行帐号:普陀区办 1065001

卢湾区新华书店科技门市部

　　地址:上海市淮海中路 707 号　　　电话:314864

　　银行帐号:卢办淮分处 5165100

杨浦区新华书店科技门市部

　　地址:上海市平凉路 1471 号　　　　电话:432284

　　银行帐号:杨浦区办 4965000

黑龙江省

哈尔滨市科技书店

　　地址:哈尔滨市道里区地段街 99 号　　电话:45370

　　银行帐号:哈分营 65201037　　　　电报挂号:40003

浙江省

杭州科技书店

　　地址:杭州解放路　　　　　　　　电话:21214

　　银行帐号:杭州支行 6501001　　　电报挂号:40003

巨州市科技书店

　　地址:巨州市下街 1 号　　　　　　电话:6073

银行帐号:65001　　　　　　　　　　　　　电报挂号:40003

浦江县科技书店

地址:浦江县浦阳镇　　　　　　　　　　电话:54

银行帐号:65001

瑞安县科技书店

地址:瑞安解放中路 87 号　　　　　　　电话:2474

银行帐号:065001　　　　　　　　　　　电报挂号:6006

舟山地区新华书店科技门市部

地址:定海城关解放路 20 号　　　　　　电话:2741

银行帐号:1065011

温州市新华书店科技门市部

地址:温州解放南路　　　　　　　　　　电话:5231

银行帐号:温州红卫办 1565005

湖州市新华书店科技门市部

地址:湖州市红旗路　　　　　　　　　　电话:3189

银行帐号:65001

余姚县新华书店科技门市部

地址:余姚新建路 77 号　　　　　　　　电话:余姚 2640

银行帐号:65001

河南省

郑州市新华书店科学技术读物门市部

地址:郑州大同路 117 号　　　　　　　　电话:26398

银行帐号:解放路营业部 0165003　　　　电报挂号:40003

焦作市新华书店科学技术读物门市部

地址:焦作市民主中路　　　　　　　　　电话:3467

银行帐号:支行营业部 365001　　　　　　电报挂号:40003

湖北省

武汉市新华书店科技门市部

地址:汉口中山大道武胜路口　　　　　　电话:52194

银行帐号:武胜路工作组 6065140

江汉新华书店科技门市部

    地址:武汉市中山大道 1149 号   电话:24485

    银行帐号:武汉分行营业部 65—14

荆州地区新华书店科技门市部

    地址:江陵县   电话:6945

    银行帐号:江陵支行 010065—1

枝江县新华书店科技门市部

    地址:枝江县   电话:423

    银行帐号:枝江支行 65×2

武昌新华书店科技门市部

    地址:武昌民主路 169 号   电话:72372

    银行帐号:武汉分行解放路办 6501

武昌县新华书店科技门市部

    地址:武昌县纸坊镇   电话:242

    银行帐号:武昌支行 6501

新洲县新华书店科技门市部

    地址:新洲县城关

    银行帐号:新洲支行 6501

荆门市新华书店科技门市部

    地址:荆门市

    银行帐号:荆门支行东门办 6501

湖南省

长沙市新华书店科技门市部

    地址:长沙市黄兴路 210 号   电话:22874

    银行帐号:6510002   电报挂号:40003

衡阳市新华书店科技门市部

    地址:衡阳市中山北路 57 号   电话:23593

    银行帐号:6510002   电报挂号:40003

株洲市新华书店科技门市部

地址:株洲市中心广场　　　　　　　电话:2817
银行帐号:656003　　　　　　　　　电报挂号:40003
宁乡县新华书店科技门市部
地址:宁乡县城关镇西正街　　　　　电话:154
银行帐号:65001

广西壮族自治区

南宁市新华书店科技门市部
地址:南宁市民生路　　　　　　　　电话:6044
银行帐号:南宁支行共办065065
桂林市新华书店科技门市部
地址:桂林市中山中路274号　　　　电话:4446
银行帐号:桂林支行阳桥办65065
柳州市新华书店科技门市部
地址:柳州市五一路　　　　　　　　电话:24749
银行帐号:柳州市支行人北办65065

贵州省

贵阳市新华书店科技门市部
地址:贵阳中华中路　　　　　　　　电话:24488
银行帐号:262265001
安顺市新华书店科技门市部
地址:安顺大十字
银行帐号:65013

广东省

广州市新华书店科技门市部
地址:广州北京路336号　　　　　　电话:31224
银行帐号:北京路办9—65315
中国建筑书店
地址:深圳人民南路海丰苑

银行帐号:06510137

韶关市新华书店科技门市部

地址:韶关市风度北路　　　　　　　　　　电话:5151

银行帐号:市支行065102　　　　　　　　　电报挂号:40003

茂名科技书店

地址:茂名市油城之路　　　　　　　　　　电话:2533

银行帐号:市支行651001　　　　　　　　　电报挂号:40003

新会县新华书店科技门市部

地址:新会县会城镇　　　　　　　　　　　电话:62568

银行帐号:县支行065001

东莞县新华书店科技门市部

地址:东莞县莞城镇　　　　　　　　　　　电话:2811

银行帐号:县支行065004　　　　　　　　　电报挂号:40004

第八章 图书馆的读者工作

第一节 读者工作在图书馆工作中的地位与作用

一、读者工作是图书馆工作的目的和归宿

不管图书馆有多少工作,都是为使它所入藏的图书资料更好地为它的读者服务。有些部门不直接与读者接触,但它们的工作也是为读者,是间接地为读者服务。图书馆内与读者直接接触的部门,是代表整个图书馆与读者接触,因而它们是图书馆工作的前哨。所谓读者工作,是指图书馆中与读者直接接触的那一些工作。图书馆其他一些内部工作,虽不与读者直接接触,但他们的工作成效,都必然要通过读者工作来检验,读者工作是图书馆内一切工作的总归宿。

二、读者工作是图书馆与读者沟通的桥梁

图书馆的丰富藏书是广大读者获得知识的一个重要来源。图书馆如何满足各种读者对书刊资料的需要,就成为应当经常研究的课题。其中关键的问题就是要千方百计地"为人找书"和"为书找人"。"为人找书"就需要对读者不分亲疏,热情、主动、积极地满足他们提出的一切索书需要。不但本馆有的要满足他们,就是本馆没有的,也要通过馆际互借帮助他们解决。要做到"为书找

人",就要经常主动地编制各种书目,经常主动地进行报道或宣传推荐。读者工作是馆藏图书和读者之间的媒介和桥梁,是实现图书馆方针任务的根本环节。它应当是畅通的桥梁,而不应当是艰难曲折的桥梁。图书馆只有紧紧抓住读者工作这个环节才能圆满完成自己的具体工作任务,图书馆对读者提出来的一切合理而又能办得到的要求,都应最大限度地予以满足。

三、读者工作是检验图书馆工作好坏、水平高低的主要标志

列宁说:"……值得公共图书馆骄傲和引以为荣的,并不在于它拥有多少珍本书,有多少十六世纪的版本或十世纪的手稿,而在于如何使图书在人民中间广泛地流传,吸引了多少新读者,如何迅速地满足读者对图书的一切要求。"(《列宁全集》第 19 卷第 271 页)可见,一个图书馆的藏书再多,其管理再好,如果不能为读者所充分利用,那不过仍然是一个藏书楼而已。因此,图书馆服务的读者是多还是少,图书流通率是高还是低,读者阅读效果是大还是小,是读者工作好坏的主要标志,也是衡量一个图书馆工作优劣的主要标志。

当然,主要标志不是唯一标志。巧媳妇不能做无米之炊。图书馆的各项工作,是一个有机整体,必须相互协调,尤其有关图书的收集和加工整理,都是读者工作好坏的物质前提和基础。它们工作之好坏、优劣将由读者工作来检验,因而读者工作也就成为不断改进图书馆工作的动力。

第二节　图书馆读者工作的原则

图书馆的读者工作,既然是图书馆全部工作的目的和归宿,既然是图书馆与它的服务对象沟通的桥梁,既然是检验和衡量图书

馆全部工作的质量好坏、水平高低的主要标志,它就应当在实践中全力起到这些作用,并达到这样的目的。这就要求,图书馆的读者工作必须遵循一系列的原则,遵守了这些原则,在实践中努力贯彻这些原则,就可以把读者工作做好,就可以通过热情主动地工作,胜利完成一个图书馆的任务,使图书馆真正在科研、教学、生产活动和提高全民族的文化科学水平中发挥出应有的作用。为此,图书馆的读者工作,必须遵循以下的一些原则来指导自己的实践活动。这些原则是:

一、为书找人,每一本书都要被充分利用的原则

早在 1919 年 5 月,列宁在"全俄社会教育第一次代表大会"的讲话中就说过:"我们应当利用现有的书籍,着手建立有组织的图书馆网来帮助人民利用我们现有的每一本书。"(《列宁全集》第29 卷,第 301—302 页)每一个图书馆都有它的特定读者群,因而它的藏书采集工作,必然是有一定方向、一定原则,某一本书之所以进入本馆,是因为本馆的读者需要,因此,在原则上,图书馆的每一本书,都应当是有其读者的。对院校来说,不是教授、讲师需要,就是研究生或学生需要,或者是机关职工,或职工的家属需要。如对一个公共图书馆来说,则它的读者面就更为广泛,因而它的每一本藏书,都应当能找到需要它的读者。遵循这样的原则,就可以充分发挥馆藏书刊文献的潜力,努力把死书变活,努力为每一本书找到它的特定读者。图书馆的藏书,种类繁多、形式多样、水平不一,这就需要做读者工作的同志,深入了解藏书、熟悉藏书;同时又要充分了解读者、熟悉读者,而后才有可能做到,使馆藏的每一本图书得到充分利用。列宁的"帮助人民利用现有的每一本书"的思想,在我们的读者工作中,往往没有得到很好地贯彻,使大量的宝贵的精神财富,长期束之高阁,除了思想上的原因之外,即对藏书的充分利用问题不够重视之外,根本原因,是许多搞读者工作的同志,不了解馆藏、不了解读者。如某重点大学,曾对一百万册藏书进行抽样调查结果发现,图书从入库到统计时,从没有被借阅过的图书竟高达 42.6%,在被借阅过的图书中,低借阅率的占 36.5%,中等借阅率的占 36.5%,高借阅率的占 27%。在不少的图书馆中,有些馆藏图书几十年没有一个读者借阅过的情况,是大量存在的。其原因,当然是多方面的,但做读者工作的同志,首先有责任、有义务为你的每一本藏书,找到需要它的读者。比如,加强新书介绍,借阅厅前的新书陈列,加强推荐图书的活动,举办各种形式的专题书展,甚至对呆滞书或“死书”进行开架借阅或编制“呆滞书”宣传书目。为了有效地解决这个问题,首先要从思想上认识图书馆中读者工作的重要性,加强图书馆第一线读者工作人员的人才建设,改变轻视读者工作,改变采用过多的临时工担任读者工作的现象。

二、为人找书,充分满足读者的一切索书要求的原则

早在 1913 年,列宁在“对于国民教育能够做些什么”一文(《列宁全集》第 19 卷,第 271—273 页)中,高度地称赞了西方国家,特别是美国和瑞士的图书馆工作效果,并提出了“要迅速地满足读者对图书的一切要求”的思想。图书馆是一座知识宝库,当一个读者进入一个适当的图书馆时,如果图书馆能够充分满足他的一切索书要求,就可以使他获得一种非凡的能力,从而为学习、为创造和做出贡献插上飞翔的翅膀。事实一再表明,千万计的知识青年,通过图书馆的帮助而考上了大学,或自学成才;许许多多的专家、教授、工程师,由于图书馆的帮助,而顺利圆满地完成了他的著述和发明创造。许许多多的大学生,由于图书馆的帮助,除了学好规定的课程之外,又博览了群书,大大地开阔了视野,成为学生中的佼佼者。所有这一切都说明,图书馆的读者工作,如果能全心全意地为读者着想,如果它能满足了特定读者的针对性的索书

要求,其所产生的效果,是一件多么了不起的事情。鲁迅先生就曾经大大得益于图书馆的读者工作者,因而在他的《鲁迅全集》里,就记下了几十个图书馆工作者的名字,他们也就成了鲁迅先生的好朋友。姚雪垠先生的《李自成》如若没有武汉大学图书馆多年的帮助和支持,成书也是难以想象的。因而,图书馆的读者工作,不应当只把眼光放在出借台上,或阅览桌上,而应当把视野放在社会作用上,看到他为读者所提供或推荐的每一本书所能产生的精神和物质力量上。应当认识到,对读者的每一次特定索书要求的拒借,都将是一种损失而应感到不安,所以应尽可能想方设法使读者的一切索书要求得到满足。这是图书馆读者工作者应有的最崇高的职业责任感。

三、充分揭示和宣传辅导的原则

图书馆的藏书成千上万,虽然有各种目录给予了揭示和反映,但这不等于所有的读者都能充分地利用图书馆藏书,其关键大多还是在于揭示、宣传辅导的不足。因此,图书馆的读者工作者,应当经常分析研究读者的阅读需要,研究不同读者的阅读心理,有针对性地把藏书和读者结合起来。如用半开架形式,能使读者经常了解到本馆所推荐的某一专题方面的贵重图书,使读者及时地了解本馆新进的各种贵重新书。用开架的方式,能使读者最充分地直接接触教学用书、科研用书以及其它业务用书;也可采取一些特殊的方法,重点揭示一些平时利用率低的那些藏书。这些都是充分揭示和宣传图书的好办法。众多的图书馆读者,水平各异,图书馆的读者工作者,不但要义不容辞地经常向读者宣传图书,还应针对不同读者群的具体情况,开展各种辅导活动,使馆藏书刊真正在读者中产生应有的效益。许多图书馆,有计划地引导和辅导读者开展读书活动,不定期地根据情况召开各种读者专题报告会、座谈会、交流会以及加强对读者利用图书馆的教育等等,都是充分发挥和实现图书馆揭示、宣传图书和辅导阅读功能的重要手段。

四、热爱读者尊重读者和读者反馈原则

作为整个社会文化、科学、教育事业的一部分的图书馆,作为图书馆里的一项尤关其存在和发展的关键环节——图书馆读者工作,能够最直接、最经常地接触它的各种读者,这些读者,都是带着求知上进,或者为了科研、为了生产需要而步入图书馆这座知识宝库的大门的,他们的行为是崇高的,他们孜孜不倦地努力学习的精神是值得尊敬的。他们需要的愈多,愈表明他们的勤奋和努力,图书馆的读者工作者,应当能为自己经常接触这样的人群,能为这样一些值得尊敬、将会为社会做出各种贡献的人们,做一些铺路搭桥的工作而感到骄傲和自豪。不能认为自己的工作,是所谓低人一等,那种认识本身就是一种陈旧的没有知识的反映。工作本身没有高低贵贱之分,就看你是怎么个干法,七十二行,行行出"状元",这是真理。图书馆的读者工作者,应当同他们的各种读者广泛地交朋友,要热爱和尊重读者的一切求书的活动。不应当把读者中个别不良现象,甚至是不法现象当成普遍现象,用一种不信任的、监视的眼光去对待读者。这是图书馆工作者普遍存在的,但却是很不应该有的心理状态,这是最明显的"藏书楼"的思想反映。应当加强对读者心理的研究,极大地消除与读者之间的隔阂现象,对一些不能很好满足读者需要的方面,应当耐心予以解释,应当同读者交朋友,应主动取得读者的支持和配合,并注意经常听取读者的各种反映和建议,根据这些客观的反映,来不断改进图书馆的工作。

五、区别对待保证重点有利两个文明建设的原则

每一个图书馆都要接待大量的读者。在读者阅读需要中,有的为了科研、教学;有的为了生产和技术改革;有的为了自学提高;

有的为了消愁解闷;有的为了欣赏或兴趣。在读者中,同时又有性别、职业、年龄、文化水平的差别。要使图书馆的读者工作真正做到有效性,必须明确区别对待、保证重点的原则。这个原则的区别点,应当是首先满足科研、教学和生产用书,并尽可能为他们借阅工作创造方便条件。对图书馆外借中的拒借现象也不能一样看待,应当区分需求性质,如某些文艺图书,特别是传奇之类图书,青年读者较多,一般图书馆不能充分满足读者借阅需求,这在一般情况下,应当认为是正常现象;而对于科研、教学、生产技改方面的用书,以及青年自学用书,通常应当充分予以满足,对这方面的拒借现象,就应当引起高度重视。如有的院校图书馆某个时期的外借工作,表面上处于紧张繁忙状态,但经统计分析发现,外借图书中有 70—80% 是属于非教学性用书,特别是一些所谓的"热门"小说,这种读者工作,就是一种盲目的读者工作,他们的工作质量,应当认为是不高的,说明他们没有贯彻区别对待保证重点的原则,工作的主要精力没有放在教学、科研方面。

图书馆有责任使它的每一本书都得到充分有效地利用,但是,每一种书都应有它的待定读者群。少儿读物、青年读物、成人读物以及学术研究用书应当是有所区别的。所有这些,都应当以有利于两个文明建设的原则予以适当处理。要做到这一点,就要求做读者工作的同志,对馆藏图书性质、内容有较充分地了解,对各种读者群的用书需要和特点有较充分地了解,才能真正使图书馆在读者服务工作中做到恰到好处,为提高全民族的科学文化水平,为我国物质、精神文明建设,为加速我国四化建设,做出应有的贡献。

第三节 对读者阅读需要的了解和研究

要对读者阅读需要有真实的了解,就必须做好读者的借阅统计,从而切实掌握本馆读者对各类图书需要的比例,了解本馆对读者需要能满足到什么程度,并可根据分析结果得出如何加强和改进各方面工作,特别是采购工作的结论。

一、借书处几项日常统计

1.图书流通册次的统计

这是对每天借出的和还回的图书总册数和各大类图书借出的册数进行的统计。

统计的时间和方法是,每天下班前或上班开馆前进行集中清点统计。

每日借出的图书,抽下来的根卡及"读者底折"不在当时排卡,统一留在规定时间内清点统计,即可得出某日有多少读者借书和借出了多少册书;读者当日还回的图书也不当即入库上架,而是将当日还回的书单独存放在清点架上,在清点统计时间内,按索书号排顺清点,即可得出当日还回多少册书及每一大类各有多少册书。这种统计,逐日逐月统计,即可得出本馆全年图书的借出率,并可得知读者的阅读倾向和读者对各类图书的利用情况。这对总结和改进图书馆的工作具有很重要的作用。

2.拒借率的统计

这是指读者提出索书要求而借不到的图书的册数,占读者所要借的图书总数的百分比。拒借的概念,不应限制在馆藏范围,这种拒借反馈的信息不能从根本上触动图书采集工作,因此,严格意义的拒借应当是指读者所提出的一切索书要求的拒借,这种拒借反馈的信息,对提高馆藏图书的质量具有重大意义,通过拒借统计的分析可以全面控制图书馆的各个工作环节。加强流通部门的反馈功能,也将是提高流通部门在全馆工作地位的重要手段。因此,图书馆必须高度重视拒借的统计工作。

统计的方法是,严格保管读者所提出的索书单,凡拒借的书,在索书单上做出规定符号,于当日下班前或第二日开馆前进行清点统计。因为拒借率统计比较麻烦,所以有不少馆并不每日进行,一般多是为了某种目的不定期地进行,得出拒借率情况后查找原因,改进一下工作,就告一段落。

拒借率统计工作虽然复杂、繁琐,但是拒借问题并不只是外借处的事情,往往产生拒借的最主要原因还是由于采购业务水平低,不了解馆藏情况,不熟悉出版动态,盲目乱购以及分编工作积压,分类工作粗枝大叶,前后不一,目录组织不完备,排检混乱,藏书与目录不符,加工粗心大意等原因造成的。因此,应当研究切实可行的办法,把拒借率统计作为外借处逐日逐月统计的制度,坚持进行。坚持拒借率统计及对其产生原因的分析,将会大大改进和提高图书馆的整个内部工作。

二、影响读者阅读需要的因素

一般主要有下列三大因素

1. 社会职业和社会活动对阅读需要的影响

这在工程技术人员中表现得最为明显,通常都是干什么学什么。这就要求,要了解不同职业的读者,了解他们在研究什么? 在学习什么? 在学校里,就要研究各类教师的不同需要;各年级学生的不同需要;各种科研工作者的不同需要;以及各类干部的不同需要。这种规律在经常性的统计和分析中即可以掌握到。

2. 读者个人兴趣爱好对阅读需要的影响

上述第一种情况,较多地表现了读者需要的共性规律,在各类读者群当中,又往往由于每个人的文化水平、个人经历、兴趣爱好、年龄差别、周围环境的不同,形成了每个读者在共性中可能具有的个人特殊的阅读需要。如:有人喜欢历史,历史中有人喜欢先秦的历史,有人喜欢汉唐时期的历史;有人喜欢外国的,有人喜欢中国的。对文艺小说类,在读者中也有千差万别,有喜欢中国古典的,有喜欢外国古典的;有喜欢现代的,在现代当中,有喜欢传记的,有喜欢惊险的,有喜欢爱情的等等,有各种各样的读书爱好。了解读者这种阅读个性和爱好,对向读者推荐图书具有很大的意义。如某读者提出的索书单上的书已借出去,如果掌握该读者的阅读爱好和他的阅读倾向,就可以切中需要地向他推荐某一本书。

3.社会政治经济形势对读者阅读需要的影响

各个时期的社会政治经济形势往往可以形成某些读者的某种阅读倾向。如全党工作着重点转移到四化建设上来,在"十年动乱"中很多青年没有很好学习文化,这时他们就非常需要各种教科书和读本以及复习题之类的书。再如,随着我国对外开放,国际友人大量来中国,学习外语就会形成风气。再如,在文艺上批评或推荐了某一作品,就会有更多的没有读过这个作品的读者来馆借这本书,如此等等。

对读者阅读需要的了解和研究,可以大大改进和提高采集工作的质量;可以大大提高读者服务工作的自觉性;也可以因势利导辅导读者学习,如组织众多读者都感兴趣的学习班、各种专题讲座等,以满足众多读者的共同需要。

第四节　各种类型图书馆读者及其服务工作特点

一、公共图书馆

公共图书馆是面向社会广大市民开放的。它的读者,职业、年龄、性别、文化水平、兴趣爱好差异很大,因而要注意对各种各样读者的统筹兼顾,不能顾此失彼,只考虑某一个方面的读者。一般来说,公共图书馆的读者有下列特点:

1.借阅文艺书籍的比重较大

公共图书馆的读者,社会青年比重较大,而且在读者当中为解决业余消遣爱好、丰富文化生活者又占多数,因而借阅文艺小说者,特别是借阅热门小说、流行小说者居多数。文艺小说是形象艺术,对读者具有潜移默化的影响和教育作用,但有些文艺作品并不都是很健康的,如:《三侠五义》之类书,有些青年看了就容易产生不良影响,这就要求图书馆在流通阅览中注意做好对文艺小说的阅读辅导工作,真正使图书成为青年人有益的精神食粮。

2. 公共图书馆具有不同特性的两大读者群

这两大读者群,一个是大众性的一般读者,他们数量多、成分复杂,阅读需要一般多偏重于文艺小说和普及读物。另一个是专业性读者,他们或是为了进行技术改革,或是为解决工作中某个问题,或是进行某项专题研究而来图书馆学习、研究或查阅参考资料。在他们当中还有的是为省、市、国家的科研项目服务的,因而对这部分读者应当贯彻"保证重点,照顾一般"的原则。在借阅方法、借阅数量、借阅期限等方面给予他们较多的方便。各级公共图书馆具体情况不尽相同,但一般大中型馆都有相当一部分这样的读者。即使是小馆,也常常有少量这样的读者。照顾和保证了他们,就是直接为生产为经济建设服务。

3. 自学青年读者

社会上有大量待业的青年,在他们当中有不少刻苦向上的青年需要利用公共图书馆进行有计划地自学。他们当中有的为升学做准备;有的是走自学成才的道路,发奋读书学习。公共图书馆应当特别注意在广大青年读者中发现优秀读者,对他们加以扶持和照顾,有时还可以帮助他们制定学习计划,有计划地向他们推荐图书、指导阅读。

二、科研与专业图书馆

1. 对象单一要求专深

这类图书馆的主要对象是科研人员,对象较单一,但是阅读需要既广泛又专深。在阅读需要方面,他们的特点非常明显,就是要最新的、要情报资料性的、要外文的书刊,其中特别是对科技期刊和内部资料感兴趣。

2. 服务方式要求特殊

由于对象单一,又主要都是为某一科研项目来利用图书馆,因而这种图书馆的借阅条件、借阅形式以及借阅规则等,都应适应客观实际,要使他们在用书用刊上处处感到方便。

3. 馆员水平要求较高

由于许多读者往往带着科研项目来图书馆查阅资料,因而图书馆有条件去注意读者的具体需要,在了解读者需要的基础上,可以开展一些力所能及的对口服务和跟踪服务,主动地从始至终帮助他们搞完一个研究课题或项目。在这种图书馆中,工作人员有更多条件直接充当读者的耳目和参谋。由于上述原因,对科研图书馆工作者就有了较高的要求。如要求具有较高的中文和外文水平;要求具有一定的学科专业水平;要求具有一定的情报检索能力等等。

三、高等院校图书馆

高等院校图书馆主要服务对象是教师和学生,他们的文化程度比较整齐。这两大读者群,在院校教学的阶段性、周期性特点上反应不完全一样。教师有经常性科研活动,假期通常都在写讲义,学期内有备课活动等,大致有些规律性。但是,各类教师往往在用书性质上有所不同。教师群,主要包括教师、研究生和进修教师。他们当中,有中老年教师和青年教师之分。中老年教师,具有丰富的或比较成熟的教学和科研经验,学术造诣较深,是教学和科研的中坚。他们求书特点是,范围广泛、种类繁多、中外兼及、全面系统,对图书资料的使用具有研究性质,可以叫做"研究型"读者,他们一般求书目的明确,要求迅速查找。青年教师中的研究生和进修教师,大多都是以系统的专业学习和专题研究为主要任务,对图书资料需求的特点是,理论性强、专业性强、系统性强,有时外语占很大比重。他们对图书资料的使用,一般是有计划、有步骤、循序渐进地阅读某一学科、某一专题的代表性论著,有时是同一著作的不同版本、不同译本等。他们属于"攻读型"读者,宿舍条件不佳的,则大多习惯在馆内攻读。本院校的青年助教,也略有特点,介乎上述两个读者群之间,他们既担任部分教学和科研任务,又处于专业知识进修、提高阶段。通常他们利用图书馆的时间较多,查阅资料广泛。与教师群相比,学生读者群的主要阅读状况具有明显的阶段性规律。学生读者一般占图书馆外借总量的80%左右,因而对学生读者群借阅规律的研究和掌握,对改善图书馆整体工作局面具有重要意义。这种规律性,主要表现在开学、上课、考试、放假四个阶段,循环往复。在这四个阶段上,图书馆各有忙闲而读者阅读也有不同特点。寻找其规律,图书馆就能变被动为主动。比如,在一个学期里,读者工作中图书流通过程通常表现为四种状态,即"常态"、"高潮"、"起浪"和"低潮"。通常"高潮"有两次,即开学之初和学期结束,前一个"高潮",学生阅读需要大多数来自客观因素,如各种教学参考书,同学们大多都是在开学之初,蜂拥到图书馆做好各种用书准备,这时期约有百分之八十的同学要陆续地来图书馆求书,这种情况,图书馆可以事先预测到,并同有关科系联系、调查,事先掌握学生用书的主要动向,流通部门就可以在开学之前做好供书准备;有一些还可以采取集体借书的办法,减少外借处的压力。后一个"高潮",学生阅读需要大多数来自主观因素,即同学们要借一批课外读物、个人欣赏、兴趣读物等等。这种情况通常不好预测,但通常不出乎前一时期校内外被称作"热门"的书;还有一种规律是,这个时期会出现许多平时不大流通的书,或个别冷门死角的书。因此,流通部门,也不难采取一些准备措施。如加强对冷门书的熟悉,准备一批热门小说或其他推荐性读物。这样图书馆即可以避免在"高潮"面前手忙脚乱。所谓"起浪"是指,由于政治、经济、文化、科学方面的原因,在社会上出现某种容易使人们偶然关心和好奇的现象时,就会在图书馆里突然出现一时性的阅读浪潮,如批判了某一种作品,或报上出现某种推荐书目。如近年各地组织的"知识百题解"之类活动,在图书馆里就会出现一阵阵的临时性蜂拥现象。图书馆工作,要不被动,就要时时关心社会上的各种容易引起读者阅读浪潮的现象,并做好必要的精神和物质准备,否则必然忙无所措。在"常态"和"低潮"期间中的读者阅读需要,通常是读者主观需求因素居多。如某人按个人自学或进修计划随时需要的图书;如教师备课或编写讲义涉及到某些有关参考书;如教师在搞科研过程中临时碰到的问题;如部分读者平时的自我调剂、欣赏消遣之类读物等等。这些问题因出现在"常态"和"低潮"期间,图书馆通常都可以从容处置。但做读者工作的同志,不断扩大知识面,关心校内外的各种有关教学、科研、文化生活信息,则是很有必要的知识准备。

在高校图书馆日常工作过程中,还须很好地处理以下两种关系。

1. 学生与教师应以教师为重点

在院校图书馆和读者中,究竟以教师为主,还是以学生为主的问题必须明确。人们普遍认为,应当以教师为重点,因为教与学这对矛盾,教师是矛盾的主要方面,只有教师的质量得到保证,才能把课程教好,完成教与学的任务。

2. 教学和科研应首先保证教学用书

高校图书馆的任务是为本院校的教学科研服务,因而这两者也有个谁主谁次的问题。高校虽然也搞科研,但它的科研活动主要还是为配合和搞好教学服务。学校的一般科研活动都必须与教学环节相辅相成,才能保证教学工作居于最新最高的水平。

第五节　图书馆工作者的职业道德和知识结构

现代科学技术的迅速发展,促使图书馆事业在科学研究、文化教育、经济建设方面的地位日益提高,图书馆与社会各个方面的联系更为密切和广泛。要使图书馆真正成为为科学研究、文化教育和经济建设服务的知识情报资源的基地,必须造就一大批从事图书馆工作的专门人才。物质资源,如矿产、石油、水利等资源的开发,需要专家;知识资源亦然。没有大批合格的专门人才,知识资源就不可能有效地开发和利用。从我国目前情况看,光靠学校培养这方面专业人才是远远不能满足我国图书馆事业发展的需要的。过去,图书馆工作者的主要部分,多是来自各个方面。这些各种职业工作者,大多成分很杂,水平较低,思想状况不一,由于各种原因把他们汇集到图书馆事业中来,如果对他们没有职业道德的规范和知识结构的要求,就会是各行其是,使图书馆变成大杂院,而不能建立起共同的职业信念、职业性格、职业品德和职业素养,这是很不利图书馆事业的健康发展的,因而也不利于图书馆社会职能的有效发挥。当然,并不是说受过专业训练的同志不存在这个问题,他们在参加工作之后,也有一个继续培养和提高的问题。因此,从整体上来说,非常需要在职业信念、职业性格和职业品德,简而言之,在职业道德上进行必要的规范。只有这样,才能使整个图书馆事业上下一股劲,万众一条心,真正把这个事业办好,为祖国的科学、文化、经济建设事业做出应有的贡献。那么,要做一个合格的图书馆工作者,主要应该从哪些方面加强自己的道德规范呢?从哪些方面加强自己的服务本领呢?

一、图书馆工作者的职业道德

道德是社会意识形态之一,是反映人们的善恶、荣辱、正义和非正义观念的行为规则的总和。这种行为规则是靠社会舆论、人们的内心信仰和习惯力量逐渐形成的。道德有不同社会、不同阶级、不同时代的标准,它受经济基础、社会制度所制约。社会主义公有制国家的道德基础是大公无私的共产主义思想,它的具体表现是爱国主义、国际主义、唯物主义、先公后私、自觉的纪律、忘我的劳动观念、对事业的忠诚、公物的爱护、集体观念、团结友爱、责任心和主人翁精神。这种道德精神,无形地制约着人们的行为,使人们能够意识到,这样去做就对,那样去做就不合适,使社会的人群过着井然有序、安定协调和密切和睦的生活。所谓职业道德,是指人们在从事某一种社会职业时,他应对社会整体所应尽的职业责任和职业义务。大家都能按职业本分地尽自己的责任和义务,这样就使整个社会,能够形成一个良好的我为人人、人人为我的大家庭气氛,人们就会在一个相互配合、协调有序的社会环境中,各尽其能地为社会发展和进步做出自己的贡献。社会上如果没有各种职业规范,社会生活就配不起套,社会秩序就要失去常态,人们就不能正常生活。显然,人们是不希望在一个失去常态的社会环境中生活的。人们希望的是各行各业都要有一个合乎整体社会利益需要的职业道德。图书馆工作作为社会中的一项职业分工,显然,它也有自己的道德规范。图书馆工作的职业道德和其他各种职业道德一样,都是某一社会职业在人类的长期社会实践中,逐渐约定俗成形成的共同遵守、相互有益的行为准则。这些已形成的准则,既符合了自己也符合他人的切身利益和需要,因而它要求人人都应该像执行义务一样地去遵守。

图书馆工作者所从事的工作对象,一个是图书文献,一个是广大的读者。其中,图书的收藏、整理、加工、提供都是为了读者,为了社会的人群。因而,图书馆工作者的职业道德,集中地反映在读者工作方面。图书馆工作者,不论他做什么工作,如采购、分编等,虽然从图书馆分工来看,他不直接与读者接触,表面看来,他不做图书馆通常所说的"读者工作",但是,他也是为读者服务的。从广义来说,图书馆的一切工作,都是在为读者、为本馆的服务对象工作,只有直接和间接的区别而已。因而在谈图书馆工作者的职业道德时,可以从图书馆的读者工作角度出发。但这并不等于说,这种职业道德只适于直接做读者工作的同志,而是适合于所有一切做图书馆工作的同志。

图书馆工作者的职业道德,就主要核心之点而言,主要应有以下四个方面:

1. 职业信念:高度责任感、事业心和主人翁精神

核心问题是事业心。这是干任何一种职业所应具备的第一个道德标准。人们应当从社会需要出发,干一行爱一行,从中来产生责任感和事业心。有了这一条,就会把事情办好,就会有主人翁感。图书馆工作是整个科学、文化教育事业的一部分,在现代的人类社会中,几乎是一切团体、一切部门、一切个人,只要识几个字,不论是老年,还是小孩,不论是男人,还是妇女……都与书、与图书馆打交道。当今图书馆事业,愈来愈成为一项巨大的社会性事业,它担负着开发民智的作用。图书文献是人类知识的物质载体,这些载体通过图书馆工作者的辛勤劳动,就变成了人类可以利用的巨大精神财富。从大一点的作用来看,没有图书馆工作者们为科学研究人员提供大量的经过整理的具有参考借鉴价值的图书情报,科研人员不是花大量时间去自己查阅,就是什么也得不到,使科研工作无法有成效地进行下去。在科学研究中,图书情报起着先导的作用,在这当中,图书情报工作者,是大有可为的。在教学工作中,如果图书馆工作者能为教师经常提供最新的对口专业需要的各种图书情报资料,就会使教师有条件写出好的讲义。一个

大学教师,如果只啃一本教材,孤陋寡闻,肯定教不好课。在这些方面,作为大学图书馆的工作人员来说,他就有许多工作要做。科技发展飞速,情报资料急剧增加,但是现在很多大学教师和工程技术人员不会用科学方法查阅文献,这是一个极大的问题。这正是大学图书馆工作者面临的任务。在生产建设方面也一样,图书馆工作者如果能密切结合本单位的实际需要,经常提供一些对口有用的情报资料,通过技术人员的利用,就会很快转化成生产力,创造出物质财富。

综上所述,我们可以充分认识到,图书馆工作者守护着人类的知识资源这座宝库,担当了多么重大的责任和多么光荣的任务。

从表面上看来,图书情报工作者似乎不直接创造什么价值,也没有什么固定的经济收益。但是有一点是肯定的,就是他们创造的财富和价值,正是反映在劳动者的生产技能和劳动效率的提高上;反映在人们的科学知识、学问素养的增长上,从而反映在整个社会物质财富和生产力的提高上。这些作用,都是要通过图书馆工作者,为科学研究人员、为教师、为技术人员、为一切需要图书情报的读者们勤勤恳恳服务之中才能取得。这就是图书馆工作者对社会应尽的责任。在这个岗位上尽心尽意地尽了自己的职责,就会在推动整个国家的建设事业和社会发展方面做出自己的应有贡献。因此,从职业道德来说,就应该在充分认识到自己工作的重要作用的同时,努力培养自己对本职工作的高度责任感和事业心,在工作中兢兢业业,发扬爱馆如家、爱护图书、关心读者的主人翁精神。

2. 职业作风:高度认真负责态度和严谨细致的工作作风

核心问题是认真负责。图书馆工作是一种学术性、技术性和创造性都很强的工作,同时也是一种复杂、细致而繁琐的工作。这里虽然有不少体力劳动,但绝不是简单的体力劳动,它是需要脑力的体力劳动。如搬书上架就很需要体力,但是如果像搬石头那样只使力气不动脑筋,就可能把科学排列的图书,排乱了次序,以致使某一本书变成死书,而失去了被读者充分利用的可能。把书排在架上,要一本一本地往里插,号码错了一个也不行。图书分类差一个号码,图书就进入不了应在的位置上。搞油印,书标上有一个字或字母印得不清,贴到书上,用的时候去找到它就很难。所有这些,都是一些很繁琐很细致但又是关系重大的一道道工序。所以,图书馆工作非常需要认真负责的态度、严谨细致的作风和埋头苦干的劲头。一个图书馆从整体来说是一个很大的系统,每一个人只能在某一个子系统中某一个环节上工作,而这些环节又是互相关联的。图书馆中的每一本书,从预订一直到借到读者手中,要经过六、七十道工序。在这个过程中,任何一个环节出了差错,都会影响整个图书馆的工作效果。例如采访工作不负责任,查重不认真就要大量重购;懒得做调研工作,就可能大量漏购,从而产生一系列不良后果。再如,分类工作只凭一知半解或想当然,既懒得多问又懒得查工具书,将书归错了位置,使活书有可能变成"死书",使其它许多工作都等于白做。管目录的同志排卡片,一个笔划、一个字母的马虎,就可能把卡片排错了位置,在目录里应该反映的地方没有这本书,同样会使一本应该流通的书变成"死书"。贴书标,看来似乎很简单,但是一马虎张冠李戴就会乱套,在图书管理上就要发生困难。所有这一切,从图书馆职业道德来看,凡因为不负责任、不认真、图省事,而为整个工作、为别人造成问题、造成麻烦都是一种不道德的行为。都应当用应有的道德来规范自己、要求自己,使自己做一个合格的图书馆工作者。

3. 职业感情:热爱图书、热爱读者、热情为读者服务的精神

核心问题是热爱图书、热爱读者。广大读者通过图书增长才智,并用这种新的才智去为祖国建设服务,因此,满足读者有关图书文献的一切要求,千方百计地为他们解决学习和工作中对图书资料的要求,是图书馆工作者神圣而光荣又是其乐无穷的事业。

310

要爱书如命,要能做到爱书,首先必须熟悉图书、了解图书、知道图书的价值,才有可能对图书产生感情,才能很好满足读者的一切索书要求。这也是推动图书馆事业发展的最强大的动力。为了做好这项工作,图书馆工作者就要经常深入到读者之中,调查读者对图书资料的需求,了解他们对图书馆工作的建议和意见;对图书馆里的一切拒借现象采取积极认真负责的态度,不断改进图书馆工作。从职业道德角度来看,凡是图书馆里有或在图书馆中应当解决的问题,对读者采取不负责任态度,简单回答"没有"、"不知道"者,都是一种不道德的行为。读者到图书馆里来,都是为了求学问、长知识,其目的是建设祖国。应当说,他们的举动是很神圣的,作为图书馆工作者,对他们无疑应当是抱有亲切的感情。那种对读者采取衙门式"官气"十足的态度和处事蛮横的行为都是一种不道德现象。当然,读者当中也有少数不良分子甚至不法分子,但这应与大多数读者严格划清界限,并以有理有节的态度对待。正像有的院校学生读者用"读者之家"称颂图书馆那样,图书馆工作者与读者相处完全应当使读者有这种感受,这是图书馆工作者应有的职业道德所产生的效果。

由于对读者有了热爱之情,能急读者之所急,在日常工作中,就会不断创新,不断适应读者各种新的要求,从而使图书馆工作,在为读者服务方面,在实现图书馆的社会职能方面,不断开创出新的局面。

4.职业品德:团结协作、互相帮助、抵制歪风、发扬正气的精神

核心问题是团结友爱和发扬文明正气。图书馆工作是一个系统,而且是一个进行文明建设的系统。图书馆内部众多工作者都是为了一个目标——对读者进行知识性服务,也可叫做知识性传授,这实际上是一种广义上的教育工作。这个工作,要求上下一股劲,左右相配合,共同努力,才能圆满完成图书馆的整体任务。各个子系统、各个小环节,既要忠于职守,又要考虑全盘、考虑上下环

节,不把麻烦留给别人,不能为了自己方便省事而使别人工作困难,这样才符合图书馆职业道德的要求。

图书馆每天接触大量的各式各样的读者,一方面要善于和乐于针对不同读者进行工作,了解他们的需要,努力满足他们的需要;另一方面,又要对读者中不良倾向善于做思想工作。应当发挥图书馆这个文明场所的作用。不但努力使不文明的读者逐渐文明起来,还要坚决避免读者中不良现象侵入到图书馆中来。如回答读者问题时冷言冷语、看人下菜碟,用馆藏热门图书搞不正之风等等,这都是与图书馆员的职业品德不相容的。

以上是图书馆员的职业道德规范,它是一个真正合格的图书馆员形象的基本标准。

二、图书馆工作者的知识结构

图书馆工作是一项学术性、技术性和创造性很强的工作。图书馆是知识的宝库,这座宝库中的知识资源是否能有效地开发出来,与图书馆工作者的知识素养关系极大。事实证明,一个初中文化的同志,在图书馆里也可以做一些工作,比如按号取书、上架之类;但有博士学位的同志到图书馆里工作,如欧美等国家图书馆那样,同样大有用武之地。国外许多大学图书馆的采访工作大多是有博士学位者担任的。他们还可以为不同的读者解决大量的疑难问题,为专业读者进行专业辅导和咨询等。而这些,无疑是目前各类图书馆中最缺少而又是广大读者最需要的图书馆专门人才。我国图书馆工作人员的人才结构,由于历史的原因,一直没有按照图书馆事业的客观需要合理解决。这也是我国目前图书馆事业不能很好适应四化建设需要的根本原因。这个问题的解决,将要经过长期的努力,目前各工业先进国家图书馆工作者的人才结构,如美国、日本、西德等都有很好的先例。

根据我国目前的实际情况,对我国图书馆工作者在知识结构上提出一些起码的要求,还是非常必要的。如果全国现有百分之七十左右水平还很低的图书馆工作者,有方向、有计划地进行补课,三、五年之内,是完全可以达到较为理想的目标的,从而至少能适应一些客观的需要。具体来说,图书馆工作者的基本知识结构,应当包括以下三个主要方面:

1. 语文知识

图书馆是搞图书、文献工作的,而图书文献是文字的载体。与其说他们每天同图书打交道,不如说他们每天是同文字、同各种图书的文字打交道。这些文字,汉字有古文、今文,又有繁体、简体之分;外文,有英、日、俄、德、法等文。如果一个图书馆工作者,对古今文字没有一定水平,对各种外文一无所知,在图书馆里无异于一个文盲。而文盲由于不能理解图书的价值,非但谈不到为书找人,而且对图书也不会有什么感情,没有感情也就很难谈到怎么去热爱这项工作,自然也就不可能把读者工作做好。因此,图书馆工作者首要的知识素养、首要的基本功应当是文字方面的基本功。既要了解现代汉语,又要熟悉一些古代汉语;既要通晓常用外文,又要熟悉一些稀用的文字。这样,图书馆工作中的许多作用,就会由于图书馆工作者的文字的理解能力和运用能力而得到充分的发挥。他们在这方面的基础愈好,语种范围愈广,他们发挥的作用就会愈大。在同图书(文字)打交道的过程中,就会得心应手,要看、要说、要写全能拿起来,这样的人,在图书馆中无疑是非常有用的人才。过去,有许多学语文、学外语出身的同志,到图书馆后,很快变成能起作用的内行,就证明了这个道理。

2. 图书情报学专业知识

图书馆专业知识,包括基本理论知识和基本工作方法和技能。这些知识,实际上是一种管理工作的方法和技术。这些技术和方法大多是一些成形的东西,因而并非高深莫测,经过一定时期的系统学习是完全可以掌握的。图书馆工作中的基本技术和技能,比较主要的有图书采访、登录、分类、编目和读者工作中的某些环节（如借阅、咨询、检索、复制等）。

所谓图书采访工作的基本理论和方法，包括图书源的分析、研究和文献的搜集、采集的原则和标准、验收和登录的方法、各类型读者不同需要的图书之研究、预订记录和查重、图书入藏和剔除、基本统计和分析等。图书采访工作是藏书建设的第一步，具体到一个图书馆的藏书结构，能否满足本馆读者的实际需要，关键就在这里。因此，它要求采访人员能根据本馆的性质、特点、任务和具体的服务对象考虑问题，要求采访人员了解外部书源的动态、本馆已有藏书的状况和将来的发展方向进行综合分析研究，并在这个基础上制定出符合实际的采集计划和比例。在图书经费许可的条件下，能从国内外大量各种出版物中精选出恰好符合本单位需要的那一小批图书资料。图书采访工作绝不单是能花钱、能跑腿、能搬书的人所能胜任的，它需要具有广博的知识和活动能力而又要求工作认真、作风细致的人才能胜任的工作。有些单位在考虑采访人员时，往往正是忽略了上述的基本要求，而导致花钱不少、藏书结构混乱、读者需要满足不了的被动局面。担任采访工作的同志，应当按照基本素质来要求自己、提高自己，才能真正符合客观上对自己的要求。这里关键的就是要勤、要善于学习、善于开动脑筋。

所谓分类工作的基本理论和方法，主要是掌握包括本馆所用分类法（表）的分类体系和原则、各种类型图书的归类特点和方法、各级类目划分的标准、它们在层次上的逻辑关系、各种辅助表的使用方法、分类标记的使用方法等等。在了解具体分类表的特点之后，还要结合本馆特点，对所用分类表中某些不适应的类目加以调整和增减，制定出本馆统一使用的分类细则。

所谓编目的基本理论和方法，主要是掌握中文和西文目录（在一些较大馆里还有俄文和日文系统）的著录规则和著录方法，基本著录、辅助著录的方法;分类、著者、书名、主题目录的组织排检、管理的方法。

所谓读者工作的基本理论和方法,主要指借阅、辅导、咨询、检索、文献复制等的具体要求、原则和方法。这些工作,都不是简单的搬一搬书的问题。他需要工作人员全面、系统地掌握馆藏全部图书文献的现状、各种藏书的分布、各类藏书的数量比例和等级水平;要掌握图书文献的入库保管和保护技术;要熟悉入藏、借阅、流通的环节和过程;掌握借阅、流通的统计和分析方法;掌握拒借的统计和分析方法;掌握阅读的指导方法;掌握专题资料的搜集、整理及编译报道方法;书目、题录、文摘、索引的编制原理和检索方法等等。

所有上述这些,对一个图书馆专业工作者来说,不论他担当哪一部分、哪一个环节的工作,作为整体的知识都是应当具备的,只有这样,才能说他是一个专业工作者。

3. 学科专业知识

现在,图书馆的情报传递职能日益加强,要做好情报性服务,没有学科专业基础是根本不能胜任的。因此,当代图书馆员的知识结构,必须包括这种知识。有了这种学科专业知识,图书馆里的各种学科的专业文献,才有可能得到充分有效地开发和利用,馆藏利用率才能真正有可能大大提高。

4. 相关知识

所谓相关知识主要是指其它有关的科学技术知识和文史方面的知识。当然,也可以把自然科学、社会科学和哲学三大知识门类及一些交叉学科的知识都列为图书馆工作者的相关的知识范围。图书馆内的藏书固然都是文字表达的,但这些文字都表达着各种知识体系。一个综合性图书馆,就可能包括上至天文、下至地理,人类的一切知识领域。一个专业图书馆,面虽然窄一些,但却会是很专、很深,如医学、地质、生物、海洋、航空等等。如果图书馆工作者不了解所入藏图书的知识内容,甚至连应当了解的基本概念也不清楚,那就是通常所说的科盲,根本谈不上有水平的服务了。从实际工作来看,在综合性图书馆里,图书馆工作者应当做到博古通今,什么都要懂得一些,但可以不必深;而专业图书馆工作者,则应当对本专业尽可能做到专一些、深一些。只有具备了这样条件的图书馆工作者,才有能力去驾驭这些知识财富,才能理解这些知识财富的真正社会价值,也才有可能通过他们的辛勤劳动充分发挥出每一本书的作用。

其它与图书馆学比较密切的许多知识,如信息论、控制论、系统论、运筹学、经济学、心理学、教育学、法学、应用数学、概率论和数理统计、逻辑学、语言学、科学学、管理学、社会学等等基本知识,对于一个当代较为完备的图书馆工作人员来说,更是应当有所了解的。

上面所谈的图书馆工作者的知识结构,只是一些基本方面。一个图书馆工作者,必须善于根据自己所处的具体环境,明确自己的知识结构的现状,找出自己的薄弱环节,抓住主攻的方向,分阶段有步骤地来充实自己。通过有计划地进修或通过刻苦自学,或通过实践留心学习等等,都是可行的方法。

知识和学问是没有止境的,知识的等级是有层次的,不可能一步登天,总是要在原有基础之上持之以恒、坚韧不拔地进行。应当善于一个层次一个层次地提高和充实自己。当有了坚实的基础功夫之后,就可以在某一方面或某几方面发挥个人优势,变得更专深一些,在特定的情况下,就会发挥出特殊的作用。

在图书馆这个人类知识的海洋里,一个人不论达到了多么高的水平,但只要停止了学习和上进,庸庸碌碌地瞎混,就会很快落伍而不适应工作发展的需要。特别在当代,科学技术迅猛发展,知识的新陈代谢很快,一时不学习就会从有知变成无知,所以,对图书馆工作者来说,一天也不中断学习,应当是他最根本的素质。

第六节　图书的流通与读者工作的方式方法

图书馆的读者工作是图书馆为读者服务的主要内容,它包括外借、内部阅览、复制、宣传辅导、参考咨询(情报检索)、书目报道、文献学教育等项。

一、外借服务

图书馆的藏书成千上万册,不可能全部图书都在馆内阅览,这不但是因为图书馆不可能有那么多的座位,而且还因为有大量的读者要在业余时间里利用图书馆的藏书。为了充分发挥馆藏书刊的作用,尽量扩大图书的流通量,图书馆必须开展图书的外借工作。外借形式大致有以下几种:

1. 普通借书处

也叫混合或综合借书处,它的特点是以各种学科的藏书服务于各种不同的读者。不管读者要借阅何类图书,都到一个出借台上去借。这种方式出借图书较适合于小型图书馆,大中型图书馆不宜采用,缺点是浪费重点读者的时间,不利工作人员的专业学习。

2. 分科借书处

这是按知识门类划分的借书处,如:将出借处分成社科书、自然科学书、文艺小说等借书台,外文书也单设借书口,有的科技书太多也可分得更加细一些。

3. 分台借书处

按不同读者成分设置出借台,如公共图书馆分儿童借书台、成人借书台、科技借书台;学校图书馆一般分教工借书台、学生借书台。多系科的院校,学生借书台又可细分几个专业相近的出借台。

这样出借图书,读者对象固定单一,便于统计分析和加强专业学习,有利于推荐图书,有利于有针对性的服务。

4. 集体借书

图书馆与所服务之单位直接建立借阅关系,由对方指定专人负责,以单位的名义向图书馆借书,这种方式就叫集体借书。集体借书,既方便某些集体单位的集体需要,又简便了图书馆逐个办理的手续。如学校图书馆对各班级学生集体外借;或假期对留校生集体外借;工厂对班组车间集体外借等。集体借书要与借书单位订立公约,或集体单位提出保证时,可发给集体借书证,通常借书都是整借整还。

5. 馆际互借

读者对图书的需要多种多样,任何一个图书馆的藏书都不可能完全满足读者的需要,特别是藏书不多的中、小型馆更难满足读者的特殊要求。因此,就需要借助其他图书馆的藏书来满足本馆的读者需要。馆际互借是互通有无实现国家图书资源共享的必要措施。但是,通常馆际互借主要是为解决读者在生产、科研和教学中所急需的图书,而不是为解决读者的一般阅读需要。

近年全国各地纷纷建立各种地区性的协作网,其中一个主要内容就是建立馆际互借关系,各协作成员馆都发一个馆际互借证,各馆即可用此互借证为本馆读者借书,借来之后再转借给本馆读者。这种方法大大方便了各互借单位的读者,是为读者外借服务的一个很重要的形式。馆际互借可在一个城市内各馆间进行,也可在本省内的直至国家馆之间进行。现在我国同英国已建立了互借关系,国内各馆如有需要可通过北京图书馆向英国进行馆际互借。

要进行馆际互借,首先要制定馆际互借规则以便共同遵守,该规则主要包括下列内容:

(1) 馆际互借的目的,建立互借关系的期限;

318

（2）借书的范围和数量；

（3）损坏和遗失书刊的赔偿办法；

（4）互寄图书时的手续或邮寄的办法；

（5）双方应共同享有的权利和应尽的义务；

6. 外借工作程序

（1）读者借书证登记

各种类型图书馆都有各自的基本读者群，这些读者要取得本馆借书的权利，必须先领得本馆发给的借书证。领借书证的办法，基本上分集中登记和临时登记两种。

所谓集中登记，通常是每年在规定期间内集中办理一次。如高校图书馆，新生入学时在学生部注册登记领取学生证，同时发一张去各部门注册的联单，如图书馆、医院、伙食科等，学生即可凭它去图书馆借书处办理借书证。学校的借书证，是一个证借一本书，如一个学生发给十个借书证，即可循环使用，毕业时将证交回，才能办离校手续。公共图书馆，因为面向社会，每年用登记卡形式集中办理一次读者登记。凡是登记的读者，即发给一个借书证，此证只一张，作为可以借书的凭证，另外，发给证的读者还需填一个"读者借书底折"。登记卡、借书证和底折三者给同一个编号，借书证交给读者保存，登记卡和底折由图书馆保存（有的馆借书记录底折就装订在借书证里，用完重换证）。登记卡最好按读者姓名字顺排列，底折按读者登记时给的顺序号排，这样就有两种检索系统，各有功用。公共图书馆与院校、科研单位图书馆不同，持工作证或介绍信的读者可以直接在图书馆内一次办完手续，没有工作证的读者，就需要将登记卡带回单位或街道盖章（登记卡背面有登记要求），之后交给图书馆才能领证并填"借书底折"。

所谓临时登记，是指平时零星进行的个别登记，手续与集中登记方法相同。

下面是公共图书馆通常所用的借书手续的三个格式：

①读者登记卡格式：

（正面）

图书馆读者登记卡							
姓名		性别		年龄		文化	
单位		职别			证号		
家庭住址				联系电话			
读者签字盖章		发证人			年	月	日
附 记							

（背面）

　　兹有我单位　　　　　　同志向你馆领取借书证,保证遵守你馆借阅图书的规章制度,按期归还,不损坏、不丢失,如有违犯,按你馆制度和赔偿规定处理,工作有变动时,一定与你馆办清一切手续。

　　我们负责督促,希发给该同志借书证为荷。

单位名称　　　　　　盖章　　　　年　　月　　日

②借书证格式：

证号　　　　　　　　　　　×××

照

片

　　　　　　　　　图书馆

　　　　　　　　　借书证

姓　　名　　　　　年龄
职　　务　　　　　文化
住　　址
单位名称　　　　　电话
发证单位

　　　　发证日期　　　年　　月　　日

320

此证背面可印上"读者须知"。如：a)每次借阅期限一个月；b)借书过期三次者，本馆收回借书证；c)借书如有损坏或丢失按规定赔偿；d)工作调动及时交回，如有丢失及时声明作废；e)此证不准转借。

③借书记录底折格式

底折单面外形尺寸相当于64开式样，可装订成册，加封皮。封皮项目按顺序可印借书证号、姓名、单位、职别、电话、××图书馆借书底折、年、月、日。底折内装订若干页，作为读者每次借书的记录和还书注销依据。内页格式如下：

索书号	书　名	借　　出		还　　回	
		日期	签字	日期	签字

125mm

180mm

(2)读者借还书手续

读者事先根据目录查出所需要图书的索书号，将要借图书的索书号写在索书单上，借书时，将索书单交给工作人员并出示借书证。工作人员找出读者所借图书之后，抽出本书袋(贴在封3上)中所装之书袋卡(即根卡)，并按借书证号找出该读者"借书底折"，在根卡上填入证号和归还日期，并在"借书底折"上逐项填写，随后盖上还书日期章。上述手续完后即可将借书证和读者所借之书交给读者。借书手续对读者来说已经完备，但对出借处来说还有一项工作要做，就是排卡的工作。这项工作关系到统计，所以一般不马上排卡，要将根卡和"借书底折"单独存放一天，待清点统计完了之后隔天集中一起排卡。这种做法，每天如此，可以形成规律。借书处的排卡方式，有所谓"单轨（卡）制"和"双轨制"之分，单轨制一般是将出借图书留下的书袋卡（根卡）夹入读者借书底折内（或与借书证夹在一起），按该书归还日期排成一个查找系统，所以这种方法能够知道某日有哪些图书应该归还，便于催书。这种方法简便，并解决了外借图书的主要问题，有不少馆采用此法。但是目前有较多的馆，特别是藏书复本较多、读者经常蜂拥借书的院校图书馆，往往着眼于查找方便，一般并不按归还日期排，只按读者证号顺序排成一个"单轨"查找系统，这种排法，可回答何人借了何书，查找特别方便。所谓"双轨制"，除能回答上述一个问题外，还应当能再回答一个问题，其中可以是何书为何人所借，或者是何日何人该还书。如将上述三个问题，任意组合成能回答两个问题者，都叫"双轨制"。这种"双轨制"对一般院校或公共图书馆实用价值并不太大，但对科研、专业馆来说，因复本少，有时急需追踪某书被何人所借出，或需要严格按到期还书，则具有一定实用价值。采用"双轨制"时，根卡即书袋卡要备三张，一张抽出做典藏卡，一张同借书卡（一张卡只借一本书者）一起排成"何人借何书"系统，另一张按索书号排成"何书被何人借"系统，或归还日期系统。采用"借书底折"时，底折按读者证号排，书袋卡按索书号排。还有"三轨制"，因为较麻烦，大多不采用。

对一本出借书来说，还有一个索书单保存利用问题。索书单可以确切地反映出本馆拒借情况，索书单的项目设计完备时还具有其它跟踪功能，如能常年坚持作为基本统计，将会大大有利于图书馆各项工作，特别是采集工作的不断改进。

读者还书时，大中型馆一般不马上还架，而是按规定或上班前或下班后专门留出清点统计的时间，对当日还回图书进行分类、分册清点（最好设有几个大部类的存书架，还回图书随时按大类集中），即得出本日还回几个大类一共多少册书。随后再集中入库

322

按大类顺序上架。

7.外借工作有关规章制度

图书馆的藏书虽然总数很多,但各个种类的图书数量不一定能满足读者的需要,有的书只有一、两本复本,而且还要使大多数读者都能及时得到阅读的机会。另一方面,图书馆的读者是各式各样的,家庭的条件也不一样,因而在借阅过程中,很容易出现丢破烂损及不按时还书等情况。为了保证图书馆工作正常进行,也是为了大多数读者的共同利益,图书馆外借工作必须制定一定的借阅制度,并张贴公布,广泛宣传,使读者周知。图书馆的藏书是国家的财产,所藏图书不丢不损,才能确保图书馆充分发挥馆藏图书的作用,因而,图书馆又必须制定关于图书丢失和损坏的赔偿制度。

(1)图书馆的借书制度。如某校馆规定:

①凡本院师生员工,可持工作证、学生证到借书处领取借书证。教师每人发证十张,学生、职工每人发证六张。

②借书时凭证借书,教师教学用书借期二个月,文艺小说借期一律半个月。

③所借图书必须按期归还,如需继续使用须办理续借手续,量少而多数读者急需的图书及字典一律不外借。

④借书过期不还者,过期一天停借一天;对多次借书过期,经催不还者,收回全部借书证。

⑤借书如被污损、撕毁、乱划或丢失者,应按制度赔偿。

⑥借书证丢失,应即来馆声明作废,每学年集中补发一次。

⑦离校时应交回借书证并归还所借之书。

(2)图书馆的赔偿制度。如某校馆规定:

①读者所借图书不得污损、撕毁、圈点、批注和丢失,如有上述情况按具体情况赔偿;

②一般中文图书按原价赔偿,外文图书按原价三倍赔偿;

③教学科研使用价值较大的图书按原价三到四倍赔偿；

④丢失图书，如库存仅一、二本时，按原价五倍赔偿；

⑤成套图书丢失其中一本，则按全套价格赔偿；

⑥如系代别人借书丢失时，按原价五倍赔偿；

⑦丢失内部资料、工具书、珍贵图书应按具体情况赔偿原价三到十倍。

8.外借处的图书宣传、推荐辅导工作。

外借处的图书通常都在闭架的书库内。读者不可能像在开架书库那样，可以任意挑选准确借书。因此在闭架书库出借图书时，为了提高借书效率，保证读者准确满意地借到自己所需之书，减少今日借了不适用，明日又来归还的麻烦，出借处应注意对经常用书以及推荐之书和部分新书进行宣传、介绍、推荐辅导。具体办法有：

（1）新书展览橱

有的馆在出口处装有玻璃橱，凡来馆新书均抽出一本，在此橱内存放一定期限，便于读者选择最近新书。展览橱有书架式的，有橱式的，可以根据条件设立。

（2）图书有无示意牌

对常用书、热门书设立本书有无的示意牌（用塑料片等制作）或用卡片标示，如有的馆将常用书、热门书做出标示牌，按学科类号顺序挂在借书处门口，库内有书，在正面用红字表示，库内无此书时则翻过来用黑字表示，这样既方便了读者，又减少了拒借率，减少了工作人员的跑库工作量。

（3）宣传辅导

对读者使用各种目录进行辅导，张贴各种查找方法和借书规则并注意经常宣传。

二、内部阅览工作

有些复本量不多的图书,有些不宜外借的各种工具书以及其他不能外借之书,必须在图书馆内阅览才能保证更多的读者充分利用图书。同时图书馆内有良好的设备和环境,适于读者在其中看书、学习和研究问题。通常本馆入藏的图书,在典藏处按类型或学科内容,保证各有关阅览室一、二本,供读者内阅。

1. 各种阅览室的设置

(1)按知识门类设置阅览室,如划分为社科阅览室、科技阅览室、文艺阅览室等。

(2)按读者对象设置阅览室,如划分为普通阅览室、科技人员阅览室、教师阅览室、学生阅览室,还有的为专家设置参考研究室等。

(3)按藏书成分设置阅览室,如划分为期刊阅览室、报纸阅览室、外文阅览室、古籍善本阅览室、工具书检索室、情报检索室、情报资料阅览室、缩微资料阅览室等等。

各种类型图书馆划分阅览室的情况不尽相同,设置阅览室既要根据本馆的读者对象、任务和藏书特点,又要考虑本馆的馆舍条件、人员条件和设备条件。其原则必须是方便读者、便于管理和有利图书充分流通。上述各种阅览室的设置一般是大中型馆的情况。小型图书馆,鉴于各方面的条件,一般设置一个报刊阅览室和一个普通阅览室即可,有的也可设一个综合阅览室。

2. 阅览室管理

(1)图书的管理方式

阅览室内的图书管理,一般有开架式、半开架式和闭架式三种。所谓开架式是指室内藏书公开陈列,读者可以自由地从书架上任选,也不办理借阅手续,阅后有的是自行放回原位或按大类上架;有的是阅后放在阅览桌上,由工作人员统一上架。一般性读物和期刊通常都采用这种开架式。

所谓半开架式是指用玻璃柜锁起来,或像书店那样陈列,工作人员坐在中间,读者只能见到图书,也可以自由选择,但不能自己取放,必须通过工作人员用压证的办法借阅,阅后立即还回。这种办法适合于一些贵重图书、工具书以及热门书。

所谓闭架式是指读者看不到图书,书是在辅助书库里内藏的,这部分图书都备有目录,读者按目录找出自己所需图书资料,写好索书条交给工作人员,办理手续后借出在阅览室内阅览,阅毕归还,一般不准带出室外。这种形式一般用于情报资料的阅览。

(2)开架书的排架

开架阅览室内的读者较杂,由于可以任取任放,往往使室内图书出现大量的混架现象,使后来的读者不知到哪一架上去找自己需要的书,而且工作人员对各大类的图书也无法做到心中有数。为了克服这种缺点,有的阅览室,在每次从典藏领取新书时,一律重新加工一次,有的重新贴上标签或标上色标,还有的用其他方法做出明显的大类标志。如机械类图书在书脊上部贴上自己规定的醒目的大类号码;有的在书脊顶沿用色笔给一个规定的大类色标,同时在各大类书架上,用明显字样贴上各大类书该放的标志号别或色别。这样,读者进室即可按大类找书,归书时因为标志明显醒目,一般经过宣传,不易放错大类,如果大类放错,因为类标醒目,工作人员随时可以调整。这种方式适于读者自取自放的开架阅览室。

如果不是普通阅览室或学生阅览室,而是教师或科技阅览室,因工作量不大,可以采取严格按类号顺序排架,读者只可自取,图书阅后放在书桌上,由工作人员自己按类号归架,这样读者找书或工作人员找书,都可以迅速准确地按类号取书。

(3)阅览室的统计

阅览室读者一般是反映某一类读者群,为了掌握读者群的动

326

态,阅览室应有本室读者统计,从中可以掌握本室工作量,了解读者动向,随时调整图书。

(4)藏书的新陈代谢

阅览室的图书来自总书库,它只是为特定读者群提供日常阅读之图书,因而必须建立定期调整藏书的制度。对在本室所藏经多年实践不被读者所利用的图书,应定期(如一年)交回大库,对读者经常查阅而在阅览室内又找不到的图书,应随时通知典藏处及时予以补充,使阅览室的藏书绝大部分都处于经常流通之中。

(5)听取读者意见和阅读辅导

阅览室读者与工作人员往往朝夕相处,这是与读者交朋友,对读者阅读需要进行调研的最好场所。因此本室应设立读者意见簿,读者有关用书的一切要求,如:何书该增购……都可以请读者随时记在意见簿上,同时工作人员应每天查阅意见簿,对读者提出的问题及时写明处理的结果。这种用书面的办法,既节省闲聊的时间,又有了日常的工作记录,对读者对图书馆都是非常有益的好形式。所谓阅读辅导,是指对读者阅读进行指导。根据读者阅读倾向和阅读兴趣,对共同关心的问题,负责阅览室工作的同志,可根据情况或进行个别辅导或集体辅导,或请专人报告,或召开读者讨论会、座谈会等等,以加强阅读效果,特别是理工院校社科文艺阅览室或文科院校科技阅览室,对特定读者群进行集体阅读辅导,尤有必要。

(6)个别外借的处理

阅览室的藏书,在原则上是不外借的,因为这里的藏书都是一、两本,只能供给内阅,如果外借就使更多的读者无法利用;同时,本室书少,如果借出去,室内无书,也给工作人员造成压力。但是,事实上往往有的读者在总库借不到书而他又急需;还有的在休假日阅览室不开放,有的读者想在这期间再利用一下阅览室的藏书。针对这一类情况,就可按特殊情况处理。处理办法一般不应

327

按借书证,而应用工作证或学生证,并且要有严格的时间限制,通常不应超过两天。当然对读者很少用的书,可视情况适当延长,但也不能超过一周,学校在放假期间,可按特殊情况延长,但开学就必须归还。

阅览室必须避免任意外借,任意外借必将造成阅览室的一系列混乱现象。

(7)阅览室藏书的清点

开架阅览室,由于是读者自取自放,由于读者用书方便,往往有个别品质不好的读者只为自己方便,故意将书藏在某处自己知道的角落里,或干脆偷走归为己有。这样,阅览室的藏书就有必要建立定期清点制度。如半年一次总清点,一个月对某类进行一次小清点,甚至平时也可以根据读者用书的倾向,对重点大类图书进行日常性的清点,有时不一定逐册对卡,只要将本大类图书在书架上做好标志,往往随时可以发现图书丢损情况。开架阅览室在各国都有丢书现象,但亦应有一个指标,如一年内在千分之五以内的丢失,可视为难免和容许,超过此数即应认为在管理工作上漏洞太多,就需要加强防范措施。除加强管理人员的责任心外,其中一项是制定偷书赔偿与处罚制度,奖励查获、检举偷书者,在读者中推广互相监督不法行为的风气。

(8)图书修补

阅览室藏书,每天要经过各类读者之手取出来、放回去,特别在闭馆之前,许多读者蜂拥还书,乱插乱放,因而阅览室图书损坏现象比较严重。特别是平装书的封面,经过不太多读者之手就会折断掉皮。有的馆采取封皮加工,用浆糊将封皮易折的地方向内侧再粘一段,可以大大减少图书掉皮的现象。除了这种事先加工之外,对日常破损图书应当逐日修补。因为小损小补,随时出现随时补,工作量并不多,既可以避免大修大补,费时费工,也不影响读者使用。一般凡是破损图书都是有较多读者的常用书,如不及时

328

修整,只是简单地收起来等着集中修补,必然要影响读者用书。如果工作人员太忙,或一次发现破损图书较多,可适当动员一下读者,特别是院校的学生读者,为了不影响图书正常流通,大多数读者都很乐于协助。有十册书,十个读者,每人有两分钟就全部解决问题。阅览室可以发动群众为破损图书正常流通创造条件。

（9）阅览室目录

通常开架阅览室,读者不必使用目录。但是,阅览室从典藏处所领图书,每书有一张根卡,这张根卡工作人员应作为本室财产账,按分类号顺序排好,严格管理,防止丢失。该卡一方面可作平时工作人员咨询之用,又可作图书大清点时的财产依据。

（10）义务馆员活动

要搞好图书馆阅览室工作,搞好馆员与读者的关系是一个非常重要的问题。其中非常重要的一项,是开展义务馆员活动,这对院校图书馆来说,是搞好学生阅览室工作的重要措施。义务馆员可以协助阅览室值班、整架、维护秩序,更可以起到监督个别人的不法行为。图书馆对义务馆员可以给予某些优惠待遇,如参加图书馆的某些特殊活动,借书优待,表现突出的可以给予贵重图书（如各种工具书）的奖励,每年还可以召开义务馆员座谈会、茶话会、联欢会等等。通过义务馆员,可以更好地沟通读者与图书馆的关系,可以经常及时地获得学生中的某些信息,以改进工作。根据经验,除个别极热心于图书馆活动者外,通常可以吸收院校先进班级集体做义务馆员,他们都有集体责任感和荣誉感,许多事情通过班组长就可以带动全班维护图书馆的规章制度和各种要求。

（11）阅览室的规则和制度

阅览室的规则和制度是根据本馆的方针和具体情况制定出来用以指导阅览工作的准则。它可以使读者明了自己在阅览室内使用书刊的权利和义务,保持读者与图书馆之间的正常关系;也可以使阅览室服务工作按照一定的规则、程序和方法进行工作,通过规章制度把藏书保管和藏书利用这对矛盾有机地统一起来,既保证藏书不受损失,又便利广大读者阅览。这是保证图书馆内书刊不受损失地正常流通阅览的重要手段。

由于各馆具体情况不同,因而阅览规则和内容也不一样。归纳起来,主要应包括以下几条:

①在馆内借阅手续的规定,如自由取阅书刊,规定每次只限一本或两本。这种规定可以防止少数读者只顾自己,一取一堆。规定阅后归架等要求。

②关于保持室内阅览秩序的要求,如保持安静、不准高声谈笑、注意整洁,禁止吸烟、乱扔果皮碎纸,不准在室内吃东西、随地吐痰等等。

③关于爱护公物的要求,如爱护图书的要求、桌椅使用要求等等。

④关于破坏图书及可视为偷书的界限以及赔偿处罚的规定和优秀读者的奖励办法等。

三、复制与视听

1. 复制服务

复制服务是图书馆现代化的组成部分。近年来已有不少图书馆开展了文献复制工作,并在图书入藏和流通中发挥了积极的作用。国内一般说的复制服务,主要指静电复印,这是我国目前已被较多图书馆采用的服务方式。如大连工学院图书馆,仅 1983 年就为教学和科研复印五十多万张图书资料,还为广大同学半价复印了大量资料,大大方便了读者用书。复制服务的作用归纳起来,主要有以下几点:

(1)提高书刊资料的利用率,使馆藏图书都能发挥作用。有些贵重图书,复本有限,有的只有一本,图书的供求必然产生很多矛盾,如果有了复制手段,通过复制即可解决,特别是科技人员所

330

需要的资料,大多都是摘取片断,通过复印不但可以解决问题,而且费时很少。借此解决了读者资料的需要,也就不会再将所借图书长期压在手中,影响别的读者利用。有些贵重孤本书,不能外借,读者又无时间常来阅览室,但通过复制,则可带回家去利用。无疑,这就大大提高了书刊的利用率。

(2)提高书刊资料的周转率,加速了情报传递。复制资料一般几页属多,不论何处有的资料,都可借来复制,大大加速了情报资料的周转。

(3)复制服务又是获得难得书刊的好办法。不少读者提供难得资料线索,本馆缺藏时就可通过复制,既增加了馆藏,又解决了读者需要。

(4)有了复制服务,读者需要资料有了方便,大大避免了书刊资料的丢失和撕页现象。读者阅读中需要某篇或某一页时,办一下手续很快就可以得到资料,不必像过去那样去撕页,破坏了图书的完整,促成一些不法行为的滋长。

2. 视听服务

所谓视听服务,是指图书馆用一些声像资料,也叫直感资料,为读者进行能够形象地看图听音服务。视听资料一般包括录音带、录像带、幻灯片、唱片、科技电影等。

视听服务比起常规印刷品具有直观、形象方便的特点,特别是外语学习,利用视听资料配合可以大大提高读者的理解力和记忆力,在一些需要较多直观教具的教学科目中,它更是配合教学的有力工具。目前已有少数有条件的图书馆设置了视听资料室。他们目前主要开展的服务项目有:

(1)开办各种外语听音班,有的进行第二外语教学。

(2)为读者复制外语磁带。国外大多数语言教科书都配有磁带,只买到书,没有磁带的读者,很需要有为他们复制磁带的地方。

(3)出借视听资料,特别是准备出国的教师很感方便。

（4）为读者放映科教电影,特别是外语电影,大大加强了读者的外语学习效果。

（5）可以丰富读者的文化生活,如周末录放音乐等其他活动。

（6）在配合其他各种教学、讲座时,可以发挥很好的作用,目前不少图书馆对读者开展文献检索教育,视听室进行配合可以发挥很大作用。图书馆如能将视听室作为向学生开设"文献检索与利用"课的基地,每周固定讲课时间,全校各班级轮流来听,年年进行,周而复始,用必要的视听手段配合,必能收到较好效果。

四、馆外流通

这类服务一般在馆外进行,其中包括图书流通站、图书流通车、专题书展以及送书上门等项。图书馆可以根据本馆读者分布的具体情况和需要采用之。

五、参考咨询

1. 咨询工作的范围

图书馆里的参考咨询工作是读者服务工作的重要组成部分,是图书馆为读者服务向深广发展的标志之一。它主要是借助于各种书目、索引、文摘以及各种各样的工具书等,为读者解答或提供有关文献资料方面的一些问题。

随着科学技术的发展,各种科研工作的开展,图书馆的参考咨询工作愈益显示出它的重要性和必要性。所以,凡是有条件的馆,特别是科研、大学图书馆都应设立专门的参考咨询部门或配备专门的参考咨询人员。综合性大学图书馆一般应设立文史咨询室和科技咨询室。

通常参考咨询部门应进行的工作,主要有两大部分:一是书目工作,一是咨询工作。有的馆建立书目组,主要也是承担这方面的服务。所谓书目工作,主要是根据科研的课题或读者的需要,收集整理并编制各种综合性或专题性书目、索引、文摘等检索工具,为读者主动提供查找文献的线索。所谓咨询工作,主要是以口头或书面形式解答读者提出的问题。在咨询过程中经常要利用已编制的各种书目成果,因而书目工作也是咨询工作的一部分,因为它具有主动性特点,实际上是情报工作的一部分。

图书馆的咨询室并不是什么问题都解答,有些超出上述范围的问题可以不予处理。如有些属于其他机关单位处理的事情,如法律纠纷、疾病治疗等等;所提问题涉及党和国家的重大政治、经济、军事等非文献上的问题,也不属于咨询范围;有些学生提出的本应由他们自己做的习题或作业之类以及属于奇闻怪事之类,都不属于图书馆的咨询范围。

咨询工作通常区分为一般性咨询和专门性咨询,前者多属各种知识性咨询,后者多属于专题情报性咨询。

为了做好参考咨询工作,应视条件除设立专门机构外,应经常广泛地收集和积累各种文摘、索引、书目和工具书并经常积累做咨询用的各种专题题录卡片,用它组成主题目录。

咨询部门或人员,为了正常进行工作,有必要建立一定的规则或条例并建立必要的记录制度,以便积累资料,建立咨询档案。特别对于读者所提出的较重要问题,应由工作人员或读者填写咨询登记单(32开,装订成册)。日本一般图书馆,对于超过五分钟以上的所谓调查性咨询才做记录,随问随答的问题,一般不计。这种做法对我国也较适用。

咨询登记单

编号						19　年　月　日		
姓名		年龄		文化程度		专业		
单位						电话		
咨询内容								
解答及处理经过								
附　注								
受理人					处理　　年　月　日			

2. 咨询工作中经常遇到的问题

在图书馆的参考咨询工作中,经常碰到的是下列几个方面的问题。

(1)查找具体书刊文献

这种情况通常是咨询工作最经常遇到的问题。其中大多是读者已知具体文献或线索,有的是从文摘索引中查出的,有的是从文章后面的参考文献中得知的,有的是别人介绍的。他们需要在图书馆里找到具体的原始文献。经常要问本馆是否有?读者最希望的是马上知道有无。如果有能立刻找到;如果没有,最好能告诉他哪里有。读者找的文献大部分是期刊、图书、专利、标准、科技报告、会议文献、学位论文等类。按照本馆所设置的有关目录,或按分类、或按主题、或按篇名、或按著者途径进行查找,只要目录体系健全,可以很快得出有无的答案。

(2)查找字词及各种专业术语名词

这是读者在阅读和翻译科技文献中,由于手头缺少工具书而到图书馆里查询。一种情况是来问有无某一类字典或词典,如问有否计算机专业词典或数学专业词典之类,这种情况,只要看看自己是否备有这种工具书就可以回答;另一种情况是直接询问人名、地名、机构名、商品名、专业名词、缩写、外来语以及新出现的专业术语等等,通常一个完备的咨询室内部应备有查找这类问题的工具书,借助工具书即可帮助读者解决疑难。

(3)查找各种数据、参数及产品型号、电路图等

这些虽属于技术问题,但大多都可以通过各种手册,如化学化工手册、电工手册、电子管手册等予以解决。

(4)查找专题性参考文献

读者在接受新的科研、教学任务或学生在搞毕业设计时,一时不知从何下手,急需找一些有关某一专题的参考文献。这时可借助于主题目录,或各种书本式资料目录或题录索引查找对读者感到有参考价值的文献。如果读者需要参考近期的外国文献时,可以查找美国的《工程索引》、苏联的《文摘杂志》或日本的《科学技术文献速报》等检索工具,基本可满足需要。

(5)课题文献的新资料线索

有的读者一个课题已有相当进展,需要进一步按本课题扩大参考范围,并且一般大多需要外文文献。这可以根据课题的学科范围选择适宜的国外文献杂志,按期从近到远地查出适于本课题的文献。这个工作可以配合专业人员共同进行,才不致有重要遗漏,有时需要协助读者同北京各部情报所联系进行计算机检索。

(6)解决语种困难

有的读者已发现某篇文献可用,但由于各种原因,需求助于图书馆协助解决语种困难,特别是有的读者,外文水平低,又想知道文献内容时,可与专业人员一起翻译。这样可使专业知识与外语知识结合起来,使译文更符合专业要求。

（7）查找专利文献

工科院校，近年查找专利文献的情况日益多起来，1985 年 4 月 1 日我国正式实行专利法，查找专利者必将日益多起来，图书馆必须尽快做好专门人才和检索工具的准备。读者查找专利，一个是为自己某一项研究、发明构思找一些参考性资料，或在进行技术改造和各种产品更新换代时参考；另一个是为了申请专利而需要做查新的工作，以便证明自己的发明，是填补国内空白还是国际性空白，或证明自己的发明与国外是否重复等等。

3. 咨询工作的一般方法和程序

咨询工作从问题的接受，到分析研究，工具书的利用，目录的查找，直到解答处理，是一个完整的过程，各个阶段又有不同的特点、方法和要求。通常情况，所谓程序有时可能在交叉中进行。有些问题较简单，又不一定都要全过程，可视具体情况，随时解决就可解答。但从整个来说，特别是查找文献时，往往要有下列过程。

（1）接受咨询课题

读者提出口头或书面咨询课题后，首先要弄清下述几个问题：

①首先要明确提出的问题是什么主题，为了弄清主题，就要弄清他为什么提出这个问题，是科研生产还是实验中碰到的问题。主题弄清了，还要分清是大主题还是小主题。比如他要问塑料方面的问题，这是一个大主题，应当弄清具体是哪方面问题，是原料还是生产工艺，要问明来龙去脉，了解愈具体愈好，以求真正了解提问题的真正目的。

②在了解上述问题后，还需了解问题的时间范围以及读者都查过些什么工具书，解决了多少问题。

③弄清提问人的具体情况，如职称、专业、业务水平及外语程度、文献知识水平等，了解这些有助于有针对性地解答问题。

（2）调研学习

读者提的问题明确了，并不等于能解决问题。在咨询中，通常比较大量的问题是咨询人员不一定懂得各学科专业问题。咨询人员的真正功夫就在于他善于通过各种工具书对各种不熟悉的问题提出确切的解答，满足读者的要求。这个过程既是调研过程又是学习过程。这种调研和学习，可以直接向读者学习所提问题的专业有关情况，以提高对咨询问题的理解。特别是应当通过各种工具书，如字词典、手册、百科全书及其他检索工具书的调研和学习，可以打开自己的眼界，往往从中可以发现许多有助于检索的线索。

（3）制定查找计划和步骤

在调研、学习的基础上，就可决定利用哪些工具书。对各种工具书，尤其要熟悉它都有些什么索引，哪些索引最方便，要从最简便的途径入手。在查找检索工具书时，特别是国外检索工具书，如按主题途径查找时要确定好大小主题及其外文名称；按分类途径查找时要确定大小类的层次，以便逐级展开；按著者途径查找时要注意外国人的名姓倒置问题。所谓查找计划，主要是防止盲目乱找，不一定都写书面计划，而是要在心目中有所安排。当然，大型的查找也不妨搞一个书面计划，有步骤地一步步进行。

（4）查找过程

这个过程有所谓初查和深查两个过程，有时初查就可以很快解决问题，即可解答处理。如果初查没有结果，则要分析和扩大线索。所谓扩大线索，主要是扩大检索工具的线索，扩大查找途径和扩大课题所涉及的学科线索。在扩大线索的基础上再进一步进行深入查找。在进行深查时，可以注意下述几种方法：

①从某一文献的"参考文献"中扩大线索；

②根据查出文献的著者，找出可能与本专题更为有关的具体著者，按著者扩大资料线索；

③在查找中要特别注意类目中的"见"和"参见"；

④文种不同时，可按文末"参考文献"继续查找所需要文种的有关文献；

⑤在查找检索工具时,因检索工具有编辑出版周期问题,最新文献往往未及时出版,因而可以注意从某学科的核心期刊半年内现刊中查找,也可注意在综合性和重要相关期刊半年内现刊中查找,同时注意对综合性和重要相关期刊的利用;

⑥查找时一般由近到远,由现在向过去回溯,回溯时注意主题词的变化以及分类类目的增减情况。

（5）鉴别与筛选

对所查出的文献,在解答前要进行鉴别和筛选,对不切合题目需要的部分要去掉,同一性质的文献,要选取较有代表性的。对述评、综述类文献应特别留心,并注意从该类文献末尾的"参考文献"中扩大线索。

（6）整理与解答

对应当解答的问题,可分别情况,或直接口头答复,或介绍其查阅某种工具书,或提供书目资料,或提供原始文献,或在必要时为其提供复制品。对上述情况,有的需要用文字整理,应当简要具体地记在咨询单上,并将具体答复内容交给读者。

在处理过程中,可能会发现不理想的情况,可以与读者共同商讨对策,或共同配合查找,或另请教高明者或向外单位求助。对不能解决的问题,应当在咨询单上留有记录,以备随时查询。

4.咨询工作人员的条件

咨询工作往往需要涉及一些专深的问题,因此对参考咨询人员的水平要求较高。具体来说,咨询人员应当在一个学科专业基础上具有广博的各学科知识,在图书馆学、目录学、情报学、文献学知识方面要具有一定修养,还要具有一定的外语和古汉语的阅读能力,要肯于学习钻研、虚心求教,并要有热情主动服务的精神。

5.咨询工作中常用的工具书

虽然咨询人员的条件要求较高,但在咨询中,并不是一切问题都靠自己的头脑记忆,马上向读者解答。咨询人员主要地要借助于各种工具书,也就是人名词典、地名词典、各种名录、百科全书、辞海、专科词典、缩写词典、汇编、图表、手册、各种指南、年鉴以及书目工具、题录索引等,并配合利用平时积累和编制的各种专题目录。在日常咨询工作中,有些提问要靠咨询人员查找解答,如关于文献性咨询;有些提问可以向读者提供检索工具,由读者自己查找解决,如一些事实性或数据性咨询。咨询人员要善于训练读者利用各种工具书,这样,就要求咨询人员,平时要特别注意加强对各种工具书的熟悉,不能一知半解,要熟练掌握。

按照科技和专业图书馆经常要咨询的问题来看,咨询人员除熟悉本馆各种目录体系外,应当特别注意熟悉和利用下列一些工具书:

(1)书本式目录、索引和文摘工具

①《中文科技资料目录》

这是1977年7月全国科技情报检索刊物协作会议统一组织协调的一套检索刊物。它专门报道我国国内公开与内部的科技期刊论文、资料和译文的线索,收录范围遍及全国四千五百多种中文科技期刊,按学科以分册形式出版。现有《综合科技、基础科学》、《建筑材料》、《电子技术与自动化》、《环境科学》、《机械仪表》等二十二个分册。各分册大多是季刊或双月刊,全年共报道文献二十多万条。原以题录、简介和文摘相结合,以题录形式为主进行报道,目前正向文摘形式转变。

②《中文科技期刊联合目录》

这是中国科技情报研究所1979年出版的《目录》,收录了我国各单位出版的中文科技期刊(包括公开和内部及连续出版物),共计四千五百多种,这些刊物在上述《中文科技资料目录》二十二个分册中有反映。通过这套《目录》可以查到《中文科技资料目录》中的全部原件的出处。

本《目录》分两部分编制:第一部分是分类目录,按学科与专业排列;第二部分是字顺索引,按汉语拼音排列。

③《国外科技资料目录》

该目录是查找外文科技资料的整套检索工具,专门报道国外科技报告、会议文献、政府出版物和国外期刊资料的线索。科学技术出版社出版,按学科分册,自1978年起已出版三十七个分册,分季刊和双月刊。如《建筑水利工程》、《船舶工程》、《轻工业》等等,它原以题录形式为主,现逐步地发展为以文摘报道为主。

该《目录》著录方法与《中文科技资料目录》大体相同,但有的著录中没有索取号,可根据刊名查出,题目有中、外文对照。

④《外国报刊目录》

该《目录》1975年出第四版,由中国图书进出口总公司编,有两种本子,一是分类的,一是分国别的。

分类本中分为230个大类,在分类之内再按出版国家和地区代号编排。分国本按138个国家和地区集中,再按分类号编排。

分类本的著录一般按下列格式和顺序:刊名、刊号、英译名、创刊年、编辑出版单位、出版地址、全年期数(如12期即为月刊)、每期页数、开本、全年订价、中译名、内容简介。该《目录》原既是各单位订购外国报刊的主要根据,也是可供了解外国报刊的性质和重点内容以及出版演变情况的重要参考书。该《目录》与《全国预订外文科技期刊联合目录》配合使用,可以了解各种外刊在国内有哪些单位收藏,有利馆际协作和资源共享。

⑤《全国预订外文科技期刊联合目录》

该《目录》汇集了我国各省市科技情报部门、图书馆、科研单位和高等院校图书馆等462个单位向国外预订及部分国外交换来的原版外文科技期刊共12,016种,其中西文期刊9,264种,俄文期刊975种,日文期刊1,772种。该《目录》1979年又出补编本,收录1979年全国新预订的原版外文期刊2,462种,其中西文2,180种,日文268种,俄文14种。该《目录》1981年出新版,汇集了国内七百多个单位预订国外期刊约二万种。本《目录》按上述的《外国报刊目录》分类,分国刊号顺序排列。如想找某类刊,国内有哪些单位收藏,先按分类目录查所需类别,再按具体的分类号给的页码即可查到收藏单位,本《目录》附有"订刊单位代号表",查检方便。

⑥《全国报刊索引》(月刊)

本索引创刊于 1952 年,1980 年开始分科技版和哲学社科两种版,上海图书馆编。本索引 1984 年 7 月号共收国内公开和内部发行的当月收到的期刊 2,700 种、报纸 100 种。该期报道 19,767 条,其中社科类 10,540 条,科技类 9,227 条。本索引按《中图法》分类编排,但结合报刊特点略有增删,所收资料均按学科入类。在同类资料中按本国在前、国外在后的次序排。查阅时先从前面的目次类别入手,检索方便。

⑦《日本公开专利文摘》和《日本公开专利目录》

该文摘 1979—1980 年由辽宁省科技情报所编译,科学技术文献出版社出版。以《日本公开特许出愿抄录》为蓝本,按原著十四个区分,编辑成农业、纤维、机械制造、电子通讯、光学、计测等十四个分册,以期刊形式出版。1981 年起该《文摘》改称《日本公开专利目录》,各分册合并为综合本。主要介绍日本一百三十多个专业的发明创造和新技术。各分册按内容分类编排,查检方便。

⑧《专利目录》和《专利文献通报》

这是由科学技术文献出版社出版的一套《专利目录》,共 27 个分册,该目录目前大多已纳入"专利文献通报"的报道体系。《专利目录》主要报道美国(US)、英国(GB)、法国(FR)、德国(DS、DT)、日本(J)及苏联(SU)等国的专利说明书的文献线索。报道项目有:专利号(在左上角)、题目、副标题,除中文题目外,还附原文题目。本专利原文,中国科技情报研究所的专利目录编辑组收藏,需要者,提出专利号即可查出原件,如需复制该所承办复制业务。查找本专利目录时,按各期前面的分类目录查出页码即可顺次查出所需专利文献,使用方便。

除上述介绍的检索工具书之外,国内还有多种公开和内部发行的各种目录、索引、通报等,应当注意收藏和熟悉利用。通过中文检索工具的利用,不但可以解决国内的情报吸收问题,而且对世界上的一些主要情报资料,也可以满足一般要求。通过中文工具书解决不了时,或读者要求直接检索外文最新情报时,美国的《工程索引》、《化学文摘》、《金属文摘》、苏联的《文摘杂志》、英国的《科学文摘》、日本的《科学技术文献速报》、英国特温特公司的专利文摘和专利目录等世界名望较大的一些检索体系,应首先考虑使用。

(2)词典、百科全书、年鉴、手册

在解答读者一些属于知识性或事实性咨询工作中,应广泛地利用各种综合性和专业性的词典、百科全书以及各种年鉴和手册。这类工具书一般种类较多,新旧有别,又有中文和外文之分。经常翻检这类工具书,可以大大开阔眼界,广开思路。对这类工具书熟悉的愈多,愈能够顺利处理日常大量的各种一般知识性的咨询工作。

由于各单位条件不同,工具书收藏的品种差异很大,为了做好本职的咨询工作,除善于利用本馆入藏的工具书外,应尽可能掌握本地有哪些单位收藏工具书比较齐全,特别对一些大型的百科全书,应知道何处有收藏,在咨询室内专门设立缺藏工具书目录,以便在必要时加以利用。下面分别介绍一些科技方面的主要参考工具书:

①词典类

词典一般分为综合性和专业性两种。

a)《辞海》

我国上海辞书出版社 1979 年修订出版的《辞海》(1980 年出

版缩印本一册)就是一部综合性的普通大词典。其中收入 14,872个单字,所以也可以当字典用,但主要功用还是查词目。本辞书共收成语、典故、人物、著作、历史事件、古今地名、团体组织以及各个学科的名词术语 91,706 条,在日常进行知识性咨询时可以充分利用它。

b)《现代科学技术词典》

上海科学技术出版社 1980 年出版,是一部大型综合性科学技术词典,分上下两册,共收词十万六千余条,包括一百零九个学科,插图二千六百余幅,计有七百五十余万字。除数、理、化、天、地、生、动植物、农、医等基础学科外,还着重收录了电子计算机、高能物理、系统工程、材料科学等现代科学技术内容的词条。

c)《电子工业技术词典》

国防工业出版社 1980 年出版,这是专业性词典。本词典汇编了电子工业技术术语一万五千余条,分上下册,共三十四章。凡有关电子技术方面的各种名词术语都尽量收入并加以解释。在正文中各词目后附有英文对照,最后还有汉字笔划索引和英文索引。有关电子电工方面的问题,通常可借助该词典解决问题。

d)《化工辞典》

化学工业出版社 1979 年出版,本辞典是化工专业方面的综合性词典,主要解释化学工业中的原料、材料、中间体、产品、生产方法、化学过程、化工机械和化工仪表自动化等名词以及有关的化学基本名词。收集范围广泛,凡与化工有关的无机、有机、分析化学、物理化学、高分子化学名词术语都尽量收入,共收词一万零五百条。

关于词典类的工具书,各个学科都已有或正在编辑出版适用于本学科的相应词书,参考咨询部门都应当尽可能收藏,特别是综合性图书馆。专科性图书馆一般着重收藏与本专业有关的各种词典,但综合性词典在条件允许时也应尽量收藏。

在词典类中,除上述中文的名词解释性词典外,还有供学习和翻译外文文献的语种词典,如《英汉词典》、《俄汉词典》、《德汉词典》等,其中有综合性的,也称普通词典以及专科性词典。在翻译专业文献时,通常必须利用专业词典或词汇,才能符合专业技术术语的要求。

②百科全书类

百科全书是了解人类过去的知识和历史,特别是了解当代科学文化最新成就的一种综合性的大型工具书。它以词典形式编排,收集自然科学和社会科学各种专门术语、重要名词,分列条目,详加介绍和说明。它与一般工具书不同之点在于:它比较详尽地叙述和介绍各学科的基本知识,可供读者作为进入各学科并向其深度和广度前进的桥梁和阶梯。在咨询工作中,一般知识问题都可以从中找到答案。比如,查阅某一国家、某一城市的地理位置、自然环境、社会人口、历史沿革、政治、经济、文化状况等;某一民族的起源、发展和分布等情况;某一著名人物的国籍、生死年代、活动领域、成就与著作情况;某一名著的作者、时代、背景、主要内容和历史评价等;某一党派和团体组织的性质、结构、成员和活动等情况;某一学科的内容、方法、意义及发展情况;某一学说、理论的建立者、内容、作用与影响等;某一史实和事件的时间、地点、经过、人物、影响等;某一学科术语的定义及其有关知识等等。总之,百科全书是人类知识的大总汇,一部综合性大百科全书几乎等于一个收藏丰富的综合性图书馆。

一部百科全书可以反映一个国家的文化科学的面貌和水平。因为百科全书的各个条目都是由各个学科最有声望的科学家撰写或审定。西方世界自 1751—1772 年法国狄德罗和达郎贝尔编纂百科全书以来,已有二百多年历史。近十年来,各工业发达国家各种百科全书纷纷面世或更新。如英国《不列颠百科全书》1975—1977 年已出第十五版;《苏联大百科全书》1970—1978 年已出第三版等等。

我国自 1978 年也开始积极编写《中国大百科全书》，计划八十卷，十年出完，到 1984 年末已出了天文、体育、外国文学、环境科学、戏曲曲艺、纺织、法学、矿业等卷。

百科全书印刷精致，部头很大，最少二十卷，最多可近百卷。因此价钱较贵，中小型馆一般无力购买，但大型馆一般都注意收藏。

现在比较著名，常被人们使用的外国大百科全书主要有；

a)《不列颠百科全书》(Encyclopaedia Britannica) 第 15 版，1975—1977 年，30 卷，全书约合中文七千万字，分三个部分：《百科类目》(知识纲要) 1 卷，《百科简编》(兼作索引和百科词典) 10 卷，《百科详编》(大条目部分，为全书主体) 19 卷。

b)《美国百科全书》(Encyclopaedia Americana)，1974 年修订版，30 卷，全书约合中文五千万字。

c) 日本平凡社出版的《世界大百科事典》，1979 年，34 卷，全书约合中文五千万字。

d)《苏联大百科全书》第 3 版，1970—1978 年，30 卷，全书约合中文六千万字。

e) 除上述综合性百科全书外，还有专科性百科全书。目前，我国翻译出版的《科学技术百科全书》(美国麦克劳—希尔图书公司 1977 年版) 就是一种。它是我国获知世界科技知识成果的便捷途径。此书收词条七千八百条 (篇)，包括基础科学和技术科学各学科一百多个专业有关专题的定义、基本概念、基本原理、发展动向、新近成果和实际应用等。中译本按学科分三十卷陆续出版，各条目按汉语拼音字母顺序排列。

③年鉴类

年鉴是系统汇集一年内重要时事文献和统计资料的工具书。它是利用政府公报、文件和各种统计资料加上文字说明，以反映某一国家和国际间有关时事政治、经济、文化的发展情况或科学技术的发展情况。也有地区、城市或某学科某企业年鉴。它按年度编辑出版，既具有连续性特点，又能及时反映一年之内的各种大事，可以弥补百科全书之不足。

年鉴的内容也是包罗万象的，实际上是一本年度百科全书，是图书馆参考咨询工作中重要的工具书之一。年鉴一般按单本发行，价格并不太贵，一般中小型图书馆都可以入藏。

a)《中国百科年鉴》

由中国大百科全书出版社编辑，1980年出版，是我国建国后首次开始按年出版的综合性百科年鉴，约一百六十万字，插图365幅，各种统计图表88件。内容分概况、百科、附录三大部分。概况包括中国概况、各省市自治区概况、各国概况、国际会议、国际组织等部类，以介绍国内基本情况为主。百科部分包括政治、军事、外交、法律、经济、工业、农业、交通邮电、科学技术……等十六个部类，以报道上一年度各方面的进展和成就为主。附录部分有辛亥革命以来大事录（1911—1949年）；建国二十九年大事表（1949—1978年）；世界主要货币名称表；诺贝尔奖金历年获奖名单；以及其他多种便览项目。

为便利读者就某一问题检索有关资料，于书后附有索引，把年鉴所刊登的文章、条目和表格采取分析索引的方法，按汉语拼音字母顺序排列，检索方便。

b)《科学年鉴》

美国菲尔德教育公司编著，科学出版社翻译出版。分1978年度和1979年度两本，分别介绍1976年6月到1977年6月及1977年6月到1978年6月这两年间美国和其他一些国家在科学技术方面的主要成就和发展概况。

本《年鉴》按分类编排，从目录中按类查找。对了解美国和世界各国科学动态有一定的参考价值。

④手册类

手册的名称来源于英文"Handbook",有手头常用书之含义,是一种便于随身携带,随时翻阅参考有关文献资料或学习某一种基础知识的工具书。其特点是专题明确具体、取材新颖、论述简要,通常采用公式、数据、规格、条列、图表等作为表达方式。如《数学手册》、《电工手册》之类,大多为手头常用的必要数据、公式、原理等。

按上述定义考察,有些虽不称手册的小册子,却有手册的性质。如:指南、便览、入门、大全及××表之类的书,也多起手册的作用。

相反也有个别名叫手册实际不是,这只是个别现象,并且多少也有手册的作用,如五十年代我国出版的《人民手册》实际是年鉴。

手册类工具书,一般小巧方便、价钱不贵,也比较普及,一般中小型馆都可收藏,而且还有一定复本量。这类工具书检用方便,贵在收藏齐全。在日常咨询中,经常会碰到一些小问题,有手册收藏,随手就可以解决。

一般各个学科都有手册出版,图书馆除收藏这类手册外,对一些跨学科的手册应特别注意收藏。如:

《各国货币手册》,1976年,中国财经版;

《英语姓名译名手册》,1973年,商务版;

《世界地名译名手册》,1976年,商务版。

第七节　对读者的宣传辅导

一、宣传辅导的意义

1. 沟通和密切读者与图书馆的关系,扩大图书馆的影响,使更多的读者了解图书馆,从而充分利用图书馆;

2. 使读者深入了解馆藏,及时了解新到书刊资料,以便及时利用;

3. 在利用图书馆查找文献资料的方法方面指导读者,帮助他们有效地利用图书馆馆藏;

4. 配合党的各项任务,宣传党的方针政策;

5. 辅导读者学习,使图书馆的藏书在读者中发挥更大的积极作用。

二、宣传报道工作的内容和形式

1. 新书刊的展览和陈列

其特点是及时、简便、直观,较快地向读者介绍已到馆的新书刊。图书馆的阅览室都应设立专架,定期或不定期地将新书刊先行陈列一段时间再归架。

2. 新书通报

就是将新到馆的中外文图书资料,按类别文种分别编排起来,印成新书目,给本馆有关读者,这种方法很受科研工作者的欢迎。

3. 新到科技资料目录及专题题录报道

这是及时反映馆内最新情报资料动态的好办法,定期出版,读者即可根据它积累起本专业常用的资料。

4. 报刊索引目录

这是将报刊上的文章,有针对性的按本单位的实际需要,随时做出卡片、著录篇名、作者、出处,并按主题编排,有利于读者随时查用,也是图书馆社科咨询的重要手段。在可能和需要时按专题印成索引目录发给读者。有些专题为了及时,也可以剪贴。

5. 科技文摘报道

这是科技情报资料的主要形式,按学科和主题,将原始文献用简练文字压缩成三到五百字,以使读者用最短时间了解到多方面的科技动态。

6. 专题书展

根据读者的需要,集中某一专题大批有关书刊进行展览,可使读者对某学科或专题的书刊有一个较全面的了解。书展之后,还可在书展的基础上,编出专题书目。

7. 科技快报

其特点是新、简、快。是从有关文献资料中,有针对性地精选出来,以原文摘录方式加以编辑出版。

8. 科技水平动态

它类似科技新闻,多不涉及具体内容,只报道消息或情况,以便及时反映各个学科科技的发展现状和动向,多向领导部门提供作为战略性情报。

9. 板报报道

在印刷条件不具备时,可用板报形式代替,内容可以多样,也可以单一,也可以各种内容综合报道。

10. 社科文艺书刊的宣传

社科文艺方面,形式还可多样化,如宣传栏、读书会、画展、朗诵会、座谈会、故事会、墙报以及刊物等。

三、辅导的内容和形式

1. 辅导读者了解图书馆

（1）向读者介绍图书馆的作用以及各种类型图书馆的职能和读者对象，本地区图书馆分布情况；

（2）向读者介绍本馆内部设置情况，如何利用馆内各部门的书刊资料；

（3）介绍图书馆的借阅方法和各种规章制度，例如，如何领借书证、如何借还书、可借多少、期限、赔偿制度等以及预约借书、馆际互借、文献复制的手续和规则等；

（4）向读者介绍各种书刊资料的特点及其使用方法。

2.辅导读者使用图书馆目录

读者来馆借书，必须会查目录，这是打开知识宝库的钥匙，因此要向读者辅导：

（1）本馆有哪几种目录组织，各种目录的功用；

（2）目录卡片上著录哪些事项，索书号的组成及其在借书时的作用；

（3）分类、著者、书名以及主题目录是怎样组织的，必要时还要介绍分类法各个大类目、标记符号等；

（4）各种目录卡片的查找方法、各种字顺及检索方法。

3.辅导读者利用各种参考工具书

工具书是广泛收集某一方面或某一范围的知识材料，按一定方式加以编排，供人们解决疑难问题或提供资料线索的一种书籍，通常不供阅读，只供查检用。其中有字典、词典、百科全书、年鉴、手册、历表、年表、图谱以及书目索引等。可向读者介绍各种工具书的性质、特点、使用范围及编排和查检方法；也可以辅导读者碰到哪类问题应当到哪类工具书上去查找等。

4.辅导读者使用文摘、索引等检索工具

当代科学技术突飞猛进地发展，文献量剧增，科技工作者已无法从汪洋大海中及时找到自己所需的资料。为了解决这个问题，目前各国正集中一大批文献情报工作者，在原始文献的基础上，去

粗取精,压缩精选编出所谓二次文献,它就是通常所说的目录、题录索引、文摘。它既是向读者报道文献资料的快速工具,也是图书情报部门开展咨询进行情报文献检索服务不可缺少的工具。能够掌握它们的使用方法,就等于掌握了充分利用前人已有成果的手段,不论在科研和教学上都会得到许多新的启示和借鉴。因此,对二次文献使用方法的辅导工作愈来愈被提到图书情报工作者的面前。

5. 对读者阅读进行辅导

在青年读者中,特别是院校低年级大学生,除正课之外能有系统有计划地进行自学、提高和探索者,一般只占低年级学生总人数的 15% 左右,这大部分是有经验的家长对他们进行过指导。而大部分学生(约占总数 80%),跨进大学之后,对如何占有院校图书馆丰富浩瀚的藏书,毫无计划,往往饥不择食,什么都要看看,抓到什么是什么,或听到同学中说到什么就去抓什么,随机性很大,盲目性很大,结果白白浪费了许多宝贵时间,失去了许多能系统学习知识的良机。当他们弄明白时,大学生活就要结束了。显然,如果图书馆能对低年级大学生经常进行读书指导,扶持各种学生社团读书活动,如经济学、管理学、哲学、文学、外语,甚至美术、音乐等等,则将会有益于大学生的自学能力、研究能力、开创能力的提高,甚至因而会培养出特殊人才。对青年学生这种阅读辅导工作,应是院校图书馆阅览室工作者义不容辞的责任。

本章复习与思考题

1. 图书馆读者工作的原则是什么?

2. 影响读者阅读需要的三大因素是什么?

3. 三大系统图书馆的读者各有什么特点?

4. 如何办理读者借书？什么叫"单轨制"，什么叫"双轨制"？

5. 阅览室的划分有哪些类型？

6. 开架、半开架和闭架指何而言？各有何利弊？

7. 图书馆咨询工作主要应当利用什么工具书？

8. 图书馆对读者的宣传报道有哪些内容？

9. 图书馆对读者的辅导工作有哪些内容？

10. 图书馆工作者的职业道德应包括哪些内容？

11. 图书馆工作者应具有什么样的知识结构？

本章参考和引用文献

1. "谈谈书刊利用率问题"，张虹，中国科学院武汉分院1979年图书情报会议论文

2. "馆际互借工作概述"，赵其康，《北图通讯》，1979年第4期

3. "谈谈高等学校图书馆如何开展参考咨询工作的问题"，黄元福，《图书馆工作》，1964年第1期

4. "高等工科学校图书馆咨询工作的探讨"，范铮，天津《图书馆工作与研究》，1979年第2期

5. "如何区别对待外借读者"，尹惠良、郭忠尧，东北三省图书馆学第一次科学讨论会论文

6. "试论读者工作在图书馆工作中的地位和作用"，夏名镒，《吉林图书馆学会会刊》，1981年第2期

7. "各馆自编专题索引的必要性"，于鸣镝，辽宁《图书馆学刊》，1981年第1期

8. 《图书馆读者工作》，张树华、张嘉澍编著，吉林省图书馆学会编《图书馆业务自学大会》之九

9. "怎样使用百科全书"，常政，《世界图书》，1981年第4期

10. "谈谈图书馆工作者的修养问题"，黄本华，人民大学书报资料社《图书馆学、情报学、资料工作复印报刊资料》，1982年第7期

11. "个别图书出借率的统计和作用",杨学山,《图书馆学研究》,1982 年第 3 期

12.《读者工作录验》,孙九权、赵国政、滕鹏起,哈尔滨师范专科学校图书馆,1984 年

13. "关于大学生读书情况的调查",刘春波,大连工学院《高等教育研究》,1984 年第 1 期

14. "对 1983 年应届理工科毕业生情报学知识的书面调查",桑健,大连工学院《教学与研究》,1983 年第 3 期

第九章　图书馆的科学管理

第一节　图书馆科学管理的一般概念

一、什么是图书馆的科学管理

所谓科学管理,是指用科学的方法进行符合客观规律的管理。所谓图书馆的科学管理,是指图书馆工作应用现代科学技术原理和方法(手段),遵照图书馆事业发展的客观规律(原则),充分发挥现有人力、物力和财力的作用(对象),最大限度地提高工作效率和质量(要求),以取得最佳的图书流通效果(目的)。

二、图书馆科学管理的对象

图书馆科学管理的对象,简单地说是对人的管理、对资金的管理、对物品的管理和对业务工作的管理,即对人、财、物及业务工作的管理。仔细区分可以有:

1. 图书馆的行政管理

属于这方面的管理,包括机构设置问题以及干部配备、调动、分工;日常行政事务、规章制度、会议、接待、安全保卫、清洁卫生、生活福利、物资保证等。

2. 图书馆的干部管理或人才管理

包括人才选拔、使用、培养、学习深造、考核、晋级、奖惩、待遇等问题。这里有些问题属于人事等有关职能部门,有些属于图书馆自身的管理范围,如建立必要的人才档案。

3.业务管理

如业务条例、工作规程、工作细则的制定,业务规划和预测及专业分工、岗位责任制、业务档案等等。

4.书刊管理

如阅览室划分、采集计划、藏书结构、藏书的加工整理、书库管理、藏书保护、书刊剔除、藏书借阅、馆际互借、书刊交换等。

5.资金管理

如年度预算和资金分配、管理、使用、结算等。

6.物资设备管理

包括馆舍的管理,以及各种用品、设备的采购、登记、使用、保管、损坏维修、更新、注销等。

7.流通管理

如外借、内阅、复制、检索、展览、陈列等管理。

8.读者管理

如入馆教育、入馆制度、阅览制度、损坏丢失赔偿制度、偷窃处罚制度、安全制度、卫生制度、勤工俭学制度、义务馆员制度、查目指导、阅读辅导、检索教育等等。

三、图书馆科学管理的职能

管理学上的一般管理职能,同样适用于图书馆的科学管理。所谓管理的职能,传统的说法认为有五项,即计划、组织、指挥、协调和控制。

图书馆每项大的工作和一年之初,要制定本年度工作计划,这是管理工作中的第一个职能。没有计划,就没有目标,因而也就谈不上科学管理。对一年的工作进展有个大体的安排和设想,形成文字,使之成为有系统的、有既定目标的计划,就使整个管理工作有了依据。

计划决定之后,要付诸执行,执行的第一步就是组织落实,包括部门、岗位、人头的落实,这样才能使计划落到实处。

计划落实到部门或人头上,具体应当如何进行,如何能按预想的目的实现计划所规定的目标,各级领导者应按层次逐级进行实施指挥或现场指导,工作应如何进行?应遵守什么原则?应达到什么要求?碰到困难如何去克服等等。放弃指挥,不注意指导,不注意检查,工作布置完了就算完事,这样的计划往往得不到有力贯彻,所以,实施指挥,检查指导,询问进度,是落实计划的重要的管理环节,并且是管理工作的重要职能之一。在检查指导过程中,由于切实掌握了必要的可靠信息,就有可能按照既定目标的要求进行协调,不注意协调,对发现的各种矛盾不注意解决,就会影响系统的正常运行,就可能使计划在执行过程中因各种主客观因素被改变了。偏离目标的一切行为,都必将影响原定计划的顺利实现,如读者增加,就要考虑工作人员的适应能力,某年入藏图书骤然增加,就要超常地考虑各种备品与有关环节的配套,如书库空间准备、书架准备,目录柜、卡片、导卡等也都须相应配齐。计划中途修改,必须是在进行总体的合理控制的情况下进行,因而,控制也就成为管理职能中的重要一环。如对不正常事件或计划外的情况,光有协调不足以使系统平衡,这时就要执行控制的职能,控制职能比协调具有某种强制性。控制有人事上的控制,如图书馆的人才构成,不采取控制手段,就难以保证质量;有业务工作控制,如某些违反规则条例的行为,就要通过控制使之避免,使整个系统能平衡运行。

当代的图书馆,已经不像古代藏书楼那样单纯是藏书,也不像近代图书馆那样单纯是借阅,而是一个教育职能、社会职能、情报职能大大发展了的复杂系统。要搞好工作,要圆满出色地完成它的工作任务,要充分发挥效率,要提高工作质量和工作水平,要最大限度地提高馆藏图书资料的利用率,使它在人们的学习、科研、教学、生产建设中发挥出积极的作用,就要对图书馆的各个管理对象,分别对其实现计划、组织、指挥、协调和控制等管理职能,这是实现图书馆科学管理的根本保证。系统论、控制论的原理,在图书馆的科学管理中同样具有很大的指导意义。

四、图书馆科学管理的手段

要进行科学管理,管理者要抓什么东西呢? 什么是他实现科学管理的手段? 简而言之,这些手段包括机构、人员、法规和信息四个方面。

图书馆的科学管理和其它部门一样,要有健全合理精干的机构组织,有什么机构才能执行什么任务。没有机构,职责不明,工作只能推一推,动一动,所以,机构是实现科学管理的第一个手段。

有了机构,没有相应的人员编制,只有空架子不行;不称职、滥竽充数也不行。一切工作都是通过具体的人来进行的,所以要实行科学管理,有了机构之后就必须有称职的工作人员进行具体保证,人员是实现科学管理的第二个阶段。

有了人,当然可以进行工作,但是没有法规,没有制度,没有岗位制,就不能保证这个人按目的去工作。因此,实现科学管理的第三个手段,就要有法规,有工作标准,有工作制度和纪律,从而保证人的正常、有序地工作。各种工作是在连续过程中进行的,因此科学管理的第四个手段就是要有图书馆内外环境中的各种信息传递,就是要不断地掌握各种情况,即信息。管理工作能否搞好,决策规划、执行能否科学化,能否目标明确、决心坚决、行动果断,关键在于是否能够情况明、信息灵、心中有数。对图书馆领导者来说,下列五种信息,是科学管理尤关重要的:一是关于新出版物的信息,情报源要畅通;二是有关本馆读者对象的图书要求的信息;三是上级领导部门有关图书馆工作、图书馆事业的各种指导、讲话和要求的信息；四是国内外图书馆界，特别是同类馆的各种工作动态和经验的信息；五是本馆内自身管理过程中的各种信息。图书馆领导者，只有每日、每时经常不断地搜集、了解和掌握、分析、综合研究上述五个方面的有关情况，即信息时，才有可能实现科学管理。

五、图书馆科学管理的基本原则

1.集中统一的原则

只有集中统一的领导，才可能有统一的规划、统一的标准、统一的要求，只有如此才有可能实现整个图书馆事业的标准化、规格化、网络化、合理化和现代化。

2.民主管理的原则

我国各级组织机构的组织原则实行的是民主集中制，即在民主基础上的集中和在集中指导下的民主相结合的制度。所谓民主，是指有发表意见和有权参与政治生活和国家管理，在社会主义国家里，人民享有最广泛的和真正的民主权力。所谓集中，是指在民主基础上的集中，通俗而言，就是集思广益，将广大群众的智慧统一起来进行由上而下的管理。通常，管理工作是由每个人的具体工作实现的，因此，只有充分发扬每个工作人员管理工作的积极性并使之与集中统一结合起来，才能实现真正有效的科学管理。

3.立法的原则

一切管理工作都必须有所依据、有所遵循，不能因人因时因地而异。没有一定的准则，没有一定的规章制度，愿怎么干就怎么干，就不能有科学的管理，甚至连一般的管理也谈不上。

4.可靠性原则

科学的管理要讲科学性，科学是实事求是的，是一丝不苟的。不能想当然，不能没有根据，因此要有统计工作，要用统计数字讲话，要用经过认真的统计数字的分析来指导管理，只有如此才能实现真正有效的科学管理。

六、现代图书馆科学管理的主要标志

1. 规格化标志

是指从上到下要有各项基本工作的规章制度条例化和各项业务技术工作标准化。一项工作是否有科学管理,要看是否有步调一致的规格、是否有前后一致的标准。

2. 计量化标志

是指在各项基本环节中,要有统一完备的统计制度、统计表格、统计要求。一项工作是否有科学管理,要看各项工作是否有完备的统计程序和统计数字以及对统计数据的科学分析。

3. 工作流程高效快速准确标志

是指在实现上述两项标志的前提下,必然导致的实际工作过程中的科学性。一项工作是否有科学管理,要看工作效率是否高、速度是否快、办事是否准确。

4. 工作手段的自动化、机械化标志

是指在一切必须而又可能的工作环节上,实现自动化和机械化手段。科学管理是现代化意义的管理工作,因此它必须有现代化手段与之配合。

5. 工作人员的专业化标志

所谓专业化并非是指工作技能的片面发展,而是指每个工作人员都有其专长,并能将其专长充分地发挥出来。科学管理水平高低,取决于人才水平,样样通、样样松,什么都能做,又什么都不专,科学化管理就达不到应有的水平。

第二节　我国图书馆事业科学管理
目前存在的主要问题

一、体制不合理

图书馆事业领导体制不合理。图书馆事业涉及一切部门、一切人、一切地区。图书馆事业不仅仅是文化事业的一部分,它也是科学事业的一部分,又是教育事业的一部分。哪一个学科,哪一个领域,哪一个系统都有一个图书馆问题。因而把它置于哪一个系统一级来领导都是不合适的。列宁在六十多年以前就极力反对过多的平行组织问题,在我国图书馆事业体制中目前仍然存在着这种状况,即存在着过多的平行组织。上面的平行组织,分散多头、各自为政,又必然造成下面的各行其是,给全国的规划,合理的布局,长远的预测等等造成困难,尤其是经费、干部培养、考核、晋升、管理等问题更是困难重重。甚至,至今还有很多县级图书馆与文化馆、博物馆用的是两块牌子一套人马。这种体制也是我国目前还有许多类型图书馆不能形成系统的主要原因。因此,在全国设立直属国务院统管图书馆事业的领导机构或是建立全国性的图书馆工作委员会一类组织已是整个图书馆事业大发展刻不容缓、急需要解决的问题。

二、法规建设亟待解决

由于我国至今还没有国家的图书馆法,因而图书馆事业中所涉及的人、财、物问题得不到法律保证,各地各类图书馆事业,只能因人因地而异,发展很不平衡。虽然有的大系统比较成型,如公共、科研、高校系统分别制定了本系统的"条例",但是,一来缺乏

360

国家级的权威性,二来各系统之间又有出入,标准不一,特别在业务条例、规章制度、工作标准、馆长条件、专业人员条件等方面缺乏统一的章程,使图书馆事业建设无法规范化。图书馆网的系统建设、资源共享的全面实现,现有藏书的充分利用等问题,都成了迟迟不好解决的老大难问题。所以,在我国图书馆事业管理上,法规的建设、规章制度的建设、各种标准条例的建设,乃是使图书馆事业走上科学化的必由之路。

三、专业人才缺乏,人才使用和管理问题很多

图书馆事业是一项专业性工作,但是专业人才问题长期得不到合理保证。有许多图书馆从领导到工作人员全部都是外行。不少从其它行业转入图书馆内工作的同志得不到规定性的专业培训。在干部管理方面,图书馆内的干部成分较杂、岗位不清,吃大锅饭的现象很严重。有些专业人才在图书馆内得不到合理的使用,图书馆内的许多工作分工缺乏人才的明确层次,因而使许多工作处于一般化、表面化状态,使读者服务工作处于应付的水平,图书馆内大量的宝贵财富得不到有效利用。由于专门人才缺乏,图书馆内的系统化管理、控制化管理、计量化管理,都得不到切实保证。缺乏专业人才、对现有人才的专业培训和合理使用问题急待在改革中加以有效解决。

第三节　图书馆科学管理的必要性

一、是提高馆藏利用率的需要

图书馆是一座知识宝库。这里有着无限丰富的人类知识财富,其基本职能之一是传播人类科学文化知识,因此图书馆应当而且必须在提高全民族科学文化水平和两个文明建设中发挥巨大作用。但是,由于图书馆的管理工作落后,使大量藏书得不到充分、有效地利用,馆藏利用率普遍很低。在各类图书馆中,一般都有相当数量的藏书被长期束之高阁。传统落后的、保守的藏书管理和图书流通的方法,得不到有效改革,藏书楼的风气仍然比较严重。因而,要充分发挥图书馆在四化建设中巨大作用,必须极大地提高馆藏利用率,像列宁说过的那样,图书馆要发挥每一本书的作用。而要做到这一点,不大大加强图书馆的科学管理工作,是根本不可能实现的。

二、加速情报传递的需要

当代图书馆事业,要摆脱它的藏书楼作风,必须大大加强它的情报化职能,要急读者之所急,要急科学研究之所急,要急国家建设事业之所急,要主动向读者提供情报信息,要主动地了解读者的迫切需要,并以极快的速度把知识情报传递到读者手中。要充分有效地发挥图书馆内大量情报信息的作用,使之通过科技工作者,尽快变成社会生产力。不加强图书馆的科学化管理,不彻底改变图书馆中的那些与当代科学技术发展速度不相适应的工作方式、规章制度等,图书馆就不可能起到加速情报传递的作用。

三、实现"资源共享"的需要

每一个图书馆,只有当它纳入到一个地区、一个系统,甚至一个国家和国际范围的网络之中时,才能更有效地发挥出它的"人类知识宝库"的作用。图书馆事业各个方面的协调和协作,各种类型、各种专业图书馆的联合,已是整个世界范围内的图书馆事业的潮流。许多国家在这方面都取得了有效进展,但在我国,还一直是一个难以有效解决的问题。手工业状态、小农自然经济思想以及由此而形成的管理方式是我国图书馆网目前难以有效形成的主要障碍。这个问题不解决,"资源共享"的问题就不能实现,图书馆内的藏书,最终也得不到有效利用。但是,随着社会的发展,四化建设的一步步深入,已在客观上要求我国图书馆事业必须尽早实现纵横交错的网络,这就需要大大加强图书馆的科学化、现代化的管理。

四、四个现代化建设的需要

世界范围兴起的"信息革命"的潮流冲击着我国图书馆事业,在图书馆工作中采用现代化技术和手段,已在许多工业先进国家中成为事实,范围和规模愈来愈广,因此电子计算机、微型机的大量应用问题已成为摆在我国图书馆事业面前的重要课题。但是现代化建设,计算机在图书馆工作中的应用,并不是凭空而来的,而是需要有一个科学化管理做为基础。特别是我国图书馆事业,历来缺乏标准化、规格化建设,至今全国范围使用的图书分类法仍然不统一。图书馆内的许多工作环节,缺少科学化、系统化、规律化的程序,这些都大大限制了计算机在图书馆工作中的应用。因而,没有科学化管理,就不可能实现图书馆工作的现代化建设,而图书馆现代化建设的结果,也必然进一步完善图书馆的科学化管理。

第四节　图书馆事业的管理体制

一、建立图书馆事业统一的职能机构的必要性

1. **整个国家文献资源统一开发管理的需要**

我国是一个社会主义国家,又是一个人口多、地域大的国家,图书馆事业具有领域广、门类复杂、系统多头的特点。从整个国家的知识资源的管理工作来讲,非常需要建立一个从中央到地方的

统管图书、情报、资料、档案的专门的统一的职能机构。这个机构从上到下都可以横管一切图书情报资料和档案事业，这样才能大大有利于整个国家的智力资源的有效开发。

2.文献工作标准化、网络化、现代化的需要

随着科学技术文化教育的飞速发展，当代图书、情报、资料、档案事业也在加速向标准化、网络化、现代化发展，它们之间的职能界限愈来愈小。因此，对它们不进行全面统一的领导，必将无法适应客观形势发展的要求。

3.适应第四产业——信息产业的形成和发展的需要

"第二资源"是国家的巨大精神财富，随着社会物质精神文明的发展，知识的产业必将愈益发达，美国已声称进入信息时代，信息产业的产值已超过国民经济总产值一半以上，社会结构已发生质的变化。随着科学文化的急速发展，我国社会的产业结构也将或迟或早要发生重大变化。目前，我国正在大力提倡和发展第三产业，在国外第三产业也包括图书馆事业。信息产业在国外有被划分为第四产业的趋势，国内也有的科学家曾提出过第四产业，即信息产业问题。在知识产业对社会发展愈来愈产生巨大作用的今天，全国的图书、情报、资料、档案事业，已经到了必须受到高度重视的时候了。

4.改变现有不适应信息事业发展的体制的需要

图书馆事业在党中央的关怀下，虽然于1981年成立了图书馆事业管理局，但由于它归属文化部领导，因而它无法发挥全国图书馆事业集中统一的指挥职能。在许多方面，特别愈往下属部门图书馆事业分散状态愈严重，各级文化局的图书馆处、科，只能主管公共系统，而无法实现横跨各系统的管理职能。这样就无法真正实现我国图书馆事业的集中统一，因而就很难摆脱各系统各自为政、自行其是的混乱状态。

二、中央职能机构及其任务

建立与国家科委、经委、建委、教委平行的全国图书情报资料档案事业委员会,或叫国家文献事业委员会,成为全国的图书、情报、资料、档案事业的最高指挥和职能机构。其下:

1.将目前文化部所属的图书馆事业管理局、出版局、国家科委情报局、档案局等一切从事文献工作的部门纳入该委员会统一领导和规划。各局在该委员会统一领导和规划下,分别主管各局内本行事业的有关工作。此外,各局须根据委员会内所设的业务部门设置相应的机构,以便该委员会对各局的有关工作实现切实有效的领导和指挥。

2.该文献事业委员会内设"法制政策研究室",研究制定国家的图书、情报、资料、档案事业法规,并推动该法贯彻执行,处理在贯彻本法过程中的一切问题。根据党的路线、方针、政策,结合图书情报资料档案事业的客观规律,研究制定整个文献事业的具体方针和任务,起草有关指导性文件和规定,制定各种有关的规章和制度。

3.该委员会内设"计划统计局"。根据国民经济和科学文化发展的总要求,全面规划、统筹安排全国的文献事业的经费、预算、布局和干部分布。对全国的智力资源利用和开发进行一系列统计工作。

4.该委员会内设计财局、物资保障局、办公厅,分别主管各项有关事宜。

5.该委员会内设"干部司",统管本事业内的管理体制、机构设置、干部管理和职称、考核、评定、晋升、奖惩事宜,负责干部教育培训工作。

6.现有出版总局、中国图书进出口总公司等归属于该委员会领导。

7.该委员会内设立"协调局",负责本委员会内各大局的协调,负责本委员会与文化部、教育部、科学院、经委、科委等的协调。

以上,除各大局外,委员会内所设之各个职能部门的人选,均由各大局按比例和需要抽调。

三、地方各级职能机构及其任务

根据中央机构的设置,地方各级,直到县区一级,建立由全国图书、情报、资料、档案事业委员会领导下的各级文献工作委员会,并设置与中央对口的相应的机构或专人,统一领导地方各级的图书、情报、资料、档案事业。

四、各级图书馆的领导机构

1.各级图书馆应在行政首长和校院长领导下组成本馆的领导班子。

2.本馆领导体制应是在行政首长和校院长领导下的馆长分工责任制。

3.本馆内的党组织对本馆工作和干部思想起保证作用。

4.50万册藏书以上的大型馆设正馆长一人,设副馆长三人,分别主管行政、业务、后勤,协助正馆长工作;10—50万册藏书的中型馆设正馆长一人,副馆长二人,主管行政后勤及业务;十万册以下藏书的小型馆设馆长一人。

5.图书馆正馆长由相应的组织部门任命,副馆长由馆长提名,或民主选举产生后由组织人事部门审核批准后公布,三年选举一次,连选连任,但连任不得超过三次,以注意加强新生力量的补充和更新。

6.图书馆馆长的条件

(1)热爱党,坚持社会主义方向,有事业心,具有一定理论修养和组织能力。

（2）要有相应学术文化水平,大型馆应由相当于副教授以上学者充任(不应挂名)或由该独立部门负责教学、科研、生产、业务的副校长、副主任、副厂长等兼任;中型馆要由讲师、工程师、馆员或有二十年以上工作经验的人员充任;小型馆的馆长不得由低于馆员或十年以上工作经验者担任。

（3）能密切联系群众,善于调查研究,具有一定的总结工作能力。

（4）各级图书馆都不应有挂名馆长,病休超过半年并且身体条件仍然不佳者应行更换。

7. 图书馆馆长的职责

（1）执行党组织的决议,并根据上级主管部门的有关指示来计划、组织和领导本馆的各项工作;

（2）对图书馆业务和行政事务有临时决定权;

（3）发现和培养人才,指导研究工作和组织干部培养;

（4）向主管部门定期或不定期地请示及汇报工作;

（5）定期或不定期召开本馆大会研究和报告工作;

（6）处理本馆对外一切重大事情。

8. 馆长与职工群众的关系

民主管理是社会主义事业的重要原则,图书馆事业是科学文化教育事业,不是政府行政机构,要发扬学术民主。图书馆的馆长应在本馆职工大会、管理委员会或学术委员会监督之下工作。馆长不能实行家长制,他的一切工作应受上述民主组织的监督和检查,必要时可由上述组织罢免(最后由组织部门批准)。重大问题要由馆长组织上述民主组织研究讨论决定;在特殊紧急情况下馆长有权临时决定,但事后须向上述民主组织报告并取得通过,如被否定,应以民主组织的集体决定为准。

第五节 图书馆的机构组织、人员及其职责

合理地设置机构,并在此基础上明确各该机构的职责范围,才能使一个图书馆的工作真正形成一个合理的系统,做到分工明确,责任清楚,事事有人抓、处处有人管,使系统真正成为上下协调、左右配合的有机整体。

一、一般中小型馆机构设置的模式

1. 馆长办公室

负责行政、业务、后勤工作的日常指挥和处理。

2. 采编组(室)

图书期刊的采集、交换、分类、编目及目录组织的管理。

3. 出借组(室)

管理书库、对外借书、馆际互借。

4. 阅览组(室)

负责书、刊、报纸的内部阅览工作,代管资料复制、辅助书库的管理、过刊的管理。

5. 情报服务组

负责资料交换、参考咨询、情报服务。院校情报服务组要对各系资料室进行协调,负责新生入馆及文献检索教育。

二、一般大型图书馆机构设置的模式

1. 党总支或支部

2. 馆长办公室

可设业务、行政秘书各一人,或设办公室协助馆长进行日常工作。办公室内分工:

（1）业务秘书主要职责：

①协调本馆各业务部门之间的工作；

②组织干部培训；

③保存本馆干部考核及业务档案；

④各种统计表报汇总上报；

⑤开展学术研究，负责学会事务；

⑥印发各种资料；

⑦干部考核晋升；

⑧新技术推广及应用；

⑨复印室、视听、照相、装订的管理；

⑩对读者如何利用图书馆的辅导进行统筹。

（2）行政秘书主要职责：

①干部生活、病事假、困难补助等；

②本馆环境设备安全、防火及卫生管理；

③图书馆内的财政管理（可设会计一人）；

④用品设备的购置和管理；

⑤对外联络、接待参观来访、公章管理、公文通知、保管；

⑥协助业务秘书的某些有关工作。

办公室应视人员条件，可设会计、打字员、保管员各一人。

3. 采访部

主要职责：

（1）中外文图书期刊的采访和采购；

（2）各种采购工具书的收集与保管；

（3）采购查重和预订卡片的管理；

（4）盖馆藏章，对图书财产的验收登录及登录账的管理；

（5）与一切同采购有关部门的联系和协调；

（6）图书加工流程单的发出、收回和保管；

（7）统筹一切书刊的交换工作，管理交换关系片。

4. 编目部(或分编部)

主要职责:

(1)图书分类;

(2)编目及加工;

(3)组织和管理公务目录和读者目录;

(4)对加工完了的图书交库;

(5)负责联合目录的组织,有时可进行新到书目的报道;

(6)对读者进行目录辅导。

5. 阅览部

主要职责:

(1)馆内图书期刊、图片、报纸的内阅管理;

(2)馆内图书期刊、图片的宣展工作;

(3)读者的阅读辅导,组织讲座、报告会,召开读者座谈会;

(4)接受代办复制业务;

(5)对辅助书库进行管理。

6. 流通保管部,或典藏外借部

主要职责:

(1)对馆藏图书负责调拨和书库管理;

(2)办理读者借书证及日常外借工作;

(3)负责出借图书的归还工作;

(4)代表本馆为读者进行馆际互借工作;

(5)馆外流动借书、预约借书;

(6)图书流通统计和分析;

(7)新书陈列推荐;

(8)负责藏书的清点和剔除工作。

7. 情报服务部

主要职责:

(1)建立检索室,负责各种书目检索工具书及综合、专科工具

书的管理与推广应用;

（2）非书非刊的各种特种文献的管理与推广应用,如会议录、科技报告、学位论文、专利文献、标准、各种内部资料、产品样本等等;

（3）各种题录索引的编制及资料和专题目录的报道;

（4）解答读者的咨询要求和代查资料;

（5）对读者进行定题或跟踪服务;

（6）对国际国内交换来的资料进行管理和推广应用;

（7）情报刊物的编辑和发行工作;

（8）对各系资料室的联络、培训、指导和协调;

（9）负责对读者进行文献检索和情报利用教育及培训。

三、各种机构的变通情况

由于各馆人员搭配情况不同,以及其他传统的原因,以上各业务部门及业务工作的某些环节,有的合并,有的交叉,有的别部执行,具体情况有下列各种:

1.有的馆将采访和分编合一为采编部。

2.有的馆设期刊部,期刊从采集到内阅、外借形成独立系统;有的将参考咨询与期刊部合一;有的将情报与期刊合一。

3.情报服务部应从采、编、管、用、报道、发行形成一条龙的独立系统,目前有的馆将采集部分归采编部,将交换部分归情报部。

4.复印、视听、照相、缩微、计算机等现代化手段,是近年出现的新技术,有条件的都应单独成立图书馆的技术部或现代化组,成为部一级者可直接由馆长领导,与各部平行,是组一级的可归属办公室或情报服务部。

5.装订和复制,如果只有简单复制设备,人员不多,可附设在期刊部或阅览部,因为这二者主要工作是期刊阅览部门的,但如设备多、人员多,则应独立,如设立技术部。

6. 有些公共图书馆设科技服务部,承担情报服务工作,只是叫法不同。

7. 各馆情况不尽一样,根据需要和可能还可设立研究辅导部(组)、特藏部(组)、古籍部(组)、技术部(组)等;期刊职能扩大,还可从阅览部中分出,单设期刊部。

8. 根据教育部1981年10月《中华人民共和国高等学校图书馆工作条例》第十六条:"高等学校图书馆一般应设办公室(或秘书)、采编部(组)和流通阅览部(组),各馆根据需要,可分设或增设采访部(组)、编目部(组)、阅览部(组)、流通保管部(组)、期刊部(组)、情报服务(或参考咨询)部(组)、研究辅导部(组)、特藏部(组)及技术部(组)等机构。"1982年12月文化部颁布的《省(自治区、市)图书馆工作条例》第十九条:"省馆机构要力求精干,一般可设下列业务工作部门:业务办公室或业务秘书(部主任级)、采编部、阅览部、书目参考部、研究辅导部,各馆根据工作需要还可增设保管部、期刊部、古籍部和特藏部等。"

四、各部负责人的职责和条件

各部门负责人是图书馆各部门工作开展好坏的关键,其人选应民主选举产生并由馆长认可通过人事部门任命。

1. 各部负责人职责

(1)协助馆长,按照本馆总体规划和计划,团结本部门全体同志协调工作;

(2)向馆长及时反映工作进程及出现的问题;

(3)注意工作中的新问题、新情况,加强调查研究,经常总结经验,不断改进工作;

(4)搞好同有关部门的团结协调,不搞本位主义,要搞全馆一盘棋;

(5)监督和遵守各个岗位责任及各种规章条例的贯彻和执

行；

（6）按时提供各种报表；

（7）属于本部门的纯业务技术工作，在不违反规章条例情况下，有权独立处理。

2.各部负责人的条件

（1）要具有较高的事业心和责任心；

（2）要有较高的业务水平，具有一定组织能力，可以独当一面者；

（3）善于团结群众，肯于听取不同意见，虚心学习，有较强的求知欲；

（4）能模范遵守各项规章制度，工作带头、作风正派，具有表率作用者；

（5）职称可与副馆长同级或低一级。

五、各种职称图书馆工作人员的条件和要求

关于各种职称图书馆工作人员的条件和要求，国务院批转的《图书、档案、资料专业干部业务职称暂行规定》（国发1981年23号文件）中做了如下规定：

第一条　图书、档案、资料专业干部的业务职称定为：研究馆员、副研究馆员、馆员、助理馆员、管理员。

第二条　确定或晋升业务职称的图书、档案、资料专业干部，必须拥护中国共产党的领导、热爱社会主义祖国，努力学习马克思列宁主义毛泽东思想，刻苦钻研业务，积极做好本职工作，为四个现代化建设贡献力量。

第三条　确定或晋升图书、档案、资料专业干部的业务职称，应以学识水平、业务能力和工作成就为主要依据，并适当考虑学历和从事专业工作的资历。

第四条　中等专业学校毕业生，担任图书、档案、资料专业干

部,见习一年期满,或是有同等学历的,初步掌握图书、档案、资料某项业务的基础知识、工作方法和技能,较好地完成所担任的任务,确定为管理员。

第五条 见习一年期满的高等院校本科毕业生或具有同等学历的,以及管理员,具备下列条件,确定或晋升为助理馆员。

(1)具有本专业一定的基础理论和专业知识。

(2)具有一定工作能力,能够掌握图书、档案、资料有关工作方法和技能,对馆藏有初步了解,能够使用馆藏目录、联合目录和有关工具书查找书刊、档案、资料等。

(3)初步掌握一门外语或古汉语。

第六条 助理馆员或具有同等业务水平的,具备下列条件,确定或晋升为馆员。

(1)比较系统地掌握图书馆学或档案学或其它专业的基础理论和专业知识。

(2)具有独立工作能力,熟练掌握有关业务,对馆藏比较了解,能够辅导读者进行文献检索或编制有一定水平的索引、专题资料,工作中有一定成绩。

(3)掌握一门外语或古汉语。

第七条 馆员或具有同等业务水平的,具备下列条件,确定或晋升为副研究馆员。

(1)具有较广博的科学文化知识,对图书馆学或档案学或其他某门学科有较深的研究,有一定水平的工作报告或论著。

(2)具有比较丰富的工作经验,熟悉馆藏,能够指导读者的检索,研究或编制有较高学术水平的索引、专题资料,能够解决业务工作中的疑难问题,工作成绩显著。

(3)熟练掌握一门外语。

第八条 副研究馆员或具有同等业务水平的,具备下列条件,确定或晋升为研究馆员。

（1）具有广博的科学文化知识,对图书馆学或档案学或其他某门学科有系统的研究和较深的造诣,有较高水平的论著。

（2）具有丰富的工作经验,能够指导专业人员学习和研究,主编有较高学术价值的书目、索引、工具书或文献汇编,能够解决业务工作中的重大问题,工作成绩卓著。

（3）熟练掌握一门以上的外语。

第九条　确定或晋升图书、档案、资料专业干部的业务职称,必须通过考核。考核在平时考查的基础上,每一至三年进行一次。工作中有特殊贡献或成绩特别优异者,可随时考核,破格晋升。

对各级图书、档案、资料专业干部的考核,应当严格掌握考核条件。对其中具有同等学历的,除评议其业务成绩外,还应当对本专业必要的基础理论、专业知识和外语程度进行测验。

第十条　确定或晋升图书、档案、资料专业干部的业务职称,按照干部管理权限,由相应的评审组织评定。各级评审组织的组成由同级主管机关批准。

第十一条　确定或晋升图书、档案、资料专业干部的业务职称,须由本人申请或组织推荐,填写业务简历表,提交业务工作报告或学术论著,经过相应的评审组织评定后,由主管机关授予业务职称。

研究馆员和副研究馆员,由国务院各部门或省、自治区、直辖市人民政府授予;馆员由相当于行政公署一级机关授予;助理馆员和管理员,由相当于县一级机关授予。对取得馆员以上业务职称的干部,颁发证书。

第十二条　确定或晋升图书、档案、资料专业干部的业务职称,必须实事求是,严肃认真。对营私舞弊、打击压制专业干部或采取非法手段骗取业务职称的,应当区别情节轻重,严肃处理。

第十三条　本规定适用于在各部门专门从事图书、档案、资料工作的现职专业干部。

第十四条　各省、自治区、直辖市人民政府和国务院各有关部门,可根据本规定,结合实际情况,制定实施细则。

六、图书馆干部的智力结构

1. 专业结构

所谓专业结构是指,根据不同专业,按照一定的比例,把各种智力要素组成一个合理的结构。科学事业本身就是一个完整的知识结构。当代学科门类日益繁多,彼此相互渗透,密切相联。尤其是图书馆,它储存了各种学科各种门类的知识。图书馆的工作人员结构,如果不是各种学科知识结构的合理组合,如果不是以本馆服务对象的专业需要为依据组成一个合理的完整的专业结构,它就不能真正有效地开发这些知识资源。

2. 年龄结构

人的年龄不同,因而资历、学识和能力(主要指智力)也就不同。老年人见多识广、经验丰富、学问深;中年人知识较广、年富力强;青年人干劲大、框子少、热情高、精力充沛。图书馆里工作多种多样,既需要有知识结构、智能条件的搭配,更需要有不同年龄结构的搭配。

当然,所谓老、中、青在具体年龄上虽有一定界限,但在实际表现上未必都一样,青年人未必都是朝气蓬勃;老年人未必都耳不聪目不明;中年人也未必都是栋梁之才。因此年龄的多样化,只是就总的状况而言。

3. 智能结构

有人足智多谋,有人具有领导才能,有人适于搞宣传教育,有人精明强干,有人坚韧不拔,有人脚踏实地,有人埋头钻研,有人好动,有人喜静,有人手快,有人心细……千差万别。

实践证明,水平相当、智能相同的人往往合作不好;而水平不一、智能有别的人反而能步调一致,长年共事。因而不同工作应由不同智能特点的人去做。所谓特点,可以是优点(工作特点与智能特点相适应时),也可变成缺点(工作特点与智能特点不相适应或抵触时)。这犹如一台机器,要有各种部件组成,只有齿轮不行,只有螺丝钉,即使堆成山也构不成机器。

图书馆里,就要根据工作特点,发挥每个人的智能条件,用其所长、避其所短,做到什么工作给什么人,什么人给什么工作。

4. 知识结构

人的知识有差别,都在客观上处于不同等级之上。工作是多种多样的,有不同学科专业、不同语种、不同工种、不同水平文献,这就要求不同知识特点和知识等级的工作,由具有不同知识特点和知识等级的人去做。不能把栋梁之材锯成碎木烧火,也不能用碎木胶压起来立柱。应使各种知识水平的人,各得其所,才不会造成人才的浪费。

5. 素质结构

人的素质结构不同,有探索型的、有创造型的、有条理型的、有推测型的……广义而言,素质还包括性格、脾气、喜好、兴趣、风度等,属于天资的部分,在组成人员结构时就要考虑这些因素的合理结合。全是慢性子的人在一起,工作就不会有起色;全是性急的人在一起,工作就容易出差错。这就要求"知人善任",按照每个人的特点去安排岗位。

6. 班子结构

指领导班子的完整性。既要有精明强干、经验丰富的行政干部,又要有学识渊博精通业务的业务干部,还要有埋头苦干的勤勤恳恳的后勤干部,而且这三种干部都要具有各自的专业化、知识化和年轻化特点。以上各点又只能视具体情况组合。不论知识、专业还是年龄,都只能从工作能力和工作效率为出发点,不能搞形而上学。

第六节　图书馆法和规章制度

一、法规建设

图书馆的立法问题属于法律科学范畴。法学是研究立法和司法规律的科学。法体现统治阶级意志,反映统治阶级的根本利益和要求。所谓法律,是指由国家制定或认可、用国家强制力来保证实施的行为规则的总称。广义而言,凡是由国家最高权力机关或立法机关,包括一切国家机关制定的政策、法律、法令、条例、规程、决定、命令等都属于法的范畴。我国的一切法,都是国家对社会生活和社会主义建设各个方面的方针、政策的定型化和条文化;是党的方针政策,用法律的形式固定下来,使之成为人们共同遵守的行为准则。政策是制定法律的根据,法律是政策的条例化、定型化。如为了保障人民的身心健康,保障社会主义建设顺利进行,就有卫生法、食品法、环境保护法等,它规定了在某一方面,哪些事必须做好,应当怎样去做,哪些事是禁止的,是不应该做的,这种用法的形式规定的行为准则,或法律规范,带有强制性,人人必须遵守,使人们的行为有章可循、有法可依。

建国以来,特别是粉碎"四人帮"以来,我国大大地加强了法制建设,并于 1978 年颁布了我国新时期治国的总章程《中华人民共和国宪法》,1982 年又颁布了修改后的《中华人民共和国宪法》。随后,根据社会主义现代化建设的需要,分别先后缓急地颁布了许多法律。在文化、科学、教育事业方面,也颁布过诸如文物法、博物馆法、专利法等,还有些法,如教育法、出版法、新闻法、图书馆法等有待一步步制定。

世界范围的图书馆法,据日本图书馆协会 1977 年出版的《图书馆手册》记载,从1800年到1976年,世界各国已先后颁布过图书馆法、条令二十六部之多。实践证明,一国的图书馆法是本国发展图书馆事业最强有力的武器,它不但具有一定的强制性,而且还具有巨大的号召力。美国于1846年颁布了世界上第一个图书馆法,英国于1850年也颁布了公共图书馆法。这两国的图书馆法,是促使英、美两国图书馆事业发展较快、普及较广的根本保障,从而极大地推动了这两个国家的文化、科学、教育事业迅速发展。

我国在历史上也曾有过图书馆法,如1909年清政府颁布的《拟定京师及各省市图书馆章程》,1915年北洋政府教育部颁布的《通俗图书馆章程》等,它们都对我国近代图书馆事业的形成和发展起了积极推动的作用。

解放以后,1955年文化部发布过《关于加强和改进公共图书馆工作的指示》,全国总工会颁布过《中华全国总工会关于工会图书馆工作的规定》,1956年国务院通过了《全国图书协调方案》,同年教育部也制定了《中华人民共和国高等学校图书馆工作条例》(草案)等,也都起了一定的法令性作用,对我国建国初期图书馆事业的建设和发展起了很大推动作用。粉碎“四人帮”以后,1978年4月国务院批转了国家文物事业管理局关于图书开放问题的请示报告;1978年11月,国家文物事业管理局发布了《省、市、自治区图书馆工作条例》(试行草案);1978年中国科学院颁布了《图书情报工作暂行条例》(试行草案);1980年5月26日中共中央书记处通过了《图书馆工作汇报提纲》;1981年1月31日国务院批准发布了《图书、档案、资料专业干部业务职称暂行规定》;1981年10月教育部颁发了《中华人民共和国高等学校图书馆工作条例》;1982年12月文化部颁发了《省(自治区、市)图书馆工作条例》;特别是1982年的新《宪法》中明确提出了有计划地发展图书馆事业的条款。这些具有一定权威作用的文件的陆续颁布,都大大推动和发展了我国当代图书馆事业的建设。

但是,上述这些文件都还不是具体的法律文件,还缺乏相当的强制性。因此,随着我国四个现代化建设的进一步发展,随着我国物质精神文明建设的进一步发展,国家还须通过法律的形式,来调整图书馆事业与客观实际不相适应的状况,改变"以人治馆"、"以言治馆"的落后局面,使整个图书馆事业建设与我国文化、科学、教育事业相适应。

图书馆法是推动和发展我国当代图书馆事业发展的强大动力,是各级各类图书馆进行科学管理的依据和准绳。因此,加速制定出符合我国实际需要的图书馆法的时机已经成熟,图书馆工作者,应共同努力,促其早日实现。我国图书馆法可以采取逐步完善的办法,先粗一点,再逐步深一些、细一些、全一些。当前应当急待制定的内容有:

1.我国图书馆事业在整个社会结构中的地位与作用。

2.建立从中央到地方各级的图书情报资料档案的职能机构并明确其职能。

3.制定各级各类图书馆事业条例,各级各类图书馆的建馆标准和要求。其中包括:

(1)规定多少人口或读者应有何种规模建筑的图书馆,何种规模何类学校应有何种建筑标准。

(2)规定多少居民或读者应不少于多少册藏书,各级各类学校应有何比例。

(3)规定图书馆事业费应占国民总收入多少比例;各级地方财政收入中应抽多少比例投资于图书馆事业;科研经费应有多少比例用于图书资料;教育经费中应有多少比例用于图书资料。

(4)规定多少人口或读者应有一个专职图书馆员;专业机构中多少人员中应有一个专职图书情报人员;大中小学中多少学生应有一名专职图书馆员。

(5)规定各级各类图书馆中何种职称水平的图书馆专业人员

各应不少于多少；规定各级各类图书馆专业人员进馆的水平标准。

（6）制定图书馆干部工作条例，规定各级各类图书馆馆长的条件和任免权限；各种干部职称的要求标准及各种职称人员的编制搭配原则、考核办法、晋升制度、奖惩办法。

二、规章条例建设

制定国家统一的图书馆业务工作条例（或标准）。其中包括：

1. 中外文书刊资料的采购条例及协调原则；

2. 中外文图书资料的分类条例（统一分类法）；

3. 中外文图书资料的统一著录条例（或标准）；

4. 关于图书馆目录组织、目录体系的标准或条例；

5. 关于图书馆统计项目、统计单位、统计方法的标准；

6. 关于各种业务工作职责范围和岗位责任制；

7. 馆藏图书刊物的登录记到和注销条例；

8. 制定图书情报、资料、档案用品设备标准；

9. 制定图书馆馆际协作、互借、复制等资源共享条例。

第七节　岗位责任制

所谓岗位责任制就是明确规定每个部门和每个人的职责范围，具体应做些什么工作，或者说，每一项具体工作由谁来做，确定岗位。

一、岗位责任制的意义和作用

1. 岗位责任制可以保证各项工作正常进行

做到事事有人做，人人有事做，责任明确。由于责任明确，从而保证了各项工作必要的效率和质量要求。

2.岗位责任制可作为评比及奖惩的依据

有了岗位责任制,可以扭转干多干少一个样、干好干坏一个样、吃大锅饭的混乱局面;可以充分发挥和调动每个人的主动精神和积极性。

3.岗位责任制是科学管理的基础

有了岗位责任制,可以保证各项工作流程有衔接地正常进行,可以免除相互扯皮、推过来推过去影响工作的混乱局面。

二、图书馆内部各主要部门的岗位责任

1.采访部门岗位责任

(1)主要职责是通过预订、购买、访求、征集、交换等方式,为图书馆搜集和补充藏书,为本馆建立一个具有特点的藏书体系。

(2)严格掌握采购原则和标准,严格执行经费预算和财务制度。采购图书要认真挑选,建立采购采访目录,采购要做到及时、补配准确,重要参考书不应漏购,努力做到藏书系统完整。收集和保存好各种成套的预订目录。

(3)新书到馆认真验收、记到抽片、打号、盖章、登录、填写流程单,并随书一起交分类人员验收。购书单据经负责人审批后报销。

(4)计划外的图书采购要严格控制,非经图书采购人员同意和领导批准,任何人不能随意采购。资料费中购置图书资料统经采购验收。未经批准而乱订购的图书,采访部有权拒绝接收。

(5)根据"图书注销登记簿"及时注销采购总账和个别登记账。

(6)积极扩大书源,开展交换工作,补充馆藏,对多余图书及时转卖、调拨或交换,减少图书积压。

(7)努力学习基本功,加强对馆藏的了解、对读者的调研、对书源的调研和学习,努力提高采购工作质量。

2. 分编部门岗位责任

（1）分编工作主要责任是根据本馆特点和图书分类、编目的标准化要求，以《中国图书馆图书分类法》或其他规定使用的分类法和《中文图书著录规则》作为基本依据，对本馆入藏的图书资料进行科学的分类和编目，组织藏书目录体系，做好图书整理加工，为科学地组织藏书，全面揭示藏书打基础。

（2）认真做好分类编目工作，正确鉴别和分析图书，根据分类规则和著录条例，类分图书和著录目录卡片。在保证质量前提下，不断提高工作效率，努力缩短新书分编加工周期，避免新书积压。

（3）新书分编后，要认真复核校对，发现差错，及时纠正，未经复核，不得入库。

（4）新书入库要认真交接，交接时，要按类交接，逐类验收，没有交库的图书，一律不得外借。

（5）及时做好公务目录和读者目录的组织编排工作，目录编排工作要有专人负责。读者目录与公务目录应分别建立。

（6）图书目录半年或一年检修一次，发现缺损，及时补换，要保证目录完整无缺。

（7）新书分编后，要及时编写新书通报，主动向读者提供新书目。

3. 出借部门岗位责任

（1）出借处主要责任是组织藏书和向读者出借图书。书库组织要合理划分，根据图书分类次序科学组织排架。

（2）根据本馆实际，制订书库划分原则、藏书保护及书库管理规则并切实贯彻。

（3）认真做好借书证发放和管理工作，坚持凭证借书制度。

（4）严格执行图书借阅规则，及时催还到期图书，加速图书周转，减少拒借率；由其他工序造成的拒借情况，应及时反映和提供给有关部门，及时改进工作，按制度处理违章事宜。

（5）做好新书入库验收工作，要做到图书上架及时、排架整齐、减少积压。

（6）合理组织图书流通和使用，对科研、教学急需而又缺少或不足的图书及时提出补配计划。积极做好馆际互借工作，以补本馆的缺藏，满足读者的需要。

（7）做好防火、防盗、防潮、防尘、防虫等工作，保持书库整洁卫生，定期进行藏书清点以及旧书修补装订，按规定及时剔除缺残及复本过多等图书，做好注销抽卡工作。

（8）做好读者登记、借阅统计等工作，并经常进行统计分析，找出规律，发现问题，改进工作。出借统计分析工作要对采购、分编、加工等工作起到积极的反馈作用，以提高整个馆藏质量。

4.阅览部门岗位责任

（1）主要职责是管理阅览室的书刊资料和用品设备，按规定制度搞好书刊阅览服务工作。维护阅览室秩序，及时向读者推荐和提供必要的书刊资料。

（2）书刊阅览要以方便读者和有利维护阅览秩序出发，采取多种灵活的服务方式，主动推荐宣传书刊资料，扩大书刊利用率。

（3）积极搞好阅览室建设，不断改进阅览室的布局和结构。

（4）收到报刊要认真验收，科学排列，防止丢失。验收后报刊要及时记到，组织检索系统，建立期刊缺期登记，有计划的做好缺期补配工作。

（5）做好报刊装订、分类、入库和财产登记工作。登记前，认真整理，尽量补配缺期，力求资料完整。装订后，及时编号入账，做好目录卡片，装订应隔年进行。

（6）做好报刊陈列和借阅，图书原则上不外借。

（7）搞好室内卫生，保持整洁。

（8）做好阅读辅导工作，视条件组织报告会、读者座谈会等。

（9）各阅览室做好读者统计，听取读者意见，不断改进工作。

岗位责任制,各馆可根据具体情况制定,其他一些业务岗位也应分别制定本职工作的岗位责任,才能有效地开展工作。

三、目前实行岗位责任制中存在的问题

1. 岗位责任制与职称的关系

一定职称的工作人员应担当与其职称相应的工作,这样才能达到职称与工作内容相应。不同职称的人担任相同工种的工作,应当有不同水平的要求。

2. 岗位责任制与工作量的关系

同一岗位的不同职称的人员应有不同工作量要求,此一岗位与彼一岗位工作量应有比较平衡的指标。

3. 岗位责任制与奖惩的关系

有了岗位责任制,对于工作数质量好的与不好的,应有所考核与考察,并通过不同方式的奖惩表现出来;否则,虽然岗位明确,但图书馆工作有些伸缩性很大,干多干少、干好干坏往往关系不是很大,这就需要借助统计的方法和工作情况记录的方法,使之得到区别,并对这种区别有所表示。

第八节　图书馆统计

一、图书馆统计的意义和作用

1. 是制定工作计划和改进工作的依据

一个图书馆有多少经费、多少藏书,以及它的读者有多少? 本馆书刊流通情况如何? 本馆藏书和设备条件,是否能满足本馆读者的需要等等,通过各种统计可以得到确切的回答。外借处的拒借统计更可以发现一系列环节上的问题,如采购不当,就会促使采

购改进工作;目录混乱,就会促使图书馆大力改进目录工作;读者借书长期不还,使图书馆正常流通的图书品种和复本大量减少,就须积极做好催还工作等等。

2.是使科学管理走向计量化和条理化的保证

图书馆要实现科学化的管理,必须用数据、用大量的日常统计工作做基础。良好的统计,可以使工作逐步走向定量化,有了定量化就可以促使工作走向条理化,一切工作,由于有了统计,而能做到心中有数,为科学地进行工作创造条件。

3.是了解读者情况,便于辅导、推荐图书和发现人才的依据

对读者阅读倾向的分析,可以了解到读者对哪些书、哪些问题特别有兴趣,为辅导工作提供了前提,也可以了解读者关心什么,不关心什么,为推荐图书提供了线索。同时在读者阅读倾向统计中,还可以发现重点读者的特殊阅读要求,为图书馆发现人才提供了条件。

4.是积累原始数据,做好考核工作的依据

根据日常工作量的统计,可以为评选工作提供可靠依据,避免了凭印象的缺点,有助于调动工作人员的积极性。

二、统计制度

要真正做好统计工作,必须配备专职或兼职的统计员,制定统计工作责任制,规定统计要求,统一计量单位,并制定统计资料的表格,建立填写、汇总、分析、入档等制度。

目前全国的统计表格,由于学术交流和经验交流,已开始出现统一的趋向,但仍然需要择优选择,进行标准化建设。统计用的计量单位,全国虽还不够统一,但一般大多已约定俗成。如图书、合订期刊和合订报纸按"册"计算;古籍按"卷"计算;缩微、复印资料按"件"计算;地图、画片、照片、唱片按"张"计算;胶卷按"米"计算等等。在统计制度上,目前图书馆统计,还没有纳入国家统计系

统,因而各馆执行不够统一、不够严格。图书馆工作的计量化水平的提高,需要国家进行统一的规格化、标准化建设。

三、统计的种类

图书馆的每项工作都有统计的内容和作用。但是目前一般在图书馆里,按传统来说,主要有三项基本统计,本书增加一项,成为四项基本统计:

1. 馆藏统计

主要是统计本馆藏书的数量、种类(按内容分,如社会科学、自然科学等)、类型(按外形分,如书、刊、报等),以及文种情况和经费开支情况,借以随时掌握本馆基本藏书状况和所用经费开支情况。其中有综合统计和分类统计之分。该统计主要由馆藏总括登记来体现。

2. 读者统计

主要统计读者入馆情况,如每日总入馆人数,各阅览室入馆读者分布。其中可按职业、年龄、文化区别各种类型读者。这种统计对阅览室的布局和阅览室座位的调整以及阅览室图书的调整均有实际意义。该统计由读者登记来体现。

3. 借阅统计

主要是外借统计,也有综合统计和分类统计之别,如自然科学、社会科学、文艺小说的读者各占多少? 这是按大的学科进行的分类,也可按职业、年龄、文化程度进行分类。这种统计,对于了解馆藏利用情况,了解读者阅读倾向,了解读者要求,补充藏书等均具有实际的作用。该统计根据读者借书记录卡来体现。

4. 拒借统计

凡是在借书台前,读者提出索书要求而没有把书借给读者时,就应认为是拒借。应借和实际借出的比率,可以反映本馆对读者借书需要满足的程度。对不同读者群的拒借情况及对不同类型图书的拒借情况,可以深刻地反映图书馆整个工作的深、广度,并从这种统计结果的分析中,可以找到图书馆一系列业务环节之不足,从而分析原因,找出关键,改进工作。拒借率指标对图书馆工作质量水平的检测和反馈作用,是任何其他统计所取代不了的,因而它应逐步作为图书馆的基本统计,以进一步提高图书馆的科学管理水平。

除上述四项基本统计外,还可根据特殊需要,进行一些专门统计。这些专门统计,可称作图书馆的辅助统计,这些辅助统计从科学管理角度看,有的应当常年进行,有的可以抽样定期或不定期地进行。这些辅助统计包括:

1.书刊资料使用寿命统计

这种统计主要为剔除工作提供依据。其方法是对规定的年限,如十年以前的某种图书,在一定时间内,如一年之内借阅情况进行统计。这种统计可以抽样进行,不必全年进行。

2.咨询统计

这是统计来馆读者要求图书馆咨询和解决特定问题的次数。对这种统计的积累,可以了解和分析出本馆读者一般都提哪些问题需要图书馆解决,了解图书馆为科研、教学具体解决了哪些问题,解决到什么程度和水平。对读者咨询工作的水平,往往代表一个图书馆的实际的学术水平。咨询统计并非对所有的咨询都要记录统计。在日本公共图书馆界有所谓即席咨询(Quick Reference Question),是指在五分钟之内做出回答的咨询。这种咨询即可不必记录和统计。但对五分钟以上才能答复的咨询,所谓调查性咨询(Search Reference Question),则应当坚持全年统计,它可以全面反映本馆读者向图书馆提出需要咨询问题的广度和深度,而且也是反映本馆咨询能力的重要根据,当然,从中也可以看出图书馆在教学科研中所直接起到的作用。

3.工作量统计

这是指对图书馆工作人员工作量情况的统计,这种统计主要是从量的方面了解每个同志的工作情况,这种统计与工作态度、服务质量相结合,可以对一个干部考核、评选、晋级等工作起到重要参考价值。在图书馆工作中,并不是每项工作都能用数量表现出来的,因此,这种统计只能根据实际情况来进行,但是无疑,这种统计应逐步纳入到全年统计,对此抽样统计没有什么意义。

4. 用品统计

这种统计主要是对馆内各种用品设备的统计,这不但有利于保管工作的进行,也有利于及时地补充用品设备。

四、统计分析和几种基本统计的比率与计算方法

所谓统计分析,是指对已统计的数字,根据一定的要求进行比较分析和综合研究,从而掌握图书馆各种统计的比率,作为总结工作和改进工作的依据。

经过对统计数字的分析,可以掌握图书馆的藏书利用率、图书周转率、读者到馆率、读者阅读率、图书拒借率情况,这些比率可以反映一个图书馆的实际工作状况和业务工作水平,因此,图书馆在加强科学管理工作中,必须重视对这些比率的研究工作。

1. 藏书利用率

这是指馆藏中被读者借阅的总册数占藏书总册数的百分比。在实际工作中,对它的理解和计算方法可有两种情况。

一种计算方法是,在一年内读者借阅总册数除以全馆藏书总册数乘上100%。借阅总册数包括总书库、分馆外借量及所有阅览室的借阅量。全馆藏书总册数由总括登记来体现,不管该书分拨何处,总登记现有藏书是多少,馆藏总数就是多少。

公式: $\dfrac{\text{全年读者借阅总册数}}{\text{全馆藏书总册数}} \times 100\%$

设某馆读者全年借阅图书总册数为 20 万册(根据总库、分

馆、辅助书库外借登记逐日统计及各阅览室的逐日借阅登记累计得出），该馆年末入藏总登记有藏书总册数为 120 万册，算式即为：

$$\frac{200000}{1200000} \times 100\% = 16.7\%$$

第二种计算方法是，在一年内读者借出总册数除以全馆藏书总册数乘上 100% 。只计借出总册数，不计阅览册数，全部藏书总册数仍由入藏总登记来体现。

计算方法是，在一年内读者借出的总册数除以全馆藏书总册数乘上 100% 。

公式： $\dfrac{全年读者借出总册数}{全馆藏书总册数} \times 100\%$

设某馆读者全年借出图书总册数为 20 万册（根据各处外借口外借登记逐日统计累计得出），该馆年末入藏总登记有藏书总册数为 150 万册，算式即为：

$$\frac{200000}{1500000} \times 100 = 13\%$$

以上两种计算方法的区别是，第一式包括本馆外借量及馆内阅览量，第二式只计外借处的外借数量。

在加强图书馆科学管理的原则下，计算方法不能取"一定时间内"，必须取全年量，而且还须逐日、逐月统计累计，才能确切地得出合理的全年馆藏平均利用率情况。

2.图书周转率

这是指开架阅览室内藏书，在一年内平均每一本书周转多少次。计算方法是,在一年内进入某一开架阅览室内阅览的总人次除以该阅览室内藏书总册数乘上2。

公式: $\dfrac{\text{全年进入某室读者总人次}}{\text{某室开架藏书年末总册数}} \times 2$

设某一开架阅览室全年有读者(根据读者入室签到等累计)10万人次,平均每人次在开架阅览室内阅览2册,该室到年末典藏共拨给图书一万册,算式即为:

$$\frac{100000}{10000} \times 2 = 20$$

亦即,本室平均每一本藏书在一年之内周转20次。

本式的功用,主要为适应开架阅览室如何计算每一本书的周转情况。应当指出,开架阅览室藏书必须每年进行一次调整,室内藏书应当具有显明的推荐性、针对性和现实可用性,"死书"或"呆滞书"应按时调出。上式乘2是指每人次平均2册,其依据是,阅览室定出规则,每一个读者一次只能取2册,不得垄断图书。实际上,会有人多次取书,实际数目会超过2册,但亦有只取阅一册者,读者目的、类型不同,可能有别,故此取最低平均数。

如果欲求得准确一些,最好的办法是规定凡进入阅览室的读者,只准取书,不准自行上架,阅过之书,一律放在规定的地方,其他读者也可再用,上架由工作人员下班后清点分类回架。国外不少开架阅览室即如此做法,形成规律,管理得法,并不十分麻烦。借此可以逐日得出数字,累计全年就可用此总册数除以本室年末藏书总册数。

公式: $\dfrac{\text{全年某室读者实际阅览总册数}}{\text{某室年末入藏开架图书总册数}} =$

设某开架室,逐日统计本室内被读者取阅图书册数,全年累计

为 50 万册,本室年末藏书总册数为一万册,算式即为:

$$\frac{500000}{10000} = 50$$

亦即,本室开架的每一本藏书,平均一年内周转 50 次。

3. 读者到馆率

这是指本馆全部读者平均一个读者全年到馆的次数。计算方法是,全年到馆读者人次(逐日进行读者入馆统计累计)除以本馆全部读者人数。

公式:$\dfrac{\text{全年到馆读者总人次}}{\text{本馆全部读者人数}} =$

设某馆经过逐日计数累计,全年入馆读者共 30 万人次,本馆全部读者人数是一万人,算式即为:

$$\frac{300000}{10000} = 30$$

亦即,本馆一个读者,平均一年内进本馆 30 次。

4. 读者借阅率(或读者阅读率)

这是指本馆全部读者,一年内平均每一个读者在本馆内共借阅了多少册书。本统计有类似第 1 项藏书利用率的统计情况,故亦应有借出与内部阅览的区别。这里取"读者借出率"概念给以公式,即:

$$\frac{\text{全年读者借出图书总册数}}{\text{年末办证借书的读者总人数}} =$$

设某馆全年外借图书 20 万册,年末本馆办证借书的读者总人

数是 10000 人,算式即为:

$$\frac{200000}{10000} = 20$$

亦即,本馆读者,一年内平均一个读者在图书馆借出 20 册书。

5. 拒借率

这是指读者在图书馆未借到的图书总册数占读者要借的图书总册数的百分比。它可以反映出,本馆藏书对读者索书要求的满足程度。

计算方法是,将一年内读者在本馆未借出的图书总册数(由索书条来累计)除以读者要借的图书总册数。

公式: $\dfrac{\text{全年读者未借到的图书总册数}}{\text{全年读者要借的图书总册数}} \times 100\%$

设某馆,全年坚持按读者索书条进行统计,读者在借书处全年提出 20 万册索书要求,但本馆有 6 万次拒借,因此算式即为:

$$\frac{60000}{200000} \times 100\% = 30\%$$

亦即,读者每向图书馆提出 100 种(册)索书要求,图书馆只能满足 70 种(册),还有 30 种(册)不能满足读者的要求,拒借率为 30%。

上述所有公式,均以"图书册数"列式,没有以"书刊"列式。图书馆内,图书与期刊是两大文献类型,期刊流通又与图书流通有很大差别,如图书外借量大,而期刊内阅为主,加之,期刊量愈来愈大,它的作用也愈大,因此,对二者应分别进行统计,才能反映客观情况。对上述公式,如需计算期刊的各种比率时,可以将"图书"

改为"期刊"即可。

为了加强图书馆的科学管理,所有的基本统计,都应坚持逐日、逐月统计,累计出全年数据。抽样统计,只适用于个别辅助统计,如文献老化率统计等。对基本统计及某些辅助统计,如工作量统计、咨询统计、考勤统计,都不应搞抽样统计,这是图书馆科学管理首先应当坚持的。

第九节　图书馆的业务档案

一、关于图书馆业务档案的基本概念

1.什么叫图书馆业务档案

陈北祼在《档案管理学》中给的定义是:"档案是机关、团体、企业、事业单位、个人在活动中形成的,具有查考利用价值的,归档集中保存起来的文件材料。"据此,图书馆业务档案的定义可表述为:"它是图书馆工作者在其业务与学术活动中自然形成的、具有查考利用价值并归档集中保存起来的文件材料。"

2.图书馆业务档案的特点

图书馆业务档案,除了具有一般档案的共性外,还具有自己的特点:

(1)以图书馆工作者个人做立档单位;

(2)归档集中起来的文件材料,必须是某图书馆工作者在其业务学术活动中所形成,并能反映其工作成就、业务能力、学术技术水平;

3.图书馆业务档案的基本内容

(1)个人简历表;

(2)业务自传或鉴定表;

（3）学历证明；

（4）业务上的贡献记录（包括发明创造、技术革新）；

（5）个人的论文、著作、资料汇编、书目、索引、工作报告、技术报告、业务总结及他人对其著述、发明、革新的正式评论；

（6）有关单位，特别是专业职能部门对其工作成就、业务能力与技术水平的评定意见；

（7）在职业务学习、进修、培训的考核记录；

（8）平时考勤记录；

（9）业务和学术上受奖记录；

（10）培养人才的情况（包括培养对象、人数、起止日期、指导、讲授内容及其效果）；

（11）出国学习、考察及参加国内外学术活动等情况（包括国名、单位、起止日期、任何职务，学习、考察与学术活动的内容和收获、成果等）；

（12）职称评定有关材料；

（13）晋升记录等；

（14）对图书馆界的著名人物、各级主要领导人与高级专家，其业务档案中还应包括：

①本人的回忆录、记事簿、著述手稿；

②从别人著述中所辑录的文稿；

③反映他们在公务活动与社会活动中的有关文件材料；

④个人有关业务、学术方面的书信来往；

⑤别人研究他们的材料，如回忆和评价等。

二、图书馆业务档案的作用

档案工作是一个机构科学管理的重要环节，工作人员业务档案，是发掘人才、培养人才的重要手段，它对充分调动工作人员的创造性、积极性、主动精神、对事业的进取和忘我精神的培养，具有

不可忽视的作用。具体来说,工作人员业务档案,其积极作用可表现在以下几个方面:

1. 是考查出勤、考查贡献、考查学术水平、考查工作态度的重要根据

工作人员业务档案搞得认真仔细,可以充分反映出工作人员平时的出勤情况、工作成绩、业务能力、学术水平、贡献大小的真实状况,这就为评定技术职称、提职晋级、实行奖励,提供了真实而科学的根据,完全避免了"长官意志"、"平时假象"等不正常现象。业务档案是平时在工作、业务、学术活动中,自然而然,日久天长,点点滴滴积累起来的(没有任何主观因素)。

2. 是进一步培养与合理使用干部的客观依据

工作人员业务档案,搞得认真仔细,就可以使领导者客观地掌握谁个业务水平不高,尚需提高;谁个某方面欠缺,还须学习;谁个在某方面,独具特长可以充分发挥,从而真正做到"知人善任",调动每一个人的积极性、创造性。

3. 是不断提高工作人员业务、学术水平和工作效率的强有力手段

由于对每一个工作人员,注意了日常真实表现的客观记录,这就必然促使他们积极向上,不甘落伍,好的可以冒尖,次的也不能瞎混,使一个单位真正形成良好的进取向上的风气。

除了以上三种作用外,工作人员业务档案还有其他一些作用,如为制定事业发展计划提供依据,为人才交流提供依据,为编写图书馆史等提供原始素材等等。

三、图书馆业务档案的管理

1. 思想要重视,管理要有专人。
2. 建立建档条例,其中包括:
①收集范围;②整理原则;③鉴定方法;④保管制度;⑤利用方

法;⑥统计工作;⑦与上级档案机构的联系与分工等等。

3.明确职责,其中包括:

①由一名主管人事的副馆长直接负责领导工作;

②建立业务档案室,配备专职或兼职人员(如办公室主任、业务秘书等)。

4.加强档案人员的业务培训和思想建设

档案管理是一门科学,它有一套理论、原则和技术方法,争取条件进行培训;还要经常学习有关业务刊物,认真学习中央和地方档案领导机关的有关指示和文件,务使档案工作符合政策性、科学性和效用性的要求。

5.充分发挥档案的查考和凭证作用

如上所述,档案工作是为科学管理服务的,是为培养和使用干部服务的,应注意养成充分利用档案的习惯,把工作建立在有客观科学依据的基础上。

本章复习与思考题

1.图书馆科学管理的对象是什么?

2.图书馆科学管理的手段是什么?

3.图书馆科学管理的职能是什么? 并说明计划、组织、指挥、协调和控制五种职能的相互关系。

4.现代图书馆科学管理的原则是什么?

5.我国图书馆科学管理当前存在的主要问题是什么?

6.图书馆的基本统计应有哪几项? 各有何作用?

7.藏书利用率、图书周转率、读者到馆率、拒借率、读者借阅率都说明什么问题? 如何求出这些比率?

8.简述建立图书馆业务档案的必要性。

本章参考和引用文献

1.《管理知识手册》,许友梅等主编,知识出版社,1983 年

2.《管理系统工程——现代化管理的方法和应用》,中国人民大学管理系统工程教研室编,国防工业出版社,1983 年

3.《管理信息系统》,中国工业科技管理大连培训中心编,企业管理出版社,1981 年

4.《图书馆学基础》,北大、武大图书馆学系合编,商务印书馆,1981 年

5."图书馆科学管理的智力结构",于鸣镝,1981 年东北三省第一次图书馆学科学讨论会论文

6."谈图书馆的科学管理",齐广文,《图书与情报工作》,1981 年第 2 期

7.《图书馆法规资料选编》,安徽省图书馆学会,1982 年

8."高等学校图书馆要重视图书流通中的统计分析工作",卢德勤,《图书与情报工作》,1981 年第 3 期

9."图书馆科学管理功能刍议",叶长发、刘英麟,1981 年东北三省第一次图书馆科学讨论会论文

10."浅谈图书馆工作的科学管理",李占山,东北三省第一次图书馆科学讨论会论文

11.《中华人民共和国图书馆法建议草案》,桑健,大连市图书馆学会1982 年科学讨论会论文

12."图书馆人才科学管理的一项主要内容——试论图书馆工作者业务考绩档案的建立",冯锦生,山西省图书馆学会论文,1982 年

13.《大连工学院图书馆管理工作探索》,李涵勤,1984 年

14."论公共图书馆的图书周转率",于鸿儒,《黑龙江图书馆》,1984 第 1 期

15.《高等学校图书馆工作概论》,四川图书馆学会编,1983 年

16."图书馆工作定额管理问题",徐亭起,《图书情报工作》,1983 年第 1 期

本章附录

中华人民共和国图书馆法（建议草案）

第一章　总　　则

第一条　图书馆事业是一个国家文化、科学、教育事业不可分割的重要组成部分，它是国家的智力资源的储存部门，它是国家智力资源的开发部门，它是人类知识智慧的宝库，是人才成长的沃土，是重大创造发明的智慧源泉，是一项知识性、教育性、情报性和学术性的社会事业，它必然在我国社会主义物质文明和精神文明建设中起着愈来愈重大的作用。有鉴于此，特制定本法，以促进我国图书馆事业的进一步发展。

第二条　我国是一个多民族的社会主义国家，每一个公民都享有充分利用图书馆藏书的权利，图书馆的一切藏书都应当得到充分有效的开发和利用。我国当前的图书馆事业的基本方针是："发展各种类型的图书馆，组成为科学研究和广大群众服务的图书馆网"。特别是对科研、教学和生产建设，必须采取一切有效措施，予以充分的保证，为发展我国经济服务，为四个现代化服务，为"翻两番"服务。

第三条　图书馆的藏书和知识的传播，必须贯彻"百家争鸣、百花齐放"、"洋为中用"、"古为今用"、"推陈出新"的方针，充分发掘和借鉴古今中外一切人类的精神财富，为迅速提高整个中华民族的科学文化水平服务。

第四条　为逐步使我国图书馆事业，真正建设成为一个布局合理、纵横交错，大、中、小型各级各类宝塔式的全国图书馆网，国家鼓励和扶持地方集体和私人办馆，各级公共图书馆有责任和义务对他们进行支助和领导。全国乡镇以上行政单位，县、团级以上企事业单位，都应积极创造条件，或单独或联合建立图书馆（室），并使之成为所在地居民及广大职工的社会教育中心。有关少数民族、残疾青年、少儿图书馆事业建设问题应受到特殊照顾。

第五条　各级各类图书馆的一切藏书，都是整个中华民族的精神财富和智力资源，图书馆的馆舍、设备、书刊文献及其开展的业务活动，应受到国家的法律保护和广大群众的支持和爱护,任何单位和个人不得占用或损坏或偷盗,更不得无故进行干扰,偷书者根据情节给予批评、警告、罚款,直至追究法律责任。

第二章　具体任务

第六条　各级各类图书馆,根据各自的具体条件,有针对性地积极收集、整理、保存和传播一切有益于提高全民族科学文化水平,有益于推动和促进科学研究工作的书刊文献,并注意形成各自的特色。

第七条　各级各类图书馆,应根据各自图书馆具体服务对象之不同,有针对性地积极满足本馆读者对书刊资料的一切需要。根据情况,注意做好宣传报导、推荐和辅导工作。图书馆员要爱馆如家,忠于职守,热心于读者工作。

第八条　图书馆事业是全民族和整个国家的智力开发事业,一切图书馆都应当彼此支持和协作。全民所有制馆有责任和义务去扶持与帮助集体和个人所有制的民办馆;一切大馆都有责任和义务去支持和帮助小馆。各级各类图书馆的采购、服务等工作要做好协调,注意各类图书馆的专业化建设。除公共图书馆外,都应避免藏书建设的大而全、小而全倾向,要十分注意藏书建设的目的性原则和分工协作原则,逐步实现全国的图书馆事业网络化和"资源共享"。一切有条件的图书馆都应当主动进行国际间的科学文化交流和书刊交换。

第九条　各级图书馆都应当积极编制出版各种书目、文摘、题录、索引,以便切实加强智力资源的开发工作,积极发挥图书馆的情报传递的作用。

第十条　认真开展图书馆学、目录学、文献情报学的研究工作,大力搞好在职干部的培训和培养工作。积极为图书情报学教育提供实习条件和场地。

第十一条　积极创造条件,实现图书馆内部各项工作的标准化和规格化,加强科学管理,努力消除各自为政、自行其是的落后状态。在条件具备的地区和图书馆应积极进行图书馆现代化建设,当前特别应当积极加强复制设备的建设,有条件馆应做计算机应用的人才准备和设备补充。

第三章　领导体制

第十二条　图书馆事业是国家物质精神文明建设的一个重要方面,图书馆书刊文献的流通,涉及全国一切部门、一切单位和个人,为了统筹全国的智力资源开发事业,必须实现全国图书馆事业的一元化集中统一领导、统一规则、统一部署、统一开发。

第十三条　全国图书馆事业,在一元化集中统一领导下,分别设立公共系统、高校系统、科研系统、厂矿技术系统、工会系统、军事系统、公安改造系统、卫生系统、中小学系统、少年儿童系统、城市街道系统、农村系统等图书馆事业局(处),分别筹划和掌管各该系统的图书馆工作,并依本法原则制定本系统图书馆工作条例。

第十四条　全国各类各系统图书馆除行政上受各该系统领导外,在业务上还应接受全国统一的图书馆事业最高职能机构的领导和管理;地方各级各类图书馆,除行政上由各该单位领导外,同时应接受各地相应一级地方图书馆事业职能部门的领导和管理。各级图书馆学会是各地图书馆工作的重要咨询机构,各级各类图书馆都应当积极争取并尊重图书馆学专家的建议。

第四章　图书馆馆长

第十五条　国家图书馆馆长由国务院总理任命;地方各级各类图书馆馆长,由各地人民政府、院校、科研院(所)、厂矿的领导机构任命并报上一级图书馆职能部门认可和备案。

第十六条　地、市级(包括该级)以上单位的图书馆馆长,必须是有相应学术地位并热爱图书馆事业的各级学者或知名人士充任,并须专职;如无合适人选时,则须由主管部门负责文教、科研的副职兼任,同时配备懂得业务、有组织能力和年富力强的得力副馆长二到三人具体领导工作。

第十七条　县、区级以下图书馆,除必须配备内行馆长外,视情况配备一名内行副馆长或业务骨干协助馆长进行工作并须担任主要的业务工作,如图书采购、分编等项工作。

第五章　组织机构

第十八条　各级各类图书馆都应视条件,建立图书馆工作管理委员会,其成员由各级各类党政领导人、各方面专家(包括图书馆专家)及知名人士组成,该委员会对图书馆的一切重大问题有建议和监督的权力。图书馆馆长应定期向其报告工作。

第十九条　地、市级（包括该级）以上单位的图书馆设置办公室、采访部、分编部、期刊阅览部、流通保管部、科技情报部（或参考咨询部），并根据情况设立特藏部及其他需要的机构。

县、区级以下单位的图书馆设采编组、期刊资料组、流通保管组并配备必要的办公人员。

第二十条　地、市级以上单位图书馆各部门负责人，应由不低于馆员（助研、讲师、工程师级）级者充任，县区级以下单位图书馆各组负责人应由不低于助理馆员级者充任。

第六章　人　　员

第二十一条　图书馆工作人员包括：领导干部、专业人员、行政后勤人员、业务辅助人员、工人及勤杂人员。

第二十二条　图书馆专业人员的职称分以下五级：研究馆员（与教授、研究员同级）、副研究馆员、馆员、助理馆员、管理员。

第二十三条　各级各类图书馆专业干部的文化水平，应有不少于50%的专业人员水平，不低于其主要服务对象的水平。如科研及大学图书馆应保证有50%以上的相应专业的大学毕业生。

第二十四条　各类型省一级单位及重点大学的图书馆至少应有一名研究馆员、四名副研究馆员和二十名馆员职称的图书馆专业人员。

各类型地、市级单位及普通大学的图书馆至少应有三名副研究馆员和十名馆员职称的图书馆专业人员。

各类型县区级图书馆至少应有馆员职称的专业人员三名。

县区级以下单位基层各类图书馆的工作人员，均必须至少有二名经过图书馆专业训练者。

第七章　图书馆藏书

第二十五条　省级公共图书馆的藏书规模可达到一百万到一百五十万册；大区所在地省馆可达一百五十万到二百五十万册；地、市级公共图书馆的藏书规模，可达到五十到一百万册；县区级公共图书馆的藏书可达到十万到二十万册。

高校图书馆藏书，按教师、学生总数，应达到每人平均有一百到一百五十册藏书(文科应不少于 150 册)。

科学图书馆,应根据实际需要建立具有专业特色的藏书体系。

第二十六条 凡新建高等院校,应以是否建有上述最低藏书规模的图书馆,作为考核是否应建的标准之一。

第二十七条 各级中心图书馆有接受免费呈缴图书的权利,中央级各类出版社,每出版一种书,必须向国家图书馆免费呈缴三册、期刊三份、报纸合订本一份;地方各级出版社的出版物,须向各该地区中心图书馆呈缴上述数目的出版物。全国各地、各部门,包括科研、学校、厂矿的内部出版物,亦须按上述规定呈缴。所有呈缴本,各有关图书馆必须认真收藏,具体条例单独制定。

为了不断提高藏书质量,各类图书馆都应注意藏书剔除工作,注意基本藏书规模的稳定状态。各大城市应创造条件建立提存图书馆,集中保存各图书馆及情报部门提存之图书资料。除各级中心图书馆外,一般图书馆应以收藏现时流通的书刊为主。

第八章 经 费

第二十八条 国家从每年国民总收入中按适当比例抽出专款作为国家图书馆和全国图书馆事业建设的经费(包括对边疆、少数民族及有关图书馆建设中的特殊开支)。

第二十九条 地方各级图书馆的经费,按比例由各级地方政府从每年全员总收入中抽出专款作为地方图书馆事业建设经费,专款专用,各级图书馆对经费的开支,都应本着勤俭节约、精打细算的精神。

第三十条 科研、大学图书馆的经费,应当占各单位科研、教育经费 5% 左右。

第九章 建筑与设备

第三十一条 图书馆的馆舍建筑经费,由各级政府及企事业单位从基本建设经费中专门拨款。中大型设备应由设备费中拨款。

第三十二条 各级各类公共图书馆,应有本地城镇人口平均五百到一千人一个阅览座位及其相应书库的图书馆建筑。

大学图书馆应按在校师生总数的 18—25% 设立阅览座位,研究生按

30—40%（文科比例高于理工科）设立阅览座位及其相应书库的图书馆建筑。

科研单位应有平均五个人一个阅览座位及其相应书库的图书馆建筑。

第十章　附　　则

第三十三条　本法公布后,凡与本法规定有冲突者,均以本法为准,应积极创造条件进行调整,并在实际工作中予以认真贯彻。

第十章　图书馆的现代化建设

第一节　图书馆现代化的意义

一、是实现四化的需要

实现四个现代化,科学技术是关键,要实现科学技术的现代化,图书情报资料是不可缺少的手段。方毅同志在全国科学大会上指出:"随着科学技术的发展,科学技术文献资料的数量正急剧增长。目前,全世界每年发表的科学技术文献资料有几百万篇。如果我们闭目塞听,不了解国际上科学技术的发展动向、趋势和水平,以可贵的人力物力重复他人已经做过的工作,走人家已经走过的弯路,赶超就无从谈起。"要学习国外先进经验,就要充分掌握、详细占有国外的文献资料,摸清国外的科技发展动向,了解他们过去已经做过哪些工作,取得了什么成果,目前已达到什么水平,今后的发展趋势是什么等等,这样才能确定我们学习的目标和方向。

要加快科学技术发展的速度,最重要的条件之一就是加速图书情报资料的传递速度。情报传递的手工作业方式,远远不能适应科学技术迅速发展的需要。因此,必须采用现代化手段才能为科学技术的发展提供最新、最快、最全的科学技术文献资料。

二、是科学技术文献资料急剧增长的需要

最近十年来科学技术的发展,比过去两千年的总和还要多。据估计,今后十年的发展,将比过去的十年还要加快。

科学不断发展,学科之间互相渗透、交叉的现象日益增强,各学科之间,纵横交错,关系复杂。这就导致某一学科的文献,往往分散在许多学科的资料之中;而某一专业性刊物或资料,又往往包括了很多学科的内容。文献资料的这种综合、渗透、交叉和重复的趋势,给搜集、整理和查找文献资料的工作带来了极大的困难,犹如大海捞针,大大影响了科研工作的开展。

用传统的手工方式查找文献,特别是特定需要的情报资料,必然费时费力,又无法找准、找全。如果采用电子计算机检索,就可以在几分钟之内,把几年、几十年的资料迅速查找一遍,这在欧美、日本等一些工业先进的国家均已实现。我国要改变科学技术落后的状态,图书情报工作不实现现代化是不行的。

第二节　图书馆实现现代化的标志

实现图书馆现代化的标志,主要表现在以下五个方面:

一、文献资料传递手段和装备的现代化

1.电子计算机的应用,主要有:

(1)利用计算机以缩短书刊资料的整理、报道和提供过程所需要的时间;

(2)用计算机检索文献,可节约读者查阅文献的时间;

(3)设立计算机终端,不但检索及时,而且还可以就地复制原件;

406

（4）用计算机可提供多种形式的情报资料，如屏幕显示、打印书本式目录、打印卡片等；

（5）计算机联网检索，可以扩大文献资料的来源。

总之，图书馆使用计算机后，读者可以大大增加获得完整、全面、最新文献资料的可能性，速度大大加快，范围更加扩大，使文献资料的利用更加社会化了。

2. 缩微复制技术的应用

文献资料的急剧增长，使文献的保存和流通出现一系列问题。缩微技术的产生正是解决这些问题的有效办法。

利用复制技术获得文献，有速度快、成本低、随机应变等优点。

3. 视听资料的应用

用传统印刷型出版物传递情报资料，速度慢，有一定局限性。视听资料则可见其形、闻其声，给人以直感，传递速度快。视听资料对于科技知识的传播，促进科学观察和实验，提高服务效果，都有独特的作用。

二、图书馆工作过程的机械化和自动化

图书馆的机械化、自动化除了电子计算机的应用之外，从广义来说，还应包括传输和通讯联络的机械化和自动化。图书馆传输的机械化主要指出借台和书库之间、书库内各层之间的机械化。主要设备有垂直和水平机械化传送装置。此外，在图书加工过程中，也有许多可以采用机械化和半机械化部分。图书馆与外界的通讯联络手段更需大大改善。

三、图书文献工作的标准化

图书馆设备的现代化，要求业务工作、技术工作尽可能做到规格化和标准化。没有标准化就不可能实现网络化。不但在一国之内要有统一的标准款式、规格、制度，而且在国际上也要尽可能便

于互相转换,力求规格和标准的统一。标准化是实现图书馆现代化的重要前提,也是科学管理的重要手段。

四、组织管理工作的科学化

采用现代化技术,必须有高度严密的科学管理工作与之相配合。每个工作环节要按部就班地进行工作,以保证质量。在整个管理系统中,要建立严格的规章制度,坚持一丝不苟的岗位责任制,要有一套科学的管理方法和严格的管理制度,以保证现代化设备和手段的合理使用。图书馆工作现代化管理,要求业务技术工作的规格化和标准化。图书馆现代化管理,要求组织上的集中统一,才能真正形成上下左右、纵横交错的网络化,这种网络化不但能适应本国的需要,而且还需力争纳入国际网络之内,真正实现人类知识财富的共享。

五、工作人员的专业化

现代化图书馆事业,要求培养一大批能够掌握图书馆新技术的专业干部,要有懂得管理和操作新技术的人才,要有熟悉图书馆学专业的工作人员。工作人员专业化水平的高低,直接关系到图书馆事业现代化的前途。这是与传统图书馆时代,在干部要求上的重要区别。

第三节　国外电子计算机在图书馆中的应用

一、电子计算机在图书馆内应用的历史

电子计算机的诞生至今已有近四十年的历史,而它应用于图书情报资料的检索也有三十年了。三十年来,电子计算机文献检

索,大致经历了三个发展时期:

第一个时期从1954—1964年,是脱机成批检索时期。

脱机检索也叫单机检索,主要是建立单机成批检索系统。这种检索是专业人员,根据读者的要求按批量检索,然后把检索结果提供给读者。脱机检索时读者不能和计算机对话。

第二个时期从1965—1972年,是联机检索时期。

所谓联机检索,就是用户可以利用终端设备,通过通讯线路(如电话线路)与计算机中心连接,可以直接与计算机对话,检索的结果由终端输出。由于联机检索人机可以对话,因而读者可以随时修改检索题目以提高查准率。

第三个时期从1973年到现在,是计算机网络时期。

这个阶段的明显趋势是计算机与现代化通讯技术相结合,进入了图书情报—计算机—电讯技术三位一体的时期。这个时期的特点是,把许多计算机检索系统联结起来,形成巨大的计算机检索网络。各大型图书情报单位的计算机,变成网络中的一个节点,每个节点又可联系很多终端与用户连接,通过通讯线路把各个节点联接起来形成文献检索网络(或叫文献传输网络)。读者可以利用终端设备检索网络内任何一台计算机系统的文献库,增加了获取全面的文献资料的可能性。

近年,除利用一般通讯线路外,正在研究和试验利用通讯卫星、电缆电视来接收和传递、传送文字和图像,实现了远距离的文献检索。

二、计算机在图书馆各项工作中的应用

1. 用电子计算机编制文摘、索引

用计算机编制文摘、索引有情报加工、输入、处理、输出与排印等几道工序。目前除情报加工还需要手工操作外,其余几道工序都可以由计算机自动处理。计算机编制文摘、索引可大量节省人

力、工作速度快、出版周期短并可迅速准确地编出其他各种索引，如年度索引、著者索引、关键词索引等。

2. 计算机在文献检索中的应用

利用计算机编制文摘以及索引的副产品可以积累愈来愈大的文献库，给开展联机情报检索创造了有利条件。

1975 年在美国情报学会上，有人把联机检索称为过去十年间最重大的革命。1977 年 11 月，在美国匹兹堡举行的一次国际会议，就被认为是"图书馆的联机革命"。美国全部国家图书馆——国家医学图书馆、国会图书馆、国家农业图书馆，都已分别于 1980 年、1981 年、1983 年建立了计算机查目中心，停止了卡片目录的发展，以机读目录（MARC）取代之。英国大学图书馆到 1979 年 6 月已有 70% 实现了联机检索服务。目前，世界上大多数文摘和索引文献都有机读形式，其中有 80% 以上可以在世界范围内进行联机检索。到 1981 年底，美国有联机情报检索系统六十多个，日本二十五个，西欧和加拿大有二十多个。目前在美国，科技人员已经可以在自己家里设置联机终端进行联机浏览，以检索自己需要的文献和数据。需要时，计算机检索系统还可以将原件打印出来向用户提供。

由联机检索系统发展起来的国际联机情报检索，现在已有了很大发展。所谓国际联机情报检索，就是利用电子计算机和人造卫星，超越国界地进行人机对话，随机判断，查找美国、欧洲或其他国家存储在计算机系统中的文献资料。国际联机情报检索系统，由四个部分组成：①电子计算机；②数据库；③卫星通讯；④检索终端机。所谓数据库（Database）也叫文献库、资料库。它是检索系统中的主要内容，各种文献和数据信息被贮存在计算机可进行检索的磁盘或磁带上。数据库一般分为两种。一种是文献型数据库（Documental Database），贮存的主要是科技报告、期刊论文、图书、专利资料、新闻记事等信息。另一种是非文献型数据库（Fact Database）（又称数值型数据库或数据型数据库），如经济、产业、贸易、市场、信用等数据，人物、机构，以及物质的物理化学特性、分子结构等，它们主要是数据与图表。1975年以来，非文献型数据库逐渐超过文献型数据库，这是知识情报的深度加工产物。有人预测，不久的将来，人们百分之九十的情报需求都将从非文献型数据库中取得。

目前，全世界可供计算机检索的数据库已达一千一百个。有了数据库加上联机终端，就可以进行情报检索。终端机，1979年时美国已有三百万台；法国在1982年已有四万五千台，预计1986年法国的终端机将发展到二十四万七千台。

电子计算机联机情报检索，具有一次输入，多次输出，速度快、效率高的优点。

目前国际联机情报检索的功能，也就是它的主要服务方式有：

（1）一般性文献检索，即用户可查找无时间限制的文献。

（2）追溯检索（RS = Retropective Search），也称过刊检索，即用户可以对过去某一段时间或特定时间以前的文献进行专题回溯查找。

（3）定题情报检索（SDI = Selective Dissemination of Information），即用户可以随时联机获得某文档近期存贮的最新文献，并且可以把用户的专题要求编辑成提问检索策略，先存入检索系统的计算机中去。每当某文档增加新内容时，计算机即可按预先置入的检索策略进行检索，这样用户就可以定题、定期得到最新文献资料。

目前，计算机网络和联机终端已遍及世界主要国家和地区，国际较大的联机检索系统已有一百多个，存贮机读文摘和索引已超过一亿条。联机情报检索继续发展的结果，将是向着普通家庭和个人普及。情报检索将像煤气、自来水一样成为社会化事业。有人预料，到2000年时，将通过卫星联接世界各地的巨大数量的数据库,几乎人类的全部宝贵知识都将贮存在计算机网络的数据群中去。到那时,人们随时可以从家用电视机屏幕上,根据个人需要收到世界各地的一切有用的知识和信息。

目前国际上投入应用而且有较大影响的国际联机检索系统有:美国洛克希德公司的 DIALOG 系统;美国系统发展公司的 OR-BIT 系统;欧洲空间组织情报检索中心的 ESA—IRS 系统;欧洲联机情报检索网的 EURONET 系统;美国国立医学图书馆的 MED-LINE 系统等。如美国 DIALOG 国际联机情报检索系统:该系统建于 1963—1964 年间,原属美国洛克希德导弹与空间公司所属的一个情报科学研究所,后来该所研制成功 DIALOG 人机对话情报检索软件,遂将该系统命名为 DIALOG 系统,1981 年正式宣布为洛克希德的子公司,开始独立经营。该系统位于美国加利福尼亚州的帕洛·阿尔托市。

DIALOG 系统拥有两台大型计算机,一台为 IBM－3033 型,与 TYMNET 卫星通讯网络联结;一台为 NAS－9000 型,与 TELENET 卫星通讯网络联结。该系统总运算能力为 14MIPS,即每秒可处理 1400 万条指令。外存设备有 15 台 IBM－3330Ⅰ型磁卡机,总容量七万兆字节;14 台 IBM－2321 型磁卡机,总容量 5,600 兆字节。输出打印采用三台 XEROX－9600/9700 型快速打印机。该系统通过卫星通讯网络和七十个国家和地区的二百多个城市的两万多台终端联机。它是目前世界上最大的联机检索系统。

DIALOG 系统的数据库现有文档 191 个,共记录文献 4,500 万篇,占全世界机存文献总量的 50% 左右。文档的专业包括,综合性学科和时事、自然科学、应用科学和工艺学、社会科学、天文学、商业、经济学等;收录的文献类型包括书报、刊物、学位论文、会议录、科研报告、政府报告、专利文献、标准、厂商名录、统计数据。文档数量每年都在不断增加,各文档收录的文献年限也不一样,有的几年、十几年,个别文档长达几十年。

DIALOG 系统的检索功能较强,用户通过终端输入自己的检索要求和布尔检索逻辑式,一次可检索几个到几十个文档中的资料。一般课题的检索时间,只需几分钟或十几分钟。这个系统的服务项目有:①一般性文献检索,用户可查找无时间限制的文献;②追溯检索,用户可查找一定时间范围内的文献;③定题服务,即 SDI 服务。该系统在联机检索过程中既可提供文摘,也可脱机打印文摘,约需七天即可邮到我国。如需原始文献,也可委托提供复制件,需时一个月。

用户可以用篇名、著者(个人或团体)、日期、代码、文摘号、专利号或机读记录的其他特殊标识进行多途径检索。用户只需输入检索词或短语,使用简单的英文命令语言即可检索,实际检索只需五个重要命令:开始(BEGIN)、扩检(EXPAND)、选择(SELECT)、组配(COMBINE)、打印或显示(PRINT 或 TYPE)。使用 BEGIN 时,一次只需检索一个数据库,使用哪一个数据库再加哪一个库的代号即可。平时一个月、半个月或一周向用户提供一次本专题最新文献清单。用户通过联机终端可以建立用户需求档。需求档一旦建立,每次数据更新时,该系统便自动根据用户需求档,将用户所需资料检索出来并寄给用户。该系统通常检索一个数据库 10 分钟,无经验用户要 15 分钟,最便宜 10 分钟 4.2 美元,最贵的数据库 10 分钟要 15 美元。

再如欧洲空间组织情报检索中心(European Space Agency – Information Retrival Service,简称 ESA – IRS),位于意大利首都罗马附近的弗拉斯卡蒂(Frascati),是 1966 年为适应欧洲空间尖端工业的发展而建立的,1969 年开始用 NASA 文档开展服务,以后几经更新和扩大,发展比较迅速。ESA – IRS 目前使用两台 SI-MENS 7865 型计算机,可以联机检索五十多个数据库,储存的文献总量达三千万篇。

ESA – IRS 通过 ESANET、TYMNET、TYMS – HARE、EURO-

NET、DATEX – P、TRANSPAC 等公用网络与世界各国联机,有三千多个终端用户。

ESA – IRS 在澳大利亚、比利时、丹麦、英国、奥地利等国设有负责宣传、联络和培训用户工作的国家中心。ESA – IRS 在欧洲设立四个高速打印站,输入打印指令 24 小时后即可邮寄打印件给用户,手续简便,收费低于联机打印件。

ESA – IRS 是欧洲最大的联机检索系统,也是世界上最大联机检索系统之一,仅次于美国的 DIALOG 系统和 ORBIT 系统。

ESA – IRS 有五十多个文档可供使用,其中有储存 600 万篇文献的大型美国化学文档(CHEMABS)和储存 450 万篇文献的综合性法国 PAS – CAL 文档及专业性很强的 ALUMINIUM 文档,还有数值数据库 PRI – CEDATA 等。

ESA – IRS 提供的文档都可采用 ESA – QUEST 指令语言和 CCL 公用指令语言进行检索,而 AGRIS 和 INIS 文档位于维也纳,采用 STAIRS 指令语言进行检索。

ESA – IRS 业务项目有:①联机检索;②高速联机打印;③联机 SDI 服务;④联机订购原文;⑤联机数据登录:为用户创建自己的联机数据库;⑥建立个人时间序列(PTS):对数据进行比较与预测,并用数理统计方法管理数据;⑦电子邮政(DDS):利用通信网络在用户终端之间高速传递报文;⑧用户账目管理。

除了上述功能的业务外,近来 ESA – IRS 还增加了帮助用户选择相关文档的 QUESTINDEX 指令,以及对检索词进行自动频度统计的 ZOOM 指令。此外,ESA – IRS 还提供各种联机指导,以及各种训练文档,并且定期举办用户培训班和发行有关资料。ESAIRS 设置的值班控制台(M101),随时解答用户发来的有关通信、终端使用、命令语言及费用等方面的问题。

3. 计算机在编目工作中的应用

编制目录是计算机在图书馆中的另一大宗用途。利用计算机

414

编制图书目录的创始者是美国国会图书馆。他们于 1963 年开始准备,1966 年 2 月正式开始试验 MARCI 式(Machine Readable Cat-adaogue Project I)。1966 年 11 月,国会图书馆开始向参加试验的十六个馆发送 MARCI 式的试用磁带。1967 年 12 月讨论并通过了 MARC II式。1968 年 6 月试验阶段完成。从此,美国国会图书馆正式成立 MARC(机读目录)订购服务部,进行机读目录磁带的发行工作,很快得到国际上的公认和广泛应用。

美国俄亥俄学院图书馆中心(OCLC = Ohio College Library Center),是 1967 年由美国俄亥俄州学院创立的一个大规模图书馆网,通过联机组成了一个公用编目系统,为七百多个图书馆服务。

计算机编目是在传统手工编目基础上发展起来的。二者在著录内容、著录事项方面有相同的地方,也有不同的地方,除了计算机所需要的一些特殊标识符号外,最突出的不同是计算机编目比手工编目的著录要复杂得多。计算机的目录组织是通过记录与程序的结合实现的,只要一次输入的记录项目比较齐全,计算机就能根据预先设计的程序,通过自动控制迅速准确地从多方面检出各种各样的目录、索引。

4.计算机在图书采购工作中的应用

计算机能为采购工作进行的项目有:建立"待入藏文档"和"订购文档",打印订单和催书单,编制书名、分类、著者和主题等订购目录,新书登记,编制新书通报,账目管理和统计分析。

5.计算机在处理连续出版物中的应用

这里所指的主要是用于连续出版物(如期刊等)的订购、登录、编目、装订、流通等工作。在订购时可从计算机中得到续订通知单。有的馆还由计算机每月打印出应订目录,同时进行订购账目管理和财会核算。还可以利用它编制馆藏目录和联合目录。

通过程序控制,计算机还可以管理期刊的装订。如提供需要装订的品种,自动通知装订的形式、颜色、索引是否在内,多少期刊合订一册,编制并输出合订本的卷、册目录和缺期目录等。

6.计算机在流通管理工作中的应用

计算机用于图书外借时,主要处理:①谁借去了哪些书;②哪些书被谁借去了;③什么时候何书该归还。

"什么时候何书该归还",主要是根据借书日期自行处理。"谁借去了哪些书"和"哪些书被谁借去了",不是直接输入人名和书名,而是输入编好了的代码。

目前利用计算机输入代码管理外借工作,主要有下列三种方式:

一种是穿孔输入

事先把读者的借书证和书袋卡按照代码穿好孔。出借台备有数据搜集器和显示器。读者借书时,先把读者借书证放进数据搜集器内,显示器回答"可以",并把读者的借书证号码显示出来,即可办理借书手续。手续简单,只要把准备借走的图书的书袋卡放进数据收集器让它记录索书号就行了,办完手续,借书证仍还给读者,书袋卡仍放回书袋内。如果读者的借书已超过册数或有过期不还的图书,显示器就出现"不予外借"或"停止外借到×月×日"字样。

第二种是"条形码"光学方式输入

这种输入方式的终端设备是一支光电笔和一个显示器。当读者借书时,把贴有"条形码"的借书证和贴有条形码的图书,用光电笔在"条形码"上一划,光电笔能正确地读出"条形码",并发出肯定声音后,就办完了借书手续。

第三种是光学字符识别方式输入

这种输入方式的终端设备是由光学字符识别握式扫描器和显示器组成的。在读者的借书证和图书上贴了数字代码,借书时,用握式扫描器在借书证和图书的数字代码上一划,待发出肯定声音后,就办完了借书手续。

利用计算机管理外借工作,可以大大提高工作效率,节省读者借还图书的时间,省去工作人员排卡和统计工作的麻烦。

7.计算机在机器翻译中的应用

机器翻译是在语言学、数学和计算技术三门学科基础上发展起来的一门边缘性应用学科。机器翻译的实现,不仅能使人类从一部分繁重的脑力劳动中解放出来,而且对促进各国经济、科学和文化的发展有极重要的意义。

早在三十年代,有的国家就开始了这方面的试验研究,到目前为止已有15个国家和地区(日本、黎巴嫩、马来西亚、瑞士、美国、香港、比利时、意大利、西德、捷克、加拿大、保加利亚、法国、苏联)七十个单位开展了机译研究工作。已建立的机器翻译系统有七十八个(十个系统已投入试用和使用),涉及的语言二十多种。另外,还有一些国家在从事机助翻译(由机器帮助查词典)的研究,有的已进入使用阶段。

第四节 我国图书馆现代化的状况

一、我国图书情报界关于计算机应用的准备和研制情况

我国计算机信息处理技术一般属于汉字信息处理的研究工程范畴,该工程也可叫"748 工程"(1974 年 8 月由周总理批准),是指当时由中国科技情报研究所、北京图书馆、四机部、国防科委情报所、新华社以及上海、江苏等单位参加研究的"汉字信息处理工程"。其中包括用于汉字情报检索的计算机硬件、软件、主题词表及机器翻译等几个方面的研制。目前,全国统一的检索标引语言——《汉语主题词表》已于 1980 年出版。其他各项研究,都在

研究试验之中,有少量已通过技术鉴定,但还没有普及。下面分别介绍一些研制和应用情况。

1. 汉字信息处理技术

为了使计算机能处理汉字,需要用一种称为汉字信息处理的专门技术来解决。我国是使用汉字的主要国家,因此汉字信息处理技术对于我国计算机的普及使用具有特殊意义。这门技术要集中解决的难题是如何使汉字信息输入和输出计算机。

要使计算机能够处理汉字信息,首先遇到的最大难题是如何将汉字转换成由"0"和"1"组成的机器语言,这就要进行汉字编码。以英文字母为例,它只有 26 个,如果把大小写和正草体考虑在内,加上阿拉伯数字和各种常用符号等,一共只有一百多个,用 8 个二进制位可以构成 256 个不同的"0"、"1"组合,所以用它对英语编码就绰绰有余,通过电传打字机就能方便地把数字和拼音文字输入和输出计算机。因此,从长远的观点来看,要实现汉字信息的计算机处理,最根本的出路是改革方块汉字,使汉字拼音化,使它也像英文那样易于输入、输出计算机。然而,实现汉语拼音化的困难很多,而且在短期内也不可能实现。

另一种办法是从研究汉字的光学自动识别和声音自动识别等先进技术来解决。目前国内外虽然都在开展这方面的研究,但由于难度很大,也不是短期内能够解决的。

除了上述两种情况,在现阶段,最有现实意义的就是把所使用的汉字逐个用不同的"0"、"1"组合加以编码,即对方块汉字进行编码的方法来解决。当然汉字编码也有很大难度。

我们祖先为我们创造了光辉灿烂的文化和得天独厚的文字,这是我们民族的光荣和骄傲。但另一方面,汉字的数量庞大、字形特殊、结构复杂、笔划繁多,既给我们学习和利用带来很大困难,也给计算机处理带来许多麻烦。一般专家认为,汉字总数约在五万个以上。1915 年徐元诰等编纂的《中华大字典》收字就有四万八千余个。然而经有关部门在现代出版物中对数百万个汉字进行统计发现,共用字种却只有 6,347 个字。其中常用的 3,072 个字就占出现总字数的 99.7%,其余三千多字才占 0.3%。为此,国内有些研究者主张,作为科技书籍用的汉字有 3,500—4,000 个汉字即可。一般认为有 8,000 个字种排印各类报刊、杂志、书籍就足够了。然而要对 8,000 个汉字逐一编以各不相同的"0"、"1"组合码,就需要用 13 位二进制来表示这些代码(因为 $2^{13} = 8,192$)。

汉字的字数要比西文字母数多几百倍,因此要将汉字输入、输出计算机的难度比西文字母大得多、也多得多。西文打字机的字键一共只有四十几个,熟练的打字员能做到不看键盘飞快地打字(称为盲打)。但中文打字机的字盘里有数千个单字,无论哪个打字员都得逐一寻找铅字的位置,打字的速度既慢、劳动强度又高。在西文系统中,通过电传打字机可方便地把西文字母转换成"0"、"1"代码,直接输入计算机;在汉字系统中,虽然也采用按下适当字键将汉字转换成"0"、"1"代码的办法,但输入一个汉字,按键的次数往往不止一次,每个汉字该按哪几个键,键的位置在哪里,都得死记或寻找。

汉字信息的输入方式因编码的方法不同而异,目前,虽已有多种,但基本上可归纳为两大类:

(1)大键盘(整字)输入方式

这种方式的输入装置类似中文打字机。将常用汉字排列在一个大键盘上,盘面的字数从二千多到六千多,为了减少字键数,往往一个文字键与多个汉字相对应,为了区别文字键上的不同汉字,还设有区别键。操作人员右手按文字键,同时左手按区别键来选择所需汉字。这种整字输入方式,只要操作不出差错,就能正确地把文字输入计算机。另外,还有一种笔触式的大键盘,它是靠笔触来接收特定信号的。

大键盘多数是用于穿孔纸带,再批量输入,类似于一般计算机系统的纸带穿孔机的功用。

（2）小键盘输入方式

它采用像西文打字机那样的有数字和字母的键盘。用数字、字母或二者的有规则地组合来代表特定的汉字。其优点是设备简单，很容易和西文输入法相一致，与国际上的信息处理方法近似，所以是一种大有前途的输入方式。但目前尚未出现一种大家公认的完善的编码方案。当前正在使用的各种方案都必须记住多少不等的代码和各种规则，并且还存在一码多字或一字多码的重码现象（唯一性较差）。这些编码方案大致有下列几种典型代表：

第一种是电报明码法或四角号码法。电报明码法是一个汉字对应四个数字一组的代码，一字一组，但代码需要一一死记，影响普及。四角号码法采用四角号码词典编排法，该法容易掌握，但唯一性差，重码太多。

第二种是形声结合编码。如上海市支秉彝、钱锋提出的"见字识码"法，他们把汉字分解为一到四个字元，然后用这些字元的字音用拼音字母表达出来。把字元看成字母，就容易记忆，可以做到见字识码，见字打码。具体方法是：每个字元只取拼音第一个字母，所以也是一字四码。例如把"吴"折成"口"、"天"二个字元，再取此字最后一笔"、"和"吴"本身凑成四个单元，即吴＝口＋天＋、＋吴，取此四个单元拼音的首字母，如口（Kou）、天（Tian）、、（捺 Na）、吴（Wu），即"吴"代码就是"KTNW"。

第三种方法是完全取汉字字形特征编码。如美籍华人王安提出的"汉字三角编码法"，取汉字三个角的基本笔划组加以编号表示汉字。基本笔划组有三百种，分成99组，每组都用两个数字表示，即每字六个码。取角原则基本顺序是：从左到右、自上而下，取道线路如英文字母 Z 字形。例如"矮"字，前三个角为广、禾、大，对应的数字码分别为 87、29、43，故"矮"字的码号为"872943"。"想"字的三个角分别为木、目、心，对应数码为 49、62、93，即"想"

字代码为"496293"。

除上述之外，还有全拼音方式，以拼音为主、字形为辅的方式和字形分解方式等等。据《光明日报》1984年12月12日报道，我国从1980年成立中文信息研究会到目前为止，已先后设计提出中文信息处理方法五百多种，已有数种方案通过技术鉴定。除了中国（包括台湾、香港）外，还有日本、南朝鲜、美国、英国等许多国家也搞出了许多方案，有不少已投入使用，如国外引进的不少微型机都带有汉字编码系统。

但是各种方案优劣不一，目前很难取得一致公认的方案，这种状况，使研究力量分散，也相当影响汉字信息技术的及时推广应用。

目前一般认为，理想的方案应同时具备下列几个优点：①多，能处理的汉字总数多，能达到一万字左右最佳；②快，输入一个汉字所需平均按键次数要少，每按一次键的时间要短，每个汉字编码越短越好，并且每个字编码一样长，便于计算机处理；③好，编码的规则要简单明确，易学易记，编码要确保唯一性，不能有一码多字现象，也尽量不发生一字多码现象；④省，采用的设备要结构简单，故障率低，尽量能利用计算机系统原有的设备。

据报道，由著名科学家、中国中文信息研究会理事长钱伟长教授主持研究的"汉字宏观字形编码"（钱码），目前已进入试用阶段。

"钱码"根据汉字字形的宏观结构，对偏旁、部首进行归类，使编码尽可能与人们识字规律相吻合。例如在"I"键上定义的基本部件有：其、见、具、目、且、页、耳、贝等几个同类的基本部件在宏观上结构十分相近，因而具有规则简单、记忆量少、逻辑联想力强等优点。一个高中文化程度的操作者，每天练二小时，五天即可上机，动作麻利者，一分钟可打四、五十个字。估计该编码系统，会获得较大推广，必将大大加快我国汉字信息处理工程的研究和应用步伐。另外,国内还有几种汉字编码方案已在计算机上应用通过鉴定。

2.汉语主题词表的编制

利用计算机检索文献,必须使检索者的语言与计算机所用的语言一致。这就要求编制出规范化的检索语言,即主题词表,这是实现计算机检索的基本要求。

我国《汉语主题词表》现已出版,它由中国科技情报研究所、北京图书馆等五个单位,组织全国有关专业单位协作编制的,主要是供计算机检索用。

《汉语主题词表》体系各部构成如下图:

字顺表	主　　表	社会科学	第一卷	第一分册
		自 A－F	第二卷	第一分册
		然 C－L	第二卷	第二分册
		科 M－T	第二卷	第三分册
		学 U－Z	第二卷	第四分册
	附　　表	社会科学 自然科学 合编	第三卷	
辅助表	范畴分类 (58 个大类)	社会科学部分	第一卷	第二分册
		自然科学部分	第二卷	第六分册
	词族表 (3707 族)	社会科学部分	第一卷	第二分册
		自然科学部分	第二卷	第五分册
	语言对照表	英汉对照索引	社会科学部分	第一卷	第二分册
			自然科学部分	第二卷	第七分册
			世界各国行政区名称(1,100 个)	附表合编	第三卷
			自然地理区划名称(361 个)		
			组织机构名称(1,900 个)		
			人物名称(4,765 个)		

全书共分三大卷,十个分册。收录主题词108,568 条,其中正式主题词91,158 条,非正式主题词17,410 条。其中,自然科学占

78,113 条,社会科学占 30,455 条。

《汉语主题词表》主表的正式主题词款目(91,158 条)结构如下式:

Duanlie renxing——汉语拼音

断裂韧性［31DG、66AG］——款目主题词和范畴号

Tracture toughness——英译名

参照符号
D·破断韧性
F·动态断裂韧性
S·韧性
Z·力学性质 *
C·阻力曲线
各个关系词　　　各个参照项

非正式主题词款目(共 17,410 条)结构如下式:

Poduan renxing

破断韧性

Y 断裂韧性

主表(字顺表),全部按汉语拼音顺序排列,是标引、检索和组织主题目录的工具。凡正式主题词,根据需要可分别设有"D"(Dai＝代)、"F"(Fen＝分)、"S"(Shu＝属)、"Z"(Zu＝族)、"C"(Can＝参)五个参照项的全部或一部分。非正式主题词款目内,只列有"Y"(Yong＝用)项,以便把非正式主题词指引到应采用的正式主题词那里去。

词族索引,也叫族系索引,是把主表中具有种属关系、部分与整体关系和包含关系的正式主题词,按其本质属性,逐级展开排列的一种词族系统。这种索引,在机检系统中,是实现自动扩检,满足族性(共有 3,707 个族)检索的重要手段,同时又是在标引和检索工作中查词以及选词的一种辅助工具。

范畴索引,也叫分类索引,是按照学科范畴并结合词汇分类的

需要,把主表中的全部款目主题词按社会科学和自然科学两大范畴划分为58个大类,以便从分类角度来查找出与某一范畴内容有关的主题词,它也是主表的一个辅助工具。

英汉对照索引,是按照主题词英文译名排列的一种索引,是在标引和查找英文图书资料时,通过英文译名来选定汉语主题词的一种辅助工具,共计108,568个词,也可当作英汉词典用。

附表,是主表的一部分,是从主表中分出来的专用词汇表,功用与主表一样,包括1,100个世界各国政区名称、361个自然地理名称、1,900个世界组织机构名称和4,765个古今中外人名。

3.计算机编目问题的研究

我国最早翻译和介绍美国国会图书馆的"机读目录"(MARC)的款式,是图书馆界老前辈刘国钧先生。他于1970年开始研究有关图书馆现代化问题,随后翻译了"马尔克款式详细说明书"。1975年他写了"马尔克计划简介"一文,又写了"用计算机编制图书目录的几个问题"一文,对我国计算机编目问题做了许多开创性的工作。

继刘先生之后,中国科学院图书馆、北京图书馆一些同志继续研究了计算机编目问题,但由于汉字信息处理问题尚未得到最好的解决办法,所以关于标准代码和机读目录的标准款式等问题,一时还不能解决。但如何吸收国外成果问题,正被引起重视。

4.计算机在我国图书情报部门中的应用情况

我国计算机情报检索研究是从1973年开始起步的,经过多年的努力,现在已初具规模。据初步统计,到1982年下半年,全国从事计算机情报检索研究、试验或服务的单位(包括协作单位)已有69个(其中情报机构31个、大专院校10个、科研单位和计算中心23个、图书馆和档案馆4个及航空工业部132厂一个)具有一定业务水平和实际经验的软件人员、检索研究与服务人员以及硬件操作、维护等人员约五百人,而且在不断增加。专门用于情报检索的大、中、小型计算机 8 台,还有 13 台微型计算机,适合于少量文献检索、管理和培训人员使用。到 1984 年已引进 32 种国外发行的各种检索工具的文献磁带。邮电部、化工部、地质部、机械工业部、交通部、石油部等部门的情报所、中国科技情报研究所、北京文献服务处、上海科技情报所以及上海交通大学、南京大学等单位已正式开展计算机情报检索服务。有的还建立了国际联机检索终端,已拥有情报用户数千个。国家现在已将全国计算机检索规划列为重点项目。另外,中央八部一局从 1980 年开始,已租用了一台香港终端,向美国 DIALOG 和 ORBIT 两个检索系统进行远距离的联机检索,已经为国内各部门检索过数百个课题资料。近年,还在北京北方科技文献服务中心设立了上述美国两大检索系统的电传终端;还有北京电报大楼的电传终端,也可以在北京直接对它们进行国际联机检索。1983 年 10 月,又在北京设立了 ESA(欧洲航天局)系统的终端,已开展为全国进行情报检索服务。汉字文献的计算机检索,也取得可喜进展。中国科技情报所同医药总局合作,建立了"中国药学文摘"的汉字数据库,并由计算机编排了"中国药学文摘"印刷版。现在,有不少图书馆已经成为情报用户与计算机检索系统之间的"中间人"。目前,计算机情报检索知识,正在逐步地向广大图书情报工作人员和科技人员进行普及。有关计算机情报检索的理论探讨和经验总结,也正在逐步进行。中国科学院创办了《计算机与图书馆》杂志。中国科技情报学会计算机情报检索组每年举行一次学术讨论会。研究的课题日益广泛,从检索软件,逐步扩大到检索策略、汉字检索和检索效果评价以及文献的自动标引、分类等等。以上事实表明,尽管从总体上来说,我国计算机情报检索和计算机在图书馆的应用,尚处于试验阶段,但其发展速度是很快的。特别是 1984 年以来,由于世界范围的"信息革命"的挑战,计算机特别是微型机在国内有很大发展,微型机在我国图书情报界,尤其是在高等院校图书馆中的应用来势很猛。如北京大学、清华大学、中国人民大学、北京师范大学、天津大学等京津地区有十余所院校进行了微型机应用试验;上海、南京地区,如上海交大、复旦大学、上海师范学院、南京大学、南京工学院等;武汉地区有武汉大学、郑州工学院、华中工学院;西北地区有西安交大等校;华南地区有华南工学院、中山大学等;东北地区有大连工学院、大连海运学院、阜新矿院等等一大批院校图书馆,纷纷配备和训练了专门人才,与本校计算机系(或中心)等合作,研究试验微型机在院校图书馆中的应用。由于汉字信息问题没有最终解决,主要试验项目侧重于对西文图书、期刊的管理系统。所用计算机语言,主要是 BASIC 和 COBOL 两种。所用微型机型号不一,多为国外引进的产品。这是非常可喜的事情,但今后应重点放在对中文信息的处理上,同时应当特别注意微型机在相当范围内的兼容问题,否则必然造成极大浪费。

5. 我国实现计算机联机检索的差距和应采取的措施

我国截至目前,虽然已有几十个单位开始了计算机情报检索的试验和研究,有些单位还分别引进了三十多种国外文献磁带,对本单位进行定题检索服务,但大都是单机检索性质。国内还有不少单位和地区还开展国际联机检索业务等等,但这对全国来说还不可能得到推广。真正实现我国图书情报工作现代化,在我国图书情报部门中实现计算机检索,还得从我国的实际情况出发,加强建设,以期早日实现本国的电子计算机联机检索系统。但是,在我国图书情报部门中,真正较大范围地实现我国自己的电子计算机联机检索,还存在着许多问题,与国外相比,这些问题正是我们的主要差距。

(1)主要问题和差距

①基础方面的差距

主要表现在我国至今还没有一个统一的著录标准;没有一个完善的联合目录,全国的手检检索刊物,至今也没有很好地统筹起来。

其次是汉字信息处理问题至今还没有很好解决。作为世界主要语种的方块汉字,如何能科学快速地输入计算机问题,至今在国内还没有完全解决。日本国会图书馆对汉字的处理已获成功;英美也有他们输入汉字的方法,但都不一定适合我国大面积应用,出路还得我们自己解决。这个问题不解决,我国的计算机检索问题不可能彻底解决。目前国内的汉字信息处理,虽有很多种方案已进行上机试验,但距离推广应用尚须相当时日。

②设备上的差距

搞计算机情报检索主要有三种设备:一是计算机本身;二是外部设备(如磁盘、磁带、打印机等);三是专用设备(如打印目录卡片的设备、计算机控制的光电照排设备、用于编目的计算机输出缩微胶片及各种终端设备)。上述三种检索用的设备,在国外技术都已成熟,质量过关、稳定性好、可利用性高,已批量生产。而在我国则还很落后。如:

a)计算机

目前我国计算机的利用属于初级阶段,到1983年,我国有大中小型计算机3,500台,微型机一万余台,主要适用于数值计算。对属于非数值应用的图书情报检索工作,首先国产机器的指令系统都不大完善,定型的产品也没有大中型系列机。另外,由于计算机的稳定性、可靠性差,加上软件不完善、不配套、质量差、应用软件弱等,都大大影响计算机的检索效果。

b)外部设备

我国计算机外部设备品种少、性能低、可靠性差。以检索必用的大容量磁盘为例,日本发展磁盘时间和我国差不多,到1975年,日本已生产磁盘机(不算软盘机)12,596台,而我国到1977年才试制七台(这七台磁盘机至今仍没过关)。日本每台容量1—2亿字节(高档),我国每台为183—500万字节;研制周期日本为二到三年,我国为十年;日本磁盘机平均故障时间间隔 1,000—6,000 小时,我国为 50 小时,相差 20—120 倍。因此,用国内磁盘机搞计算机检索仍是一个问题。此外,国外普遍采用的卡片输入机、显示键盘软盘机及各种终端设备,我们至今还没有生产。至于激光打印机、缩微照相输出、平片输出等设备同国外相比,差距就更大了。

c)专用设备

计算机检索自动化需要一些专用设备,如编目用的打印目录卡片的设备、计算机控制的光电照排设备、用于流通工作的数据收集器、用于编目的计算机输出缩微胶片(卷)设备,目前我国都很缺乏。另外,我国是汉字国家,需要用计算机处理中文资料,而中文信息处理设备却没有,这直接影响中文情报资料的自动检索的实现。

③管理上的差距

国外计算机检索发展很快的原因,除了其技术水平高、设备先进外,科学管理也是一个重要原因。比如,英国设有专门图书馆与情报机构协会(ASLIB)负责英国计算机情报检索的具体工作,在统一计划下,各单位相互合作,组成网络,实行联机检索,资源共享。日本也一样,由于日本科技情报中心加强了统一规划与领导,使日本从六十年代末、七十年代初开始考虑计算机检索问题,到目前仅十年时间,已完成检索初试阶段,进入普遍推广使用时期。我国计算机情报检索试验研制开始于 1973 年,在时间上与日本只差三、四年,但从现在来看,则远远超过了三、四年。造成这种现象,除了技术设备条件外,在我国,管理混乱、各行其是也是一个主要原因。我们没有统一的组织领导,如各单位在买机器、编软件、建文献数据库、进口磁带等方面,存在着很大盲目性。引进磁带,只允许一个单位引进,外商又规定不准复制,因此造成谁先引进就归谁所有,外单位需要和利用困难。由于没有全国的组织领导机构,协作经验交流不够,重复浪费现象也很多,因此,领导机构问题和管理问题,在我国存在着很大差距。

（2）亟待解决的问题

①加强领导,统一规划,进行科学管理

在全国成立国家计算机检索领导机构。该机构的主要任务是全面负责我国计算机检索的组织领导工作,制定协调全国计算机检索工作的短期和长期规划。同时,组织协调全国日常计算机检索工作,比如我国计算机检索怎样布局,人力、物力、设备如何解决,如何调配,全国检索网络如何形成等重大问题,均须由这样的领导机构统筹和管理。

②加强专门人才建设,开展培训和研究,加强基础工作

由于我国计算机检索尚处于初级阶段,许多技术问题尚未掌握。特别是我国图书情报单位普遍存在着检索力量薄弱问题,软件力量更薄弱。解决这个问题的办法,除了相互支持协同合作以外,全国图书情报单位应抽出专职人员学习和掌握计算机检索的基本原理,了解并能做到在计算机上编制基本检索程序,同时要重视开展计算机检索理论和方法研究。

要积极培养现有图书情报人员,努力提高他们的检索技术水平。国家、省、市一级图书情报单位要有计划地举办各种规模的计算机检索学习班,培训图书情报人员。有条件的单位也可以自行举办学习班、讨论班,普及和提高计算机检索知识。

要加强组织,合理安排,早日培养出新型的情报检索自动化专业人才。有条件的重点大学均应设立计算机检索专业。各大学图书情报部门的检索专家应多培养研究生和业务骨干。

国家、省市和其它图书情报单位,逐步设立计算机检索研究室（组）,负责计算机检索的实现、普及和提高。各级图书馆、情报学会应设立计算机自动化组织机构,负责技术指导和培训人员。有条件的单位创办计算机检索自动化刊物,交流经验、互相促进。已创办的图书情报学刊物,应设计算机专栏,加强学术研究。

在培训人员同时,应加强机检工作的标准化、规格化、系统化建设。如图书著录项目、格式、字符表、代码本、字节位数等全国搞统一标准,甚至逐步达到国际上的统一。还要集中人力尽快建立国内图书统一编目问题。抓紧汉字信息处理系统的研制,尽快编制出质量好的中文文摘索引,解决好汉字编码、汉字自动识别、汉字语句处理、汉字发生装置及汉字排版等问题。

(3)尽快为实现计算机检索提供必要的准备与工具

①注意使研究和生产计算机系列化、标准化、积木化。改变那种只管设计,不重视应用,只顾生产,不管维修的做法。

②狠抓计算机软件。一方面抓好已用的国产计算机软件的配套工作,有专人负责软件的维护工作,对经过长期使用行之有效的软件要推广使用,使现有计算机更好发挥效率。另一方面,组织力量,为正在研制和生产的新机器配备简单、可靠、实用而又配套的软件系统。图书情报部门与软件工作者合作,早日研制出适用、通用的检索软件,为早日实现计算机在图书情报部门中的应用创造条件。

③要重视计算机外部设备的研制和生产。目前,由于外部设备品种少、性能低、可靠性差,直接影响了计算机检索的实现。当前应重点抓磁盘存储器的研究,可以采用引进重点技术、购买专利或与外厂合资生产等多种办法,加快步伐

④要抓紧研制和生产计算机检索专用设备和中文信息处理设备。目前,这些专用设备中的许多项目还没引起我国有关部门的高度重视,许多新工艺、新技术我们了解尚少。此外,国家有关部门应投资引进部分国外先进的检索专用设备,为我所用,仿制生产。

⑤要充分利用已引进的计算机,运用已成熟的应用软件,开展我国图书情报检索工作。在这方面国内一些单位已准备和正在引进的国外计算机上做检索试验工作,有的已取得了一些效果。因

此,利用进口机器,采用进口或自编软件进行情报检索是充分利用资源、探索实践经验的一种行之有效的办法。

(4)合理布局,建立适合我国情况的各种不同计算机检索系统

采用电子计算机等现代化设备搞图书情报检索工作,用费高昂,往往非一个单位力所能及。并且,计算机等现代化设备速度快、工效高,若每个单位都有一台计算机,很容易造成计算机吃不饱,资源不能充分利用,浪费也很大,因此,根据各个单位不同情况,目前我国可以建立三种不同类型的检索系统。

①有条件的图书情报部门可以自己研制或购买计算机等设备,建立自己独立的检索系统。特别是微型机的应用,许多部门已试用,受到读者的欢迎。

②按地区、按专业或中心图书馆、各系统情报所为中心建立统一联合的检索系统。检索中心设一台或多台计算机,联接终端,实现联机检索,按网络化达到资源共享。但在实现这一步之前,必须着手组织联合目录报道系统。

③从有关部门租赁计算机设备及系统,实现本部门的检索工作。这是一条捷径,但需要解决费用问题。

以上三种系统,不论采取哪一种,都必须注意各个系统的兼容性,以便为实现全国的情报网络化提供方便条件。

二、复制设备在图书馆中的应用

1.复制设备的作用

(1)作为收集的手段,可用来补充馆藏

①没有印刷过的珍贵手稿、手抄本、原始记录材料、文书档案等,可用复制手段得到;

②用复制手段还可获得过期期刊、孤本书和绝版书;

③可获得原版本的特种资料及其他非卖品;

④还可获得限制供应对象,只供给各会会员的那些有限制的印刷品;

⑤只借阅一份,远远不能满足需要的情报资料,可通过复制予以满足;

⑥供应量少、价格昂贵又需外汇的国外出版物,索取和购买都无法取得时,可用复制解决。

由上可见,作为补充馆藏的手段,有了复制设备可以解决许多正常渠道无法购入的图书资料。

(2)作为保护的手段,珍贵品可用复制品流通

图书馆内有少量书刊文献,珍贵稀少,不得用珍品原件流通时,可经过复制进行流通。这样,既保护了珍贵文献,又方便了读者利用。

(3)作为流通的补充手段,开展复制服务

在书刊流通中,经常出现收藏与利用、管理与利用的矛盾,以及复本量与需要量之间的矛盾、正常收藏与特殊需要的矛盾等等。这些矛盾基本上都可以通过复制,再生"复本"予以解决,这就为更多的读者提供了方便。读者要抄写的图书资料,也可用复制办法流通,这种方便,往往又可以避免读者撕页的不良现象。

(4)作为加工传递的手段,进行情报交流

情报资料主要以印刷型资料传递,采用静电复印的办法可以进行"无版印刷",对量少、要求急的资料,可以迅速解决。使用照相排字、静电制版、胶版印刷相结合的方法,是快速出版情报资料的新型方法。

(5)作为提高工效的手段,可辅助内部业务工作

在图书馆或企事业单位里,日常工作中有大量的各种稿件、图表、报告,需要少量复份,此时采用静电复制方法,可以大大减轻工作量,并且可以及时提供。

(6)作为宣传的手段,可以编制新书报道和配合剪报

将编目卡片编排在一起复印出来,装订成册,可及时反映新书。还可以用于剪报工作,即将圈选好的报纸块复制下来,既可节省整份报纸,又能迅速处理。

(7)作其他设备的配套

目前文献复制技术已发展为复印设备系列化,即印刷品、复印、缩微品的放大或再复印等成龙配套技术。

在利用复印技术开展书刊资料服务工作中,要注意复印的特点,才能真正发挥出它的优越性,这主要包括:

①应以为急需目的服务为主;

②应以复印量较少的资料为主;

③应充分利用原稿、原件,但可进行增删、放大、缩小等技术处理;

④应考虑经济效果。

2. 目前国产复制设备的主要类型

(1)缩微复制照相机

(2)硒静电复印机

(3)氧化锌静电复印机

(4)静电复印胶印机

(5)小型重氮复印机

(6)银盐扩散转印机

(7)光电誊影机

3. 目前国内使用复印机的基本情况和存在的问题

图书馆的复制工作,多年来经各方面的努力,已经有了很大发展。

从机构上来说,国家已设立了复制公司和复制技术研究所;各省、市也建立了规模不等的复制中心;各高等学校、科研机构也具有了自己的复制业务。但发展很不平衡,如全国高等院校图书馆还有一多半没有复印设备。

从技术上来看,各图书馆已经有了一支从事复制工作的技术队伍,但在业务管理、技术水平、人员配备及设备购置等方面仍存在一些问题。主要表现在:

(1)设备和业务不均衡,影响了设备和图书资料的充分利用。

目前因复制设备的生产量供不应求,且价格昂贵,各个图书馆的条件、服务对象及资料收藏等情况不同,复制工作大体有三种类型:

一种是图书馆条件好,具有完善的复制设备,资料收藏也较丰富,因而设备得到了充分利用。

第二种是具有一定的复制设备,由于服务面比较窄,资料来源有限,处于"吃不饱"的状态,造成设备闲置时间较长,是一种浪费。

第三种是条件有限,没有或只有极简陋的复制设备,满足不了读者对资料的需要,因而,图书馆的服务活动范围受到影响。

这些"吃不了"和"吃不饱"的现象,是设备与任务不均衡引起的,只要合理组织协作网,就能充分发挥设备及图书资料的作用。

(2)复制技术人员不足及复制技术生疏,造成设备不能正常运转,这种现象比较普遍。

复制业务在图书馆是较年轻的业务部门,各图书馆对它重视的程度也各不相同。有的馆纳入了重要工作日程,配备了专业技术人员,有的馆只配兼职人员,技术条件没有保证,有的馆将复制业务形成独立部门,有的只把它从属于某个业务部门。

对复制技术人员,缺乏必要的基本理论的学习和技术操作训练,以致机器发生故障或损坏,无力进行故障的排除和维修,造成机器长期闲置(机器质量不过关,也是一方面原因)。

(3)缺少复制工作的协作网,文献资料不能迅速交流与传递,设备和资料不能共享。

目前各图书馆,在复制工作中,相互有了一定的协作,但由于没有形成协作网,互相没有协作公约,故常常不能保证相互正常的支援。如对方会借口各种原因而拒绝复制,也不给协助"转托",以退回了事;有的虽给复制,但时间拖得很长,失去资料使用价值。因而,从全国或一省、一地来说,目前急需积极组织复制工作的协作网。

4.复制工作协作网的组织

(1)组织复制协作网的原则

①图书资料共享的原则

各馆所藏图书资料,既是本馆财产,也是整个国家的智力资源,因此,应当为祖国的四化建设,共同开发这些资源。

②大、中、小图书馆相结合的原则

各个图书馆的条件、任务、性质不同,规模不等,应当在社会主义大协作的原则下,充分发挥大馆的优越性,带动、扶助各种中小图书馆,使它们都能在国家智力资源方面达到共享。

③系统与地区相结合的原则

地区馆藏书面广、资源丰富、技术条件较优越;系统图书馆藏书专深、系统。但由于大、中、小馆条件不同,相互之间存在很大差距,把它们组织起来,就可互通有无。

(2)省、市图书馆应是各该地区的复制中心

所谓复制中心,就是不但要承担复制任务,还要成为本地区业务技术交流、干部培训、联系上下左右的枢纽,它的任务应当包括:

①组织协调本省、市图书馆的复制业务;

②负责本省、市地区的各图书馆的复制业务技术人员的培训;

③组织本省、市地区复制业务经验、技术交流;

④负责指导本省、市的复制业务工作。

(3)协作网采用的服务方式

①直接服务方式

这种方式适于本地区具有一定复制设备、人员、技术力量的图

书馆。复制人员对读者的要求,如复制的资料名称、题目、用途、件数、时间、技术要求必须明了。复制人员根据读者要求,可采用不同的复制方法,以快速、经济为原则,读者要求复制需用统一格式以书面形式提出。这种直接委托,办理一定手续是必要的,但手续不能过繁。

复制任务较多的单位,对读者采用"委托单"排队,规定时间取件,避免让读者排队,浪费读者时间。

②间接委托服务方式

这种方式是利用对方图书馆的条件为本单位读者服务。这种方式适用于省、市内外的一切图书馆。只要是协作网成员,对方必须承担义务,视若本馆任务予以完成。

这种方式,受委托单位必须对外单位来函认真处理,负责到底,在可能情况下应优先给予处理。受委托单位如一时有困难,可在本地区实行"转托",被"转托"单位履行同样义务,予以迅速完成。

三、视听设备在图书馆中的应用

1. 视听设备与图书馆

随着当代科学技术的发展,图书文献已从过去只有文字纸张印刷品的局面发展到出现大量各种视听资料代替传统印刷品的局面。目前国外发行的许多书籍,特别是语言教课书,大多附有磁带,磁带与书本已逐步成为一体。

几年前美国已经开始出版了定期的磁带杂志,如《普通外科视听杂志》、《说话机能失调杂志》等等,这说明,不但一般图书,就是期刊也开始出现利用磁带的形式。

现代科技情报传播的媒介和载体,早已不是传统的纸张印刷品的形式,大量的电视、科技电影、录像带、录音带、唱片等都已成了广泛而受欢迎的传播手段。如现在一些国际会议,有许多已不再只发行印刷品的会议录,而是大量发行录音带和录像带,以争取时间。因为一般科技图书,面世的时差有长达三、五年者,而录像、录音,则当即就可面世,时间大大提前。据统计,美国在最近的某一年内,纸张书刊发行了三万种,而非书形式的视听资料也发行了三万种,恰恰各占一半。

上述情况充分说明,现代图书馆已不再是传统的只收藏纸张印刷品的时代了,已进入了必须同时收藏各种非印刷品视听资料的时代。

这就在图书馆的藏书结构上发生了深刻的革命。要适应时代的发展,图书馆必须建立相应的视听资料室。随着科学的进步,视听资料室将会愈来愈扩大。

2. 视听资料的作用

(1)视听资料能引起人们学习的兴趣,增强学习时的集中力并提高知识的记忆力。有人统计知识的记忆效果,视觉和听觉得来的知识,记忆的效果是不一样的。如下表:

知识的不同吸收的记忆比率

知识吸收方式	3 小时	三日以后
视听觉并用记忆比率	90%	80%
视觉记忆比率	85%	40%
听觉记忆比率	20%	10%

由上述可见,视与听配合起来吸收的知识,记忆效果最好。

(2)视听资料可以反复利用,使声音或图像反复再现,听其音,见其形,因而可以大大提高学习的实际效果。视听资料是加深知识记忆的一种良好工具。

(3)视听资料具有感性特征,大量的复杂过程,包括宏观和微观过程,都可以通过图像清楚地表现出来。有许多知识从书本上很难看明白,但通过图像,可以达到一看就明白的地步。

3. 视听资料室在图书馆中的作用

一般大学目前都设有电化教研室,但他们的电化教学活动是以教材为主,为正常教学活动提供电化教学的手段。他们的电化活动并不能代替图书馆的视听资料室的活动。图书馆视听资料室是根据现代图书资料的特点,从图书馆的角度,为广大读者开辟的特殊的传播知识的一种方式。结合图书馆的条件,它有自己的独特的服务方式。归纳起来,它为读者服务的内容有:

(1)为外语学习进行辅助教学。如配合课程听音,或开辟第二外语,或辅助课外读物,并且多在课余时间进行,对学生来说,是正课的补充。

(2)为读者复制外语磁带。在图书馆所入藏的图书中,有不少图书备有磁带,读者购买磁带或录制磁带,已与购买印刷品书籍一样需要,这就要有为读者复制的部门,图书馆视听资料室正是应当承担这种为读者"购书"的任务。

(3)对院校各系教师或出国人员来说,视听资料室常常可以满足他们的特殊需要。

(4)为配合教学活动,或为扩大知识的传播,可以不定期地根据读者的需要,放映科技电影或外语教学影片,扩大学生的知识面。

(5)在图书馆内,视听资料室还可对读者辅导如何利用图书馆的活动,特别是新生入学时,用幻灯片将图书馆的各个环节向读者放映,并配合实际参观,可以收到很好的效果。另外,还可在视听室内为"科技文献检索与利用"课提供形象教学手段。

第五节　图书馆现代化技术与
传统手工作业的关系

图书馆采用现代化技术,可以加快书刊资料的整理、报道、提供和传递的速度;可以节省读者查阅文献的时间;可以扩大读者利用书刊资料的来源和途径,提高为读者服务的效果;还可以减轻图书馆内各种业务工作的劳动强度,从而大大改善图书馆的科学管理工作。

但是,在图书馆内采用现代化技术,并不排斥原有的某些手工操作技术。这是因为:

一、新出现的技术手段,不影响传统技术

许多现代化手段只是开辟了图书馆工作的新领域,如复制、视听等,这是传统所没有的,它们不影响传统技术的研究和应用。

二、某些现代化技术要求传统技术做基础

现有一部分传统技术是实现图书馆现代化的基础工作和前期工作,如往计算机里存储资料之前,首先要靠人工去著录、编写草片、安排程序,才能输入计算机,赋予它各种功能,代替人力去完成检索任务。图书流通工作中的现代化,也仍然需要人工去做许多辅助工作。

三、新旧技术手段将长期并存

实现机械化和自动化是一个很长的过程,在这个过程中,传统技术和现代化技术将要并存很长时期,如机读目录与卡片目录的长期并存,缩微复制、视听技术与传统印刷出版物也要长期并存,

不可能互相取代。

四、中小图书馆将长期使用传统技术

图书馆里有许多工作还不可能全面实现机械化和自动化,如取书、归架等等。即使实现了机械化和自动化,在相当时期内只是少数大型馆才有可能,广大的中小型馆将会是长期使用传统技术。

五、当前对策

目前对传统图书馆技术问题的研究仍然要放在首位,在有条件的少数地方,可以对图书馆现代化问题进行结合实际的研究和试验。

本章复习与思考题

1. 国外电子计算机在图书馆中的应用经历了哪几个阶段?
2. 我国"748 工程"包括哪些内容?
3. 复制设备在图书馆里有些什么作用?
4. 图书馆为什么要设立视听资料室?
5. 试谈图书馆现代化与图书馆传统手工作业的关系。

本章参考和引用文献

1.《图书馆学基础》,北大、武大图书馆学系合编,商务印书馆,1981 年
2.《图书情报工作概论》(征求意见稿),辛希孟、孟广均,1981 年
3. "我国机检技术情况及其在鞍钢应用可能性",孔满江、曹酉等,东北三省第一次图书馆学科学讨论会论文,1981 年 8 月
4. "静电复印技术在图书情报工作中的应用",周镔、邵焦桐,《吉林图书

馆学会会刊》,1980 年第 3 期

5."关于组织图书馆复制协作网的设想",纪瑞林,《图书与情报工作》,1981 年第 1 期

6."高等学校图书馆视听资料工作初探",王新江,《图书与情报工作》,1981 年第 3 期

7."微型计算机情报检索",张振宜,辽宁《图书馆学刊》,1981 年第 2 期

8."图书与视听资料室",蔡保京,辽宁《图书馆学刊》,1981 年第 2 期

9.《图书文献主题法》,文甲尤编,东北师大图书馆学系,1980 年

10."加快我国计算机检索的步伐",张振宜、徐向辉,《计算机与图书馆》,1981 年第 3 期

11."世界数据库知多少",《图书情报工作》,1981 年第 5 期

12."英汉题录机器翻译的研究和试验",蒋映鹏,《科技情报工作》,1982 年第 3 期

13.《计算机检索概论》,陈光祚,计算机检索知识丛书,武汉市科技情报所、武汉计算机检索及其用户协会编印,1984 年 1 月

14."对发展我国计算机情报检索的看法",赵宗仁,《科技情报工作》,1985 年第 5 期

15.《汉字编码方案汇编》,中国汉字编码研究会编,科学技术文献出版社,1980 年

16.《国际联机情报检索用户指南》,中南矿冶学院科技情报科编,1984 年

17.《现代情报技术》,上海科技情报所,1982 年

第十一章　图书馆建筑与用品设备

第一节　图书馆建筑的历史沿革和发展趋势

一、图书馆职能决定图书馆建筑的特点

从公元前十四世纪商殷储存甲骨卜辞的库房到近代面向社会大众开放的图书馆诞生之前,图书馆建筑的特点都是藏书楼形式。通常人们认为,古代藏书楼是第一代图书馆,它的职能是以收藏为主,故其建筑形式只有书库。这种建筑只考虑收藏,从对藏书的保护出发,如防火、防潮等,因此,建筑构造非常简单。我国封建社会时期的藏书楼以浙江宁波的天一阁为其代表。

第二代图书馆建筑,在国外是从意大利文艺复兴以后逐渐开始的。在我国则是二十世纪初有了公共图书馆以后才逐渐开始的。目前这种建筑模式,一般称它为传统式建筑模式。它的建筑特点是以书库为中心(附设出借台、目录厅)加普通阅览室和办公用房共三大部分。这种建筑构成的特点是从古代收藏、保管图书而逐步转向对社会大众流通过程中形成的。目前,我国大部分图书馆建筑属于这种类型。八十年代以来,图书馆建筑在国际范围内开始进入了第三代,其主要原因是由于图书馆工作职能发生许多变化引起的。这些职能性的变化主要有下列一些原因:

1.人类知识文献量急剧增长,使传统图书馆必须大大加强其

情报化职能,才能适应社会对图书馆工作的要求。

2.现代化手段,特别是电子计算机,尤其是微型机、缩微技术、视听手段等在图书馆中被大量采用,而且愈来愈普遍;机械化传输手段在图书馆里也有了进一步地应用。

3.图书馆网络化活动,特别是联机检索网络,已不单单在一个国家,而且愈来愈有了国际联机的性质。

4.图书馆在社会中的开放化和普及化以及科学管理工作日益得到重视。

在这种情况下,当代图书馆已经非常明显地有了向图书情报资料中心、向智能开发中心、数据中心、信息中心方向发展的趋势。这种趋势就导致了所谓第三代图书馆建筑模式的出现。它的特点是以阅览用房、业务用房和服务设施为主,馆内各种功能房间需要灵活组配,能随时适应客观情况迅速发展变化的需要。这是国际上的趋势。

但是,在我国近年兴建的绝大部分图书馆建筑中,由于图书馆现代化职能演变缓慢,加之建筑材料、施工技术、设备条件等的限制,短期内还不能完全摆脱传统建筑模式的影响。由于我国图书馆事业比较落后,大部分地区,不要说第三代图书馆建筑,就是第二代图书馆建筑能够满足也很不错了。因此,目前我国只有个别新的大型图书馆建筑,才开始注意到了这种新发展趋势的需要。近年来新建的许多图书馆,连计算机用房也没有考虑,就说明了这种状况。但是随着科学技术的进一步发展,我国图书馆情报职能的大大加强,现代化手段在图书馆中逐步推广应用,我国当代图书馆建筑必将出现新的变革时期,即以第三代图书馆建筑模式为主的时期。

二、图书馆建筑模式的演变规律

从三千多年前就有了殷代甲骨库房的情况来看,我国图书馆

443

建筑已有了几千年的历史。但是,古代藏书楼的设计,平面布局简单、功能单一,只有收藏图书、保管图书的作用。最有代表性的建筑,就是建于公元1561—1566年的浙江宁波范钦的"天一阁"。其平面是六开间、四进深、两层阁,西侧一间设楼梯,楼上楼下都是藏书的地方。清乾隆年间建造的收藏《四库全书》的七阁,就是模仿这种模式建造的。这种藏书楼只能供少数人在内部阅览。

从本世纪初开始,图书馆建筑在藏书楼的基础上有了很大变化,出现了主体为书库加出借台、目录厅、阅览室和业务用房三大块的模式,表明图书馆除了有藏书的功能外,还有了把藏书提供给更多的公众借阅的作用,图书馆开始具有了面向社会、面向大众的性质。建于1919年的清华大学图书馆就是这个时期的典型代表之一,其平面是"T"字形,前部底层都是小房间,用作内部工作室和研究室。二层是主层,正中是借书厅和目录厅,两旁有两大间阅览室,书库在"T"字形平面下部。这种平面形式延续很长时间,如1928年建造的南开大学图书馆、1930年建造的湖北省图书馆、1937年建造的南京金陵大学图书馆等,都是这种以书库为中心、布局紧凑简单的平面形式。随着图书馆公共性和大众性的加强,建筑规模有了扩大,建筑平面在"T"字型基础上有了一些发展,如"山"字型、"工"字型、"王"字型、"出"字型,甚至是"日"字型、"田"字型等。本世纪八十多年来,我国图书馆建筑基本上是在这一套模式中变来变去,没有重大突破。小型图书馆一般是"一"字、"T"字型,如建造于1963年的北京化工学院图书馆等;中型图书馆一般是"山"字型和"工"字型,如1958年建造的上海复旦大学图书馆;大型图书馆一般为"田"字、"日"字和"出"字型等,如建于1974年的北京大学图书馆等。虽然,有不少建筑师在设计中试图突破这种模式,但由于第二代图书馆藏、借、阅的基本功能的限制,最终还是脱离不了上述的基本模式。

由此可见,图书馆社会职能和相应的图书资料的管理方式,对建筑模式起着决定性的作用。我国图书馆建筑设计,多年来之所以没有重大突破,就是由第二代图书馆的功能特点决定的。

当代图书馆的功能有了很大变化,如图书馆教育功能、第二课堂的作用,就要求图书馆要有讲演厅的设置;图书馆的情报职能的加强,就要有大型检索室的设置;开架的推广,要求阅览室必须配有足够的辅助书库;复制、缩微、视听资料的大量入藏,不但要求有特殊的储存空间,而且要求设置有相应特殊设施的阅览室;各种特种出版物,如会议文献、科技报告、专利文献、标准文献、产品样本、学位论文等资料数量的大幅度增加,要求第三代图书馆必须摆脱传统的图书、期刊两大类型的布局形式;图书馆的学术研究作用的加强,要求它必须有相应数量的专门研究单间;电子计算机、微型机的广泛应用于图书馆各部门,要求必须有相应特殊要求的工作空间;由于现代化技术条件和传输设备的完善,使图书馆书库的位置,出现了"上部书库"或"下部书库"的形式;在大学里,由于教学方法的改革,将有愈来愈多的大学生把大部分时间安排在图书馆里活动,因而,图书馆内的卫生设施(包括厕所)、安全设施,甚至对开架图书的监控设施、饮水及小吃、休息、吸烟、小卖部等设施,都须有与之相适应的安排;图书馆的开放性、公共性和大众性特点将进一步扩大,第三代图书馆不只是面向本单位的读者,而将会成为全国图书情报信息资源的一部分,成为一个地区的众多图书情报部门密切相联的一个组成部分;图书馆面向社会、面向生产、面向经济建设的功能将进一步扩大。所有这些都要求图书馆建筑模式要有一个新的突破。

总之,第三代图书馆建筑,将是一个教育功能、情报服务功能、大课堂的功能、社会化服务的功能、现代化信息传输功能极强的综合性文化科学教育中心。当代图书馆建筑设计必须与之相适应,才能使图书馆建筑符合客观实际发展的需要。

三、构成图书馆建筑功能的内外因素

构成当代图书馆建筑功能的因素主要有外部和内部两大部分：

1. 外部因素

外部因素是指形成图书馆建筑的客观条件，它包括建筑规模（面积）、设计标准及投资金额、建筑地点和具体环境、领导意图、建筑体型、建筑设备技术、施工技术水平、原材料来源等等。这些方面的情况如何，从图书馆方面来说，往往不能单独决定，但是其中许多因素如果图书馆方面能够发挥主观能动作用，积极参与和配合，是能争取一些理想条件的。这些外部条件虽然受客观的政治、经济、技术、地区形势和领导部门的意图制约，但它们并不是一成不变的，在许多方面都带有一定的随意性和主观性。例如，建筑地点和建筑面积一般是由上级领导机关批准的；设计标准和投资金额也是根据有关文件精神确定的；建筑设备、施工技术、原材料等，既受投资额限制又与各方面的技术水平有直接关系；建筑体型和面积，往往要受总体规划和周围环境的制约等等。但是所有这些，要想使之尽可能达到图书馆建筑功能的要求，作为使用单位的图书馆方面来说，则是可以经过努力能够争取的，图书馆方面不应当放弃这种责任，这是尤关子孙后代的事情。过去，我们有许多院校在建筑图书馆方面，经常出现图书馆参与不够，上级部门缺乏通盘长远考虑，以致建造的新馆还没有竣工就发现不适用，但已无法挽回的情况。有的院校借盖图书馆之名来满足其它建筑的需要，把图书馆建筑当做院校主楼或俱乐部的陪衬。这些情况，如果图书馆方面能够积极参与，并在建筑设计之初，提出一些积极合理的解决方案，将会不同程度地得到改善。

在建筑图书馆的过程中，外部因素往往对图书馆建筑功能有决定的影响。因此，图书馆方面必须积极参与，要通过各种渠道，

446

为图书馆建筑争取一个圆满合理的外部条件,这是建筑一座理想图书馆的关键步骤。

2. 内部因素

所谓内部因素,主要是指对图书馆内部起着不同功能作用的平面和空间及其科学、合理的布局。内部因素分静态和动态两个部分。静态部分包括不同功用的各类房间,主要是阅览室、书库、业务工作室和服务设施几个部分,它们之间有一个最合理的配置问题。动态部分是指馆内的人员流动和书籍、家具流动所需要的路线。其中主要是读者活动路线、图书流动路线和管理人员活动路线三条主要路线。

(1)各类房间安排原则

各种阅览室是读者脑力劳动的场所,要具有安静、舒适、光线明亮、空气清新的特点。这是考虑阅览室布局时,应首先要着眼的因素。

业务工作房间,如分编、加工图书的房间是工作人员长年工作的场所,它需要具有安静、光线明亮、舒适的环境。他们的工作,关系到整个图书馆为读者服务的效果,因而在房间布局上不能把他们安排在北侧和阴暗的角落里。

在这个问题上有人提出,阅览室、业务室和借书处在布局上要实现三向阳的要求。

(2)三条路线处理原则

对路线的要求是简捷、畅通和方便。如对读者要满足他们"进馆很快就能见到书"的愿望,为读者去借书处、阅览室提供简捷、畅通的道路;对管理人员应当为他们在采编、典藏、阅览等业务部门之间的业务联系提供方便而不受读者人流干扰的通路;对图书,要使它在采编、加工、书库、阅览室之间取得平坦而不受读者人流干扰的搬运路线。

对人流(读者与管理人员)与书流之间的干扰问题(特别是学

校图书馆,读者人流常常有较强的集中性),在各类房间的布局上要有合理的处理。

在书流的处理上,主要是要解决由于书库层高与业务房间和读者用房的层高不一而产生的层差。国外有采取使书库每层高度与阅览室每层高度统一起来的设计。在我国一般采取两种办法:一种是使阅览室的层高为书库层高的倍数;另一种办法是使二层的阅览室高度相当于书库的三层高度,以取得相应层面的平面道路。第一种办法能较好解决各层之间的水平联系问题,但容易形成阅览室每层过高(一般须在4.8到5米),对小房间来说,室内高度感不佳,浪费空间,如能采用活间壁,可能有所补救。

四、图书馆建筑的适用性、经济性与美观的关系

现代图书馆建筑,要具有坚固、适用的功能,它应当是一座具有良好经济效果、朴素大方、轻快雅致的艺术造型。简言之,它应当是适用、经济和美观三者高度和谐的统一体。如何处理这三者的关系呢?

第一是适用性,所谓适用性,就是要考虑本馆读者对象的适用性。如高等院校图书馆,就要首先考虑它对教学、科研以及相应读者,也就是教授、讲师和研究生、学生的适用性;同时这种适用性,不仅是指现时的适用性,还要预计到,随着科学文化技术的发展而不断提出的新要求,也就是还要具备对未来的适应性。

第二是经济性,所谓经济性,就是应当能有效地利用投资而取得最理想的使用价值。“经济”二字不能简单理解为造价低、投资省,也就是说不能片面的追求暂时的“节约”,而不考虑久远的经济效果。如有一些地方建筑单纯求省,遇到地震纷纷倒塌就说明只顾眼前的“节约”,不考虑长久利害得失所造成的“不经济”。

第三是美观问题,图书馆是文化知识的宝库,它应当是能够体现一个时代科学文化水平的标志,如果是一所高校图书馆,它则应

448

是能体现出一所大学学术水平的标志。这种要求，并不意味着片面追求"宏伟"、"气魄"和"装饰"，而主要是应当能体现出最理想的使用效果和长久的适应效果。

第二节　图书馆内部房间的布置

按照上述设计图书馆的原理，根据本馆的具体条件，合理地布置馆内的各种房间，才能充分合理地发挥出图书馆建筑的应有功能。

一、书库布局形式

建筑布局，也叫平面和空间的组合。对图书馆来说，就是按照读者活动路线、工作人员活动路线和图书加工活动路线，依次安排各个房间，保证三者彼此之间有合理的联系和分离，并且各有适当的位置和朝向。

图书馆的各种房间，按照它们的使用性质，主要可分为阅览流通部门的房间、内部工作房间和书库三个部分。其中书库建筑是一个独特的部分，因为书库和其他房间的相互关系及它们的相对位置，是作为区分图书馆建筑布局方式的主要标志。按此标志，目前图书馆的一般布局有所谓后部书库、中心书库、上部书库和下部书库几个类型。

目前我国一般图书馆的平面图形大多是"一"字型、"T"字型、"工"字型、"山"字型等平面，随着规模的加大，还出现了"日"字型和"田"字型等更为复杂的平面。

二、以读者服务为中心安排布局

所谓以读者服务为中心，就是要把读者进馆后最常去的几个部分有机地结合起来。这几部分应当包括：

1. 读者目录和检索工具；

2. 借书台（大馆还包括咨询台）；

3. 书库；

4. 备有必要工具书的参考阅览室；

5. 能提供现期期刊和近年主要期刊合订本的期刊阅览室，以及报纸阅览室。

这几个部分是读者进入图书馆后，最多最常活动的几个部分，因此，这些房间应进行有机的配合，使读者能很方便地从此处到彼处，而不必上下楼或走很多弯路。这样就自然地形成了一个读者服务中心区域。

三、主层和分层布置的原则

如果图书馆不是单层建筑，而是多层的楼房时，主要服务中心区域所在的那层楼，就叫做图书馆的主层。主层通常设在一层，也有的设在二层。

以主要服务中心区域为核心，各种阅览室以及与书库和读者关系较密切的采编、复制部门都应或多或少地与这个核心区域有功能上的联系，有条件时，应把更多相关的单元安排在主层。因为读者往往愿意在平面上多走十步，不愿上下楼多走一步，所以关系较密切的部门，应尽量处于同一平面。但是，如果主层内确实无法安排时，就要将一部分功能房间从主层中分离出去。在考虑哪些单元应先从主层上分离出去时，其主要原则是：

1. 首先是考虑将非阅览房间或与主要服务中心无多大关系的阅览室先分出去，如讲堂、陈列室、阅报室等。这种分离，还能起到区别读者人流、避免干扰的作用。

2. 其次是把具有独立功能的阅览部分，如特藏类、情报类、专业阅览类等分离出去，这样也可以使他们各自形成专门的读者人流。

3. 采编、复制等部门与主要服务中心往往有较多的业务联系，应处在同一层的较安静的部位，如层的尽头，在必要时可同读者断开，它不得不同读者服务中心层分离时，应考虑有较方便的交通与服务中心联系。

4. 被分离出去的部分，在原则上应将出入频繁、人流大的部分设在下层，把人数少、需要安静的部分设置在主层之上。原理示意如下图：

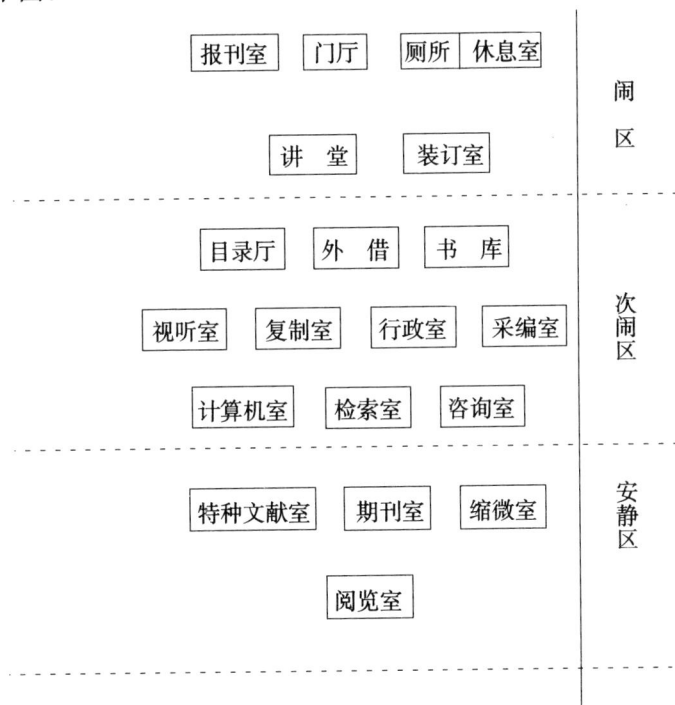

| 报刊室 | 门厅 | 厕所 | 休息室 |

讲　堂　　装订室

闹区

目录厅　外　借　书　库

视听室　复制室　行政室　采编室

计算机室　检索室　咨询室

次闹区

特种文献室　期刊室　缩微室

阅览室

安静区

图书馆功能房间一般分布原理示意图

451

第三节 新馆建筑设计委托书的提出

一、提出委托书的重要意义

目前由于我国科学文化教育事业的迅速发展,图书馆事业的发展也很快,使图书馆建筑随之成倍地增长。在这种情况下,图书馆参与和配合建筑设计部门,争取一个功能合理、美观大方、舒服适用的当代图书馆建筑,才能更有成效地发挥图书馆的现代化职能。

通常,建筑设计师们,对现代化图书馆建筑功能较少了解,虽然他们很可能拿出一个造价可观、外型很美的建筑设计方案,但对图书馆来说却不一定适用。因此,图书馆就更有必要积极配合建筑设计部门,认真仔细地研究现代图书馆建筑的各种功能和特点,据此向设计部门提出一个切实可行的设计委托方案或设计任务书,则是非常必要的。

各种各样的图书馆虽然有许多共性,但每一个具体图书馆的性质、任务、对象、地位、作用和规模都不可能一样;各馆的组织形式、管理方法也不尽相同;它们的地理环境、场地条件、设备、投资也各异,因而新图书馆建筑不能都套一个模式,必须各有各的特色。这就要求用馆单位,要以历史的责任感,来积极参与整个新馆的建筑设计,首先要为设计方案的形成提供一切必要的资料,以保证理想的新馆设计的顺利完成。

一般,要建造一座新图书馆,一开始的工作首先要由图书馆来做。图书馆要指定专人,用书面文字的形式,以主管单位委托人的身份,向建筑设计部门提出一份希望建造一座什么样的图书馆的设计委托书。这个委托书,起着初步设计构思的纲要作用,它对设计师设计蓝图的构思往往起很大的影响。

图书馆所确定的专人,应当对图书馆的方针、任务、性质、对象及其各种功能比较熟悉;应当对现代图书馆的发展方向比较了解;应当具有图书馆学的一般基础知识;应当具有一定的组织联络和文字表达能力。图书馆方面如果能挑选一位既懂得图书馆的业务流程和图书馆学的基本理论,又懂得建筑学的同志就更为理想。承担这项任务的同志,就是整个图书馆建筑过程中的馆方代表。一方面他需要广泛地调研同一类型图书馆的新馆建筑的优缺点,观察实体,听取经验,收集资料,分析比较,结合本单位的实际条件,思考可行方案,并能形成文字材料;另一方面,他要代表馆方,与设计部门打交道,向他们学习有关的建筑知识,交流有关情况,提供设想和必要的数据材料等等,协助设计师,顺利地拿出理想的新馆设计方案。

馆方代表并不仅仅提出一个委托任务书就算完成任务,他必须从设计师的草图设计开始,到方案设计、施工图设计,一直到整个施工过程结束都要密切配合。当一个比较理想的新馆建筑落成验收、交付使用时,他的馆方代表的任务才算完成。

二、设计委托书的基本内容

馆方提出的设计委托书,并不是某一个人的意见,而是一个馆,甚至是一个单位的集体智慧的结晶。最后形成的委托书,应能具有一定的质量水平。比较理想的设计委托书,应能包括下列一些基本内容:

1. 建筑新馆的指导思想和总体要求

通过这部分文字叙述,能使设计师在宏观上对需要建筑一个什么样的图书馆,有一个清晰的轮廓。其中应当包括:

(1)说明本馆的性质特点

如本馆是文理综合性还是专科性;是全国性,还是地方性;是师范院校图书馆,还是工程院校图书馆;它的学术性、教育性、情报性程度如何;是重点单位还是一般性单位等等。

（2）本馆的任务

是为科研服务,还是为教学和科研服务;有否承担国家科研项目,这些任务的份量在国际、国内的地位如何。

（3）本馆服务对象和数量

如专家教授多少？讲师多少？各类研究生多少？大学生多少？进修生多少？职工多少？目前多少？远景多少？

（4）本馆的作用和地位

如有的院校提出,本馆是本院校书刊文献收藏中心、流通参考中心、宣传展览中心、情报服务中心和学术活动中心。其他如本馆在学会和协会及图书情报网络系统中的地位和作用如何,是领导单位还是一般成员单位。在本地区,甚至在全国中的作用和地位如何。

（5）藏书特点和规模

按出版方式区分,印刷型、缩微型、视听型、机读型文献各有多少？发展前景如何？按外形区分,图书、期刊、报纸、特种文献,各有多少？有何特藏,如古籍、专利、样本、标准等等。它们的年进书量、现有量、最大藏书量是多少。

（6）建筑规模

如占地多少,建几层,高度多少,总面积多少,扩建余地等等。

（7）借阅特点

如闭架多少？开架多少？基本书库占何比例,辅助书库要多少个等等。

（8）现代化设施

如缩微、视听、照相、复制、计算机、监测装置、传输设备、现代化通讯手段,以及装订印刷等等的现状和远景打算。

（9）环境美化

如街景、院景、假山、水池、绿化、中厅布局、走廊布局、门外布局等等。

（10）有否其他特殊要求

如生活服务设施、陈列展览设施、书亭、小卖部、安全设施、卫生设施等等。

总体要求虽不能太具体，但也不能过分笼统，需要周密考虑，要有数据。以上各项要用文字说明，应有图表、数据，以便使设计师能大致设想出新馆未来的基本形状。

总之，在这一部分中要把图书馆在主观上想要建造一个什么样的新馆表达清楚。

2. 限制性要求

所谓限制性要求，是要使设计师知道，在客观上对建筑设计有哪些限制，要使设计师明确，必须怎么样，不能怎么样，避免使设计师进行一些不可能实现的构思。大致说来，这一部分内容应当包括：

（1）地理、地形情况

比如是坡地还是平地；是干燥地带，还是潮湿地带；前后左右有何建筑；是否有河，是否有山，是否有大街等等。

（2）建筑面积

占地多少？ 总面积规定多少？ 地形长宽最大能伸延多少？ 楼高最多几层，是否留有加层余地，是否要地下建筑等等。

（3）投资总额

总投资多少？ 每平方米造价要求多少？ 有否资金补充来源？能补充多少？

（4）标准性文件

如有相应国家标准或部标准文件，应予提供。

（5）其它各种要求

地面承重多少，有否特殊要求，书库占总面积多大比例？ 阅览室占总面积多大比例？有否隔音要求、通风要求、墙壁要求、色泽要求、朝向阳光要求，对材料结构有何特殊要求等。

3.室内房间布局和相互关系

（1）大房间多少个？规模、高度多少？小房间多少个？规模、高度多少？各自功用及其具体尺寸；

（2）哪些功能房间要在同一平面；

（3）哪些单元设在高层，哪些必须在低层；

（4）哪些房间应尽量靠近或要求有方便通道；

（5）各类房间高度、窗户大小、书库高度，有否水平或垂直传输，是传送带、电梯或书斗等等；

（6）各类阅览室内要何家具，要多少，何规格，书库的书架要何结构；

（7）借书台要几处，是否要组合借书台；

（8）提供各类房间分层设想，可用闹区、次闹区、安静区分布图示意；

（9）提供馆内读者流、工作人员流、书流路线平面示意图。

对上述各项，在设计委托书中，一般是由文字说明、各种平面示意图及数据表格三部分组成。

三、现代图书馆的功能房间

现代图书馆应考虑的功能房间有下列几大部分：

1.阅览部分

按文献内容性质设置，如综合阅览室、社科阅览室、科技阅览室、杂志阅览室、报纸阅览室、专业阅览室、特种文献阅览室（如专利室、标准室、样本室、会议文献室等等）。还可以按读者对象，再分设教师阅览室、学生阅览室、毕业生阅览室、专家阅览室（单间）。按服务特点考虑可分设内部资料阅览室、缩微资料阅览室、软科学阅览室、视听资料阅览室、情报检索室、工具书阅览室、小型研究室等等。

2.外借部分

这一部分包括基本书库即总书库、各种辅助书库、特藏书库、提存书库、密集书库、各种分科借书台、目录厅、推荐图书设施、读者咨询辅导设施等。

3.读者辅助活动部分

在这一部分可以考虑设置的有学术报告厅、陈列室、展览厅等。

4.业务用房部分

在这一部分可以考虑设置的有采集室、登录室、分编室、打字室、油印室、典藏室、技术加工室等。

5.现代技术部分

在这一部分可以考虑设置的有照相暗室、复制室、胶印室、缩微加工室、动力室、监控室、计算机室、视听室、电话分机室等。

6.行政用房部分

在这一部分可以考虑设置的有办公室、接待室、会客室、值班室、备品库、财会室、卫生间等。

7.服务设施部分

在这一部分可以考虑设置的有书亭、小卖部、锅炉房、饮水间、衣帽间或书包存放室等。

四、现代图书馆建筑的若干新问题

1.电话系统

随着图书馆情报职能、社会化职能以及计算机网络化的发展，内部各部门的联系，尤其与外界的联系必须要迅速畅通。因此，现代化图书馆必须有良好完善的通讯设施。

2.监测系统

随着图书馆开架范围的扩大，藏书安全问题就有特殊考虑的必要。因此,是否需要安装探测仪或监视用的闭路电视系统,应是第三代图书馆建筑需要考虑的课题。

3.传输设备系统

为了加速图书的传递,提高工作效率,减轻工作人员的体力负担,现代图书馆建筑,特别是较大型图书馆必须考虑图书馆书库系统内的垂直升降和水平机械传输设备的安装。

4.卫生系统

现代图书馆的开放性,以及它的多种职能的加强,必将愈来愈多地吸引着各种类型的读者,包括内部的和外部的。尤其在院校里,图书馆不但是研究生、青年教师全日的主要活动场所,而且广大本科学生,也必然大大依赖着图书馆。教学与生产结合,科研与经济建设结合,将有大量校外读者群来利用大学图书馆,因此,图书馆将会是一个名副其实的公共场所。大型图书馆,有时一天接待读者高达万余人次。在这种情况下,有必要按照大型公共场所的特点设计图书馆的卫生系统。

5.中厅布局

传统图书馆建筑,常常为了扩大有效的利用面积,而忽视图书馆正门中厅的设计。现代图书馆应当加强图书馆中厅的布局和环境的布置,它将会大大有益于激发读者追求知识、产生抱负、勇于探索、敢于攀登的读书情绪。与此相连的是馆内走廊、内院和主楼梯两侧墙壁的艺术处理,这也是与读者看书、学习情绪密切相关的问题。

6.地下建筑

地下建筑的功用是多方面的,对现代图书馆建筑来说,它可以作提存书库、密集书库;可以作休息室、游艺厅;也可以作小卖店、饮食店。地下建筑可能增加造价,但能较多地争取建筑面积,不论从当前还是从长远着想,都是非常有益的。如果从国防角度考虑,就更有很大的意义。

五、关于建筑标准的若干问题

1. 馆舍面积标准

1980 年教育部对高等院校图书馆馆舍面积提出过如下标准：

类别	学生人数	建筑面积/人
理、	500	2.66m²
工、		
农、	1,000	2.09m²
林、		
医、	2,000	1.80m²
药、		
体	3,000	1.54m²
育		
各科	5,000	1.31m²
文政	1,000	2.41m²
法财	2,000	1.95m²
各科	3,000	1.71m²

本标准只考虑了传统的书库、阅览、办公三大项目，因而标准偏低。有人统计了最近十几年新建的八十一所院校图书馆建筑，在 1421.9 人时平均面积为 3.34m²/人。

2. 阅览座位占学生总人数的比例

1980 年教育部提出的标准是：

理、工、农、医、体育各科学生为 5,000 名时占 12.5% 的人面积，1,000 名学生时占 17.5% 的人面积；文科及政、法、财经各科学生为 3,000 名时占 15% 的人面积，1,000 人时占 20% 的人面积，学生阅览室每座以 1.8m²/座设计。教师阅览室座位按教师总人数 16% 设计，每座为 3.5m²/座（见《一般高等学校校舍规划面积定额》（试行），人民教育出版社，1980 年）。

国外标准,如美国学生阅览座位数,按不少于学生人数三分之一(33%)计算,每人 2.3m²/座;英国按实有学生人数计算,每人 2.3m²/座,教师按 3.2m²/座设计。

3. 有人根据调查分析结果建议:

理、工、农、林、医类院校学生在 1,000—5,000 人之间时,阅览面积一律按人数 20—25% 设计,每座面积 2.0—2.3m²。文、政、法、财各科院校学生在 1,000—3,000 人之间时,一律按 25—30% 设计,每座面积 2.0—2.3m²。教师按人数 16% 计算,每座 4.0—4.5m²。

4. 藏书面积

国内一般标准,闭架图书 300—350 册/m²。英国标准:闭架图书 215 册/m²、期刊 106.9 册/m²;开架图书 248 册/m²、期刊 124.1 册/m²。

有人建议,可按开、闭架各占 50% 设计,开架 200 册/m²,闭架 250 册/m²。

5. 办公面积

国外馆舍内办公面积一般占阅览、藏书总面积 18—20%;国内根据调查统计,占 13.4%,有人建议可占 14%。

6. 新技术面积

国外这部分面积一般占馆舍总面积 5—10%;国内有人建议,可按 5% 设计。

上述这些限制和标准要求,图书馆主管单位应根据实际情况,结合标准要求,提出自己的建议,将有助于合理性设计。

第四节　图书馆的新馆搬迁

十一届三中全会以来,由于党和政府对图书馆事业的重视,我国图书馆的总建筑面积已超过过去三十年的总和。如教育系统，1981 年全国高等院校已有馆舍总面积 132 万平方米，而当时正在建设和筹建的总面积已超过 130 万平方米。其它各地区、各类型图书馆都有陆陆继续要建造新馆的规划。随着各地新馆建筑陆续落成投入使用，图书馆如何从旧馆搬进新馆的搬迁问题，就成了图书馆建筑应当探讨的新课题。为此，下面对图书馆的搬迁问题分别加以简要阐述。

一、图书馆搬迁的原则

1. 新馆交工验收后搬迁原则

有不少图书馆由于多年久盼新馆建筑，因而在心理上有一种总想尽快搬进新馆的思想。这样就势必出现有的新馆并没有最后竣工，更没有验收交付使用，就急于搬迁使用。实践证明，这是很不利的，这样容易造成某些善后局部加工应付交差，影响整个建筑的质量。未正式交付使用的新建筑被提前使用，往往还会出现某些部位缺件，造成配套困难，责任分不清的问题，因此，应当坚持必须在新馆已验收正式交付使用后才能搬迁的原则。

2. 先简后繁的搬迁原则

新馆着手搬迁时，头绪很多，究竟应先从何处开始，就会是人们很容易考虑的问题。从实际情况来看，有的馆采取先简后繁的办法，即从最容易、最简单的部分开始比较理想。如先从一些综合性的读者阅览室，包括杂志阅览室、报纸阅览室等开始。这一部分东西不多，但影响面大，先行转移，就可以不影响大多数读者的共同需要。随后可以根据各单元的简繁情况陆续搬迁，最后搬迁总书库。在院校系统，如能利用假期搬迁，则更有利于整个图书馆的正常工作。

3. 组织领导的原则

图书馆的搬迁工作，特别是一个大中型图书馆的搬迁，是一个很大的工程。几十万册图书,几千个书架、桌、椅、家具,要在几天之内完整无损地全部搬运完毕是一件很不简单的事情。这项工作如果不进行周密的组织领导,就很容易出现各种差错甚至产生事故。图书馆的搬迁,不光是图书馆内部的事情,它应是整个一个大单位的事情。如果是一个院校,就是全院校的事情。因此应当专门成立有各部门负责人参加的搬迁工作的临时指挥班子。在搬迁期间,图书馆对外工作要全停几天、半停几天、善后要几天,都需要在全局范围内进行妥善规划;要动用车辆,要组织大批搬运劳力和技术工人,甚至需要安全保卫部门、医疗卫生部门、财务、伙食部门等加以配合。这些都不是图书馆一个部门能够独立地顺利完成的,因此必须有整体的组织领导工作。对搬迁的步骤、程序、方法等,更需要进行具体细致地计划安排,并形成文字,使所有参加搬迁的主要人员周知,以便按计划有条不紊地进行。

4. 不影响开放的原则

图书馆工作,对一个地区、一个单位,如一个院校来说,涉及到每一个人。由于读者的教学、科研和学习不能因为图书馆的搬迁而中断,所以图书馆在搬迁的指导思想上,应有尽量不影响图书馆正常开放的原则。为此,应尽快使涉及面较广的日常阅览工作,争取逐个依次开放,不宜采取不受读者欢迎的全馆同时开放的办法。

5. 对新建筑的保护原则

在搬迁过程中,新建筑物的拐角处、门、窗等及其它易碰损的地方,应派出专人,采取各种保护措施。

6. 书刊、资料、家具用品设备完整无损原则

图书馆在搬迁过程中必须保证书刊资料和目录卡片的完整无损。为此,在搬迁之前,需要进行必要的清点、造册、编号,制成联单,按批、按号专人搬运,以防止丢失、散乱,一旦出现问题,便于追踪查找。

二、搬迁工作具体程序

1. 人员分工

何人负责指挥,何人负责何项具体工作,何人联络,何人清点,何人造册,何人发货,何人验收,何人安装、布置等等,都要部门落实,人头落实,职责明确,岗位清楚,列表明文公布。

2. 对藏书、目录卡片和财产进行登记

图书馆搬迁,是大清点的好机会,对书、刊、资料、卡片要清点、打捆、编号。打捆应以高度一尺一捆为宜,打井字捆,防止散失,成捆物品或成件物品,分大类进行编号,并由专人进行复查,确保搬迁时安全。

3. 发货、搬运、验收配套

由甲地向乙地搬运,旧址应有专人发货,并附发货联单,何人经手,何人搬运,搬何物品,数量多少,编号多少,何时搬运,都应填写清楚。新址要有专人按联单对物收货,清点无误后签字,并于当日与发货方核实联单,随时发现问题,随时清查处理。

4. 馆方人员负责管理,搬运借用外力

在搬迁过程中,有大量管理指挥和调度性工作,如发货、检查、维护、验收、清点等等,应指定馆内人员岗位分工。所有搬运工作,应尽可能组织外力进行。临时工资,应由有关部门按规定支付。

第五节　图书馆用品设备的作用与要求

图书馆里有不少专门的用品和设备,一般应按一定的标准和规格制作和配备,才能符合图书馆的特定要求。图书馆的用品设备是图书馆内整体环境的重要组成部分,在整体布置中,可以起到方便工作、增加美感、提高工作效率和影响读者阅读情绪等多方面

的作用。有许多用品是图书馆完成基本业务工作的重要手段和工具，考虑不周，或计划、预测不足，都会直接影响整个图书馆工作的开展。

因此，对图书馆用品和设备的制作和配置有必要按下列各项要求来考虑和评价它的适用性。

一、便于工作

馆内用品设备首先必须便于工作，如借书台，必须配备能很好满足多种功能的专用借书台，否则必然工作混乱，手续不清，影响流通。再如，室内书架，过低浪费空间，过高则不适用。

二、和谐宜人

馆内用品设备，主要是各种家具，如桌、椅、架等等，大小、色泽要与整体环境和谐一致，做到色泽宜人、布置美观，要有一定的艺术效果，有利提高读者的阅读情绪。

三、成龙配套

馆内用品设备尽量符合标准规格，成龙配套，如果本单位制作，应取用国内普遍采用的一般标准；如果更新换代，应能大体一致，而不应杂乱无章、五花八门。

四、坚固耐用

馆内用品设备还应坚固耐用，图书馆的木制家具，要经常进行各种调整、搬动，因此，购置家具时必须考虑坚固耐用，一旦损坏，修理方便，因而式样应当简易，配件容易组合。

五、要有预测性

图书馆内有些用品，属于消耗性的，如卡片、导卡、书袋卡、书袋、书标等需要每年预测,提前计划。

六、移动方便

图书馆内有些用品,如桌、椅、架等,要规格一致,使用舒适,方便移动。

图书馆用品设备是整体环境重要组成部分,应有专人(如行政秘书、办公室主任)经常统筹规划、预测和设计。

第六节　图书馆用品设备的种类和特点

一、普通阅览桌椅

1. 阅览桌

要求:

阅览桌的腿应尽量靠近桌子的两端,桌面下的横木方子不要太大,免得坐下来碰膝盖和妨碍读者两条腿的活动。桌子面应当坚硬、耐用、易于擦拭,平整而没有光泽。木桌面的木材须经干燥处理,拼缝要严密,不能翘曲和开裂。桌子颜色应接近本色,桌漆颜色要素淡,避免在日光或灯光下与书本表面亮速比过大,影响视力。

规格:

最常用的有双面阅览桌,目前大多采用四人或六人桌(两面坐人),其优点是移动方便,也可灵活拼凑成八人或十二人桌使用。单面桌容纳二人或三人,需要时可拼成四人或六人桌。

阅览桌长度:

每边坐二人时,长度约为 1,500 毫米,坐三人时,约长 2,250 毫米,平均每人 750 毫米。

阅览桌的宽度：

双面桌为 900—1,000 毫米，参考室用桌宽度有时增加到 1,200毫米。

阅览桌的高度：

一般是 780 毫米，和普通写字台一样高，相应的椅子高度是 440 毫米。

在低矮的阅览室里，桌子高度可缩小到 760 毫米，椅子高度为 420 毫米，见图9。

图9　普通木阅览桌

阅览桌椅尺寸（毫米）

类　型	L	D	H	h
单面二人桌	1,500	600	780	440
单面三人桌	2,250	600	或	或
双面四人桌	双面四人桌	双面四人桌		
双面六人桌	2.250	900—1,000	760	420

2. 椅子

要求：

椅子要求稳定舒适、坚固耐用、轻巧灵便、挪动时没有声响。椅子尺寸和形状应与人体尺度相适应。在阅览室内，最好使用普通椅子，不用时，可随时放在桌子下面。

二、特种阅览桌

这一类阅览桌,包括斜面桌、阅报台、研究桌和检索台。

1. 斜面桌

这种桌适于画报和图册的阅览,见图10A。为了改善书写条件,有的采用带斜托板的阅览桌,这种桌在善本室里较常采用,见图10B。

图10 斜面阅览桌

2. 阅报台

有站式和坐式两种,站式的台面倾斜45°—60°角,坐式台面倾斜度为30°—40°角。台的前缘高度,站式为1,000毫米,坐式为780毫米,报纸所占台面宽度为800毫米。

阅报台,站式有的高度可以调节(腿上有调节装置),图11为几种阅报台式样。

3. 研究桌

所谓研究桌是指带书架的阅览桌。这种式样研究桌,同时带有遮挡视线的作用,有的在侧面加挡板,以避免视线互相干扰。

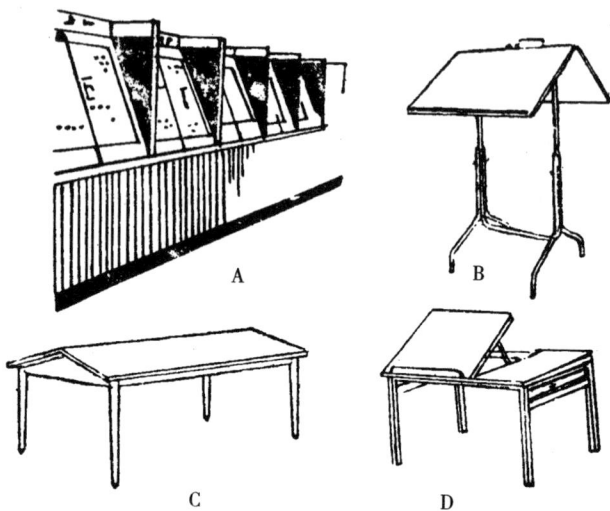

A—立式阅报台;B—高度能调节的立式阅报台;
C—坐式阅报台;D—桌面斜度能调节的阅报桌

图 11　阅报台和阅报桌

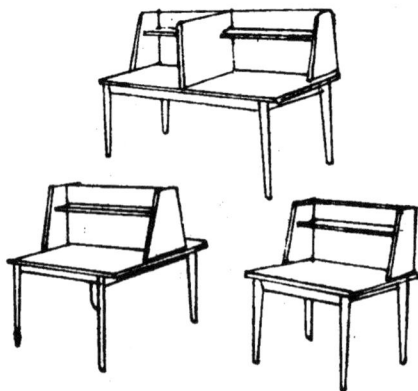

图 12　研究桌

研究桌桌面尺寸：

单人桌是 600×900 毫米，大桌为 650×1,050 毫米，挡板高出桌面 500 毫米。

研究桌有时要装台灯，正确的安装位置应在左上角，不要把灯装在桌子中间，这样容易形成反射眩光。研究桌的式样见图 12。

4. 检索台

所谓检索台是指专门用于查检各种参考工具书的阅览桌。这种桌应由桌子和书架两部分组成。桌子深度为 450—500 毫米，高度有两种，一种高 780 毫米，与普通阅览桌一样高，读者坐在椅子上查阅；另一种高 900 毫米，读者坐在高凳子上查阅。桌子上面的书架通常有三格，高出桌面 900—950 毫米，坐在桌前伸手可以取到上格的书籍。

还有一种陈列大型辞典的辞典台，台面倾斜成 10°角，前沿有防滑条。面板后沿离地约 1,100 毫米，下部放其他工具书或图册，既利用了空间也能增加稳定性，检索台和辞典台见图 13。

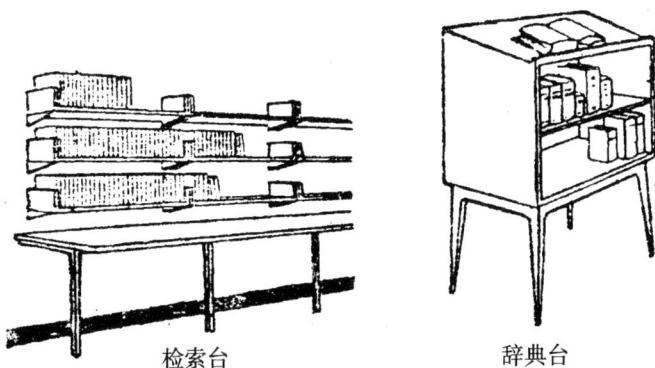

检索台　　　　　　　　辞典台

图 13　检索台与辞典台

三、阅览室书架与书库书架

阅览室书架与书库书架基本相同,其区别是阅览室的书架应便于取放,格数可少些,制作应轻巧,式样要美观一些。

普通书架的格数和尺寸

书库里的书架,一般标准是七格;阅览室内用书架,沿墙或集中排列时,也常用七格书架,但为了取书方便和照顾室内光线,有时也用六格和五格。这类书架最上格离地 1,700 毫米,最下格离地 200—500 毫米,比七格书架取书更方便一些。单面六层隔板的标准书架高度为 2,030 毫米,书架的宽度为 1,000 毫米,深度为 220 毫米,各隔板之间的距离为 280 毫米,隔板厚度为 20 毫米,架底高度为 150 毫米。

为使书架搁板高度能够调节,构造上可做些处理。如侧板式书架是在侧板上钻圆孔,插上铁销棒,托住搁板,如图 14。

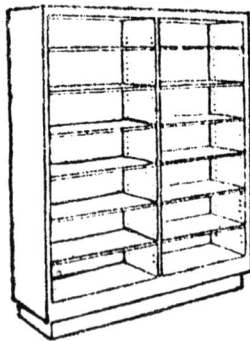

图 14　侧板式书架

一般书库和阅览室书架,除木结构外,还有钢木结构、钢结构的,式样也有多种。用钢结构做的书架,有将最低两格或三格微微向外倾斜的,取放书比较方便。

现在也有在设计图书馆书库时,将书架设计在内,按要求把钢书架的框架浇铸在地基上,钢制搁板是活动的,可根据需要装上或取下。

密集书架

这是一种节约书库空间、保管安全的组合式书架。通常这一组书架,有一固定三活动、一固定四活动、一固定五活动几种。这种书架适用于闭架的资料管理,不用时可以密集在一起,节省空间;取资料时,可以摇动分开,书架底部附两条铁轨。书架的分合有手动和电动两种。长春第一钣金厂制作的手动和电动两种密集书架,是一固定四活动式的,每组可放书一万二千多册,占地面积只有 9.5 平方米,比木制排列固定式书架可节约三倍空间。这种书架,不用时将其密集在一起,对资料保存具有安全、不易丢失的作用。

四、期刊架

期刊架是陈列或存放现期期刊或零本过刊用的架子,它不但起着存放的作用,有时还可兼作翻阅架之用。

期刊架式样很多,下面介绍的是几种典型式样:

1. 水平陈列架

这种架子和普通书架相仿佛,只是增加若干中间隔板。新到期刊可依次平放在搁板上,如图 15B 式。

另一种木制期刊架,每格高度只有 40—60 毫米,用于存放零页报纸或零本期刊,如果把本月甚至本年合订本也存放在一起,可以把格高加大,如图 15A 式样。这种期刊架容量虽然大,但陈列效果不明显,一般只限于期刊室闭架使用。

2. 竖向陈列架

这种架可以把期刊立着插在期刊架的格子里,格子错叠成锯齿式台阶形,读者可以看到刊物的标题,如图 15C、D 两式。

3. 斜向陈列架

这种架的优点是能把整本期刊都展示出来。比较受人欢迎的斜向陈列架有:斜搁板后平放零本过刊的期刊架和斜搁板下带平搁板的期刊架,见图 16。但这两种期刊架造型复杂,用料较多,比之普通的斜向陈列架造价贵得多。水平、竖向、斜向期刊架式样见图 15。

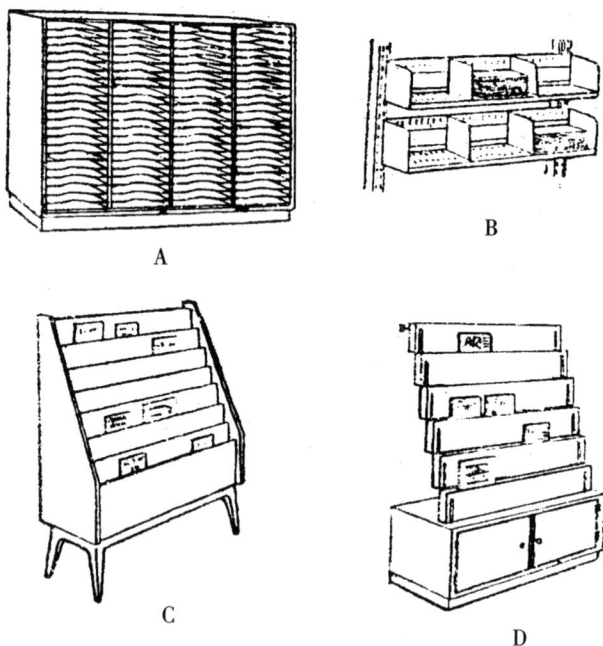

图 15　水平和竖向陈列的期刊架

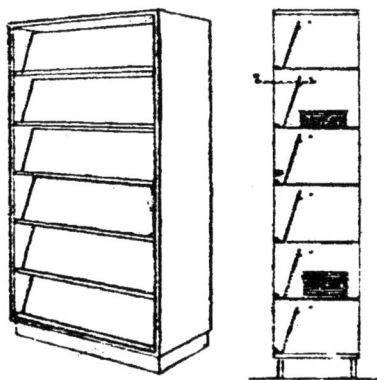

斜搁板后放期刊零本的期刊架

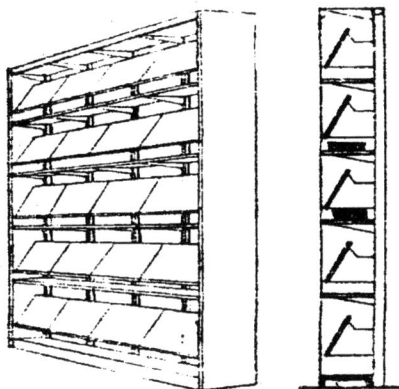

斜搁板下带平搁板的期刊架

图16 斜向陈列的期刊架

五、日报架

图 17 为各种日报架式样。

图 17　日报架

六、目录柜

标准的目录柜,由底座、箱柜和抽板三部分组成。抽板的位置,离地面高度为 900—1000 毫米,可随时抽出做工作台使用。

目录柜有做成整体式,有做成组合式。组合式一般每段二层、三层,最多四层。组合式可随目录卡片的增多,在许可的高度内加高目录柜。

目录柜的要求,底座应很坚固,因目录卡片排满时重量很大。

标准卡片的尺寸是 125×75 毫米,目录屉的净宽要略大于卡片的宽度,一般为 128—130 毫米。抽屉太宽,卡片容易参差不齐,查检不便。抽屉前板高度为 100 毫米,侧板要比卡片低一指,约 65 毫米高,卡片外露 10 毫米,这样便于翻检。穿卡片眼的铁条不能太短,也不能太长,以全屉内的卡片都被固定住为准。一般目录屉净长 420 毫米,每屉可容卡片八百张。

目录屉前面有拉手并有标签框以标示屉内目录组织的起止字头。

目录屉的最后沿要设卡子,以防止拉屉用力过猛,整屉落地。

图 18 为几种目录柜的式样:

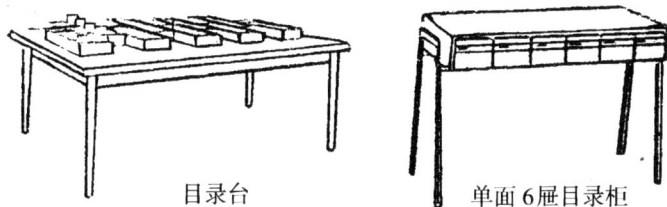

目录台　　　　　　　　单面6屉目录柜

图 18　目录柜(a)

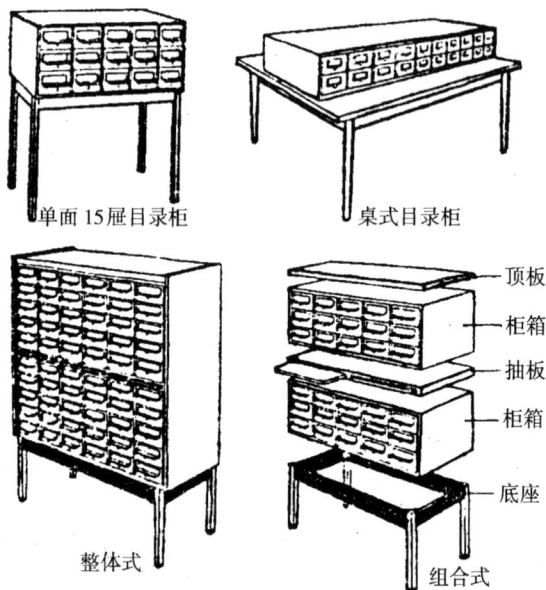

単面15屉目录柜　桌式目录柜

顶板
柜箱
抽板
柜箱
底座

整体式　组合式

图18　目录柜(b)

明示式目录盒

这种目录也叫明见式目录。它比较
适用于期刊室,拉开以后,每张卡片均可
依次错开,全屉的目录一目了然,其式样
见图19。

图19　明示式目录盒

七、出借台

所谓出借台是指图书馆向读者出借
图书的工作台,合乎要求的出借台,应当
对下列各种要求做出合理的安排:

1.要有存放少量图书的地方,即借还书位置。

476

2. 要有处理借书证,或借书底折及放置书袋卡(根卡)的地方。如果出借台采用双轨甚至三轨制来排检证卡,查找系统则要占更多的地方,因此,在出借台上要有足够的地方放置证卡的屉盒。这种证卡的放置,有的馆是在工作台面上另备屉盒;有的馆是放在专用桌的里面(工作期间把盖张开);有的馆是采用落地式可旋转的卡片盘。

3. 要有存放读者预约图书的地方。

4. 要有存放损坏待修图书的地方。

5. 要有读者还回图书等待归架前图书集中存放的地方。

6. 要有工作人员存放各种图章的专用盒。

7. 要有工作人员放置私人书包杂物的地方。

出借台的形式,目前通常采用的主要有下列三种:

1. 高低柜台

这是高柜台与内侧办公桌组成的高低柜台。通常,高台在建筑图书馆时就事先设计好,筑成水泥台。有的是用细长高桌代替。这种形式可使读者和工作人员都有合适的高度,而且工作台面与读者界线清楚,不容易出现混乱状态。这种形式,在总书库的出借台较多被采用。

2. 低柜台

通常台面为780毫米,也就是普通办公桌的高度。这种形式适合于一般阅览室和开架书库的借书台,工作人员可以对四周一目了然,又便于同读者接近,但有时人多容易造成混乱。

3. 高柜台

这种台工作人员居高临下。出借台形式如图20。

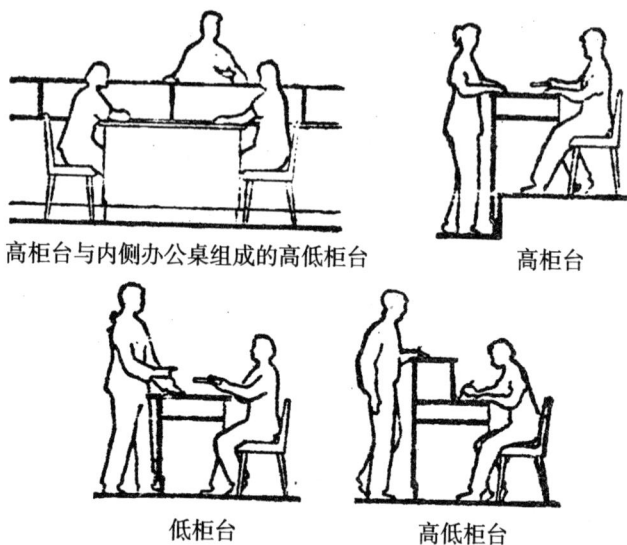

高柜台与内侧办公桌组成的高低柜台　　　　高柜台

低柜台　　　　高低柜台

图20　出借柜台

图21为普通出借桌,图22为组合式出借台各组成单元,图23为出借台组合。

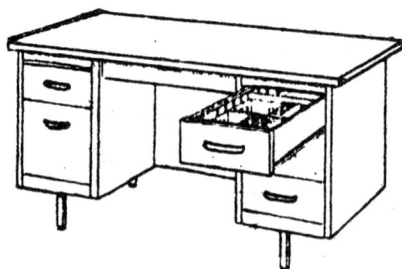

图21　普通出借桌(a)

478

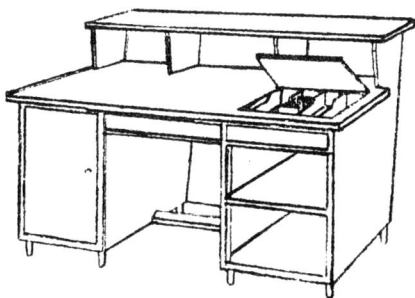

图 21　普通出借桌（b）

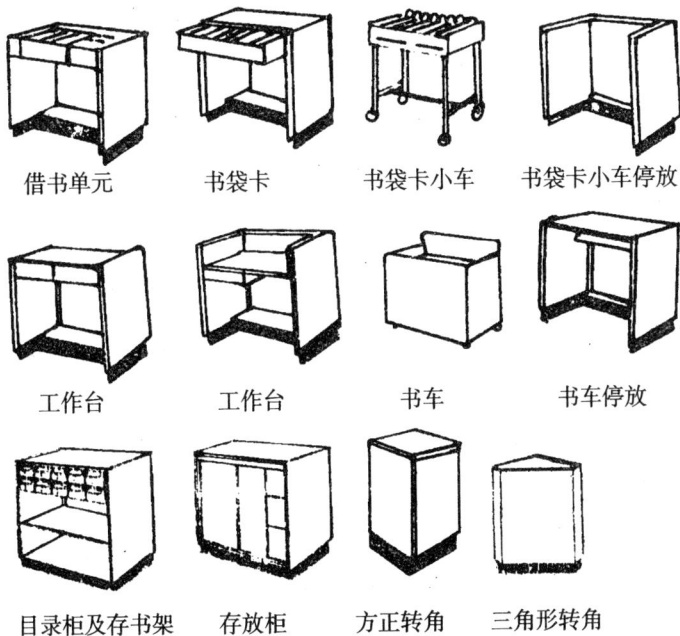

借书单元　　　书袋卡　　　书袋卡小车　　书袋卡小车停放

工作台　　　　工作台　　　　书车　　　　书车停放

目录柜及存书架　存放柜　　　方正转角　　三角形转角

图 22　出借台组合单元

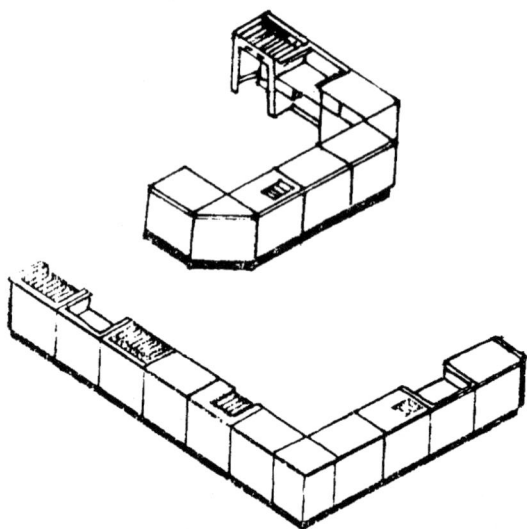

图23　出借台组合

八、书车

在图书馆里,采购登录完了的图书,要成批地送往分编室;分编加工完了的图书,又要成批地送入书库以及出借台;每天读者交回的图书,当日或隔日清点统计之后,要成批地回库归架等,都需要有水平方向运送图书的小推车。

图书馆用的小推车的特点是车轮要灵活,车体要坚固,操作要灵便,回转半径要小。

书车有三轮、四轮和六轮之分,大型书库也有采用小型电瓶车。三轮小推车是前面一轮后面两轮,这种推车,转动灵活,但稳定性差,易翻倒。

四轮车,前后各有两个轮子,四个轮都可以是转向轮,为增加车体的稳定性,左右两轮的距离可以宽一些。

四轮车也有中间两个,前后各一个轮,中间一对轮略微下凸一点,行进时前轮可以离地,在使用效果上,这种车比前两种好。

书车的轮子,不论是定向轮还是转向轮,都要灵便,这样在车体拐弯时,才不会因装书而翻倒。书车的轮子在书车行进时应不出噪声。

书车身长,一般是 600—1,000 毫米(六轮车可达 1,200 毫米),中型书车长为 850 毫米,车高 900 毫米。书车宽度,单面书车 300—500 毫米,双面书车 450 毫米。书车通常分成两格或三个搁板,下格离地约 200—250 毫米,车轮的直径为 75 毫米到 100 毫米。为防止行车时图书被震落地,搁板有的向中间微微倾斜。

下面为几种书车的一般式样:

图 24　书车

九、卡片和导卡(区分卡)

目前国内大部分图书馆使用的目录卡片,都采用国际标准尺寸,即 125×75 毫米的卡片。对卡片的要求是尺寸必须统一,孔位要正确、纸质耐磨、整齐美观。

导卡的基本尺寸与目录卡片一样,只是纸质略厚实一些,颜色不一定都是白的,如淡黄色之类也可。所谓导卡是其上部有高出普通卡片 10 毫米的导耳(俗称扇组),导耳也叫山峰的山。导卡

481

分为一山导卡(一扇组),1/2 山导卡(二扇组),1/3 山导卡(三扇组),1/4 山导卡(四扇组),1/5 山导卡(五扇组)。各扇组也有叫某开、某指的导卡。

各种导耳的导卡在目录组织中具有不同功用,分别执行一级导卡、二级导卡、三级导卡……的职能,使目录组织层次分明,查检方便、迅速。

十、其他用品设备

图书馆内除了上述一些基本用品和设备外,还有视听资料柜、缩微资料柜、油印机、刻写钢板、打字机(包括中外文)、订书器、打号机、记数器、各种型号黑板、展览架、玻璃橱以及各种现代化复制、视听设备,如照相机、录音机、幻灯机、静电复印机、缩微阅读机、小型放映机及装订修补书刊用的各种设备等等,可视图书馆的规模、经济条件加以补充和添置。1981 年北京有关方面成立了"图书馆服务社"(北京朝内小街新鲜胡同 52 号),专门成批包售图书情报档案资料部门所用的各种卡片、统计表格、登记簿册、证卡等通用用品,这是图书馆通用文化用品走向规格化的必要步骤,应予推广。

第七节　图书馆用品设备的使用与管理

一、书架的使用

书架有单面书架和双面书架之分。单面书架靠墙,双面书架排在房屋中间。排书时的顺序,一律从左到右、从上往下排。一般书架,宽度有 100 公分的,有 110 公分的,计算装书量时,应当去掉两边侧板的尺寸,虽然是约数,也以实际宽度计算为宜。在分类排架书库里,要为每一类书在架上留一定空位,留多少,可按书架宽度、容书量决定。

单面六格标准书架,每格实际宽度96公分,平均两公分一本书,一个格上可装48本书,一个标准六格书架可装288本书。如果本馆藏书量是十万册,应该置备多少书架,用藏书总数除以每架书的数即得出所需书架数目,在这里,大约需要348个六格书架。

占地面积:过去平均一千册书要占2.5平方米(包括过道),十万册藏书时需250平方米的书库面积。据有人调查,平均每千册书以3平方米较合适。

图书馆在考虑藏书计划时,既要考虑书库空间,又要计算所需书架数目,这些必须事先做好准备,才不至于造成来书无处放,到处乱堆放的现象。

二、目录柜的使用

目录柜由许多目录屉组成,目录屉一般长度是420毫米,每屉工作容量(为排检目录方便,应留出一定空量)是八百张左右卡片。有些大型馆用470毫米长的目录屉,卡片可容量为1,000张。如此计算,有五万种藏书,如果用五套卡片(公务目录一套,读者目录四套,即:主题、分类、著者、书名)就要25万张卡片,一屉装800张,就得预备313个目录屉,如果20个屉组成一个目录柜,就得有十六个目录柜才能满足这些藏书卡片目录的要求。

目录柜和目录屉是图书馆向读者反映藏书情况和本馆工作人员进行工作时离不开的工具,如果不先做好目录柜准备,就要发生一系列问题。如有些图书馆常常出现目录屉卡片插得过满,使读者无法翻检目录等。

三、导卡的使用

在目录组织中,导卡起着重要的指导作用,读者拉开目录屉时,只见导卡就大致可以知道本屉内都包括哪些门类的书籍(如分类目录屉),并决定是否要进一步查检。

一般从查找方便着眼,目录屉内的卡片,应二百张左右的卡片有一张导卡,过多过少都有不利之处。

在分类目录中,二指(或二开)导卡(一山较少使用),可注明主要大类,并在导卡下面的空白处注明本大类所包括的二级类,以三指导卡做二级类导卡时,在卡片空白处也可相应写明二级类目中所包括的主要三级类,这样,读者通过各个导卡,即可了解各该学科的知识门类和学科体系,这对读者查阅图书具有很大的推荐作用。

其他目录,根据目录排检的层次,采用大同小异的方法分别利用各级导卡。导卡的利用如不分层次,就会造成目录组织体系的混乱。

四、各种用品设备的使用

图书馆的其他用品设备,都应根据工作计划全面考虑安排,但比较起来,大多容易受到行政管理人员的重视。在图书馆日常业务中一些重要的消耗性用品,有关业务人员必须经常关注,随时了解储存情况,发现不足时应提前做好准备,才不致影响业务工作的正常进行。

五、用品设备的管理

图书馆内的各种用品设备,特别是非消耗性设备,是国家的固定资财,应有专人负责登记注册,对桌、架、凳、柜等,应编上号码或打上印记,定期或不定期地检查核对。对损坏的部分应及时修理或予注销,以保证财产设备的完整。

本章复习与思考题

1. 简述古代和近代图书馆建筑的特点

2. 第三代图书馆建筑有些什么特点?

3. 图书馆内有哪几条活动路线?

4. 在图书馆内主层与分层布置的原则是什么?

5. 请画出一个现代大型院校图书馆各种功能房间及其分布图(可分层设计)。

6. 图书馆提出新馆建筑设计委托书时,必须包括哪几大部分的内容?

7. 试提出一个 5,000 平方米的中型院校图书馆建筑设计委托书。

8. 普通阅览桌椅离地面高度是多少公分?

9. 书库标准单面六格书架一般能放多少册书? 请实际数一架书,给一个合理估数,二十万册藏书的图书约需这种书架多少个?

10. 你认为哪一种期刊架比较理想,可画图说明。

11. 一个 420 毫米净长的标准目录屉装多少张卡片合适? 有五万种书,每种以五张卡片来计,需要多少个目录屉?

12. 合乎要求的出借台,应准备一些放置什么东西的部位和地方?

13. 国际标准卡片的尺寸是多少乘多少毫米?

14. 导卡分几种类型? 试用导卡画出一个较理想的分类目录体系。

本章参考和引用文献

1.《图书馆建筑设计》,清华大学建工系,中国建筑工业出版社,1979 年版

2.《图书馆技术》,克连诺夫,图书馆学翻译丛书,中华书局,1958 年版

3. "关于高等院校图书馆建筑设计中一些问题的探讨",刘德桓,东北三省第一次科学讨论会论文

485

4.《图书馆设备用品目录》,第一集,江苏省武进图书馆设备用品工业公司

5."对高校图书馆建筑中几个基本问题的看法",李相杰,1981年东北三省第一次图书馆学科学讨论会论文

6."图书馆设施的基本问题",刘德桓译,《图书与情报工作》,1984年第2期

7.《图书馆建筑的计划与设计》,C.汤普逊著,于得胜、顾敬曾等译,吕樾校订,书目文献出版社,1981年

8."大型图书馆建筑与设计的几个问题",晓童,《图书馆杂志》,1984年第2期

9."图书馆建筑设计应与其功能相适应——历史给予我们的启示",徐奕鑫,《图书馆杂志》,1984年第2期

10."开架阅览室的建筑设计与室内布置",田幼琴,《图书馆杂志》,1984年第2期

11."高校图书馆建筑面积指标估算",金广君,《大学图书馆通讯》,1984年第4期

12."关于图书馆建筑面积的标准问题——参考国外标准制订我国标准",单行,1981年东北三省第一次图书馆科学讨论会论文

13."东北工学院图书馆建筑设计委托书"(讨论稿),1981年2月

14."西藏自治区图书馆建筑设计任务书"(征求意见稿),1982年10月

第十二章　图书馆学研究

第一节　图书馆学研究的定义

什么是定义？1980 年版缩印本《辞海》的解释是，"揭示概念内涵的逻辑方法。即指出概念所反映的对象的本质属性。形式逻辑定义的方法是把某一概念包含在它的属概念中，并揭示它与同一个属概念下的其他种概念之间的差别，即'种差'。""定义的公式是：被定义概念＝属＋种差。定义的规则有：（1）应相称，即定义概念和被定义概念的外延相等。（2）不应循环。（3）一般不应是否定判断。（4）应清楚确切。"

按照上述下定义的方法，其它学科的定义，有如下的表述：如什么是逻辑学？逻辑学是"关于思维形式及其规律的科学"（《辞海》）。什么是情报学？1982 年商务印书馆出版的《英汉图书馆学词典》中认为，情报学是"研究情报处理系统的信息贮存、检索、传播和结构等方面的专业知识的科学"。在关于什么是图书馆学的定义中，《英汉图书馆学词典》认为，图书馆学是"图书馆经营管理、编目和服务工作等专业知识及技术的专门学科"。科学技术文献出版社 1982 年出版的《汉俄英情报学词典》认为，图书馆学是"研究公众利用图书馆的目的、原则、内容、系统和形式的一门知识领域"。

关于图书馆学的定义，到现在还没有一个为大家一致公认的定义,因此有必要对图书馆学的定义进行认真的研究。几十年来,关于图书馆学的定义,先后有许多提法,现介绍几种有代表性的提法如下:

1. "图书馆学就是关于图书馆的科学。也就是研究图书馆事业的性质和规律及其各个组成要素的性质和规律的科学。"(刘国钧,"什么是图书馆学",《中国科学院图书馆通讯》,1957年第1期)

2. "图书馆学是关于图书馆事业发展的科学,说明图书馆搜集、整理、保藏图书并利用图书供一定阶级的读者共同使用的规律。"(黄宗忠、彭斐章、谢灼华,"对图书馆学几个问题的初步探讨",《武汉大学学报》(人文科学版),1963年第1期)

3. "图书馆学是研究图书馆搜藏与流通图书资料为一定阶级利益服务规律的科学。简言之,它就是研究图书馆工作规律的科学。"(齐力典,"图书馆学目录学名词解释",《图书馆》1964年第4期)

4. 图书馆学是"研究图书馆事业及其工作规律的科学"(《辞海》,上海辞书出版社,1979年版,缩印本,第777页)。

5. "图书馆学是研究图书馆事业建设的原理及其工作规律的科学。"(《图书馆学1978—1985年规划的初步设想》,1978年4月)

6. "图书馆学研究图书的挑选、收集、编目、流通并使图书和其他情报可以利用的方式方法的学科。"([美]J.贝克,《情报学浅说》,科学出版社,1979年)

(以上的各条定义请参见武汉大学图书馆学系编的《图书馆学基础理论研究资料选编》1980年版,中册)

上述有关图书馆学定义的提法,是在二十多年过程中,人们在不同的历史环境下对图书馆学所下的定义,按照下定义的方法来检验,有的定义还不够清楚确切,有的定义还不太符合下定义的规则要求。但随着人们对图书馆学本质属性的认识的加深,将会使图书馆学的定义表述得更加确切。

我们认为,所谓图书馆学,就是"一门研究图书馆和图书馆事业发生、发展及其变化规律的科学"。什么是图书馆呢？新版《辞海》的解释是,"搜集、整理、收藏和流通图书资料,以供读者进行学习和参考研究的文化机构"。什么是图书馆事业？《汉俄英情报学词典》的解释是,"在图书馆的组织、管理和日常工作以及组织和指导阅读方面,国家和社会所采取的各种措施和科学的与实际的方法、手段的总和"。可见,图书馆是指一个具体的实体及其所从事的工作内容;而图书馆事业则是指国家和社会在图书馆的职能工作方面所采取的各种措施、方法、手段的总和,是一个有目标、有规模、有系统的群体活动。因而,图书馆学就应当对这些个体的职能业务以及总体的各种措施、方法手段的产生、发展和变化规律进行历史的、现实的以及未来的研究。因此,图书馆学所应当研究的对象,不仅仅是图书馆,而且还应当包括图书馆事业,二者在概念上不能互相取代。

第二节　图书馆学的研究对象和学科性质

关于图书馆学的研究对象,历来有以下几种看法,即认为它的对象,第一种是图书馆;第二种是图书馆工作;第三种是图书馆活动;第四种是图书馆事业;第五种是图书馆工作和图书馆事业;第六种是图书馆事业及其组成要素。提法虽然不同,但严格来说,都有一个实体,即图书馆,也就是说,图书馆学研究的对象就是图书馆。

所谓"图书馆",是一个有具体含义的客观实体,图书馆学就是要对这个实体的一切方面进行研究和探索。所谓图书馆的一切方面,首先,离不开对图书馆的各个组成要素进行研究,刘国钧先生的五要素,即①图书、②读者、③领导和干部、④建筑与设备、⑤工作方法。这些都是可以直观进行的一些研究对象。所谓图书馆学,首先必须对图书馆的这些要素及其它要素以及它们的相互关系、相互制约、相互作用进行切实的研究,寻求事物的运动规律,才有可能用以指导图书馆的实践活动。

所谓图书馆,当然不是指一个图书馆而言,而是众多图书馆的集合,包括古今中外各个时期、各个地域、各种类型图书馆,又有大中小之不同。有图书馆的过去、现在,也有图书馆的未来。因此作为图书馆学,就要研究和探讨这些各种不同图书馆的特点、作用以及它们在各个具体社会环境中的地位、发展过程、经验教训等,借以指导现实的图书馆实践活动。

作为一个图书馆,除了那些组成它的要素之外,还有它的主要的工作或活动过程,如采访、分类、编目、加工、典藏、内阅、外借、复制、视听、咨询、情报服务等等。所谓人、财、物、信息、法,都要围绕着这些过程而运动,它们的不同交叉和组成,就构成了图书馆内部的各种错综复杂的矛盾综合体。作为图书馆学,它就应从宏观或微观方面,通过现象,深入到它们的内部,发现矛盾、揭示矛盾、分析矛盾,以便解决矛盾,使事物不断地在矛盾统一和再矛盾再统一的运动中向前发展。

所谓图书馆,和世间一切事物一样,它的矛盾运动不管如何错综复杂,总是遵循着事物自身的运动规律发展变化。作为图书馆学,它就要经常不断地通过图书馆活动的一系列表面现象,深入到事物的内部,探索它的本质,寻求它的规律,以便用以指导图书馆的实践活动。毫无疑问,这是图书馆学最重要的研究任务。图书馆学之所以能称得起是一门科学,就在于它能够揭示图书馆这一事物的客观规律。

以上所说的图书馆和图书馆活动(包括图书馆工作),原则上还是个体的图书馆运动现象。但是当着众多图书馆活动,在国家和社会规划下,为了一定的目的形成相当规模和系统,并对社会发展产生经常性影响时,便是有了图书馆事业的意义。因此,图书馆学还要从事业的角度,对事业史、图书馆法、图书馆学教育、图书馆网等问题,进行全局性、整体性研究,以推动一个系统、一个地区、一个国家的图书馆事业建设。

作为社会文化水平标志的图书馆现象,随着社会生产力发展的不同阶段,图书馆的社会作用是不同的,因而图书馆学的研究层次就有所不同。比如,第一代,即古代图书馆学,主要研究的是"图书馆和藏书",其成就主要表现在聚书的经验总结和分类目录的编制。故当时校勘、版本、目录学著作较为发达。近代图书馆,由于其活动面向社会群众,因而其研究重点领域,就发展为"图书馆与藏书加读者"的模式。当代,随着科学技术的飞速发展,图书馆的作用愈益显著,图书馆的情报职能大大加强,图书馆在科学交流和情报传递中的作用愈来愈大。图书馆活动,已构成了整个信息交流系统的基本部分,因而,这时图书馆学所要研究的问题就发展到了"图书馆 + 社会 + 信息交流 + 现代化手段"的阶段。

综上所述,近年在图书馆学研究对象的探讨中,提出的所谓矛盾说、规律说、交流说及早期的要素说等,都离不开图书馆这个客观实体以及这个实体的群体活动。说要素时,是指图书馆的组成要素;说矛盾时,是指图书馆的运动形式;说规律时,乃是指图书馆矛盾的运动之规律;说知识交流时,则是指图书馆工作的内容实质。总之,它们都是在不同历史发展阶段上,从不同侧面、不同角度、不同深度上对图书馆学研究对象的理论概括。这些不同角度、深度的研究,必须相辅相成地进行才能充分揭示、全面反映图书馆这个社会现象的本质,而用以指导现实的图书馆活动。

如上所述,图书馆学的研究对象是图书馆和图书馆事业,那么它的学科性质是什么? 历来国内有下列几种说法:

1. 社会科学

这是长期以来通行的观点,认为图书馆或图书馆事业,都是一种社会现象,而且是意识形态,是上层建筑,因此认为图书馆学属于社会科学范畴。

2. 综合性科学

北京大学关懿娴先生在 1957 年北大科学讨论会中提出,图书馆学是综合性科学。认为图书馆学涉及的学科很多,很广泛,有大量的技术性问题,不是社会科学所能完全包括的。持这种观点者,还认为图书馆学的研究对象不单是图书馆,也不应把它局限于图书馆。它还要研究读者,这就与教育学、心理学发生了交叉;要研究图书,就与目录学、图书学、出版事业发生了交叉;要研究图书分类,就与科学分类与一切知识门类发生了关系;要研究图书的保管、保护、复制、图书馆的建筑设备,就又与卫生学、物理学、建筑工艺学等发生了关系;要研究图书馆现代化手段,则又与信息科学、计算机科学发生密不可分的关系。总之,图书馆学研究的范围广泛,内容繁杂,单单从社会科学角度,单单从人类的一种文化现象来研究图书馆,将有许多问题搞不清楚。故认为它是介于社会科学和自然科学之间的综合性学科。

对此,有人认为,每一门学科除有独立的研究对象和本身的知识之外,还需要别门学科的知识作为自己的辅助知识。一种是本质的、固有的;一种是非本质的、辅助的。

与其相类似的,还有人认为图书馆学是横断学科或交叉学科,认为图书馆学与各种学科有交叉,或各种学科内部有图书馆学问题。如自然科学有图书馆学,社会科学有图书馆学,其他技术科学也有图书馆学问题。

3. 应用科学

有人认为图书馆学不是理论科学,不是基础性的科学,如数理化、天地生等等,而是一种应用性科学。对应用科学,又有综合性应用科学,是指各门学科中都有图书馆学应用问题。也有人认为图书馆学是应用文科。应用文科,是与工程技术的应用技术科学相对而言。1983年4月教育部在武汉召开的图书情报学教育座谈会上,也提出了图书馆学是应用文科的观点。

4.管理科学

图书馆学是管理图书文献的学问,管理科学的许多原理都可应用于图书馆学研究。在美国和在我国过去都流行过"图书馆管理学"的说法。国外有人认为研究图书馆的组织和管理的理论、活动和方法的科学就是图书馆学。

我们认为,当代图书馆事业的发展,已使图书馆学与管理科学、计算机科学、数学、信息科学、控制论、系统论、情报科学、心理学、教育学、经济科学等发生密切的交叉,而且它们愈来愈成为图书馆学的研究内容。当代,客观知识世界已经形成一个庞大的物质与精神之间的中介体系,对它的搜集、整理、分析、传播和利用,已成为一个庞大的管理系统。能否对人类的浩如烟海的知识,进行有系统的搜集和科学的管理,能否被人们充分有效地利用,是图书馆事业能否兴旺发达的关键所在。图书馆学有大量的组织管理和技术方法问题,因而,可以认为,图书馆学是一门管理科学,或者是一门综合性的应用科学。

以上各种提法的角度和出发点不同,因而各自得出的观点不同,不能简单地互相否定。正如有人认为,科学的分类可有三个出发点,一是从对象存在的范畴出发,可有自然科学、社会科学等性质的划分;二是从学科之间的关系出发,可有交叉学科、边缘学科、综合性学科的划分;三是从理论与实践的结合程度出发,可有基础科学、应用科学、管理科学之划分。

第三节　图书馆学研究的内容

图书馆学的研究对象是图书馆和图书馆事业,而图书馆学研究的具体内容则是指图书馆和图书馆事业所应包括的一些具体研究领域。

一、从图书馆的角度看

1. 图书馆藏书建设体系的研究

包括出版物类型与采集来源的研究,采集的原则、标准和方法的研究,藏书建设的结构、体系的研究,分类编目、整理加工的研究,图书的入库、上架、保管、保护和清点剔除的研究等等。

2. 图书的流通与读者服务的研究

包括读者借阅需要与阅读倾向的研究;各类型图书馆读者类型特点的研究;宣传辅导、报道出版工作的研究;参考咨询、文献情报检索及目录体系、书目索引工作的研究等等。

3. 图书馆情报工作的研究

包括体制、内容、方法。当前,特别是图书馆与情报系统的关系问题;图书馆如何主动开展情报工作,主动提供情报信息的研究等。

4. 图书馆的科学管理的研究

包括行政与干部管理;业务与书刊资料的管理;流通与读者的管理;后勤、资金与设备建筑的管理;管理方法和手段的研究;图书馆法、标准化、规章制度、岗位责任、统计制度、考核奖惩、人员标准等问题的研究。

5. 图书馆建筑与用品设备的研究

6. 图书馆现代化研究

二、从图书馆事业角度看

1. 图书馆事业史（包括古今中外）的研究；

2. 图书馆学基础理论的研究，包括图书馆事业建设体制、原理、性质、职能作用和图书馆法、方针政策以及其它具有普遍指导意义的理论探讨；

3. 图书馆事业建设体系及图书馆网的研究；

4. 国外图书馆先进经验的引进研究；

5. 图书馆学教育事业的研究，包括干部在职培训、读者培训和业务辅导工作。

上述这些图书馆学的研究内容，无疑，也就应当是"图书馆学基础"或"图书馆学概论"这门课程的基本内容。

第四节　我国当前图书馆学的研究任务

我国图书馆学会制定的1978—1985年关于图书馆学重点研究项目初步规划设想的研究内容，包括下列六大部分35个课题。

一、图书馆学基本理论的研究

1. 马、恩、列、斯、毛的图书馆理论和实践活动；

2. 图书馆学基础；

3. 目录学基础；

4. 我国图书馆事业建设原理；

5. 我国各类图书馆的特点及其工作规律的研究；

6. 批判"四人帮"的文化专制主义及其对图书馆事业的破坏；

7. 图书馆学与情报学研究；

8. 图书馆学教育的研究。

二、图书馆现代化问题的研究

1. 电子计算机在图书馆的应用；
2. 图书馆管理和检索的现代化手段；
3. 图书馆建筑与设备现代化问题；
4. 现代化复制技术的研究；
5. 图书馆视听资料的管理与利用；
6. 图书馆的未来。

三、图书馆工作经验总结与应用研究

1. 图书馆技术标准化、规格化的研究；
2. 图书馆藏书建设和藏书组织的研究；
3. 目录编制和目录体系的研究；
4. 图书分类的理论与实践；
5. 主题法的研究；
6. 各类型书目的编制与应用；
7. 专科目录学、文献学的研究。

四、图书馆学史、目录学史的研究

1. 中国图书馆事业史；
2. 新中国图书馆事业史；
3. 中国书史；
4. 目录学史；
5. 版本学；
6. 古书保护和修缮的研究。

五、外国图书馆事业的研究

1. 主要资本主义国家图书情报工作的现状和发展趋势；

2. 第三世界国家图书馆事业的比较研究；

3. 外国图书馆学研究的状况。

六、编纂图书馆学方面的工具书

1. 图书馆学辞典；

2. 图书馆工作手册；

3. 中外图书馆学、情报学、目录学名词对照表；

4. 全国图书馆学、情报学刊资料联合目录（包括外文）；

5. 图书馆学论文索引（续编）。

以上这些研究课题，就是我国当前的图书馆学的研究任务，它包括以下五个基本方面：

（1）基础理论的研究；

（2）应用技术的研究；

（3）继承古代遗产和学习国外图书馆工作经验的研究；

（4）图书馆现代化研究；

（5）图书馆学教育事业及各种专业用书的研究。

第五节　图书馆学与相关学科

一、图书馆学的相关学科

1. 与数学的关系

任何学科都不可能孤立存在，它必然与其它学科发生渗透与交叉关系。尤其有些基础科学，如数学就是许多学科的基础。马克思说过："一种科学只有在成功地运用数学时，才能达到真正完善的地步。"（"政治经济学批判"，《马克思恩格斯文集》第13卷第42页）。对于图书馆学来说也是如此，如数理统计在图书馆统计中的应用,就大大推动了图书馆学的完善发展。"数"的概念,对图书馆来说,具有特别重大的意义,图书馆的许多工作都能应用数学原理和公式加以解决。长期以来,在图书馆学研究中,主要应用的是定性分析的方法,人们认为,这种定性分析的方法,如果不与定量分析相结合,很难说它有多大的科学性。因而,近年来,数学的许多基本方法和理论大量地渗入到图书馆学、情报学研究之中,大大提高了图书馆学研究的科学水平。如数学模型的应用、运筹学及其分支学科、概率论及数理统计、系统工程、信息论、控制论、模糊数学、耗散结构理论、集合论等的应用。

2. 与管理科学的关系

图书馆是文化科学发展到一定阶段的产物,并随着科学文化的发展而进一步发展。不论从图书馆事业总体来说,还是从一个图书馆来说,它都是一个巨大的管理系统,既是对浩如烟海的图书的管理,也是对人数众多、类型复杂的各种读者的管理。非常明显,一个图书馆如果没有良好的管理工作水平,就不可能使成千上万册的各种学科的书刊井井有条地为各式各样的读者所利用。过去,有的图书馆学系,一度叫图书馆管理系,也说明它与管理学的关系。

3. 与教育学的关系

图书馆的重要职能是向广大社会的各种人群传播各种知识(文献),因而它必然对人们起着科学的、文化的、政治思想等方面的教育作用。图书馆是社会教育的主要课堂,是适合各种类型读者学习、提高的大课堂。在国外许多国家,以及我国在解放前,图书馆事业都是属于国家的教育系统领导的,图书馆的经费是由国家的教育经费拨出的。从本质上说,图书馆事业是教育事业的组成部分。因此,应用教育学原理研究图书馆学问题,具有很大的意义。

4. 与经济学的关系

图书文献是知识的载体,这些载体的大量积累是一笔巨大的财富,因此,人们说,知识财富是人类的"第二资源"。图书馆是国家的社会事业,这里既有少花钱多办事的问题,又有一个经济效益问题,因而它很需要运用经济学原理来研究本门学科的有关问题。知识也是生产力,图书馆里有人们用之不尽的人类知识财富,知识如何创造价值、如何产生经济效益、知识如何变作财富、如何变作商品,都有待图书馆学专家应用经济学原理予以回答。

5. 与心理学的关系

图书馆的服务对象,是社会上各种年龄、各种职业、各种兴趣爱好的读者。图书馆工作要取得较好的服务效果,就要研究读者心理学的问题。图书馆工作者,如果对书刊资料没有深入的了解,对读者心理需要没有深入的了解,他就不能圆满地做好工作。了解读者、研究读者、分析读者,掌握类型复杂的众多读者求书的心理规律,是图书馆工作者最重要任务之一。因而,普通心理学就不能不是图书馆学的一门相关科学。

6. 与社会学的关系

图书馆事业是一种社会现象,它是和社会上的各种人群发生关系的事业,这种社会现象也是社会学研究的内容,即社会教育问题。因此,图书馆学应当是社会学所研究的问题的一个方面。从社会学的角度来研究图书馆问题,对普及图书馆网和对增强社会成员的文化科学素质具有更大的意义。

7. 与情报学的关系

五十年代以来,随着科学技术的迅速发展,图书馆的情报传递作用逐步明显,致使情报工作从图书馆工作中分化出来。如今二者又趋于一体化,因而图书馆学又与情报学发生了不可分割的联系。与情报学有关的信息论、控制论、计算机科学、概率论及数理统计等也就不能不与图书馆工作发生密切交叉。

8. 与出版事业的关系

由于图书馆工作,主要是借收藏、整理、保存和传播书刊资料等文献,为社会人群服务,因而它必然与出版事业以及与图书的版本、目录、校勘等发生密不可分的关系。深入研究这些领域里的成果,有助于图书馆学研究工作的深入。

9. 与逻辑学的关系

图书馆要管理成千上万册藏书,这些藏书都是按照逻辑原理编制的分类表进行组织的。分类需要逻辑、组织目录需要逻辑、图书上架排列需要逻辑、读者服务也需要逻辑。没有逻辑体系,藏书将是一片混乱,图书馆工作将无法有序化。因此,逻辑学应当是图书馆学非常重要的相关学科。

10. 与法律科学的关系

我国图书馆事业是我国文化科学教育事业的一部分,它必须执行国家为它所规定的为科学研究、为经济建设、为广大人民群众服务的方针,必须执行国家各个职能部门,如文化部、科学院、教育部等多年来为图书馆事业制定的各种指令性文件;另一方面,作为社会主义国家的一项社会性事业,它又需要取得各种有关法律的保护,图书馆要良好地实现它的社会职能,其本身又要制定各种制度、条例和章程等,随着事业的发展,还要制定各种文献工作标准,这些都属于法律科学的范畴。随着我国法制建设的加强,文化科学教育事业也将会逐步制定各种事业法令,如已颁布过的《博物馆法》、《文物保护法》、《专利法》等;其他如《教育法》、《图书馆法》也都会逐步制定。因此,要使图书馆事业进一步法规化、条例化、规范化,在图书馆学研究中,必须加强法律科学的引入,法律科学因此也应该是图书馆学的相关学科。

上述这些相关学科,在国外图书馆学教育中,许多是作为学生的必修课或选修课开设。在我国图书馆学教育中,也应当注意按照这种原理进行安排。

一个真正具有高水平的图书馆学研究工作者,只有在上述这些相关学科方面具有一定基础时,才有可能对图书馆学进行比较全面的研究;而且也只有比较通晓上述各种相关学科的基本理论时,才有可能借助于这些以及其它的相关知识来进一步丰富多彩地建设和发展整个图书馆事业。

二、图书馆学的相关知识

图书文献是人类知识的载体,人类的知识反映了文化科学各个方面。知识的客观存在又是以文字为手段,文字又有古今中外之别,因而图书馆学与文字学、语言学的关系就更加密切。在进行图书馆学研究中,特别是文献学的研究中,如果缺少必要的语言文字水平,就会感到力所不及。

图书馆是知识的海洋,虽然不能要求图书馆工作者,通晓人类知识的所有门类,但是,当你是重点研究和服务于某一方面时,你就必须对某一学科或某些学科有所了解。如搞地质的、搞医药学的、搞农业林业的、搞文史或理工的,都会出现许多有关学科知识学习和研究的问题。这些学科虽然在总体上不是图书馆学的相关学科,但对具体图书馆工作者来说,就不能不是与之有关的知识了,因而也是图书馆学结合实际工作进行研究时不可缺少的相关知识。比如,搞科技图书馆的,除了按其学科特点运用图书馆学原理外,还要很好地了解科学的历史、科学的现状及科学的未来;搞文史图书馆的,正如传统图书馆学那样,要具有较丰富的中外历史地理以及哲学、文学方面的知识。如今,愈益明显地表现出来,各种类型的图书馆在运用图书馆学原理方面,具有一些不尽相同的特点。今后,随着科学的发展,图书馆学与情报学的结合将愈益紧密。因此,除了传统的较适应于文史方面的图书馆学外,将会出现理工图书馆学、医药图书馆学……。只有如此,整个图书馆学的研究,才能呈现出生动活泼、内容丰富的局面。

第六节　图书馆学的研究方法

图书馆学是研究图书馆和图书馆事业发生、发展及其变化规律的科学。图书馆学研究工作的目的就是要指导我国现实的图书馆工作和图书馆事业不断地进步。要进行科学研究，就要掌握科学的研究方法。通常，一个学科的方法论，有一般方法、特殊方法和相关方法的区分。图书馆学研究的一般方法或指导方法就是马克思主义哲学，即辩证唯物主义和历史唯物主义。一般方法统率和指导一门学科的特殊方法和相关方法。于光远同志在《哲学论文、演讲和笔记》中认为："各门科学的科学方法论问题解决得正确与否，对确定科学的发展方向是有决定性作用的。而在确定这些问题时就必须依靠哲学的帮助。"图书馆学研究的特殊方法则是信息论和系统论方法，图书馆学的进一步发展，使它愈益明显地与信息论和系统论（包括数学）靠拢，因此只有把信息论和系统论的原理方法，大量地应用于图书馆学研究，作为它的特殊方法，才能使图书馆学的研究一步步成熟起来。图书馆学研究的相关方法是应用其他相关学科的一般原理以及应用比较图书馆学的方法，来研究图书馆和图书馆事业。

图书馆学是一门综合性的应用科学，因此它必须应用一系列学科的方法、原理来进行自己的研究，绝不能就图书馆论图书馆，更不能局限于个别技术和局部问题进行封闭性研究。它需要有宏观的、整体的、定性的研究，也需要微观的、个体的、定量的研究；它需要调查过去、分析现实、预测未来；既要有静态研究，也要有动态研究。因此，图书馆学研究，既需要本学科的理论基础和具有普遍意义的指导方法，又要有本学科特有的研究方法，还需要有相关方法的相互配合。

下面分别对图书馆学研究的一般方法、特殊方法和相关方法进行说明。

一、哲学方法

哲学方法是研究一切科学的最普遍的方法。对于图书馆学来说,当然也应当首先应用哲学方法进行研究工作。这里有两层含义:一层是就思想基础、研究工作的指导思想而言,也就是要应用马克思主义辩证唯物主义和历史唯物主义做研究工作的指导思想。对一切问题的研究,要有运动发展的观点、相互联系的观点、辩证的观点、矛盾统一的观点以及历史的观点、唯物的以实践做检验真理的唯一标准的观点。马克思主义哲学是实践证明了的,几千年来人类思想、思维发展的经验总结和概括,是唯一正确的世界观和方法论。在实践中,坚持马克思主义哲学观点和方法论,就可以避免陷入唯心主义、主观武断、脱离实际和形而上学的泥坑,更多的发现图书馆学研究领域中的客观规律。只有这样的研究成果,才能真正用以指导图书馆的各项实际工作,推动整个图书馆事业顺利发展。世界上许许多多的科学家和研究人员之所以能做出卓有成效的科学发现和各种发明、创造,不管他们承认与否,都是由于他们严格地遵循了辩证唯物主义和历史唯物主义的哲学方法。马克思主义哲学,正是从人类几千年成功的和失败的、正确的和错误的实践活动、科学活动、思维活动中总结提炼出来的科学方法论。

应用马克思主义哲学方法的第二层含义是,在具体研究工作中应普遍地应用这种哲学观点,即坚持马克思主义认识论的最一般的原理。如实践是认识的基础,认识过程是从感性认识能动地飞跃到理性认识,又从理性认识能动地飞跃到实践的辩证过程,感性认识与理性认识是认识过程中不同质的两个阶段,理性认识依赖于感性认识,感性认识有待于发展到理性认识,只有理性认识才能深刻而全面地反映客观事物,把握事物的本质联系。在研究工作中,坚持从实际出发,理论联系实际,实践是检验真理的唯一标准。从事物的运动中,寻找矛盾、分析矛盾,并区别现象与本质、个别与一般、主要与次要、形式与内容、原因与结果、必然与偶然等之间的辩证关系,才能深刻地揭示事物的实质,发现出规律性问题。人们通过实践去认识真理,但感性经验欲上升到理性认识,则需要对感性材料进行"去粗取精,去伪存真,由此及彼,由表及里"的分析、概括、归纳,才能引出客观事物的固有规律。

二、信息论与控制论方法

信息论是近代科学杰出产物之一。所谓信息论,就是用数学方法来研究信息的计量、传递、变换和储存的一门科学。创始人申农(Shannon)1948年发表的《通讯的数学理论》标志着信息论的创立。当时,它是专门研究通讯中信源和信道特性问题的。1948年维纳(N. Wiener)出版的《控制论》(Cybernetics),广泛地分析了自然界和人类社会普通存在的信息交往,赋予了信息更为普遍而广泛的意义。他随后发表的有关控制论的著作,不但大大推动了信息论的发展,而且还使信息论与其它学科相交叉。在专业和科学著作中,信息论已被认为是一个几乎无所不包的横断学科。它是重要的方法论,它的基本原理是要求把一切研究对象都当做信息的输入、传递、加工处理、存储和输出的过程,并通过对信息系统的分析和研究达到对研究对象的信息传递过程的规律性认识。世界是物质的,一切物质都是运动的,要运动就有能量发射,有了能量,就有信息存在。人们通过信息来认识和识别千变万化着的物质世界(包括人类社会)。人们通过某一事物信息的多次复现而发现其运动规律。

图书馆是一个对人类知识文献进行系统收藏和对人类知识(通过载体文献)进行个别检索活动的人类社会的信息系统,它所从事的工作表面现象,是各种知识情报的物质载体,对这些载体进行计量、变换、存储和传递,但它的工作实质,则是对人类的无所不包的知识信息的收藏、加工和传递,为人们提供经过各种加工的情报信息。图书馆学研究虽然不同于信息论从更普通、更抽象的角度上对信息的研究,如对生物信息、机器信息以及人类信息的运动形式和特点及其规律的研究等,但图书馆学(以及情报学),已经是从属于信息论中有关人类信息或社会信息的范畴,因此,图书馆学与信息论就有了较多的共同之处,如许多有关信息论的著作,大多都是从象形文字、石刻或结绳记事等现象开始论述的。信息论对信息源和信息传播通道特性的研究,恰恰对应于图书馆学有关情报源、情报传递渠道的研究。由此可见,狭义的信息论原理,正是与图书馆学(以及情报学)原理相一致的。从这个意义上来说,信息理论是图书馆学这门学科的基础理论或图书馆学的特有的科学方法论,应当是可以成立的。

正如国外有的学者认为的那样,信息论与图书馆学的关系相当于医科学校的基础医学和临床医学的关系。

1957 年,美国学者迈尔(R. L. Meier)在《美国经济的自动化》一文中曾指出:"申农的信息论具有非凡的突进能力。它的普及之快,是科学史上前所未有的。这个理论远远超过了自然科学领域……1953 年,这个理论就与很多学科相结合,图书馆学也将从梦中惊醒,其他学科也会受到影响。"事实上,图书馆学发展到现在,尤其是信息社会的到来,电子计算机广泛应用于图书馆,已使图书馆工作愈来愈广泛地深入到信息领域,因而,信息论对图书馆学研究,就更加具有现实的和深远的意义。

不言而喻,图书馆收藏的各种文献资料,汇集着人类的知识信息,图书馆要实现自己的职能,就必须通过各种方式分析研究这些信息的来源,并经过科学的筛选加以收藏,这就是信息的输入过程。随后在图书馆内部,又要经过验收、登记、分类标引、编目加工、入库上架以及向读者提供目录、题录、文摘等，这些都是对信息的加工处理过程。最后还要根据各种读者的不同需要，将这些知识信息（通过各种载体形式），传递给读者，这就是信息的输出过程。信息在传递使用过程中，通过读者的反馈，一方面将在使用信息时产生的新知识、新信息不断充实和丰富信息源而重新输入图书馆；另一方面，又可根据信息使用者的意见，不断调整图书馆信息系统的输入和输出，使它保持合理的最佳运行状态。在信息的全运行过程中，始终存在着一个各种渠道是否畅通无阻的问题，这也是信息论所要侧重研究的课题。以上就是根据信息论原理，对图书馆这个人工信息系统的宏观描述。

在引进信息论时，由于维纳的控制论与信息论有密切的交叉，控制论的基础是信息，离开信息也就无所谓控制，图书馆学之对控制论的研究，就是非常自然的事情。控制论的三个基本概念，即系统、信息和反馈，与信息论原理的结合，正是实现图书馆科学管理的重要方法。图书馆的科学管理涉及到人、财、物、法、信息等等方面，但要实现管理功能，有效地组织好信息反馈系统，则是首要的环节。消息阻塞、情况不明，一切管理，包括图书馆的管理，都将处于混乱、盲目状态。总之，信息论以及与其密切相关的控制论，应是图书馆学这门学科的基本的学科方法论之一。

三、系统论的方法

所谓系统论，是系统工程的理论基础，是一种对"系统"进行规划、研究、设计、制造、试验和使用等进行组织管理的一门适应现代化大生产和科学研究活动的组织管理技术，同时它也是一种方法论。它以数学尤其是运筹学和经营管理理论做基础，应用电子计算机做手段，设计、分析、控制和管理"系统"的一切活动。系统论方法的重要原则有整体性原则、系统性原则、最优化原则和可行性原则等。这些原则都适用于图书馆学的研究。

506

系统论认为,世界上各种事物都不是杂乱无章的偶然堆积,而是一个符合规律的、由各种要素组成的有机整体,它们自成系统,而又互成体系。任何一个系统都是较高一级系统的要素,同时任何一个系统的要素本身,通常又是较低一级的所谓子系统。图书馆事业也是由众多要素组成的有机整体。如图书、读者、馆舍、设备、工作人员等等,它本身自成图书馆系统,内部又有许多子系统,外部又与社会环境组成了更大的系统,一直到整个社会系统中的一个子系统等。因此,应用系统理论加强对图书馆事业的研究,对图书馆学理论的发展,具有重要的意义。

　　图书馆系统是一个文献的系统收藏和知识的随机检索的社会性文化科学教育的系统,因此,人们首先把它从属于社会文化系统;但从科学意义上来看,图书馆是为科学研究提供文献资料,是开展科研工作的重要据点,尤其在社会科学方面的研究,更是一刻也离不开图书馆,因而它又必须从属于科学系统;从教育意义上来看,图书馆不但是学校教育必不可少的组成部分,而且是广大群众自学和深造的一种社会教育系统,所以,图书馆又可从属于教育系统。图书馆系统的这些属性,决定了文化、科学、教育事业对图书馆系统有着强烈的影响。这就要求,必须充分揭示图书馆在整个社会中所起的作用和地位,以及它们的联系,以便从中寻求图书馆事业整体性的规律。

　　在图书馆系统内部,又有公共、高校、科研、专业等各个系统,以及各该系统下属的子系统,如公共图书馆系统中的国家、省、市、县、区子系统。在每个图书馆中,又有采集、分编、流通、阅览、情报咨询……等次一级的子系统。

　　在研究图书馆系统时,要求遵守系统论原则,即系统性、目的性、整体性、联系性、动态性等原则,并从这些原则中,获得图书馆系统中各种规律性认识。从系统理论来看,我国现在的图书馆学研究水平,确实还没有超出经验描述和定性分析阶段,这有待于系统工程中多种学科方法论的引入和渗透,根据实际情况进行理论抽象和定量化描述,并使之与传统的经验描述和定性分析方法很好结合。在这方面,我国图书馆学研究的现实情况是,尚有更多的经验没有描述清楚和定性清楚。我国的图书馆学研究,其立足点是中国的图书馆事业的实际,我们所要建立的体系是要能够解决我国图书馆事业的实际问题和中国的图书馆学理论体系。因此,必须在充分完善地进行定性和经验描述的基础上,进行定量化分析和更高层次的理论抽象。

四、数学方法

数学是研究现实世界的空间形式和数量关系的科学。

对图书馆来说,不论是藏书,还是读者,以及藏书、读者、工作人员之间的各种关系,无一不存在着一定的空间形式和数量关系。对这些问题,尚待我们进行深入研究。近年来,由于图书馆学教育对理科的重视,出现了一大批运用数学科学来探索图书情报领域各种问题的成果,它们大大加强了图书馆学研究的科学性。

在图书馆学研究中可以应用的数学方法,包括它的许多分支,如线性代数、集合论、概率论、数理统计、微分方程,以及数论、运筹学、图论等。

如专门研究随机现象数量规律的概率论,对图书馆学的研究已成为日常之必需。在图书馆工作中,有相当多的现象都是带有随机性的。如每天到馆的人数、借阅图书的册数、各种书的读者数、每年采购图书或交换图书的册数、种数;各种读者群,在借阅中的满足率、拒借率;藏书的复本率;文献检索中的查准率、查全率;工作人员的工作量等,都带有随机变量性质。通过各种概率的研究,有可能更加接近事物的本质。

在文献计量学中,不论是布拉德福定律(寻找核心期刊的定律),还是齐夫定律(单词在文献中出现的频率规律,可用于文献标引和词表编制）、特洛卡定律（论文作者分布规律定律）、普赖斯曲线（可指出科学文献的增长的指数规律）等等，以及关于文献的老化规律、半衰期的研究、文摘率、引文率及文献流通中的流通率（或周转率）、阅读率等等的研究，都可以通过概率论来发现规律，解决问题。

数学中的集合论，不但可以解决图书分类表、主题词表编制结构的设计问题，而且在文献检索中，特别是在手工定题情报检索中，还可以寻求多维检索公式，从而提高检索效果。

至于数理统计，更是图书馆内各种统计工作的基础，应用更为广泛。

线性代数对于检索系统的建立和优化，提供了数学基础。

总之，数学在图书馆学研究中，需要开垦大片荒地。

五、其他相关学科方法的应用

应用其他相关学科的方法来进行图书馆学研究，可以认为是图书馆学研究的相关方法。图书馆具有教育职能，就必须应用教育学原理和心理学原理研究图书馆的社会教育学问题；图书馆又具有情报职能，就必须应用情报学原理和方法，来发展图书馆情报化方向；要加强图书馆的科学管理，就要应用管理科学的方法和原则，研究图书馆管理；要增强图书馆的经济效益，就要引进经济学方法；要加强藏书保护，改善图书馆的藏书和阅览环境，就要应用生物学、物理学，以及化学的一系列成果开展研究工作；对图书馆法、图书馆章程、条例的研究，就要应用法律科学的原理、原则和方法。总之，对于图书馆学的深入研究，大量引进其他相关学科的原理、原则和方法，是使图书馆学逐步成熟的一个重要方法和手段。

六、比较图书馆学研究方法

比较图书馆学是以辩证唯物主义和历史唯物主义作为其方法

论基础,通过国外比较、地区比较、典型比较,或从综合性出发,或从专题性或某一问题出发,比较对象的历史的、地理的、政治、经济、社会、文化等因素的区别和共性,得出以资借鉴的结论,找出优化的根据,以指导图书馆事业的发展。各种同类型的图书馆、各种同类型的问题,只要类比标准相同,都可以进行历史的或现实的比较,以确定某馆、某一个方面与本地区、本省、本国或世界图书馆某一方面的差距与水平,这对改进现有各种类型图书馆工作,具有特别重要意义。研究的基本方法,不外是充分占有材料,调查、访问以及文献资料的搜集,分析综合,归纳整理,分类排列对比,尤其是各种数据性资料,具有更大的对比意义。对各种材料要进行去粗取精、去伪存真的筛选,使可对比的材料具有最大的事实性和客观性,避免支离破碎和各种偶然性成分。比较图书馆学,虽然在国际上已逐步发展成为一个新兴的学科,但在普通图书馆学研究中,同样具有方法论的价值。

第七节　图书馆学的研究工作和论文写作

一、图书馆学研究工作的意义

图书馆学是一门科学,图书馆工作必须在这门科学的指导之下,才能按照它自身的规律不断发展。要想做好图书馆工作,必须按照图书馆学的原理进行研究。近年全国各地图书馆工作实践表明,凡是图书馆工作整顿得好一些的单位,凡是工作有明显起色的单位,无一不首先表现在他们都在不同程度上注意了图书馆学的研究。其特点是,他们从领导到群众,都比较注意总结本单位已取得的各方面成果,对某些专题还进行了更深入的研究。在学术研究过程中,他们都不同程度地加强了图书馆学基本理论的学习和探讨,从而使本单位的许多工作环节,在标准化、规格化和科学管理方面有了理论依据。不注意图书馆学的研究,就是忽视了图书馆工作是一门科学这个基本道理。不探索、不交流、不进行学术性研究,单纯地抓事物性的行政管理,即使工作有所改进,也只能停留在表面上。可以说,没有学术的发展,就不可能使整个图书馆事业向纵深发展。

加强和重视图书馆学的研究,不但能使人们开动脑筋,繁荣学术,从而在质的方面大大改进和提高工作,而且还能明显地提高干部的业务能力和学术水平,从而反过来进一步促进图书馆工作和图书馆事业的发展。实践证明,积极开展图书馆学研究,是培养干部、提高干部图书馆学专业素养的最强有力的手段。通过研究工作的开展,还会大大加强干部对这一事业的热爱。近年全国广大图书馆工作者,大多都是利用业余时间自觉地研究各种问题,发表了数以千计的各种论文和文章,充分反映了图书馆工作者,对这一事业的高度热爱。

二、图书馆学研究工作的环境和条件

1. 发挥图书馆学会组织和推动学术研究的作用

1979 年 10 月中国图书馆学会的成立,为我国图书馆学研究事业的开展和深入发展创造了良好条件。几年来,不论中国图书馆学会,还是各省市图书馆学会,都相继发动和组织广大图书馆工作者,总结工作经验,撰写论文并连年举行图书馆学科学讨论会,同时出版刊物,为广大会员和图书馆工作者,提供发表论文的机会和园地,使整个图书馆事业出现了蒸蒸日上的大好形势。如辽宁省图书馆学会,1979 年 10 月举行第一次全省图书馆学科学讨论会时,全部论文不过百篇,而且绝大部分来自高校。但经过一年半以后,1981 年上半年,在东北三省科学讨论会评选论文期间,全省提交论文数目已超过二百四十篇。著者之中,除了一些老同志外,已有相当数量的二、三十岁的青年著者。论文质量也大有提高,提交论文的面也比较广泛。例如 1981 年东北三省图书馆学科学讨论会,三省共评选出论文 150 篇;按单位分布,高校系统 29 个,公共系统 24 个,科研厂矿系统 18 个。

图书馆学会是繁荣图书馆学研究事业的唯一的学术性群众组织,各级图书馆都应当积极发动图书馆工作者,关心学会活动,关心图书馆学的研究事业,从而通过广大图书馆工作者的努力,大大提高我国图书馆事业的水平。

2. 图书馆应当是图书馆学研究工作的源泉和阵地

图书馆学的研究对象是图书馆和图书馆事业,图书馆学的理论、原则和方法都来自图书馆工作的实际,离开了图书馆这个实体,离开了由众多各种类型、各种层次组成的图书馆事业的实践活动,也就不存在什么图书馆学。图书馆活动为图书馆学研究提供原料,是图书馆学形成、发展和成熟的源泉。反过来,图书馆学的一切研究成果,都必须反回到图书馆中去,用以指导它的实践活动,只有如此反复循环以至无穷,才能使图书馆事业繁荣昌盛起来。这样,图书馆就当然是开展图书馆学研究的阵地,图书馆就应当义不容辞地为图书馆学研究工作创造和提供一切必要的条件。图书馆的领导者要想搞好自己的工作,必须善于:一方面进行实际工作的规划、设计、组织、指导和协调,以使图书馆实际工作有效地按科学管理的原理、原则正常运转;另一方面,他又必须经常地根据实际工作中不断提出来的各种新问题积极开展图书馆学研究。图书馆的领导工作者,如果不善于进行和开展图书馆学研究工作,就会变成一个忙忙碌碌的"不学无术者",影响了整个图书馆工作的学术性建设,使图书馆工作无法摆脱单纯借借还还的落后局面。这是被许多图书馆多年的工作实践所充分证明了的。

作为一个图书馆工作的领导者,他不但自己要善于自觉、主动地进行图书馆学研究工作,而且他也应当是善于组织、领导图书馆工作者进行经常性的图书馆学研究工作的学术带头人。不但要善于耐心地帮助有经验的老同志，并为他们提供必要的时间保证，很好地进行经验总结，而且还要善于积极发掘、培养、扶持年轻的图书馆工作者进行各种结合实际的研究工作，从中发现人才、培养人才和使用人才。

为了保证图书馆真正能成为有效地进行图书馆学研究的场所，图书馆领导者，必须善于通过各种方法创造研究工作的良好气氛，提供各种研究工作的时间条件和物质条件。如经常传达学会方面的信息，组织各种经验交流会、报告会（如每一次有人业务出差或外出参观回来），要善于经常提出问题开展命题性研究，要不惜必要的开支，订购图书馆学、情报学以及档案学方面的书刊资料。在有条件时，还应当建立本馆的图书馆学资料室。有的大型图书馆，在阅览室构成上设置了软科学资料室，把与图书馆学和情报学及其直接相关的学科，如文献学、科学学等等书刊资料集中于一室，不但本馆工作者可利用它来进行学习和研究，一般读者也可以来室学习、浏览和了解图书馆学、情报学方面的知识。这是非常值得推广的。

为了持续有效地搞好图书馆工作者的学术研究工作，图书馆领导者，还应当善于为图书馆学研究成果创造发表的机会，应当善于把本馆图书馆学的研究成果用之于图书馆工作的实践，一切能够付诸实践的理论总结和新方法，都应善于主动地在本馆进行科学实验，为图书馆工作者的图书馆学研究提供必要的实验场地。

为了持续有效地搞好图书馆工作者的学术研究工作，图书馆领导者还要特别注意本馆学术档案的建立和管理，及时收集、积累、上报本馆的各种科学研究的成果，并注意使之作为对干部的考核、评价和提职、提薪时的重要参考。

高等院校图书馆的学术研究工作，应注意纳入本院校的整个科研系列，每年之初应向科研管理部门呈报科研课题，申请必要的科研经费,积极参加全校的各种学术年会活动,改变图书馆学研究与外界隔绝的封闭状态。

总之,一个图书馆要搞好本馆工作,要搞好图书馆事业,必须首先抓好图书馆学研究,在这个基础上,才有可能搞好图书馆的科学管理,才有可能有成效地开展各种工作。

三、研究工作者的素质

1. 坚韧不拔的毅力和为科学献身的精神

古今中外无数伟大的学者和科学家之所以取得学术上的重大成就,名留千古,从根本上来说就是他们都具有为了科学研究事业奋斗不息、坚韧不拔、顽强、惊人的毅力和为科学事业终生奋斗和勇于牺牲的精神。其中特别有代表性的人物,如欧洲文艺复兴时期意大利哲学家布鲁诺(公元 1548—1600 年),他坚决地接受并发展了当时的"异端邪说",即哥白尼的日心说,并因此坚决反对当时正统的经院哲学,主张人们有怀疑宗教教义的自由,他在迫害面前视死如归,终于被宗教裁判所处以死刑,活活地烧死在罗马的鲜花广场上。瑞典化学家诺贝尔(公元 1833—1898 年),他在一生中置生死于度外,一次试验炸药爆炸,实验室被炸毁,助手多人被炸死,但他仍不灰心,面对着谴责、嘲讽和威胁继续实验。政府下令禁止他在陆地上搞试验,他就雇一只船到湖里去继续干,终于发明了"无烟火药",终生把全部精力用在化学试验上,取得了巨大成功,仅在英国他就取得一百二十多项发明专利权。临死还留下遗嘱,将其遗产的一部分,九百二十万美元作为基金,从 1901 年开始设立了物理、化学、生理或医学、文学及和平事业五种(1968年又增设经济学)诺贝尔奖金。放射性元素、镭的发现者,居里夫人(公元 1867—1934 年),也是一生不畏艰险、顽强不屈地同她的丈夫一起废寝忘食、昼夜不停地工作,即使在丈夫不幸车祸亡故之后,仍然顽强奋战,终于在 1902 年从数吨重的沥青油矿中提炼出十分之一克的氯化镭。这一划时代的发现,奠定了原子物理学的基础,为此而于 1903 年获得了诺贝尔物理学奖金。在图书馆事业中,具有这种精神的代表人物也很多。如曾为我国建立了第一个图书馆学专业、早年毕业于美国西蒙斯图书馆学院的韦棣华女士(美国人,公元 1862—1931 年),终生不婚,在中国整整奔波、奋斗三十年,为发展我国图书馆学教育和为我国近代图书馆事业建设做出了很大贡献。我国著名的图书馆学家刘国钧先生,一生刻苦治学、著述宏富,对图书馆学建树极多,即使年迈,在"十年动乱"期间,也从不间断图书馆学研究,他于 1975 年还写出了"马尔克计划简介"和"用计算机编制图书馆目录的几个问题"的文章,又一次为我国计算机在图书馆的应用做出了开创性的贡献。

搞科学研究工作,如若没有上述那种不屈不挠、坚韧不拔、刻苦奋斗、公而忘私、勇于献身的精神,而是见异思迁、三日打鱼两日晒网,既想有成就,又想舒舒服服,那是什么成就也做不出来的。

2. 勇于独立思考和创新的精神

科学研究是一种发现工作,搞科学研究的人,必须有一种敢说别人没有说过的话,敢去探索别人不敢探索的问题的勇气,否则他就什么也发现不了。人们只能讲别人都讲过的话,只能去做别人已经做过的事情,就不可能有科学事业的发展。美国科学史家萨尔顿说,科学总是革命的和非正统的,这是它的本性。通常,在社会中那些传统的、习惯的势力更强大一些;而那些新生的事物,在开始时总是要遇到各种各样的非难甚至于是打击和迫害。因此,搞科学研究的人,就要有一种普通人所不具备的勇气,科学是客观的,科学是实事求是的,它要求搞科学研究的人讲真话,即使别人不愿听,即使讲出去了要受到非难和打击,也要把真理讲出来,这就是科学工作者应有的品质。有了这种品质,他才能独立思考问题,他才能不断创新,从而他才有可能为科学事业做出积极的贡献。在图书馆学研究领域中,同样存在着很多传统世俗的观点,限制着人们独立思考和发扬创新精神,这就需要研究工作者在研究工作过程中努力予以克服,力求在研究工作中,不断创新、不断有所发现、有所发明、有所创造。

3. 善于学习前人成果,尊重他人劳动

图书馆学和其它学科一样,都是在古人、前人不断研究、不断探索的基础上一步步形成和发展起来的。科学研究工作的主要特点是它的积累性和继承性。后人所要做的一切事情都不能离开前人的已有成果,包括科学研究工作。图书馆学研究,其直接成果一般是表现在一篇论文上,而要写一篇较好的论文,对某一个问题的论述要能清楚、准确,也有一个对前人成果的继承问题,有了继承,才能谈到创新,否则在研究工作中,就会出现较多的重复现象。这是搞科学研究工作的人首先必须特别注意的问题。比如你要研究一个问题,一开始必然是选择一个什么主题的问题,不论人们选定什么主题,通常不大可能只有一个人去想这个问题,既然如此,就要查一查文献,看一看是否已经有什么人在研究这个问题,从哪个角度研究,研究到什么程度,有什么结论,有什么成果,还有什么问题等等。了解了上述一系列情况,也是一个学习前人的过程。在这个基础上,再开始自己的研究,必然心中有数,目标明确。而且由于吸收前人的成果,站得就更高了一层,就有可能加速自己的研究工作进程,产生出新的成果。

学习前人成果的另一方面,就是必须尊重别人的劳动,可以引用、参考、借鉴,但不能抄袭、剽窃,引用要有出处,参考要注明参考了什么文献,是谁作的,一一注明。这也是一个治学的道德问题。在这个方面,目前在我国图书馆界还没有引起足够的重视,有不少刊物在发表某一篇文章时,往往把参考文献省略掉,这是很不应该的。它不但违背了科学研究工作的上述特点,而且也使后来的研究者中断了深入查找线索,影响了研究工作的深入发展。

四、图书馆学论文的写作

1. 学术论文的一般概念

所谓论文,在一般词典里解释,是指系统探讨或研究某种专门问题的文章。所谓学术论文,是指各个学科领域中的专业人员,对各该学科领域中的某个问题进行研究、探讨并通过文字表达和发表的科学研究成果的文章。图书馆学的学术论文,就是图书专业工作者,对图书情报工作中的问题,通过研究或探讨,用文字把所得出的研究成果表达和发表出来的专业文章。

学术论文一般包括专业工作者的科学论文、研究论文,大学生的学年论文、毕业论文,研究生的学位论文等,也包括实际工作者撰写的专业总结报告、科技报告、调研报告、实验报告等。学术论文可以是由别人,如导师、领导者命题来完成;也可以是自己命题,对什么问题有研究就写什么问题来完成。在论文当中,通常后者居大多数。

学术论文在体裁上一般属于通常所说的议论文范畴。所不同的是,一般议论文多是用于论说或评论人们关心的、社会需要的其他方面问题的文章;而学术论文则是用于研究学问、表达学术观点的专业文章。一般的议论文章,只要能做到有目的而发、有题目而论,见解正确、论点深刻、论据有力、论证充分,具有逻辑性,具有说服力就是一篇好的文章。但是学术论文则不同,它还必须具备专业性、创见性、科学性、客观性和平易性的特点。

图书馆学论文,从过去来看,大多具有社会科学的论文性质,较多的是采用文字叙述,而较少有实验数据、图表以及数学公式等。由于学科的渗透,特别是自然科学、数学等方法引入图书馆学研究,已经有愈来愈多的图书馆学论文,具有了科技论文的特点,它们在文章格式和结构上更具有了一般科技论文的严谨性。

学术论文并不是什么神秘和高不可攀的。有些人一听说论文,就产生一种莫测高深的想法,这是对论文是什么还不大清楚之故,其实,只要你对本专业中的某一个学术问题有兴趣、有研究,并能用文字有层次、有系统地把它们表述出来,就是一篇学术论文。

2.学术论文的选题

选题是学术论文写作的第一步,选题就是选择什么主题,选题切忌与别人重复,不要凑热闹,不要跟着别人后头跑,要独立思考,要选择新主题,主题选得合适,题目新颖引人,往往对一篇论文有事半功倍的作用。因此有人说,学术论文的题目如果选得恰当,等于完成论文的一半工作,这话是有道理的。

那么怎么进行选题呢? 首先要选那些自己最熟悉、最有实践经验、最有研究兴趣的主题,如果这些问题别人已经有论述的文章,那么,就应当全面了解别人在这一个主题方面究竟有些什么论点,论述的水平如何,还有什么问题没有论述等等,虽然主题是一样的,但是可以在掌握别人情况的基础上确定一个与之不同的题目,以便从不同角度、不同深度上去论述。还可以把前人的成果吸收过来,加以进一步发挥,更上一层楼。其次,要选择那些在实际工作中或科学研究中被许多人所关注的问题。大家关注的问题,就是社会需要,写出来的论文一定会引起人们重视。但是,个人的水平、兴趣范围有限,不见得大家关注的问题,你都能写出一篇好的论文来,这就要量力而行,从中选择。再其次,就是在力所能及的范围内寻找空白点,就是谁也不注意的问题,或者是刚刚露出苗头的问题。在这方面进行选题,往往会做出填补空白的贡献。最后是从学科移植中选题,从发展预测中选题。要善于进行学科交叉,用一切事物都是相互联系的观点,去想一想别的学科有什么原理、方法可以移植到本学科中来;从现实出发,吸收最新情报,预测未来发展,从一切事物的未来将会如何进行选题。

选题要选得有水平,必须善于学习,善于广泛浏览本专业和其它专业的自己有兴趣的文章,要善于联想,要善于假设,要善于吸收别人的成果,总之,要善于开动脑筋。

在选题上,还需要注意的问题是,首先不要勉强选题,不要选择力不从心的题目,不要眼高手低,大的做不了,小的不愿做。从科学研究角度来看问题,选题一般宜小不宜大,小题能进行微观描述,讲深讲透,具有科学价值。泛泛而论,贪大求全,往往费时费力。其次是选题时主题要明确,不能既是这个又可能是那个,确定了的题目,要使别人一看就知道要讲的是什么问题,而不要使人猜了半天还不敢确定究竟是什么意思。学术论文的题目,一般不应用文学语言,文字表述应当是简要、确切,语言通俗、鲜明,中心明确、引人注目。再其次是选题不能闭门造车,要浏览各种杂志,特别与专业有关文章,多方吸收情报,情况掌握愈多,站得愈高,选题就愈胸有成竹。

3. 学术论文内容的构成

一般社会科学方面,包括图书馆学方面的论文,虽然各有各的章法,能写清楚问题就行,但是正式的学术论文已形成一种基本格式,也就是论文的主要结构有一定的套数。这个套数主要有序论(引言)、正文和结论三个部分。

(1)序论(引言)部分

论文的发表,在这一部分主要说明为什么要研究这个题目,说明这个题目的意义和价值。这一部分要写得简明扼要,在整个文章中只应占很小的比例。

(2)正文部分

这一部分主要是详细论述个人的研究成果,详细阐述作者提出的新的、独创的观点。在这一部分里还要根据论题的性质,或正面立论,或批驳不同看法,或解决难疑点、分歧,在这一部分中,还包括调查材料、统计数据、实验结果等,力求从各个角度把主题思想、主要论点、所得结论阐发清楚。

(3)结论部分

这一部分不是正文的重复,而是一篇论文要点的简单提示,或者用几句话简单地收尾结束。要注意的是避免这一部分与序论部分重复。

按照完整的一篇论文的全部结构来要求,应当包括下列一些基本要素:

题目

工作单位和作者姓名

摘要

前言

正文:包括理论根据、调查或实验方法,调查或实验结果以及论证、讨论等。

结论

参考文献

鸣谢

附录

较长的论文还可以在"前言"之前加上"目次"。

4.论文写作的一般过程

(1)拟定提纲

在正式写作论文之前要拟定论文提纲,它能使自己树立全局观念,论文提纲可以起到全文设计图的作用。它包括全文的布局、逻辑层次、素材安排、写作要点等。

(2)全文概要勾划

在写论文之前,把事前构思的内容层次列出大、小标题,再把选用的材料安排进去,把必要的数据和图表也纳入相应项目之内,论文内容的梗概也就基本形成了。这就给整个论文的起草工作,开了一个很好的头。在上述基础上,还可以考虑对各大项字数估算一下,如序论要占一、两页,结论部分占一、两页,正文部分占二十页,对正文中各项的大约页数再做适当分配。这样,一篇论文大约七、八千字,少者可以五、六千字,再多者可以一、两万字,有的学位论文可达三、四万字。

（3）论文初稿的完成

在上述基础上,再经过反复思考,之后利用一个较完整的时间,一气呵成,完成初稿。

（4）修改

初稿写完之后,先暂时放一放,围绕有关主题再查阅一些资料,或带着自己的问题去浏览一些其它相关资料,或同别人有目的的进行交谈,多方面地启发自己的思路,之后即可对初稿进行正式修改。首先审核大小标题是否层次清楚,论文叙述是否紧紧扣住主题。其次审核各种论据、素材、数据是否能充分表现主题,论证是否充分,论述是否有力。再其次要从文字技巧上进行推敲,有否重复、有否语病、有否错别字,引证的地方要再进行一次核实。对经典的引句,应找原著核对。如果论文份量很重,上述过程可以反复进行几次,当觉得论文确实比较成熟了,即可考虑定稿誊清。

5. 定稿和誊清

论文誊清尽可能自己来做,这样可在誊清过程中发现许多在修改过程中没有发现的问题。誊清之后,为了慎重,还可以再放一放,按照修改的程序再进行审核,之后再誊清,如此,可能要反复几次,最后才能定稿待发。

6. 参考文献和引用加注

在学术论文写作过程中,要搜集资料,要学习前人的经验,要吸收他人的成果,有时还要引用别人的材料或别人的某一句话。这些都应当在论文中有所交待,一方面表示对原作者的尊重,另一方面给别人的继续研究提供线索。除了一般参考文献可以统一列在正文最后"参考文献"一项内之外,在本文中,有时要做些加注。对别人材料的引用,一种是把原材料照样写进自己的文章中,叫做直接引用;另一种是用自己的话把别人的原意写进自己的文章中,叫做间接引用。间接引用可用"参考文献"的方法列出；直接引用可用加注的方法列出。加注的方法，常用而便于读者阅读的方法有两种，一种是直接在引句之后用圆括号把引句的出处括起来，叫做"夹注"。另一种方法是在本页中加注，叫做"脚注"，即在引句最后一个字的右上角加一个顺序号码，或给一个符号，在本页上把出处，如书名或篇名、著者、刊名、页码、出版单位、出版年月等写好与正文划线隔开，在其前面写上与引句右上角相同的顺序号或符号；在打印或排版时，一般用小一号字体印在引句同一页的最下面，中间隔一条线。其它还有把加注放在全文或全书的后面叫做"尾注"，但这种方法对阅读不大方便。

7. 论文质量的评价标准

近几年来，图书馆学界，学术空气很浓，广大图书馆工作者主要是利用业余时间，撰写了大量的论文和文章。各级图书馆学会经常举办各种学术讨论会；全国图书馆学刊物五十余种，加上情报学、资料、档案学刊物，到 1983 年底已达到八十多种。著者们撰写论文或文章，都希望能够得到发表或参加学会组织的学术讨论。这样，就必然涉及到论文的质量标准问题。一篇论文究竟如何进行评价，刊物编辑部究竟如何从众多来稿中选出质量较优秀的稿件，图书馆学会对优秀论文究竟应当如何进行比较客观的评比等问题，已是每一个热心图书情报学研究工作的同志需要考虑的一个实际问题。对论文评价提出标准性的要求有助于不断提高研究工作的水平。为此，在这里提出一个关于论文质量鉴定和评比的一般标准，希望在实践中不断得到修改和补充，用以指导图书馆学研究工作更深入地开展。

图书馆学论文或文章可按三个等级层次来考虑。它们分为共同标准和具体标准。

共同标准：

1. 有独立见解，有新思路、新提法、新方案，重点在于新，要有所突破；

2.语言表达通顺,文章结构分明、有逻辑性；

3.文字技巧、语法规则基本没有问题。

在上述三条共同标准的原则下,根据课题的意义和价值,以下列原则确定论文的具体等级。

具体标准:

1.凡是涉及图书情报工作中普遍关心的重大理论问题的论文:

有重要参考价值的为一等；

有一般参考价值的为二等；

只有局部参考价值的为三等。

2.凡是涉及图书情报工作中普遍关心的较重大的应用技术问题的论文:

有重要参考价值的为一等；

有一般参考价值的为二等；

只有局部参考价值的为三等。

3.凡是涉及图书情报工作中具有预测价值的论文:

有较大预测价值并为较多人所接受的为一等；

有一定预测价值并为较多人所接受的为二等；

虽有一定预测价值但只被少数人所接受的为三等。

4.凡是涉及图书情报学研究中具有填补空白意义的研究:

具有重要的理论或实践价值的为一等；

具有一般理论或实践价值的为二等；

只有局部意义的为三等。

以上各条标准,可作为论文著者在选题和撰写时参考;可以作为专业刊物选稿的基本原则;也可以作为学会评选优秀论文时的主要依据。

第八节　我国图书馆学研究的历史概述

一、封建社会时代图书馆学的研究概况

图书馆学作为一门学科,和其他学科一样,也是由低级到高级、由不成熟到成熟而发展成有系统、有条理的理论,成为一门专门的学问。

最早在春秋战国时期,由于图书的增加,而出现对图书进行分类的必要,当时孔子编订六经,就是最早应用分类的方法,分为诗、书、礼、易、乐、春秋六类。这既是学科知识的分类,也是图书的分类。

西汉末年(公元前六年),刘歆根据其父刘向的《别录》编订的《七略》正适应当时图书大量增加的需要,而制定了六分法类分了当时的图书。图书成千上万,没有分类体系就无从管理,有了分类法,才能将众多的图书分门别类地入藏和保管起来,并在应用时做到按类以求。之后,又有曹魏时期(公元220—265年),郑默编的突破六分法体系的《魏中经簿》书目和西晋(公元265—317年)荀勖根据《魏中经簿》编的《晋中经簿》四分法书目(公元270年),一直到东晋(公元317—419年),李充在东晋元帝时(公元317—322年),根据政府积聚到的3,014卷图书,依荀勖的《晋中经簿》编成《晋元帝四部书目》,编定了经、史、子、集四部分类法的次序,从此"秘阁以为永制",随后沿用了一千多年等等。以上这些成果在图书馆学史上,虽然应有他们的地位,但都还不能算做图书馆学的系统研究。

我国国家图书馆,开始于西汉武帝(公元前140—公元前88年)之时,当时藏书达三万三千零九十卷,内容丰富,多为竹简,规

模很大,在管理上有机构,有负责官员,也有一套方法,为我国国家图书馆的建设奠定了最早的基础。以后历代封建王朝无不效法,各朝只要稍得安定都非常重视图书的收藏和图书馆的建设。但是关于图书馆学的研究却为数寥寥,而且,最早的图书馆学主要还是表现在校勘和目录学的研究上。

真正对图书馆学研究比较接近并且有一定成就的是北宋著名学者郑樵(公元1103—1162年)的研究,他在其著《通志》的《校雠略》中,最早提出了书籍访求的八种方法:即类以求、旁类以求、因地以求、因家以求、求之公、求之私、因人以求、因代以求。并根据自己的经验提出了图书采访时的注意事项,对后世图书采购工作影响很大。其次他还系统地提出了图书分类的理论,提出分类工作的重要,提出"类例既分,学术自明","类例不明,图书失纪",提出分类要符合科学性和实用性要求,即分类要细密、严谨、有条理、排列得当。在《艺文略》中并提出了具体分类方法和原则,对分类法第一次用了三级类目;在图书的著录方面还提出了求其全录,不得遗漏的原则。他将历代之图书划分为十二大类一百家四百二十二种。

无疑,在当时的条件下,他的著作已经研究了图书的采购、图书的分类和图书的编目等图书馆学中的一些重要方面,因此,钱亚新先生在"我国图书馆学的奠基人——郑樵"一文中认为,他是我国图书馆学研究的真正奠基者。除他之外,在古代中国,称得上图书馆学研究的另一个有名的人物是明代大藏书家祁承㸁,他的《澹生堂藏书约》包括《读书训》、《聚书训》、《购书训》、《鉴书训》等篇,对图书的校勘、辑佚、辨伪以及图书的收集、鉴别、整理和利用等许多有关图书馆学问题,提供了极为丰富的知识。在他的"澹生堂书目"中的子部里还增加了丛书部。

但是从著作来说,被称为我国最早专门论述图书馆技术的专门著作是清代藏书家孙庆增的《藏书纪要》,该书详细总结了前人有关藏书的购求、鉴别、抄录、校雠、编目、收藏和曝书的经验。本书前四章着重讲了建立藏书建设的意义和方法,认为图书的采购质量对图书馆有决定的作用。后四章着重讲了收藏、整理和保管方面的技术。他全面总结了我国封建社会私人藏书的技术经验,具有一定的科学价值,一直为后世古籍工作者所参用,对今天的古籍整理及图书馆中的古籍工作也很有参考价值。

随着封建社会图书馆事业的发展,清代藏书家曹溶提出了藏书应是为了流通的见解。他所著《流通古书约》,是我国第一部谈图书流通的专著。书中指出了为藏而藏的流弊,提出了藏书家不但是要保存古籍,更重要的是要使书籍广泛流通。

清代中期,我国还有一名对图书馆学颇有研究的学者,即章学诚(公元1738—1801年),他在《校雠通义》等著作中,全面总结了我国历代目录的著录和方法上的经验,提出了"辩章学术,考镜源流"的目录学思想,提出了"互著"(参见)、"别裁"(分析)、"索引"等具有现代意义的图书目录著录方法。

二、近代图书馆学的研究概况

1.《西学书目表》等新分类法的出现

在我国长期的封建社会的图书馆事业中,自东晋李充四部分类法定型以后,一千六百多年来,一直为公私藏书分类图书所采用。到了近代,随着西方学术文化科学的传入,洋务、维新变法运动的高涨,新科学、新书刊日渐增多,这时,旧时经、史、子、集专为类分中国古籍创造的四部分类法,已不再能适应新内容的图书大量增加的实际需要,客观上迫切要求新分类法的出现。

梁启超于1896年10月7日在《时务报》上发表了《西学书目表》,1897年又经卢靖补充为《慎始基斋丛书》出版了单行本《西学书目表》,把近代科学图书分为二十六大类,提出了有理论体系的新分类法。1897年冬康有为的《日本书目志》出版,把近代科学图书分为十五大类。1899年徐维则又提出了《东西学书录》,分为三十一大类,1902年增订时大类增到三十八类。这几个《目录》,都初步具备了自然科学、社会科学、综合性图书三个大部类的雏形,为我国后来各种新式分类法的出现,起了启发和推进的作用。从此以后,许多图书都分别按中学(按经、史、子、集四部体系分类)和西学(按《西学书目表》分类)两部分进行分类。

2. 新旧图书统一分类的试图

在美国杜威十进分类法传入中国(1910年)前后,我国已于1904年有了《古越藏书楼书目》,此书目不用四分法,而将图书划分为学、政两大部分,两部又各分二十四大类,共四十八类,每类又设子目若干,共332个子目;1911年又出现了类似的书目《涵芬楼新书分类目录》。这两种书目,已试图将新旧图书统一分类,表明了中外学术统一立目的倾向,表达了新学术新图书大量出版的要求,为我国正式引进、编制和推行十进分类法开辟了道路。

1917年10月,沈祖荣、胡庆生合编了第一部为中文图书分类用的新型分类法《仿杜威十进分类法》。之后,一时改杜法、仿杜法不下十余种。如1922年杜定友的《世界图书分类法》、1926年陈伯逵的《中外一贯实用图书分类法》、1928年王云五的《中外图书统一分类法》等。与此同时还出现了著者号码表的研究。

3. 图书馆学论文和著作

在图书馆学论文方面,这个时期也很活跃。1911年辛亥革命后,资产阶级特别注意利用图书馆的社会教育作用,在大力介绍西方资产阶级政治学同时,也开始将资本主义国家的图书馆学介绍进来。据不完全统计,自1884—1919年,陆续在报刊杂志上发表的图书馆学论文共有98篇。除论文之外,有些国外的专门著作也介绍到我国。如:

1901年,《教育世界文译篇》发表日本的"关于幼稚园图书馆及私立小学规则"。

1903 年该刊又介绍英国轮阅图书馆。

1909 年王国维译《世界图书馆小史》。

孙毓修 1909 年开始在《教育杂志》上发表长篇专著《图书馆》,杜威十进分类法开始介绍到中国。

1910 年,北京通俗教育研究会翻译并出版《图书馆小识》。

1918 年,上海出版顾实根据日本图书馆协会的《图书馆小识》译出的《图书馆指南》。

我国近代资产阶级图书馆学之初起是由日本传入中国的,而日本图书馆学则是仿效与学习西方的。

二十世纪初,近代图书馆学研究和外国图书馆理论方法的介绍,正适应了我国新旧图书馆更替的时代,对以后我国图书馆学研究和图书馆工作都有承前启后的作用。

4. 图书馆运动及其影响

二十年代以后,美国图书馆学开始成套地介绍到中国。1921年,旨在推行美国图书馆方式的新图书馆运动兴起之后,一批就学美国图书馆学的知识分子,开始著书立说,成套地向中国介绍美国图书馆学成就,使近代图书馆学在中国逐步发展和完善。

1923 年,出版了杨昭悊的《图书馆学》和戴志骞的《图书馆经营论》、杜定友的《图书馆通论》等。我国由本世纪初先学日本图书馆学理论转而又学习美国,之后美国图书馆学理论普及全国,当时一些学者还结合中国实际情况进行一些技术方法的探讨。据不完全统计,这时期散见在图书馆学和其它杂志上的图书馆学论文已有 274 篇之多。

5. 三十年代的图书馆学成就

三十年代是我国近代图书馆学成熟时期,从三十年代初到1937 年抗日战争爆发之前一段时间里,由于留美学者纷纷著书立说,在广泛建立美国式图书馆的基础上,在图书馆学方面进行了广泛的研究,总结了各种类型的图书馆的经验,广泛研究了图书馆的各种技术方法,乃至图书馆建筑、设备等,还探讨了图书馆的性质作用以及涉及到图书馆各个方面的课题。沈祖荣、刘国钧、杜定友、李小缘、马宗荣等都分别发表了他们的图书馆学理论。因而,这个时期可以说是我国近代图书馆学的成熟时期。当时有名并有影响的代表著作,如杜定友的《图书馆学概论》、刘国钧的《图书馆学要旨》、杜定友的《学校图书馆学》、徐旭的《民众图书馆学》、洪有丰的《图书馆组织与管理》、金敏甫的《现代图书馆编目法》等,都是美国图书馆学理论的介绍。

在分类法方面,开始突破仿杜、补杜法而出现改杜法,打破四部分类法,废除新旧法平行制,把一切中西文图书统一在一个分类体系之内,新法不下十余种,比较流行的是杜定友的《杜氏图书分类法》(改《世界图书分类法》而成)、皮高品的《中国图书十进分类法》、刘国钧的《中国图书分类法》和王云五的《中外图书统一分类法》四种。尤其刘国钧的《中国图书分类法》(1929年),新旧并包,切合当时我国图书馆藏书的实际情况,成为我国近代中国图书分类法的典型。

沈祖荣、杜定友等还将英文编目规则用到中国图书上;1931年刘国钧发表《中文图书编目条例》,得到北平图书馆、南京中央图书馆的采用。从此,中国图书编目法就有了以英文编目规则为主和以中文编目条例为主的两种类型。

国立北平图书馆于1936年(到抗战沦陷时期1940年止)发起印刷统一目录卡片,供全国各图书馆采用;1936年9月,南京中央图书馆也发行过目录卡片,但抗战后即停止工作。

此期间图书馆学刊物增多,1935年统计已达20种,比较主要的有《图书馆学季刊》、《中国图书馆协会会报》、《文华图书馆学专科学校季刊》、《国立北平图书馆馆刊》等。

抗日战争后,一直到1949年10月新中国建立,我国处于外寇入侵、内部战争环境中,图书馆事业遭到破坏,图书馆学研究工作基本上没有什么大的进展。

三、新中国三十五年来图书馆学研究概况

新中国建立之后,在图书馆学研究方面,广泛地翻译介绍了苏联的著作,同时我国也先后选派留学生去苏联学习图书馆学;到1957年以前一段时间内,还发表过一些我国图书馆学方面的研究论文。但是后来,随着"左倾"思潮的影响,图书馆学研究工作经历了一段很不正常的时期,特别是"文化大革命"的十年,图书馆工作和图书馆学研究工作都遭到了很大破坏。阶级斗争论充斥图书馆学术界,刊物寥寥,打击异己、排除异端,旧时学者一律打成反动学术权威,使图书馆学研究处于非常危机的状态。

1976年10月粉碎"四人帮"以后,特别是1978年党的十一届三中全会以来,文化科学教育事业获得了真正的解放,图书馆学研究也迎来了明媚的春天。八年来,我国图书馆学研究事业真正走上了空前繁荣发展的新时期。主要表现在:

1.1979年10月,中国图书馆学会在山西太原市宣告成立。随后,于1980年10月在杭州、1984年在厦门相继召开三次全国性的科学讨论会;其间,还召开过多次专题讨论会(如读者工作、科学管理、情报学、目录学等)。全国各省、市、自治区也相继成立了图书馆学会,并举行了一系列学术讨论会。这些学术活动,都大大推动了我国图书馆学研究事业的发展。

2.这个时期,图书馆学刊物也获得了空前的发展。到1983年底为止,仅图书馆学刊物已达50种,如加上情报学、档案学刊物目前不下一百种。全国各地,从1980年到1983年4年之间发表的论文有8,410篇,占1949到1983年三十四年间发表论文总数13,048篇的64.4%。1949年10月到1957年12月共计1,755篇,年平均219篇;1958到1979年是2,883篇,年平均137篇(解放前,1906—1949年10月,四十三年间,在断断续续出版的八十余种刊

物上共发表论文 5,358 篇,年平均 125 篇）。

3.图书馆学的研究队伍不断扩大,尤其是年轻著者大量增加。从 1981 年至今,仅高等院校系统图书馆就调进了二千多名其他学科的大学毕业生,为图书馆学研究队伍增添了新鲜血液,为图书馆学的交叉研究、学科渗透研究提供了人才条件,使研究课题广泛伸向了图书情报学一切能涉及到的领域。诸如图书馆系统工程、图书馆控制论、图书馆建筑、图书保护学、图书情报学、图书馆统计学、图书情报数学、图书馆读者学、读者心理学、知识交流学、文献信息论、图书馆自动化、计算机应用、视听资料、缩微复制等等。图书馆学的研究层次,也开始注意到从经验描述定性分析阶段逐步向理论抽象和定量分析阶段发展。

4.武汉大学于 1984 年创立了我国有史以来第一所图书情报学院和图书情报研究所。

5.全国图书情报学教育事业,近二、三年来获得了打破常规的蓬勃发展。据统计,全国各类型各种层次的图书情报学教育单位已近一百家。

6.图书馆学情报学著作大量出版,书目文献出版社、吉林省图书馆学会、四川省图书馆学会、科学院图书馆、广西图书馆学会等,都先后陆续出版了大套的图书馆学方面的丛书,大大繁荣了我国图书馆学研究和教育事业。

我国图书馆学研究事业,特别是近几年来获得了很大的发展,这可以从北京大学张树华、邵巍两位老师提供的统计数字中清楚地看出来：

表1 三十四年来三个时期发表的论文数量比较

年代	论文篇数	每年平均篇数	比例(%)
1949.10—1957.12	1,755	219	13.5
1958—1979	2,883	137	22.1
1980—1983	8,410	2,102	64.5
总计	13,048	383	

表2 三十四年来三个时期论文研究领域分类比较

主题 \ 数量	1949.10—1957.12		1958—1979		1980—1983		合计	
	数量	比例	数量	比例	数量	比例	数量	比例
基础理论	4	0.22	49	1.7	282	3.35	335	2.57
教 育	53	3.02	3	0.1	401	4.77	457	3.5
管 理	20	1.14	271	9.4	402	4.78	693	5.3
读 者	638	36.4	478	16.6	672	8	1,788	13.7
藏 书	185	10.5	140	4.9	1,038	12.3	1,362	10.4
分 编	150	8.5	292	10.1	1,145	13.6	1,587	12.16
各类馆	337	19.2	167	5.8	2,130	25.3	2,631	20.2
目录学	136	7.75	236	8.2	414	4.9	786	6
其 它	232	13.2	1,247	43.3	1,928	23	3,407	26.1
总 计	1,755		2,883		8,410		13,048	

表3 三十四年来三个时期论文研究的重点变化

时间 \ 顺序 内容	1	2	3	4	5	6	7	8
1949.10—1957.12	读者	各类馆	藏书	分编	目录学	教育	管理	理论
1958—1979	读者	分编	管理	目录学	各类馆	藏书	理论	教育
1980—1983	各类型馆	分编	藏书	读者	目录学	管理	教育	理论

表4 1975年以来基础理论方面研究的情况分类统计

主题＼年代	1975	1976	1977	1978	1979	1980	1981	1982	1983	合计 数量	合计 比例
总论图书馆学					7	15	25	35	32	114	28.6
图书情报一体化			1		2	6	15	28	12	64	16
职能、属性					1	17	16	20	9	63	15.8
相关学科						10	10		20	55	13.8
地位、作用					2	9	8	13	12	44	11
图书馆学新学科					7	5	3	12	12	39	9.8
方法论							3	2	7	12	3
对象、任务					1	3	1	3		8	2
总　计			1		20	65	81	128	104	399	

表5 1980—1983年专门图书馆学的研究分类比较

数量＼馆别	高校馆	农村馆	公共馆	儿童馆	专业馆	学校馆	机关工会馆	部队馆	合　计
数量	1,215	285	225	180	100	80	40	5	2,130
比例	57	13.4	10.6	8.5	4.7	3.8	1.9	0.2	

表6 到1984年全国46种正式图书馆学刊物系统分布

数量＼分类	全国学会系统	全国高校馆系统	中国科学院馆系统	专业馆	少儿馆	北京图书馆	图书馆学系	总　计
数量	28	8	4	2	2	1	1	46
比例	61	17.4	8.7	4.3	4.3	2.1	2.1	

从上列数字中可以充分地看出，现在我国图书馆学研究事业，真正走上了繁荣发展的道路。图书馆学研究事业的大大加强，也说明了我国图书馆事业的巨大进展，今后也必将大大推动着我国

现代图书馆事业的迅猛发展。

本章复习与思考题

1. 你认为现有关于图书馆学的各种定义,哪一种说法较为理想?

2. 简述图书馆学的对象和内容,图书馆学属于什么学科?

3. 你所知道的图书馆工作有哪些部分? 各部分有什么研究内容?

4. 你认为图书馆学的学术研究有什么意义? 什么叫基础研究? 什么叫应用研究?

5. 你认为哪些学科和图书馆学密切?

6. 我国当前图书馆学的研究主要有哪些内容?

7. 做研究工作的人应具有哪些素质?

8. 怎样才能写好一篇有价值的图书馆学论文?

9. 请自拟图书馆学研究论文题目若干条。

本章参考和引用文献

1. "什么是图书馆",刘国钧,《中国科学院图书馆通讯》,1957 年第 1 期

2. "关于什么是图书馆学",朱天俊,《中国科学院图书馆通讯》,1957 年第 8 期

3. "关于图书馆学的对象和任务",黄宗忠、郭玉湘、陈冠忠,《武汉大学学报》(人文科学版),1960 年第 2 期

4. "对图书馆学几个问题的初步探讨",黄宗忠、彭斐章、谢灼华,《武汉大学学报》(人文科学版),1983 年第 1 期

5. "对图书馆学研究对象的初步探讨",曾浚一,全国第一次科学讨论会论文,1979 年 5 月

6. "我国图书馆学的对象和内容管见",周文骏,《学术月刊》,1957 年第 9 期

7."关于什么是图书馆学",汪恩来,《四川图书馆学报》,1981年第1期

8."图书馆学定义初探",薛新力,同上期

9."图书馆学浅论",黄景行,同上期

10."高校图书馆科学研究工作刍议",吴争,东北三省图书馆学第一次科学讨论会论文

11."两种《西学书目表》辩",程磊,《图书馆研究与工作》,1982年第4期

12."我国图书馆学的奠基人——郑樵",钱亚新,《安徽大学学报》(哲学社科版),1980年第3期

13."三十年来我国图书馆学研究的发展",张树华,《北京大学学报》(哲学社科版),1981年第1期

14."梁启超——近代图书分类法的开创者",李建中,《云南图书馆》,1982年第3期

15."我国新时期图书馆学研究管见",茅振芳,《图书情报工作》,1983年第6期

16."试述图书馆学的研究方法",王俊杰,华东石油学院图书馆,1984年11月中国图书馆学基础理论讨论会论文

17.《图书情报数学》,邓珞华、孙清兰、范并思编,北京师范大学,1983年

18."应当探索文献信息理论——《文献信息论》导言",况能富,1984年11月中国图书馆学会图书馆学基础理论讨论会论文

19."三十年来我国图书馆学理论研究的进展情况和发展趋势",张树华、邵巍,1984年11月中国图书馆学会基础理论讨论会论文

20.《应用文体写作概要》,李景隆、高瑞卿主编,辽宁人民出版社,1983年

本章附录

全国图书、情报、档案学刊物介绍

1.《安徽高校图书馆》
安徽高校图书馆工作委员会编,内部发行,1983 年创刊。

2.《北京高校图书馆》
北京高校图书馆工作委员会编,季刊,1984 年创刊。

3.《北京情报学会通讯》
北京科技情报学会编,1981 年 7 月创刊,季刊。

4.《北图通讯》
北京图书馆《北图通讯》编委会编,1977 年试刊,季刊。

5.《兵工情报工作》
《兵工情报工作》编辑部编辑出版,1964 年创刊,出版六期后停刊,
1980 年复刊,双月刊,每期 48 页,16 开,内部发行。

6.《大学图书馆通讯》
教育部高校图书馆工作委员会编,1982 年创刊时称《大学图书馆动
态》,月刊。

7.《档案工作》
1980 年复刊,双月刊,邮局发行。

8.《档案学通讯》
中国人民大学档案系编,1981 年创刊。

9.《地质科技情报工作通讯》
地质部情报所编辑出版,不定期,内部发行。

10.《电力情报工作通讯》
电力工业部科技情报研究所编辑出版,1979 年创刊,不定期,内部发
行。

11.《电子情报工作》
《电子情报工作》编辑部编辑出版,不定期,内部发行,每期 14 页。

12.《福建省图书馆学会通讯》

福建省图书馆学会通讯编辑组,1980 年创刊,季刊。

13.《赣图通讯》

江西省图书馆学会、江西省图书馆合编,1972 年创刊,不定期。

14.《高校图书馆工作》

湖南省高校中心图书馆委员会出版,1981 年 3 月创刊,季刊,编辑部设在长沙湖南大学图书馆内。

15.《贵图学刊》

贵州省图书馆学会、贵州省图书馆合编,1979 年 7 月创刊,现为季刊,1982 年第 3 期为总第 11 期。

16.《广东图书馆》

广东省中山图书馆辅导部编,1981 年创刊,不定期,内部发行。

17.《广东图书馆学刊》

广东省图书馆学会、高校图书馆委员会编,1981 年 2 月创刊。

18.《广西科技情报工作通讯》

广西科技情报研究所编辑出版,不定期,内部发行。

19.《国防科技情报工作》

1978 年创刊,1982 年由《国防科技情报工作通讯》改现名,双月刊,内部发行。

20.《国外情报科学》

吉林工业大学情报研究所编,1983 年创刊,季刊。

21.《航空档案》

三机部,1977 年创刊,季刊。

22.《航空情报工作》

《航空情报工作》编辑部编辑出版,1979 年创刊,季刊,每期 36 页,16 开,内部发行。该刊 1974—1978 年原名《资料工作》,每期约有一个专题,1979 年改现名。

23.《黑龙江图书馆》

黑龙江图书馆、黑龙江省图书馆学会主办,1978 年创刊,季刊。

24.《河南图书馆季刊》

河南图书馆学会、河南省图书馆主办,1981 年创刊,季刊。

25.《会刊》(山东)

山东省图书馆学会编辑出版,1979年8月创办,不定期,内部发行。

26.《湖南科技情报工作》

　　《湖南科技情报工作》编辑部编,1979年创刊,双月刊,每期32页,16开。

27.《化工情报工作通讯》

　　化工部科技情报研究所编辑出版,不定期,内部发行,每期数页,16开。

28.《吉林科技情报》

　　吉林省科技情报学会、吉林省科技情报所合编,1980年创刊,每期约60页,16开。

29.《吉林省高校图书馆通讯》

　　吉林省高等院校图书馆协作委员会编,不定期,内部发行,1982年出第二期。编辑部设在长春市吉林大学图书馆辅导部。

30.《计算机与图书馆》

　　中国科学院图书馆与兰州分馆合编,1980年创刊,季刊,内部发行,作为《图书情报工作》刊的参考资料出版,1985年停刊。

31.《建材情报工作》

　　建材部技术情报标准研究所编辑出版,不定期,内部发行,每期约12页,16开。

32.《江苏图书馆工作》已改名《江苏图书馆学报》

　　江苏省图书馆、江苏省图书馆学会合编,1980年创刊,不定期,内部发行。

33.《津图学刊》

　　天津高校协作委员会编,编辑部在南开大学图书馆,1983年创刊,季刊。

34.《科技情报工作》

　　中国科技情报研究所编,科技文献出版社出版,1979年复刊,月刊,全国邮局发行。

35.《科技情报工作》

　　北京市科技情报研究所编辑出版,1979年创刊,不定期,内部发行,每期数页,16开。

36.《科技情报工作》

江苏省科技情报研究所与江苏省科技情报学会编辑出版,不定期,内部发行,每期数页。

37.《科技情报工作参考资料》

陕西省科技情报所编辑出版,不定期,内部发行,每期 20 页,16 开。

38.《科技情报工作通讯》

河北省科技情报所与河北省科技情报学会编辑出版,1980 年创刊,不定期,内部发行。

39.《煤炭科技情报工作通讯》

煤炭工业部科技情报研究所编辑出版,不定,内部发行,每期约 20 页,16 开。

40.《宁夏图书馆通讯》

宁夏回族自治区图书馆学会编辑出版,1979 年 12 月创刊,不定期。

41.《情报工作通讯》

山西省科技情报研究所、山西省科技情报学会编,1980 年 3 月创刊,不定期,内部发行。

42.《农业图书馆》

中国农业图书馆协会《农业图书馆》编辑部,1983 年 12 月创刊,不定期,内部发行。

43.《情报工作通讯》

第一机械工业部技术情报研究所编辑出版,1962 年创刊,1978 年复刊,不定期,内部发行,每期约 16 页,16 开。

44.《情报科学》

黑龙江哈尔滨市《情报科学》编辑部编,情报科学杂志出版社出版,1980 年 3 月创刊,双月刊。

45.《情报学报》

中国科技情报学会《情报学报》编辑部编,科技文献出版社出版,1982 年创刊,半年刊。

46.《情报学会通讯》

陕西省科技情报学会编,1979 年创刊,季刊,内部发行,每期 20 页,16 开。

47.《情报学刊》

四川省科技情报研究所、四川省科技情报学会编,1980 年 5 月创刊,季刊,1985 年改双月刊。

48.《青海省图书馆工作》

青海省图书馆编,1979 年创刊,不定期,内部发行。

49.《山东高校图书馆学》

山东省高校图书馆委员会编,1982 年创刊,不定期,内部发行。

50.《山东图书馆季刊》

山东省图书馆学会编,季刊。

51.《上海市科技情报学会通讯》

上海市情报学会编辑出版,1980 年创刊,不定期,内部发行。

52.《少图工作》

天津市少年儿童图书馆编,1980 年创刊,季刊。

53.《世界图书》

中国图书进出口总公司《世界图书》编辑部编,国内各地邮局发行,月刊,1979 年 10 月由《国外书讯》改现名。

54.《书刊资源利用》

广东省中心图书馆委员会编,1981 年创刊,不定期,内部发行。

55.《书评》

南京图书馆编。

56.《书讯》

上海,1981 年创刊,每月 2 期,邮局发行。

57.《水利情报工作通讯》

水利部科技情报研究所编辑出版,1979 年创刊,不定期,内部发行,每期约 16 页,16 开。

58.《四川图书馆学报》

四川省图书馆学会编辑出版,1979 年 3 月创刊,季刊。

59.《铁道情报工作通讯》

铁道部科技情报研究所编辑出版,1975 年创刊,不定期,内部发行,每期 24 页。

60.《铁路高校图书馆通讯》

全国铁路高校图书馆协作委员会出版,1984 年 5 月第 2 期,西南交通大学图书馆主编。

61.《图书工作通讯》

内蒙古自治区图书馆编辑出版,不定期,内部发行。

62.《图书工作通讯》

陕西省图书馆编,1972 年 1 月创刊,不定期,内部发行。

63.《图书馆工作》

安徽省图书馆学会、安徽省中心图书馆委员会编辑出版,1978 年创刊,季刊。

64.《图书馆工作与研究》

天津市图书馆学会会刊编辑部编,1974 年 6 月创刊,季刊。

65.《图书馆》

湖南省图书馆,1983 年由《湘图通讯》改名,双月刊。

66.《图书馆界》

广西图书馆学会、广西第二图书馆合编,1980 年 3 月创刊,季刊。

67.《图书馆学刊》

辽宁省图书馆学会、辽宁地区中心图书馆委员会编,1979 年 9 月创刊,季刊。

68.《图书馆学通讯》

中国图书馆学会会刊,1979 年创刊,当年出二期,季刊,编辑部:北京文津街 7 号。

69.《图书馆学文摘》(1985 年停刊)

山西省图书馆学会编,1983 年由山西省《图书馆通讯》改为本刊,季刊。

70.《图书馆学研究》(吉林省图书馆学会会刊)

1979 年 7 月创刊,1982 年由《吉林省图书馆学会会刊》改现名,为双月刊,1983 年第 6 期为总 23 期,地址:长春市吉林省图书馆研究辅导部。

71.《图书馆研究与工作》原《浙江图书馆工作》

浙江省图书馆学会与省图书馆合编,1980 年创刊,季刊。

72.《图书馆杂志》

上海市图书馆学会编,1982 年由《图书馆学研究》改名,季刊。

73.《图书评介》

新疆维吾尔自治区图书馆编辑出版,1973 年创刊,季刊。

74.《图书情报工作》

中国科学院图书馆,1980 年 2 月由《图书馆工作》改现名,双月刊,邮局发行,编辑部:北京王府井大街 27 号。

75.《图书情报工作动态》

中国科学院图书馆编,内部交流,月刊。

76.《图书情报学通讯》

丹东市图书馆学会、丹东地区图书馆协作委员会编,1982 年创刊,不定期,内部发行。

77.《图书情报知识》

武汉大学图书馆学系编,1980 年 6 月创刊,季刊。

78.《图书与情报》

甘肃省图书馆学会与甘肃省情报学会合编,1981 年 3 月创刊,季刊。

79.《图书与情报工作》

大连工学院图书馆、辽宁省高校图书馆工作委员会编辑出版,编辑部在大连工学院图书馆,1979 年创刊,由不定期改为季刊,16 开,1982 年第 4 期为总第 12 期。

80.《新疆图书馆学会会刊》

1980 年创刊,不定期。

81.《学会通讯》

江西省科技情报学会编辑出版,不定期,内部发行,每期约 16 页,16 开。

82.《冶金情报工作通讯》

冶金工业部情报研究所编辑出版,1973 年创刊,1980 年改为月刊,内部发行,每期 14 页,16 开,内部发行。

83.《医学情报工作》

中国医学院医学情报研究所出版,1979 年 12 月创刊,季刊,内部发行,16 开。

84.《云南图书馆》

云南省图书馆与云南省图书馆学会出版,1981 年 5 月创刊,季刊。

85.《图书馆学、情报学、资料工作》复印资料专辑

中国人民大学书报资料社编,代号 G9,每月一期。

86.《资料工作通讯》

中国人民大学书报资料社,1980 年创刊,1982 年第 1 期为总第 8 期。

地址:北京地安门东大街 3 号。